金陵全書

甲編·方志類·通志

康熙江南通志（一）

（清）于成龍 王新命 等修
（清）張九徵 陳焯 等纂

南京出版社
南京出版傳媒集團

圖書在版編目（CIP）數據

康熙江南通志 /（清）于成龍等修；（清）張九徵等纂. -- 南京：南京出版社，2017.7
（金陵全書）
ISBN 978-7-5533-2005-2

Ⅰ. ①康… Ⅱ. ①于… ②張… Ⅲ. ①江南（歷史地名）- 地方志 - 清代 Ⅳ. ①K928.649

中國版本圖書館CIP數據核字（2017）第272969號

書　　名　【金陵全書】（甲編・方志類・通志）
　　　　　康熙江南通志
編 著 者　（清）于成龍　王新命等　修　（清）張九徵　陳焯等　纂
出版發行　南京出版傳媒集團
　　　　　南 京 出 版 社
　　　　　社址：南京市太平門街53號　郵編：210016
　　　　　網址：http://www.njcbs.cn　電子信箱：njcbs1988@163.com
　　　　　天猫1店：https://njcbcmjtts.tmall.com/　天猫2店：https://nanjingchubanshets.tmall.com/
　　　　　聯系電話：025-83283893、83283864（營銷）　025-83112257（編務）

出 版 人　朱同芳
出 品 人　盧海鳴
責任編輯　崔龍龍　楊傳兵　王松景　凌　霄
裝幀設計　楊曉崗
責任印制　楊福彬

製　　版　南京新華豐製版有限公司
印　　刷　南京凱德印刷有限公司
開　　本　889毫米×1194毫米　1/16
印　　張　407.5
版　　次　2017年7月第1版
印　　次　2017年7月第1次印刷
書　　號　ISBN 978-7-5533-2005-2
定　　價　10400.00元（全八册）

天猫1店

天猫2店

總序

南京，俗稱金陵，中國著名的四大古都之一，是國務院首批公佈的國家歷史文化名城。

南京有着六十萬年的人類活動史，近二千五百年的建城史，約四百五十年的建都史，享有『六朝古都』『十朝都會』的美譽。南京歷史的興衰起伏在某種程度上可以説是中國歷史的一個縮影。在中華民族光輝燦爛的歷史長河中，古聖先賢在南京創造了舉世矚目、富有特色的六朝文化、南唐文化、明文化和民國文化，爲中華民族文化的傳承和發展作出了不朽貢獻。然而，由於時代的遞遷、戰爭的破壞以及自然的損毁等原因，歷史上南京的輝煌成就以物質文化形態留存下來的相對較少，見諸文獻典籍的則相對較多。南京文獻内涵廣博，卷帙浩繁，版本複雜。截至一九四九年中華人民共和國成立，南京文獻留存下來的有近萬種，在全國歷史文化名城中名列前茅。以六朝《世説新語》《文心雕龍》《昭明文選》，唐朝《建康實録》，宋朝《景定建康志》《六朝事迹編類》，元朝《至正金陵新志》，明朝《洪武京城圖志》《金陵古今圖考》《客座贅語》，清朝《康熙江寧府志》《白下瑣言》，民國《首都計劃》《首都志》《金陵古蹟圖考》等爲代表的南京地方文獻，不僅是南京文化的集中體現，也是中華民族優秀傳統文化的重要組成部分。這些南京文獻，積澱貯存了歷代南京人民的經驗和智慧，翔實地反映了南京地區的社會變遷，是研究南京乃至全國政治、經濟、軍事、文化、外交和民風民俗的重要資料。

歷史上的南京文化輝煌燦爛，各類圖書典籍琳琅滿目。迄今爲止，南京文獻曾經有過三次不同程度的整理。

第一次是距今六百多年前的明朝永樂年間，明朝中央政府在南京組織整理出版了《永樂大典》。《永樂大典》正文二萬二千八百七十七卷，凡例和目録六十卷，分裝成一萬一千零九十五册，總字數約三億七千萬字。書中保存了中國上自先秦、下迄明初的各種典籍資料達七八千種，是中國古代最大的類書。

第二次是民國年間，南京通志館編印了一套《南京文獻》。《南京文獻》每月一期，從一九四七年元月至一九四九年二月共刊行了二十六期，收入南京地方文獻六十七種，包括元明清到民國各個時期的著作，其中收録的部分民國文獻今天已經成爲絶版。

第三次是二〇〇六年以來，南京出版社選取部分南京珍貴文獻，整理出版了一套《南京稀見文獻叢刊》點校本，到二〇一三年初，已經出版了三十六册七十一種，時代上起六朝，下迄民國，在學術普及方面作出了一定的貢獻。

新中國成立六十年來，尤其是改革開放三十年來，南京的政治、經濟、文化建設飛速發展，但南京文獻的全面系統整理出版工作一直没有得到應有的重視，這與南京這座國家歷史文化名城的地位頗不相稱。據調查，目前有關南京的各類文獻主要保存在南京圖書館、南京市檔案館，以及全國各地的高等院校、科研院所、圖書館、檔案館、博物館，少數流散於民間和國外。一方面，廣大讀者要查閲這些收藏在全國各地的南京文獻殊爲不便；另一方面，許多珍貴的南京文獻隨着歲月的流逝而瀕臨損毁和失傳。南京文獻的存史、資治、教化、育人功能没有得到應有的發揮。

盛世修史（志）。在中華民族和平崛起和大力弘揚民族傳統文化、全力發展民族文化事業的大背景下，在建設『文化南京』的發展思路下，中共南京市委、南京市人民政府於二〇〇九年十二月作出决定，將南京有史以來的地方文獻進行全面系統的匯集、整理和影印出版，輯爲《金陵全書》（以下簡稱《全書》），以更好地搶救和保護鄉邦文獻，傳承民族文化，推動學術研究，促進南京文化建設；同時，也更爲有効地增加南京文獻存世途徑，提昇南京文獻地位，凸顯南京文獻價值。

爲編纂出能够代表當代最高學術水平和科技成就，又經得起時間檢驗的《全書》，我們將編纂工作分成三個階段進行。第一個階段爲調研階段，主要對南京現存文獻的種類、數量、保存現狀以及收藏地點等進行深入細緻的調研，召集專家學者多次進行學術論證和可操作性論證，撰寫出可行性調查報告，爲科學決策提供依據，此項工作主要由中共南京市委宣傳部和南京出版社組織完成。第二個階段爲啓動階段，以二〇〇九年十二月二十四日召開的『《金陵全書》編纂啓動工作會』爲標志，市委主要領導親自到會動員講話，市委宣傳部對《全書》的編纂出版工作作了明確部署。在廣泛徵求專家學者意見的基礎上，確定了《全書》的總體框架設計，確定了將《全書》列爲市委宣傳部每年要實施的重大文化工程，確定了主要參編責任單位和責任人，並分解了任務。第三個階段爲編纂出版階段，主要在全國範圍内進行資料的徵集、遴選和圖書的版式設計、複製、排版及印製工作。

爲了確保《全書》編纂出版工作的順利進行，中共南京市委、南京市人民政府成立了專門的編纂出版組織機構。其中編輯工作領導小組，由中共南京市委、市政府領導以及相關成員單位主要負責人組成；《全書》的編纂出版工作由市委宣傳部總牽頭；學術指導委員會，由蔣贊初、茅家琦、梁白泉等一批全國著名的專家學者組成，負責《全書》的學術審核和把關。

《全書》分爲方志、史料和檔案三大類。自二〇一〇年起，計劃每年出版四十册左右。鑒於《全書》的整理出版工作難度較大，周期較長，在具體操作中，我們採取了分工協作的方式。市委宣傳部和南京出版社負責《全書》的總體策劃，其中方志部分，主要由南京市地方志編纂委員會辦公室和南京出版傳媒集團·南京出版社共同承擔；史料部分，主要由南京圖書館承擔；檔案部分，主要由南京市檔案局（館）承擔。《全書》的編輯出版，得到了江蘇省文化廳、江蘇省新聞出版局、江蘇省檔案局（館）、南京大學、南京圖書館、南京市文廣新局、南京市社科聯（社科院）、南京市文聯、金陵圖書館以及各區委宣傳部和地方志辦公室等單位及社會各界的熱情鼓勵和大力支持，尤其是得到了中國國家圖書館和全國各地（包括港臺地區）高等院校、科研院所、圖書館、檔案館、博物館等藏書單位的鼎力相助，在此表示深深的謝意！

我們相信，在中共南京市委、南京市人民政府的長期不懈支持下，在各部門、各單位的積極配合和衆多專家學者的共同努力下，這項功在當代、利在千秋的傳世工程一定能够圓滿完成。

《金陵全書》編輯出版委員會

提要

《康熙江南通志》七十六卷，清于成龍、王新命等修，張九徵、陳焯等纂。

于成龍（一六一七—一六八四），字北溟，山西永寧人。順治十八年（一六六一）由副榜貢生授廣西羅城知縣，擢武昌知府，遷福建按察使、布政使。康熙十九年（一六八〇），擢直隸巡撫。《清史稿》有傳。王新命（一六三三—一七〇八），字純嘏，四川三臺人。歷任江西布政使、湖廣巡撫、江寧巡撫。後任浙閩總督、江南河道總督等。張九徵（一六一八—一六八四），字公選，號湘曉，江南丹徒人。順治四年進士。兩為文選司郎中，以按察司僉事視學河南。以博學鴻詞薦，引疾未赴。精《春秋》三傳，尤邃於史。陳焯（一六三一—一七〇四），字默公，號越樓，江南桐城人。順治九年進士，官至兵部主事。康熙年間受聘纂《安慶府志》。

清初江南省，於順治二年由明南直隸改置，治江寧府，轄今江蘇、安徽、上海等地。康熙六年，分置江蘇、安徽兩省，但習慣上仍稱蘇、皖二省為江南。故此《江南通志》，以及雍正年間修纂、乾隆初年完成的《江南通志》，均包括江蘇、安徽兩省。此處只討論與江蘇有關的内容。

康熙二十二年，禮部奉旨檄催天下各省纂修通志，時任兩江總督于成龍遂主持修纂了此《江南通志》。于成龍於康熙二十年十二月由直隸巡撫遷兩江總督，二十三年五月卒於任上。同年五月，王新命由江蘇巡撫任上遷兩江總督，其時通志已經修成，如王新命序云：『董厲討論者則臣成龍、臣國柱、臣國相之力也。臣涓埃未効，樂觀厥成。』故而此志通常作于成龍等修，康熙刻本序言也是于成龍在前。但卷首修志姓氏名單，則王新命在前、于成龍在後。《乾隆江南通志》卷首所錄《江南通志原序》，則將王新命序調到了于成龍之前。

全書凡七十六卷三十三門：卷一圖考，卷二、三建置沿革，卷四星野，卷五祥異，卷六疆域（形勢附），卷七、八山川（關津橋樑附），卷九風俗，卷十城池，卷十一兵制，卷十二河防，卷十三江防、海防，卷十四水利，卷十五封建，卷十六戶口（屯丁附），卷十七、十八田賦（屯田蘆課附），卷十九漕運，卷二十關稅，卷二十一鹽政（錢法附），卷二十二驛傳（船政附），卷二十三蠲恤，卷二十四物產，卷二十五、二十六職官，卷二十七公署，卷二十八

凡例

一、《金陵全書》（以下簡稱《全書》）收録的南京文獻，依内容分爲方志、史料和檔案三大類。

二、《全書》按上述三大類分爲甲、乙、丙三編，以不同的封面顔色加以區分；每編酌分細類，原則上以成書時代爲序分爲若幹册，依次編列序號。

三、《全書》收録南京文獻的範圍，以二〇一三年南京市所轄十一區，即玄武、秦淮、建鄴、鼓樓、浦口、六合、棲霞、雨花臺、江寧、溧水和高淳爲限。

四、《全書》收録的南京文獻，其成書年代的下限爲一九四九年。

五、《全書》收録方志和史料，盡量選用善本爲底本。《全書》收録的檔案以學術價值和實用價值較高爲原則，一般選用延續時間較長、相對比較完整的檔案全宗。

六、《全書》收録的南京文獻底本如有殘缺、漫漶不清等情況，必要時予以配補、抽換或修描，以保證全書完整清晰；稿本、鈔本、批校本的修改、批注文字等均保留原貌。

七、《全書》收録的南京文獻，每種均撰寫提要，置於該文獻前，以便讀者了解其作者生平、主要内容、學術文化價值、編纂過程、版本源流、底本採用等情况。

八、《全書》所收文獻篇幅較大時，分爲序號相連的若幹册；篇幅較小的文獻，則將數種合編爲一册。

九、《全書》統一版式設計，大部分文獻原大影印；對於少數原版面過大或過小的文獻，適當進行縮小或放大處理，並加以説明。

十、《全書》各册除保留文獻原有頁碼外，均新編頁碼，每册頁碼自爲起訖。

學校（貢院書院附），卷二十九至三十二選舉，卷三十三祠祀，卷三十四陵墓，卷三十五、三十六古跡（寺觀附），卷三十七帝王（僭竊附、后妃附），卷三十八至四十一名宦，卷四十二至五十一人物，卷五十二、五十三孝義，卷五十四、五十五列女，卷五十六隱逸，卷五十七流寓，卷五十八仙釋，卷五十九方伎，卷六十至七十六藝文。各門類之前有序，概述本門類主旨，闡述修纂者的觀點。各序尤其注意突出江南的特點。如《選舉志序》，首先指出了自漢朝以來東南地區人才的美盛，然後轉到本志的主題上，説明人才之盛『固際會之適然』，但更主要的是因為『從科目致身』，即通過科舉考試取得進身。這既指出了江蘇在這一方面的絕對優勢，同時也貼合這一門類的主旨。

《康熙江南通志》注意展現江南地區的獨特的政治、經濟、文化狀況。秦漢之前，江南原為『蠻荒』之地，隨着不斷的開發，江南地區逐漸成為國家的經濟中心。早在唐代，韓愈就説：『當今賦出於天下，江南居十九。』南宋陸游説：『朝廷在故都時，實仰東南財賦。』明臣也有『江南財賦，甲於天下』（王錫爵《請減免織造錢糧疏》，《御選明臣奏議》卷三十二）之言。《江南通志》中，收錄了豐富的江蘇經濟史料，如卷十六戶口（屯丁附），卷十七、十八田賦（屯田蘆課附），卷十九漕運，卷二十關稅，卷二十一鹽政（錢法附）等。其中漕運、鹽政尤關係到江蘇乃至全國經濟大勢。以漕運而言，江蘇境内的運河段是最繁忙、最發達的一段。漕運決定着朝廷的財政命脈。主管全國漕運的專門機構總督漕運部院即位於淮安，繁忙的漕運也造就了江蘇經濟、社會的繁榮。故本書專門用了一卷記錄漕運的有關事項。

江蘇湖泊、河流、沼澤密布，東瀕黄海，長江、淮河在省内穿過，京杭古運河縱貫全境。這些給江蘇帶來了灌溉之利、舟楫之便，但同時也帶來了水患及治安等問題。在本書中，專門設立了河防、江防、海防等志，以記營防問題。又因江南水利『所宜急講也』，專設《水利志》，論述水利問題。與此相配合，在卷一《圖考》中，繪製了《江南境内黄淮二河堤岸圖》《江南境内長江各汛圖》。

《康熙江南通志》纂修過於倉促，『刻期告竣，頗多缺略』（乾隆《江南通志》王之錡序）。其後所修的《乾隆江南通志》在凡例中指出了康熙志所存在的一些問題。例如批評《兵制志》只列官名，不論古今守禦之要。又批評《職官志》僅記載督撫以下至郡守而止，州守縣令皆不登載。其批評《選舉志》，謂『前代鄉舉多所闕略』。如明洪武庚戌科，康熙志云庚戌科龍文明等七十二人，實際僅列出夏時、袁凱二人。乾隆志作洪武三年庚戌科全榜龍文明等七十三人，列出了趙權、湯允政等二十七人。雖然所列也不完整，但與康熙志相比已有很大增補。其他也如此類。

康熙志在一些内容的處理上也存在一些問題。例如《人物志》設《帝王》一門，收録出生於此地的歷代帝王漢高祖劉邦、魏文帝曹丕、吳大帝孫權、宋武帝劉裕、梁武帝蕭衍、明太祖朱元璋等。雖所記各人都為江蘇人，但在一方之志中專設『帝王』一門，於義究屬不妥。

康熙志、乾隆志也有一些體例上的差異。此以《藝文志》最為明顯。康熙志卷六十至六十七《藝文志》，收録歷代御制、賦、詩、奏疏、表、頌、贊、箴、書、啟、論、議、辨、說、書啟、記、序、傳、述、考、跋、碑銘、墓誌等。乾隆志卷一百九十至卷一百九十四《藝文志》，則按分經、史、子、集收録江蘇、安徽歷代作者的著作目録。乾隆志凡例謂：『《藝文志》例起班固《漢書》，備載書名、卷帙及著作姓氏，歷代史書及《三通》藝文、經籍考略率循此體。後來志書博采詩文，既非體例，亦不精詳。』這裡雖未明言，但實際是批評康熙志有違《藝文志》之體例。這種批評未必準確。在我國古代史志中，藝文志有兩個基本概念，既可指著録圖書目録，也可指收録詩文（主要是與本地有關的詩文）。地方志中的《藝文志》（也有《經籍志》等名稱），有專門著録圖書目録的，也有『博采詩文』的，也有兩者兼收的。就拿與《乾隆江南通志》同一時期修纂的通志看，《浙江通志》既有《經籍志》著録書目，也有《藝文志》收録詩文。《福建通志》則自卷六十八至卷七十八均題《藝文志》，其中包括著述一卷，表疏文記詩賦十卷。《浙江通志》《經籍志序》云：『謹依《隋書經籍》之例，各分部録，探微證墜，文獻足徵。』又《藝文志序》云：『第擇其有關吏治民生、山川風土者，存什一於千百云。』可見編者認為地方志中經籍、藝文各有作用，不可偏廢。《浙江通志》的看法自然無需與《江南通志》完全一致，但由此也可以看到《乾隆江南通志》對《康熙江南通志》的評説並不確切。

《金陵全書》所收録的《康熙江南通志》以南京圖書館所藏清康熙二十三年（一六八四）江南通志局刻本為底本原大影印出版。南京圖書館藏本文前所缺的王新命、柯永昇、章欽文三篇序言，據日本京都大學圖書館藏本補入。

江慶柏

江南通志序

我

皇上御極二十有二年癸亥禮部奉

旨檄催天下各省通志限三月成書 臣 成龍承之兩江總督應董其事江西去 臣 駐劄江寧千有餘里乃檄署江西巡撫布政使 臣 張所志草創送

臣
審定送部其江南省通志則臣成龍與江蘇
撫臣余國柱安徽撫臣徐國相徵屬府州縣新
舊各志及先儒先賢著述論建之有關地方應
備採拾者開局江寧延聘在籍儒臣及文人宿
學通達治體諳悉典故者編纂稽考甲乙次第
而臣成龍臣國柱臣國相且相與親爲討論建

并董厲在局諸臣就明繼晷敏皇將事計十六閱月而書成共七十六卷而臣成龍以職掌所及當有以序其簡端竊見九州之土宜貢賦載於禹貢中古文尚簡質不事詳贍其後周官所掌三墳九丘與禹貢所載體制不同而秦漢所收列國圖籍時久世遠莫可稽考詢嗣後或有所述

出自一隅一事不足傳信即陳沂楊慎所撰山東四川通志亦稱善本又皆私自屬草體例未純

皇上乃涣大號申冔命先取各省之志以成一統之志正欲於衆中求其詳於繁中舉其要夫修志之役必始於縣縣志成乃上之府府薈集之爲

府志府志成上之督撫督撫薈集之爲通志通志歸之禮部然後輯爲一統志於是無所不該山川貢賦土產人物之類無所不備上下數千載使之瞭如目前然則通志之舉其事不綦重而爲之不綦難歟且江南之視各省纂集雖均而難易懸絶何也各省通志原有成書而江南

絶無所本事屬創始未易周匝雖窮博採豈無絓漏其難一也孫吳六代以逮明初其經國大猷代各異制披尋史乘浩如煙海旁考别紀又多舛誤稽辨雖勞詎協至當其難二也江左人物甲於四方偉人駿烈尚疑遺佚至如節孝隱逸悉存姓氏既恐淆雜欲裁訛濫慮沒幽潛其

難三也所見異辭所聞異辭紀載歲月遠於春秋虞初雜志任情好惡志家之體無容疑誤並存裁量之能豈盡銖黍不爽其難四也大江左右僑立州郡分隸不常命名變易考往已多無徵準今何由參覈其難五也而 臣 等又以迂疏不學之才兼以簿書塵冗之苦短綆汲深曷能

勝任唯是祇

承

詔旨與同事諸臣其詳其慎纂集成書或止足以備

一統志之採輯而未敢自信爲良史也顧臣成

龍自策名入仕仰見

聖治右文

皇上單詞隻字皆足與詩書典誥爭光逮及備官

畿輔聞見益親近又與江蘇撫臣國柱共事撫

臣國柱久在

禁庭身依

紫極常語臣成龍

皇上以天縱之姿好學稽古講筵詰難燕閒辨問多

發先儒之未發

宵旰之暇考核異同披覽得失未嘗旦夕釋卷頻命

詞臣有所纂著皆足昭垂千載山至於高則峯

石出雲水歸於深而淵泉不竭臣等幸託

唐虞之盛世依附臯益之末光使樸僿鄙陋之所纂

輯得備崇文內庫之目以垂不朽臣等實有榮

幸焉是爲序

昔

康熙二十三年三月望日總督江南江西等處

地方軍務兼理糧餉操江兵部尚書兼都察院

右副都御史臣于成龍謹序

江南通志序

臣以庸鈍備員楚臬今年春恭荷

恩綸調撫吳會星言束裝順流趨事抵姑蘇方匝月

復蒙

皇上授臣兩江總督臣正慮才不勝任會所司以江

南通志一書具詳

進呈

御覽臣於簿書繁冗之會分陰校閲拜手而頌曰皇

哉煥哉我

聖天子同文之治誠曠古而一覯者也臣生逢唐虞

三代之時獲事

堯舜湯文之主竊覩威德文章車書玉帛之盛去歲

准禮部咨奉

旨催修湖廣通志隨檄督所司刻期告成臣颺言於

簡端因剞劂未竣先以鈔寫本帙咨部今祗

命來吳更見江南勝槩臣何幸也臣固陋不文曩昔

辦事中秘出入郎署仰窺

經筵鉅典

聖學天行兹於吳楚之間益藉志乘全書廣見博聞
私心竊切踴躍惟是江南爲財賦重地其江山
之挺秀河海之扼要人物之英多典章制度之
紛繁郡邑稱名之沿革以及幽光潛德風俗土
産傳聞異詞記載各别搜羅考核較之他省實
爲最難斯編薈萃周詳類序嚴愼以備

一統志之採擇以揚扢
聖代化成之萬一不尤爲黼黻太平之盛事也哉至
董厲討論者則臣成龍臣國柱臣國相之力也
臣涓埃未効樂觀厥成謹稽首爲序以
獻時
康熙二十三年歲在甲子夏六月穀旦總督江南

江西等處地方軍務兼理糧餉操江兵部右侍郎兼都察院右副都御史臣王新命謹序

江南通志序

古者諸侯之國各有史以紀時事墨子所謂百國春秋是也然皆紀言紀動而已自史遷創爲紀傳表志之法歷代因之而括地志之類即遷史志例別爲專本於是人物山川典章制度纖悉靡遺焉

皇上御極二十有二年臣國柱准禮部咨奉

旨催修江南通省志臣與督臣于成龍安徽撫臣徐

國相及時趨事務求詳確志成臣成龍既記其

歲月及纂修諸姓名書之簡端矣臣國柱有其

事編摩之役安得不一言以表

昭代崇文之盛竊見

國家鼎建兩京之外分省一十有四而江南最爲重
地通志一書視各省纂述爲難蓋國之大計以
財用爲根本而江南田賦之供當天下十之三
漕糈當天下十之五又益以江淮之鹽莢關河
之征榷是以一省當九州之半未已也　神京
東北運道數千里一線長河淮泗交下黃流澎

湃遷決汎濫亦時間有而
聖朝聲教遠被扶桑槃木江南所統安東以南三河
以北浩瀚汪涵黏天浴日帆檣出沒不可紀極
上下兩江旅舟商舶絡繹奔湊菁華所萃風氣
鬱發文章政績抱德懷瑜之士蜚聲騰實肩隨
踵接仕宦科名皆爲諸省之冠且鍾阜石頭六

朝遺蹟建置沿革紀乘淆譌而臣等操數寸之

管勾稽薈綴部次爬梳欲其絓漏無譏有當良

史足稱我

皇上乙夜之披覽不其難乎臣國柱自備官郎署攷

授掖垣洊歷卿貳旋副中臺奏對

彤屏趨蹡

丹陛親見我

皇上以天縱英姿勤學好問圖書典籍不離左右

聽覽餘閒考訂紬繹未嘗旦夕少輟蓋以

睿智喆謀之聖性遙契危微精一之聖心推行之爲

政治而昭垂之爲文章以上接堯舜禹湯文武

道統有非臣下所能蠡測管窺者故於郡國方

輿亦所留意因命修一統志先之以各省通志是將以考山川阨塞歷朝興廢之所繇焉紀士風民俗之貞淫焉稽秸穗絲枲徭征之繁重墳壤之腴瘠閭閻貧富民生之疾苦焉臣等所爲罷皇詳慎宵旦不遑以底成書冀無負此盛事也在明初修一統志出自宋濂諸人皆一代名

儒然紀山川則詳於名勝而畧於形勢敘建置則但存名號而不及廢興詞賦之資有餘而間於大指未備其後陳沂楊愼陳善郭子章之流號稱博綜究皆私家紀述非奉詔纂修故體未純備至若江南前代所傳如南部烟花吳地廣記金陵瑣事之類益復細碎無當紀乘臣等伏

奉

綸音博收肆採詳覈約存雖才識寡陋聞見淺隘然

而紀載辨考不敢稍忽刪繁搴要類聚部居爲

圖表以著星野輿地之形爲分志以見天文禮

樂車服之度爲考以悉職官選舉田賦匠作之

詳爲列傳以錄名臣鉅儒忠孝節義之大爲藝

文以載古今著述體尚之全爲雜著以補聞見流傳之失統計共若干卷數千里之内數千年之間舉凡隆替盛衰險易得失貞淫休戚諸大故一開卷而瞭若指掌鑑古可以知今觀風因而設教具在是矣惟是江南省志從無定本今則合各郡志之繁雜成於三月之定限擇焉不

精語焉不詳所謂腹儉者難爲華質固者難爲
通此又臣國柱與督臣成龍守此戰戰也謹薰
沐拜手稽首而附陳志事之始末有如此云是
爲序　旹
康熙二十三年正月望日總理糧儲提督軍務
巡撫江寧等處地方都察院右副都御史臣余

國祚謹序

江南通志序

粤稽周官小史掌邦國之志外史掌四方之志用以周知天下山川風土職貢官師謠俗之宜此志所由昉也逮其後郡國有圖經風土有記方輿有考叚爲知古知今識大識小之藉然大都出於學士之紀載草野之傳述雖淹洽舊聞

弗足鋪揚鉅典洪惟我

皇上治定功成登三咸五而尤體國經野爲兢兢爰

勑纂修會典彙爲一代章程并修一統志以徵四方

文獻各省通志同時並輯而江南雄長諸省地

亘江淮扼荆楚而接中州環瀛海而引閩越渹

寰宇之要區

國家之外府聲名文物之淵藪其摭拾固不可不
詳攷核尤不可不謹先是總督臣于成龍巡撫
臣余國柱徐國相廣稽愼蒐業已編輯成書臣
桂斗於甲子仲春謬承
寵命弭節上江溢事之初適當剞劂告竣合繕疏恭
呈臣敬捧閱側見疆域之分合而知綢繆之圖貴

豫也戸口之多寡而知休養之計宜先也風化之或淳或漓而知張弛調劑之弗可緩也賦役之爲盈爲絀而知催科撫字之當加意也至於求故實而悉制作之由稽懿媺而深仰止之慕一編之中罔弗備焉臣往者司臬皖城稍習知其山川風土職貢官師謠俗之槩未遑搜遺舉

陛比於小史外史勒爲一編以彰

聖世典章之極盛茲幸通志成日猶獲廁名其間因

曉然古今沿革之故禮樂教化之原

國計民生之大竊冀因時補捄移易風俗以毋負

皇上簡畀至意 臣將奉斯志爲繩尺而莫或遑息矣

敢稽首颺言於簡端是爲序

旨

康熙甲子孟夏吉旦巡撫安徽寧池太廬鳳滁和廣等處地方提督軍務都察院右副都御史

臣

薛柱斗謹序

江南通志序

粤稽禹蹟之在天下也南紀居三條之一而聖人所以經理南條者曰九江孔殷曰震澤底定蓋由海門達吳會皆其殫力注措之地江有上下治同一源意當日功參造化教被方隅文物度數之整齊土田兵農之區畫必有一正俱正

一定俱定者故吳頭楚尾吳根越角悉隸揚州則壤既同其所率由無不同也然則應瑗所云千里不同風者豈三代以前之論乎

興朝德邁九皇治超隆古而經理南條仍按禹蹟之舊於海門震澤設兩撫臣以鎮之臣國相備員上游悲飭巖疆已經七載初至則猶楚氣震

鄰畤嚴斥堠鳳泗瘠壤多不逢年旣而
皇威遐播四境寧謐吠犬無驚
恩卹屢霑磽确之區均歌含哺臣於是登皖峰望
三吳不禁欣然曰美哉鬱葱佳氣東南之化域
而財賦之樞機也陳詩納賈以觀民風此其時
矣歲癸亥適逢

皇上俞禮部之請催取各直省通志臣同督臣成龍

撫臣國柱廣延宿學揚搉紀乘刪繁補闕裒舊

益新閱六月而江南通志告成竊念臣所轄者

七郡三州也宜乎見聞親切莫先於是顧金陵

處吳會之中臣昔職掌承宣於錢穀出入外凡

吳地造化之所鍾靈方隅之所扼要土田兵與

之位置文物度數之敷施葢居省會時已習知其大同㓾復叨鎮撫諮詢閲歷不啻加詳今從兩臣後殫力編摩鋪陳典制目張綱舉有脊有倫信乎海門震澤江分上下治同一源也抑臣嘗考禹會諸侯於塗山執玉帛者萬國山經海志皆益稷諸人載筆以成迄西漢盛時天子登

灊山封爲南嶽紀功頌德作盛唐樅陽之歌二者在皖濠間皆臣部内事也臣之通經作頌之才而身與萬國共球之會則已榮踰益稷其於漢臣歌盛唐者何有哉是編進

呈得蒙

御覽固東南之幸而尤私賀微臣之克逢盛典也爰

沐浴拜手而爲之序

旨

康熙二十三年三月望日巡撫安徽寧池太廬

鳳滁和廣等處地方提督軍務兵部尚書兼都

察院右副都御史加十三級臣徐國相謹序

江南通志序

我

皇上以英睿天縱之姿契精一危微之旨而稽古好

學盛治右文木天禁近旣夙備馬班燕許之材

復舉博學宏詞之科拔其尤者亟居秘府俾與

侍從諸臣纂修會典明史諸書以成一代之鴻

文典册且於二十有二年

詔取各省通志尅期進

呈以備統志之採輯此誠古來採風問俗之遺徽

而

國家政孚化洽之實效也臣輔竊惟國之有史所

以紀事而昭信自馬遷創爲紀傳表志之例分

列成書號稱良史後代因之而輿圖地志於是
備載天下之山川星野貢賦人物與章制度之
類遂爲紀乘所必需今
聖天子特渙綸音亟命蒐輯宣付史館蓋有以也江
南爲各省之首區疆域開廣形勢蟠踞負山海
而控楚豫襟長江而帶大河其聲名文物財賦

物產皆甲天下以數千里內數千年間之建置沿革山川風土事物人文之屬咸欲於志乎是備纖悉勿遺此其事誠重而爲之也誠難幸督臣于成龍撫臣余國柱徐國相暨藩臬諸臣董率其事聘諸儒臣文士編纂考校不數月而志以成臣輔名列監修例得賜言以附簡末但臣

以不敏待罪河干頻年以來拮据奔走躬親畚
鍤奉職弗遑當兹
盛典恭獲操觚從事惟是臣職司河務今觀於志即
以水利言之江南境內如黃淮二河則自高寶
以迄蕭碭如大江則自東流以至靖江延袤數
千里間按圖而索其中形勢之曲折郡邑之牙

交地名之詳審與夫沿海之墩汛瀕湖之港瀆莫不條分縷晰瞭若指螺志之於水也其詳如此則其他之所載稱是可知此雖督撫藩臬諸臣董率之功與儒臣文士編摩之力然而非我

皇上殷殷圖治宵旰靡寧致使薄海內外車書渾一

崇文敷德留意千秋則又安能立成大一統之

規模蔚然備美以垂不朽之盛事哉臣輔

身與共球之際會且幸名依阜益之末光謹沐

浴拜手而爲之序

旹

康熙二十三年七月朔日總督河道提督軍務兵

部尚書兼都察院右副都御史丁憂服闋俟工

完另請守制臣靳輔謹序

江南通志序

癸亥秋杪臣志棟以内臺備員重荷

簡命視兩淮鹺政適修江南通志告成督撫移槀會

臣志棟啟閱一過卷帙犂然凡例備具其載鹽

法源流亦甚晰臣志棟非守土之吏例無與編

纂而鹽務於其中又僅處三十之一焉臣亦何

容贊一辭贅之簡末雖然臣時督理者鹺政也

顧周咨博訪獻四方之善敢於

闕庭則固臣職業事也敢不拜手而書竊惟圖始禹

貢經傳山海及周職方所載靡不按土作賦因

時制宜今之視昔亦猶昔之視昔也顧岡陵不

變而川流或變疏導則因之乎地疆域不變而

謠俗或變移易則因之乎人至若賦役之輕重水利之通塞土壤之沃瘠職官之繁簡人物之息耗攷之歷代往往因革異轍興廢無定豈非時移勢殊則上之政教攸更制置靡常則下之方類罔齊歟方今

聖皇廓清正域敷德右文

允禮臣之請

詔各直省修通志車書大同煌煌明備臣於斯時躬

逢休隆獲附名於鹽漕志後蔚哉榮矣而臣竊

讀志而有未雨綢繆之慮焉江南財賦居天下

之半漕河扼諸路之衝其視他省調劑爲尤亟

或沿海要塞守險以戒不虞或關津榷酤酌設

以期久遠或田賦錯貢協量而蹐平均苟有裨於

社稷前之所無者今日增之不爲過苟無利於斯民

前之所置者今日省之不爲損記曰一張一弛

文武之道也董子曰琴瑟不調必變而更張之

乃可鼓也是在守土之大吏與我

國家之變通合宜矣謹爲序

旨

康熙歲次甲子初夏吉旦

賜同進士出身巡視兩淮鹽漕監察御史加一級前

翰林院庶吉士臣東萊張志棟撰

江南通志序

我

國家統一區寓薄海內外罔弗臣服幅員之廣亘

古莫逾惟江南僻在東隅而人民之庶賦稅之

殷聲名文物之盛甲於列省固

聖天子所注意而采風諸臣所殫心以從事者也第

江南故無通志於是有編纂之役督 臣 于成龍
撫 臣 余國柱徐國相實總厥成 臣 不敏奉職弗
遑未獲載筆以共効編摩惟是江南夙統於一
藩自康熙二年間爰以左右藩使分上下江而
理之嗣又悉裁右使則下江益爲專任 臣 幸代
匱茲土預參鉅典側得颺言于末簡乃作而嘆

曰

聖天子殷殷圖治之心舉其大不遺其細監乎古必
垂乎後如是其不可及也大學先慎德而推之
人土財用夫人土財用凡治天下者胥有之而
必本于德者所謂舉其大也然人何以聚地何
以闢財用何以生何以節求之典章象魏則棼

且散聚于志而瞭若指掌矣非一不遺其細乎昔禹貢定九州列五服畫野分畿迄今誦禹之明德不衰姬公立職方掌天下之土其山鎮其澤藪其川其浸其利其民及畜及穀靡不備載迄今猶奉爲章程焉使當日者禹貢不書職方不紀何以辨九土風俗之宜彰九有車書之一俾

奕世而後監三代以立極耶所以鄧侯入關止
收圖籍考亭蒞官先修紀乘以與朝而重先代
之遺文以有司而求故老之掌故豈曰急其所
不當急亦猶是神禹姬公之志也立今日而緬
想唐虞三代漢唐之休隆暨歷朝分合之時會
因以見

皇朝之明備匪志無由是非所以監古而垂後乎況

江南人似衆而實凋瘵土似治而實磽瘠財用

似殷阜而實浮夸幸

本朝休養四十年來凋瘵者巳不盡瑣尾磽瘠者

巳不盡石田浮夸者巳不盡敝化奢麗之風則

又我

皇上之皇建有極宵旰經營大造南服斯志之成實

國家政乎化洽之驗也於以上塵

乙夜之觀覽當更有所以惠我嘉師者又豈僅南邦

之文獻足徵而已乎

時

康熙癸亥孟冬吉旦

賜進士出身江南江蘇等處承宣布政使司布政使

今陞巡撫湖南等處地方提督軍務兼理糧餉

都察院右副都御史前翰林院侍讀臣丁思孔

譔

江南通志序

歲在癸亥秋七月臣永昇從江右觀察奉

簡命領南省上江承宣之職甫入境簿書塡委拮据

靡遑而適當纂修通志之日事關大典董率宜

先於是徵往來庀館舍延耆舊一循秦豫通志

之例分條編纂程期計工至冬而書成越甲子

之春刊刻始竣兹督撫諸臣既颺言簡端臣永昇亦竊附贊頌於後曰大哉志之爲義也粵自九州既定臚其所有悉載九丘丘以言聚聚以言會志也者綜天下之至賾而觀其會通也江南循天象則七曜之次推從斗宿會於星紀察南戒則自岷山嶓冢負地絡之陽會於金陵考

水經則四瀆之分流會於淮海萃二儀鍾氣此爲獨優昔人爲繫四方之根本者亦從其所會也然其間精英發越生齒所籍倫物所陳會計所登風教所樹歷代以來消長隆替因時各殊豈非乾端坤倪必待範圍曲成之元后而始盡出其蘊藏以供作覩歟況

皇朝奠定南服垂四十載休養漸摩氣象蒸蒸日新月異故猶是天時也而玉燭頻調由庚順軌猶是地宜也而出作入息貢賦以時水處陸居高深有備猶是人事也而文惠武威效臻揆奮型仁講讓俗屏奇衺此即抽一紀之思汗東南之竹未足揚厲吳風敷宣典制乃欲其朓朒再更

操觚集事豈易言乎臣隨督撫諸臣後朝夕黽勉參互稽詢期於備美罔敢暇逸良以區域雖廣諮諏不敢不詳也品目雖繁包舉不敢不核也倫物雖稠稱量不敢不嚴也聞之志必綜古今該名實裁斷以昭識發攄以徵才去雷同剿襲以驗學信褒貶臧否以觀政令獲從事於斯

其敢不兢兢乎規倣前人而惟恐弗及歟昔風詩之有二南也言其導揚王化自方伯之國被於南方臣承昇於官爲古方伯於所轄實爲南方無旦奭之能而叨承流宣化之任將因是書以觀會通以賚拜獻以勤職業是則臣之所[illegible]共自矢者矣

旨

康熙二十三年四月之吉江南安徽等處承宣

布政使司布政使臣柯永昇敬譔

江南通志序

皇上御極之二十有二年歲在癸亥

詔天下府州縣各修志乘彙爲通志江南省固天下

之名邦奥區也大小臣工奉

上德音靡不將事恐後自秋經始迄於冬月而江南

通志成在事諸臣蓋已殫精竭誠用嗚厥盛矣

臣欽文固陋不敏其何以繼此而颺言哉憶昔

臣守濠梁得總攬上江之名勝及覩漕江上又

親見省會之殷繁耳而目之者蓋十年於茲曁

奉

命治糈楚北司臬豫章去江南者三載迴念山川之

壯麗風土之萃美人物之磊落而英多財賦之

諫因而稠疊未嘗不欲抽思授簡頌颺隆盛
而簿領侵尋有懷未逮伏荷
皇上隆恩承宣茲土受事之初而是書告成編摩整
輯凡數千百年數千百里之山川風土人物財
賦皆聚於方幅尺素之間俾得一覽而無遺抑
何臣之幸也雖然此不過識其小者而已矣蓋

嘗深思紬繹竊有見於我

皇上誠得天地人三者之助焉何謂天助蓋癸亥之

歲書成之明年是爲上元甲子乃自堯甲子至

今四千年歷歷四見之景運而我

國家遘之爰以是時釐正舊章用資康濟自

京師根本以下國莫先於江南矣江南通志成而

天下有所持擇則元元之福也豈非得天之[illegible]
平何謂地助嘗攷江南地志周遭一萬三千七
百餘里財賦漕輓足以充
國用文物科目足以為
國華而是書既成將見十四郡之吏從而講求民
瘼作新不變其戸可封道不外是豈非得地之

助乎何謂人助蓋先是二年

天子旣以神武靖四方無復妖胥亂領駸駸乎海不揚波矣於是臣工荅赤相與歌詠太平踴躍鼓舞於功名之會操觚之士什百爲羣有不捧檄而喜思得一當於分曹按讐之末者耶而江南爲最故竣事獨先豈非得人之助乎抑微臣發

文

嘗竊謂自古治統道統不分爲二乃自三代

而後不乏令主而儒生論列每多刻責茲者恭

覩

聖天子偃武興文修舉廢墜在記所謂萬事得其序

而三才應之二帝三王以後治統道統復合而

爲一將於是乎在敬拜手稽首而爲之序

旨

康熙二十三年春三月上浣之吉江南江寧蘇松

常鎮淮揚七府徐州一州承宣布政使司布政

使臣章欽文謹識

江南通志凡例

一江南地居藩首財賦繁重文物弘多通志卷帙勢難從簡然既奉　部頒秦豫二志爲式則不得不刻意裁歛以就謹嚴略虛文而紀實事務約務該挦撦襞積固傒淹通非所尚矣

一建置沿革以論爲綱以表爲目綱舉其要目舉其全凡論所弗及詳則於表著之表所不必贅卽於縣詳之蓋期前後互見以省繁文此倣史體也亦遵河南志例也至於坊間傳刻之輿圖頗多淆譌不足援據茲編悉取廿一史細加核

證雖限於時日亦未敢襲故踏常也

一星土之論紛如聚訟然自伶州鳩李固以來占驗不爽未可因芒芴而遂置之弗道也江南分野屬斗宿其於鳳徐則入大火降婁焉歷代所定躔次各有異同備書星圖後俟學精甘石者循次測之

一田賦戶口悉準刊定全書凡續墾新編者俱照現行事例依郡縣分註亦惟撮其總數如干不涉繁瑣而前明萬曆款額有可備考者亦節存之

一山海之利鹽筴爲大歷代禁榷法有寬嚴用有損益要之因時制宜期於公私互濟則萬世無弊焉兹所援引不厭其詳而繫以督鹺之官重職守也至於刀布雖屬下幣其流通百貨以便民用蓋與鹺政竝急焉故錢法附後

一黄河之爲中區患大矣引河濟漕勢難聽其北徙然議挑議塞時有得失漢唐宋以還厥效可覩焉今考河決江南郡縣者由前史所書迄我

本朝悉紀年月其隨宜施治之策亦可尋繹以見一班

一江防海防應繪全圖用識要害至列營設守弁兵員額則詳兵制中

一人物如理學忠節宦績儒林武勇例應分標名目緣河南通志渾而一之茲亦依式排纂然非是五者未由超異等倫故於合紀之中仍須專覈其生平所獨詣者何修所建樹者何事苟名不副實卽崇秩顯官亦在所舍蓋愼之又愼也其於孝義倣此

一列女關乾坤正氣無其美而飾譽謂之誣有其實而弗彰謂之蔽蔽與誣其失均也今按節烈

幷孝婦孝女曾經前代旌門及奉我
朝俞旨建坊者詳考年月悉著篇首餘或旌奬未逮
而懿行可風亦倣河南志例確採量存庶化日
光天無不伸之幽隱矣
一名宦必嘉謨嘉猷久播人口名棠郇雨尸祝弗
衰始得從身後作傳今議陞任現存者雖循良
丕著亦姑俟之
一處士易盜虛聲盛代何容肥遯隱逸一途寧嚴
勿濫所以杜終南之徑防北山之文也而流寓
中非譽望出羣幷勿輕入

一釋道流品淵雜且依託雲水蹤跡難稽茲擇經教素諳戒行著聞者方輿紀錄而寺觀精藍亦須年代久遠載在前志者爲酌登之俾清淨門庭一掃蕪穢庶稍有裨於二氏云

一南國固文章淵藪然六朝偶儷之作柔曼之音亦濫觴自江左焉陳言務去僞體須裁宜於是編三致意焉文則取其根本經術詩則取其溯洄風騷幷合是選暨有關地方者摒擋殆盡若奏疏碑銘之類掌故足徵在所當錄勿拘體裁凡時賢歌詠美不勝收以俟采風者別見二

修志姓氏

總裁

總督江南江西等處地方軍務兼理糧餉操江兵部右侍郎兼都察院右副都御史　王新命　純嘏　滿洲籍四川潼川人　監貢

總督江南江西等處地方軍務兼理糧餉操江兵部尚書兼都察院右副都御史　于成龍　北溟　山西永寧人　己卯

總理糧儲提督軍務巡撫江寧等處地方都察院右副都御史今陞都察院左都御史　余國柱　佺廬　湖廣大冶籍江西南昌人　壬辰

巡撫安徽寧池太廬鳳滁和廣等處地方提督軍務今陞總督湖廣兵部尚書兼都察院右副都御史　徐國相　行清　遼東廣寧人

巡撫安徽寧池太廬鳳滁和廣等處地方提督軍務都察院右副都御史　薛柱斗　梁公　陝西延安人　貢生

監修

總督淮揚等處地方提督漕運海防軍務兼理糧餉兵部右侍郎兼都察院右副都御史加四級　邵甘　滿洲人

總督河道提督軍務兵部尚書兼都察院右副都御史　靳輔　紫垣　遼東人

巡按兩淮鹽漕監察御史加一級 張志棟 清樵 山東昌邑籍濰縣人 癸丑

巡按直隸長蘆鹽課監察御史 戴通 滿洲人

巡按浙江督理鹽課兼轄蘇松等府州監察御史 巴錫 滿洲人

提調

江南江蘇等處承宣布政使司布政使今陞撫浙江等處地方提督軍務兼理糧餉都察院右副都御史 丁思孔 泰巖 遼東廣寧人 壬辰

江南江蘇等處承宣布政使司布政使 章欽文 斐菴 順天宛平人 貢生

江南安徽等處承宣布政使司布政使 柯永昇 貞階 遼東人

江南江蘇等處提刑按察使司按察使加一級 金鎮 長眞 順天宛平人 壬午

江南安徽等處提刑按察使司按察使今陞湖廣承宣布政使司布政使 王定國 貞元 奉天遼陽人

江南安徽等處提刑按察使司按察使 盧崇興 瞻斗 遼東廣寧人 廕生

江南安徽等處提刑按察使司按察使 王國泰 明廷 遼東廣寧人 貢生

督修

管理江安等處督糧道兼分巡池太地方布政司參議加四級　張永茂 元公 奉天錦縣人 癸卯

整飭通省驛傳鹽法道按察使司副使加五級　黃桂 漢桂 遼東人

協理

提督通省學政按察使司僉事加一級　趙崙 閬仙 山東萊陽人 戊戌

督理蘇松常鎮四府糧儲道兼分守蘇松二府布政司右參政加二級　劉鼎 衡調 遼東人 廕生

分守江常鎮道按察使司僉事　孔興洪 涵萬 山東曲阜人 廕生

分巡鳳廬道按察使司副使今陞江西提刑按察使司按察使　孫蘭　遼東人

分巡鳳廬道按察使司副使　張璿 越青 河南永寧人 己丑

分巡淮揚道按察使司副使　多弘安 君修 直隸阜城人 拔貢

分巡淮徐道按察使司副使　劉元勳 介菴 陝西咸陽人 己亥

兩淮都轉運鹽使司運使加二級 龔其裕 客溪 福建閩縣人 貢生

編纂

誥封內閣學士兼禮部侍郎原任河南提學道候陞參議 張九徵 公遡 江南丹徒人 丁亥

原任內秘書院中書舍人候補兵部主事 陳焯 默公 江南桐城人 壬辰

評論

原任巡視京通二倉監察御史 王廣心 伊人 江南華亭人 己丑

原任雲南提刑按察使司按察使 許纘曾 鶴沙 江南華亭人 己丑

翰林院檢討 倪粲 闇公 江南上元人 丁巳

原任廣西右江道參議 劉思敬 覺岸 江南上元人 丁亥

原任河南通省提學道僉事 朱之翰 鶴門 江南上元人 丁亥

原任山西通省提學道副使謝　觀 叔賓 江南上元人 甲午

原任許州知州阮士鵬 江南宣城人 己卯

采輯

江寧府知府于成龍 振甲 奉天人 廕生

蘇州府知府趙祿星 百蕃 遼東義州人 貢監

松江府知府魯　超 謙菴 順天人 拔貢

常州府知府盧崇義 昭斗 遼東廣寧人 廕生

鎮江府知府高龍光 紫虹 福建長樂人 己亥

淮安府知府高成美 振公 遼東人 特用

揚州府知府崔　華 蓮生 直隸平山人 己亥

安慶府知府 劉 標 懷遠 山西安邑人 廕生

徽州府知府 林國柱 載石 順天大興人 廕生

寧國府知府 王國柱 公輔 奉天遼陽人 特用

池州府知府 喻成龍 武功 遼東金州人 廕生

太平府知府 吳延壽 介菴 奉天開原人 廕生

廬州府知府 杜立本 華升 奉天寶坻人 廕生

鳳陽府知府 耿繼志 敏中 遼東人 廕生

徐州知州 臧興祖 子翼 遼東人 監生

滁州知州 王賜魁 遼東人 廕生

和州知州 王 瑄 子璜 陝西三原人 監生

廣德州知州州門可榮維先奉天海州人

訂正

江寧府管糧同知加一級朱雯喬三浙江石門人甲辰

寧國府總捕同知加一級食四品俸鄭載颺瑚山浙江縉雲人丁未

纂輯

泰州薦舉特授內閣中書鄧漢儀

江寧府高淳縣吏部候選進士史秉直

蘇州府薦舉布衣蔡方炳

寧國府甲午舉人梅清

松江府薦舉庚子舉人董俞

松江府貢生李卿

松江府生員錢德震

鎮江府生員何絜

泰州生員黃雲

和州布衣戴移孝

鹽城縣生員宋恭貽

分輯

無爲州學正史逸孫

歙縣教諭許維楫

廬陵縣教諭顧芳菁

廬江縣教諭王琳徵
全椒縣教諭施鶚曾
六安州訓導光宏賁
貴池縣訓導宗觀
鳳陽縣訓導張旲
蘇州府薦舉博學弘詞黄始
常熟縣布衣薛熙
江寧府生員白夢鼎
蘇州府生員歸聖脉
如皐縣廩貢生候選州同冒丹書

潛山縣貢生金夢堯

歙縣貢生吳聖修

安慶府生員陳臺略

望江縣生員方學仕

休寧縣生員金蘭

分校

潛山縣教諭程式琦

合肥縣教諭劉銘

全椒縣貢生邵允夔

全椒縣貢生金輝鼎

含山縣貢生唐廷佾

廣德州貢生戈標

常熟縣生員嚴熊

合肥縣生員胡光璉

江寧縣布衣王檠

合肥縣生員許用世

當塗縣生員孫麟定

寧國府生員徐肇伊

太平府生員端肇震

建平縣生員姚錄

建平縣生員王翹

黟縣生員葉其荃

休寧縣生員胡璉

祁門縣生員陳希昌

建德縣布衣江桐

歙縣生員洪宮諧

貴池縣布衣吳非

江南通志目錄

藝文十六傳 述 考 䟦

卷之第七十六

藝文十七碑銘 墓誌

江南通志卷之第一

圖考

城郭宫室之氣象山川之精采求之於跡而難盡者庶幾以神遇之圖也者神之所由寓也古人爲學左圖右書酇侯入秦先收圖籍後世圖王會圖無逸輿圖金城上當宁皆是道也江南提封千餘里其爲城郭宫室山河江海未易悉數然以神遇之則僅盈方幅耳用貧瀏覽顧可忽乎志圖考

江南通志卷之第一圖目

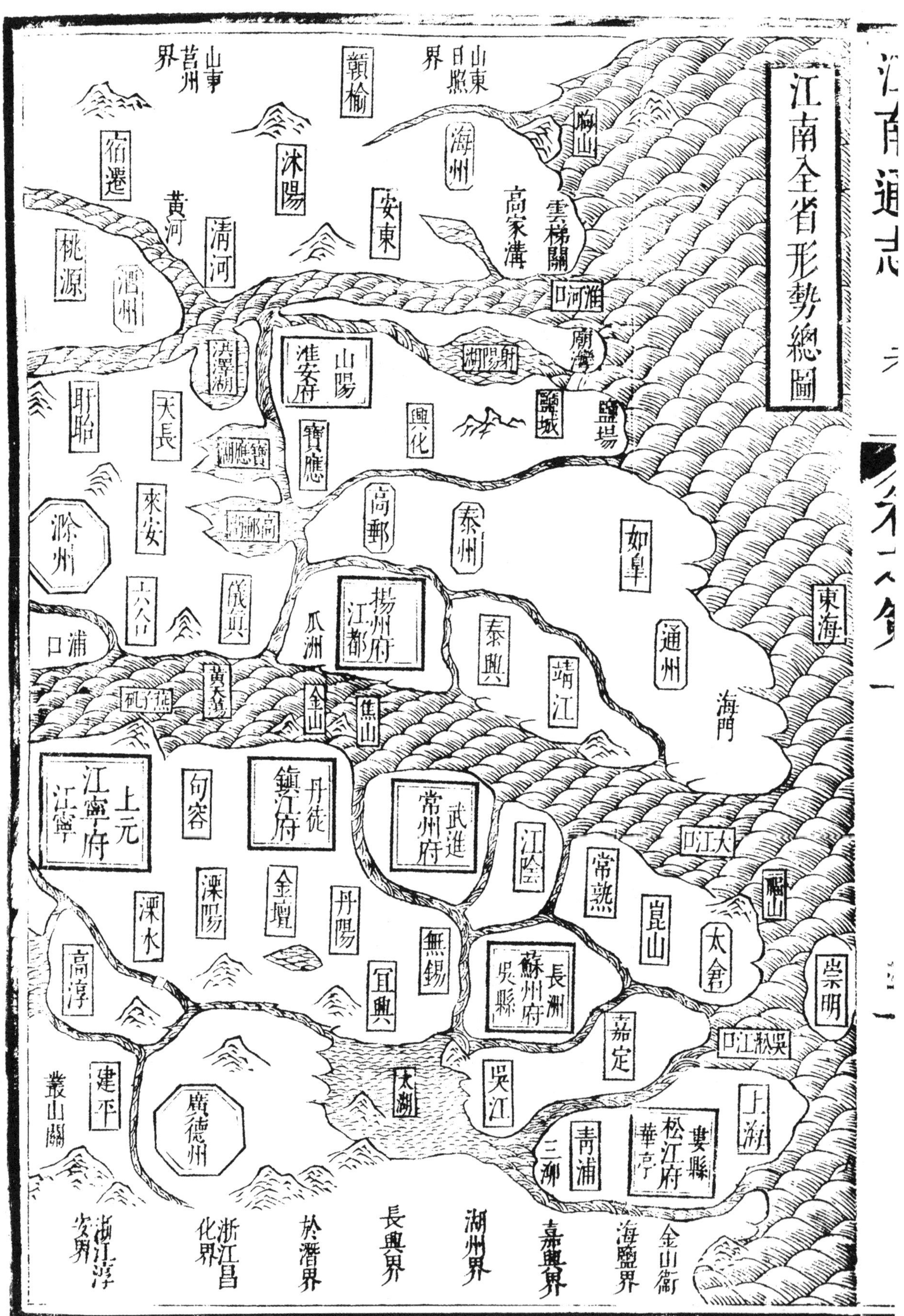
江南全省形勢總圖
江南通志 卷一 圖
東海
崇明
上海
海門
通州
如皐
淮安府
揚州府
江寧府
鎮江府
常州府
蘇州府
松江府
廣德州
滁州
泗州
太湖
山東莒州界
山東日照界
浙江淳安界
浙江昌化界
於潛界
長興界
湖州界
嘉興界
海盐界
金山衛

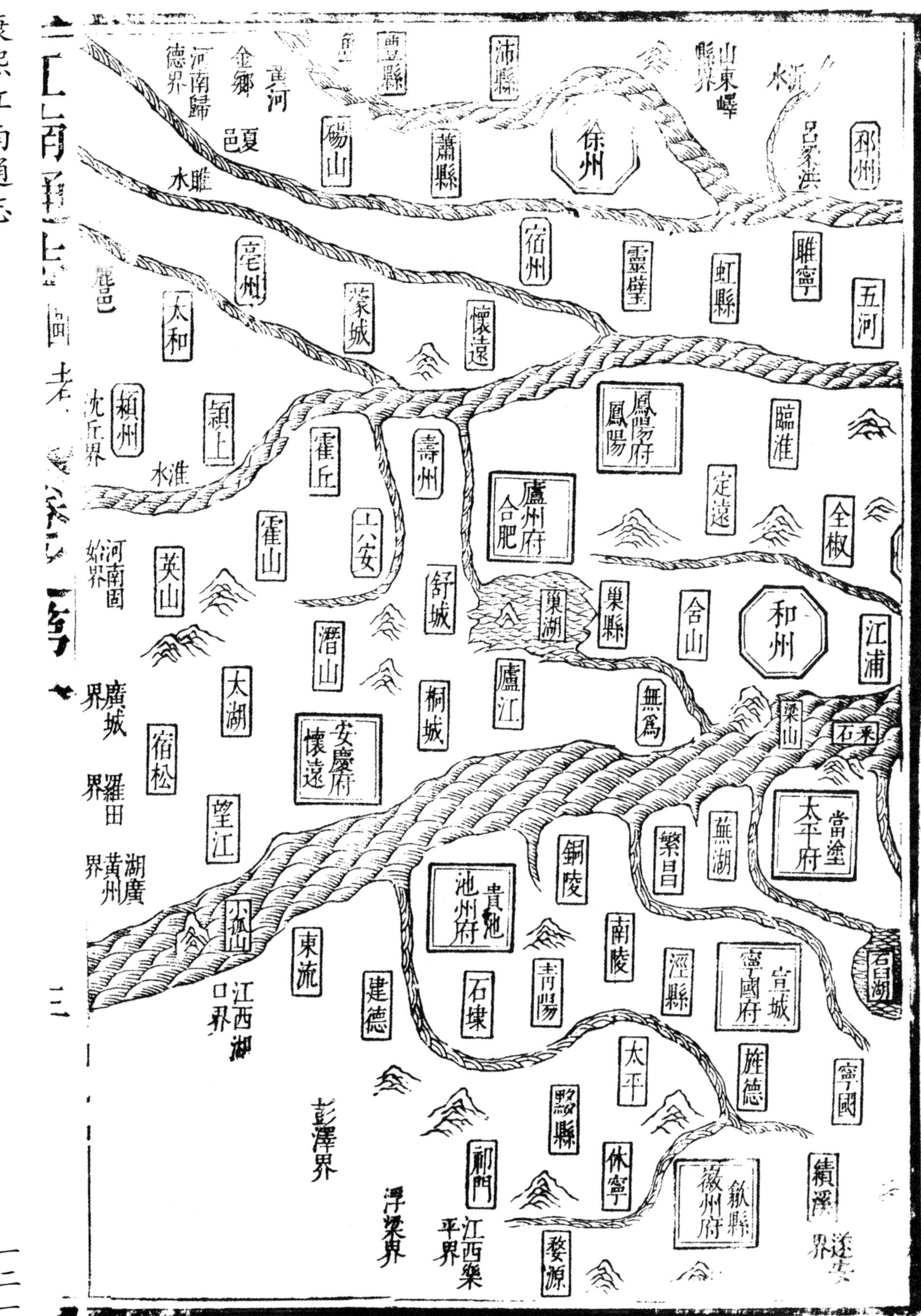

徐州
沛縣
碭山
蕭縣
宿州
靈璧
虹縣
睢寧
邳州
五河
亳州
太和
蒙城
懷遠
潁州
潁上
霍丘
壽州
鳳陽府 鳳陽
臨淮
定遠
廬州府 合肥
六安
霍山
英山
舒城
巢湖
巢縣
含山
和州
全椒
江浦
潛山
桐城
廬江
無為
太湖
宿松
安慶府 懷遠
望江
小孤山
銅陵
繁昌
蕪湖
太平府 當塗
池州府 貴池
東流
建德
石埭
青陽
南陵
涇縣
寧國府 宣城
石臼湖
太平
旌德
寧國
黟縣
祁門
休寧
徽州府 歙縣
績溪
婺源

江南省十四

北至山東省嶧縣

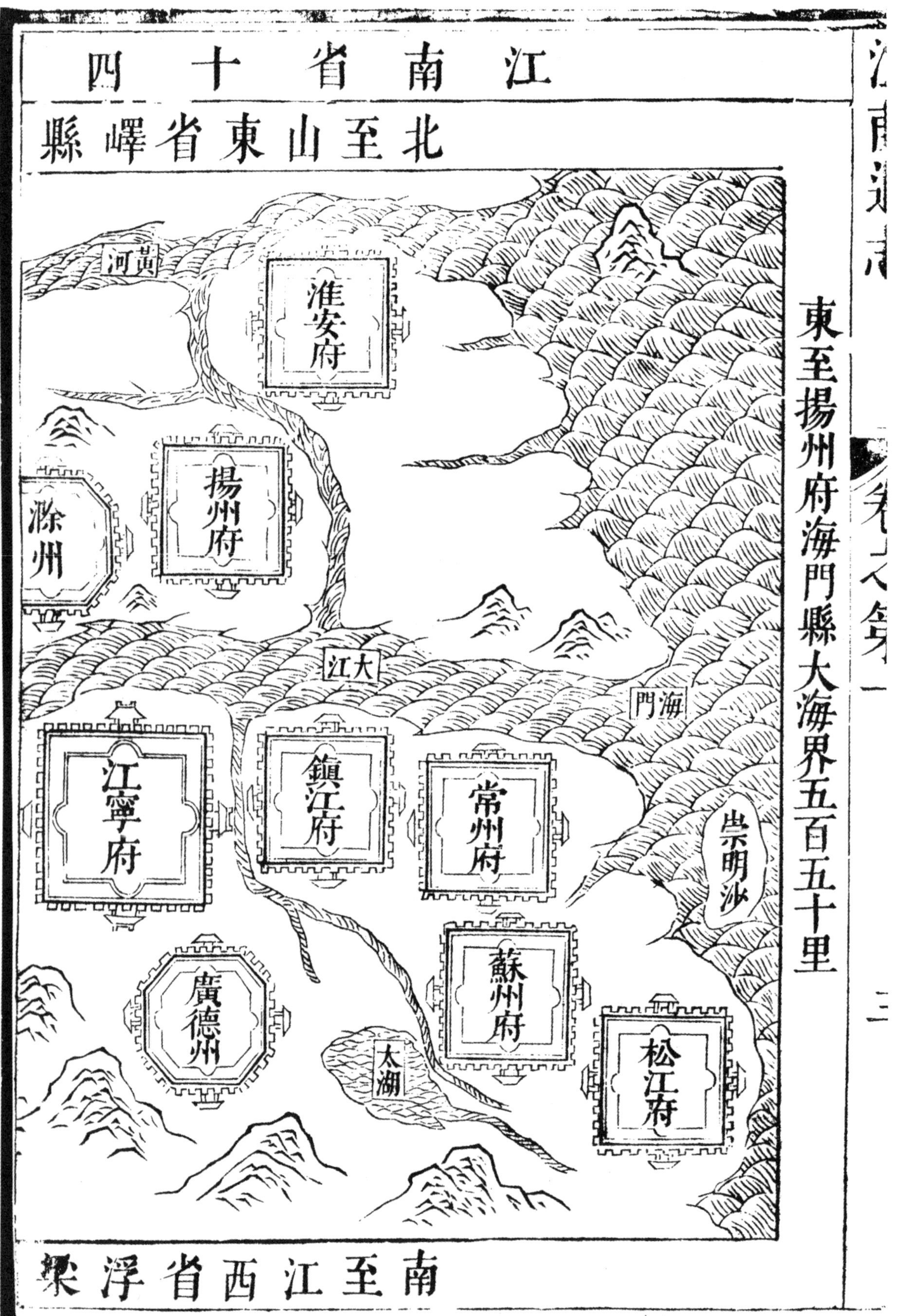

東至揚州府海門縣大海界五百五十里

南至江西省浮梁

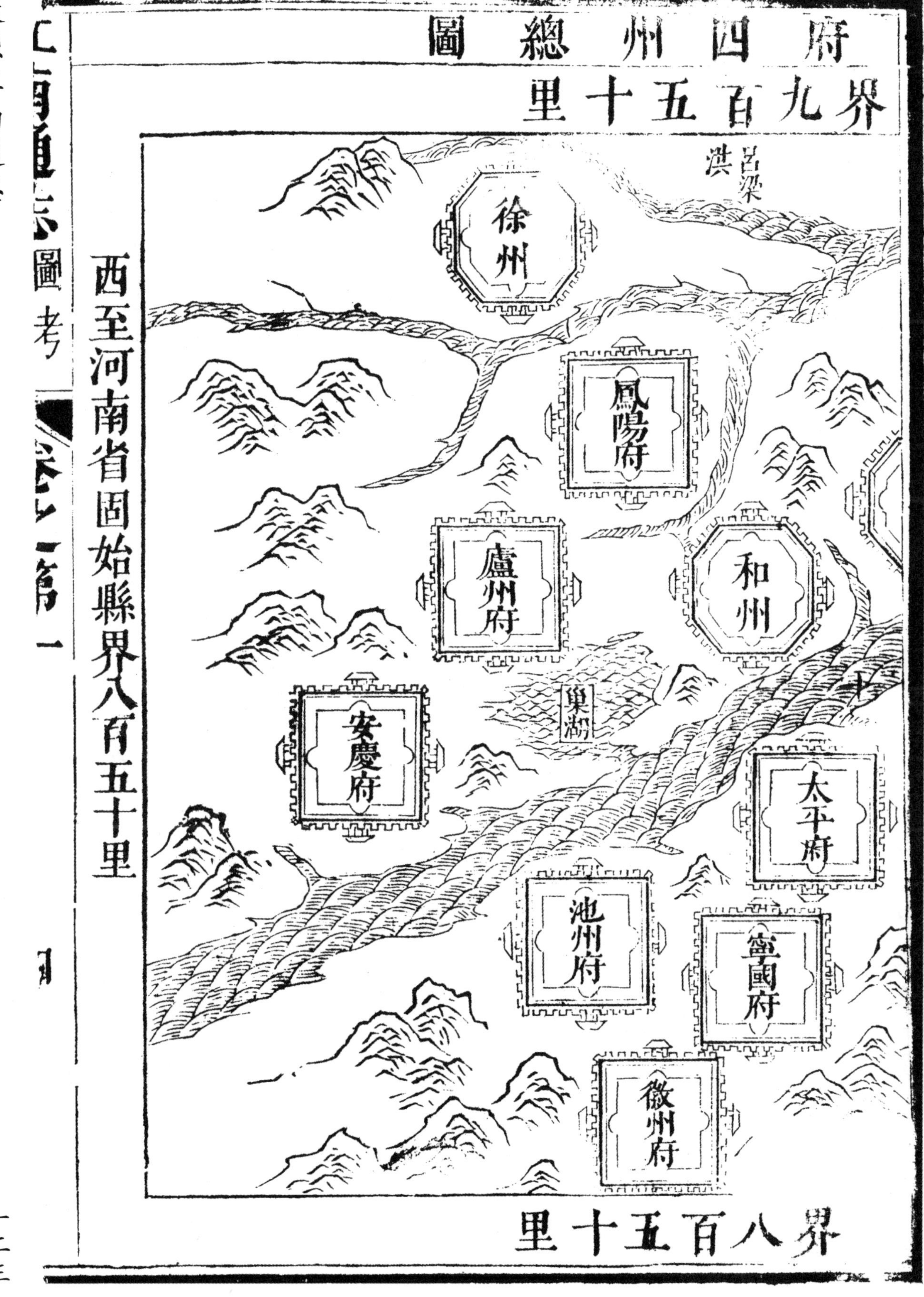
府四州總圖
界九百五十里
呂梁洪
徐州
鳳陽府
西至河南省固始縣界八百五十里
廬州府
和州
巢湖
安慶府
太平府
池州府
寧國府
徽州府
界八百五十里

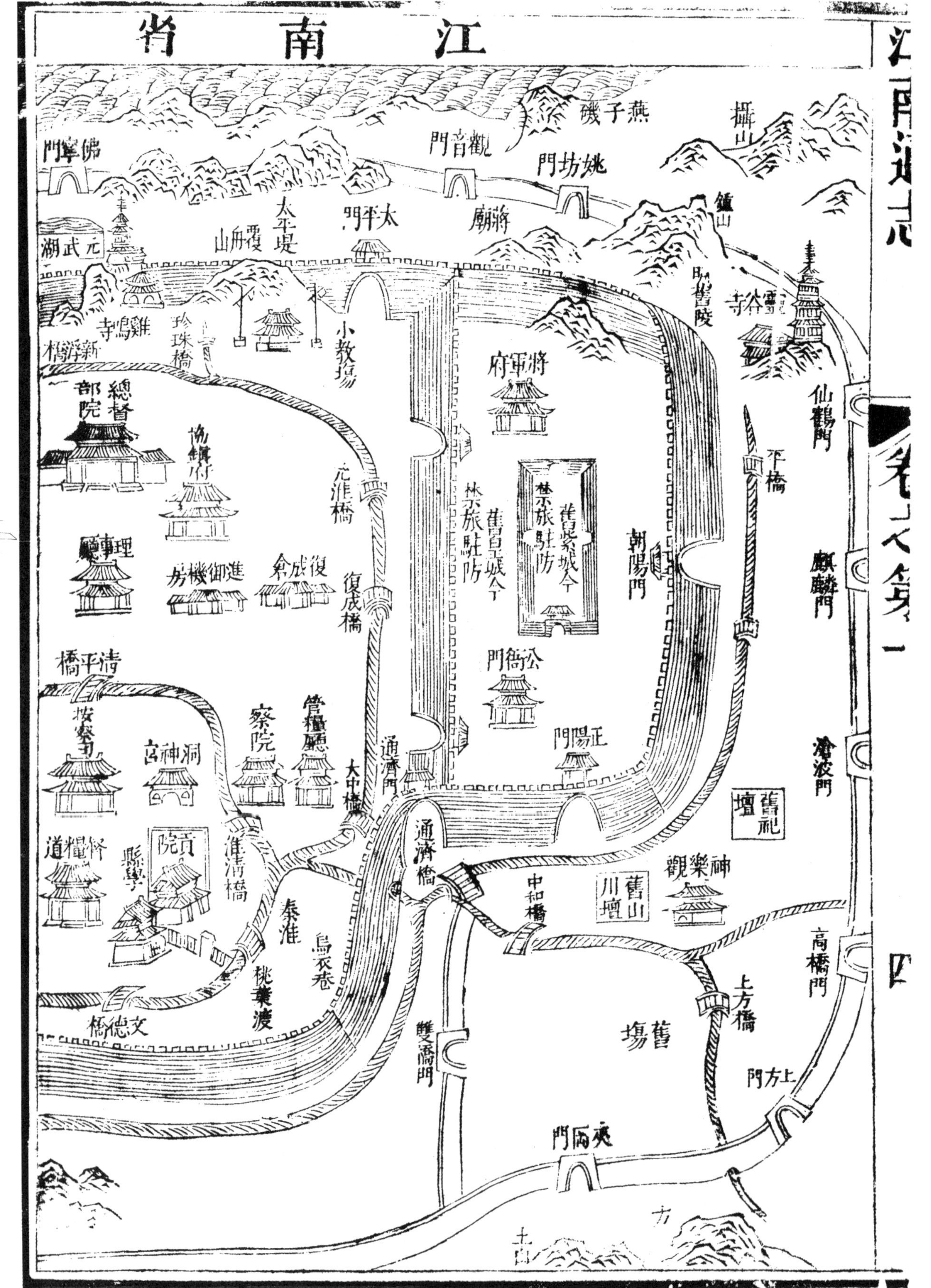
江南省
燕子磯
攝山
佛寧門
觀音門
姚坊門
鍾山
太平門
太平堤
覆舟山
元武湖
蔣廟
孝陵
靈谷寺
雞鳴寺
珍珠橋
新浮橋
小教場
將軍府
總督部院
協鎮府
元淮橋
禁旅駐防
舊皇城今
舊紫禁城今禁旅駐防
朝陽門
平橋
仙鶴門
麒麟門
理事廳
進御機房
復成倉
復成橋
公衙門
清平橋
按察司
洞神宮
察院
管糧廳
正陽門
通濟門
大中橋
滄波門
舊祀壇
督糧道
貢院
縣學
淮清橋
通濟橋
中和橋
舊山川壇
神樂觀
秦淮
烏衣巷
桃葉渡
高橋門
上方橋
舊場
文德橋
雙橋門
上方門
夾岡門

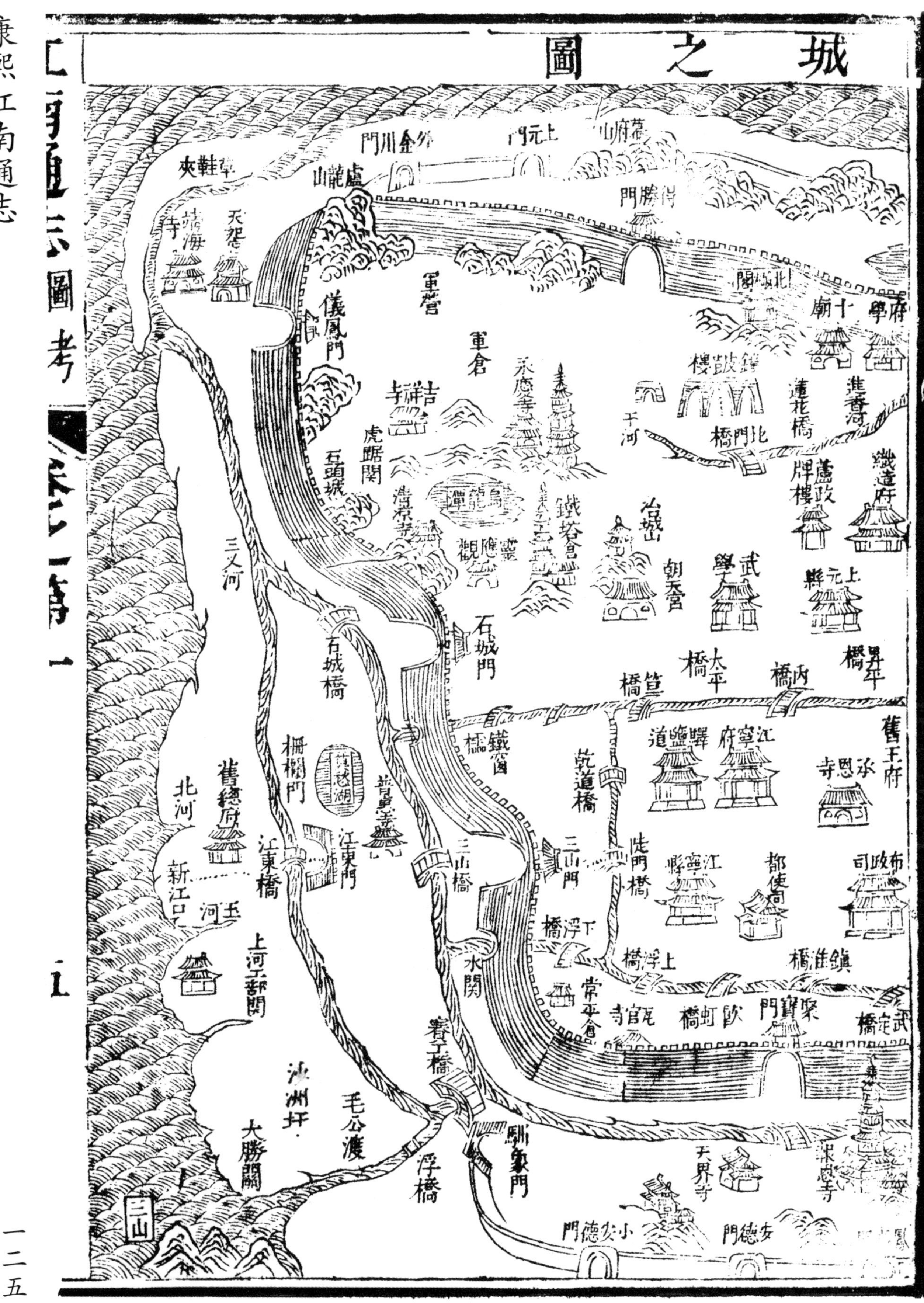
城之圖
江南通志圖考
上元門
外金川門
幕府山
得勝門
盧龍山
草鞋夾
天妃宮
靜海寺
北城隍
府學
十廟
鐘鼓樓
軍營
儀鳳門
軍倉
吉祥寺
永慶寺
進香河
蓮花橋
北門橋
虎踞關
石頭城
烏龍潭
清涼寺
鐵塔倉
朝天宮
織造府
蘆政牌樓
武學
上元縣
石城門
石城橋
三叉河
太平橋
內橋
昇平橋
笪橋
鐵窗櫺
乾道橋
驛鹽道
江寧府
承恩寺
舊王府
柵欄門
莫愁湖
舊總府
北河
江東門
江東橋
新江口
五河
上河工部閘
三山門
三山橋
陡門橋
江寧縣
都使司
布政司
下浮橋
上浮橋
鎮淮橋
水閘
常平倉
瓦官寺
飲虹橋
聚寶門
武定橋
賽工橋
沙洲圩
毛公渡
大勝關
浮橋
馴象門
天界寺
報恩寺
小安德門
安德門
三山

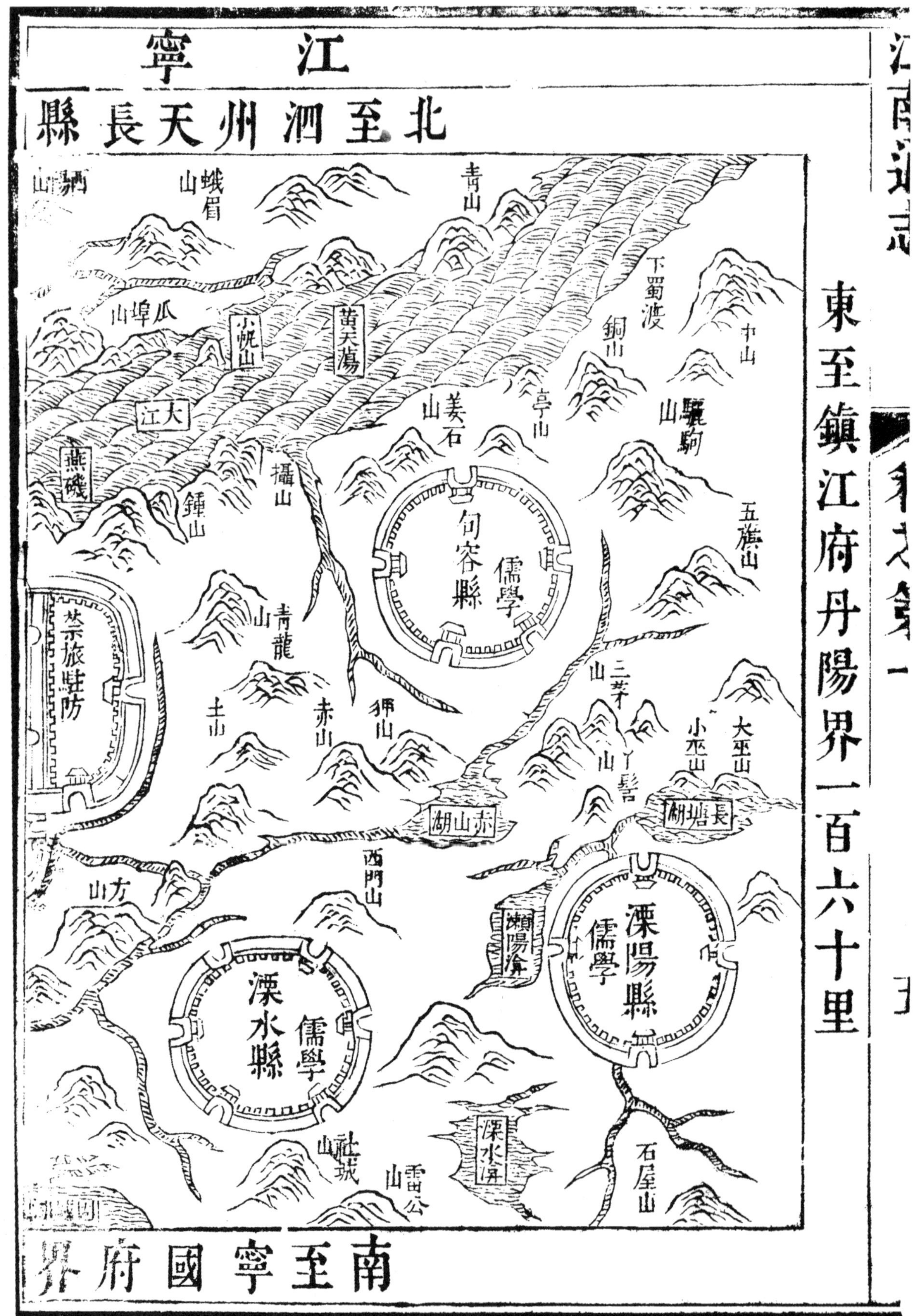
江寧
北至泗州天長縣
東至鎮江府丹陽界一百六十里
南至寧國府界
句容縣
儒學
溧水縣
儒學
溧陽縣
儒學
禁旅駐防
大江
燕磯
青山
蛾眉山
瓜埠山
小帆山
黃天蕩
下蜀渡
銅山
姜石山
亭山
驪駒山
攝山
鍾山
五旗山
青龍山
三茅山
赤山
土山
大巫山
小巫山
長塘湖
赤山湖
西門山
方山
溧陽湖
溧水湖
社城山
雷公山
石屋山

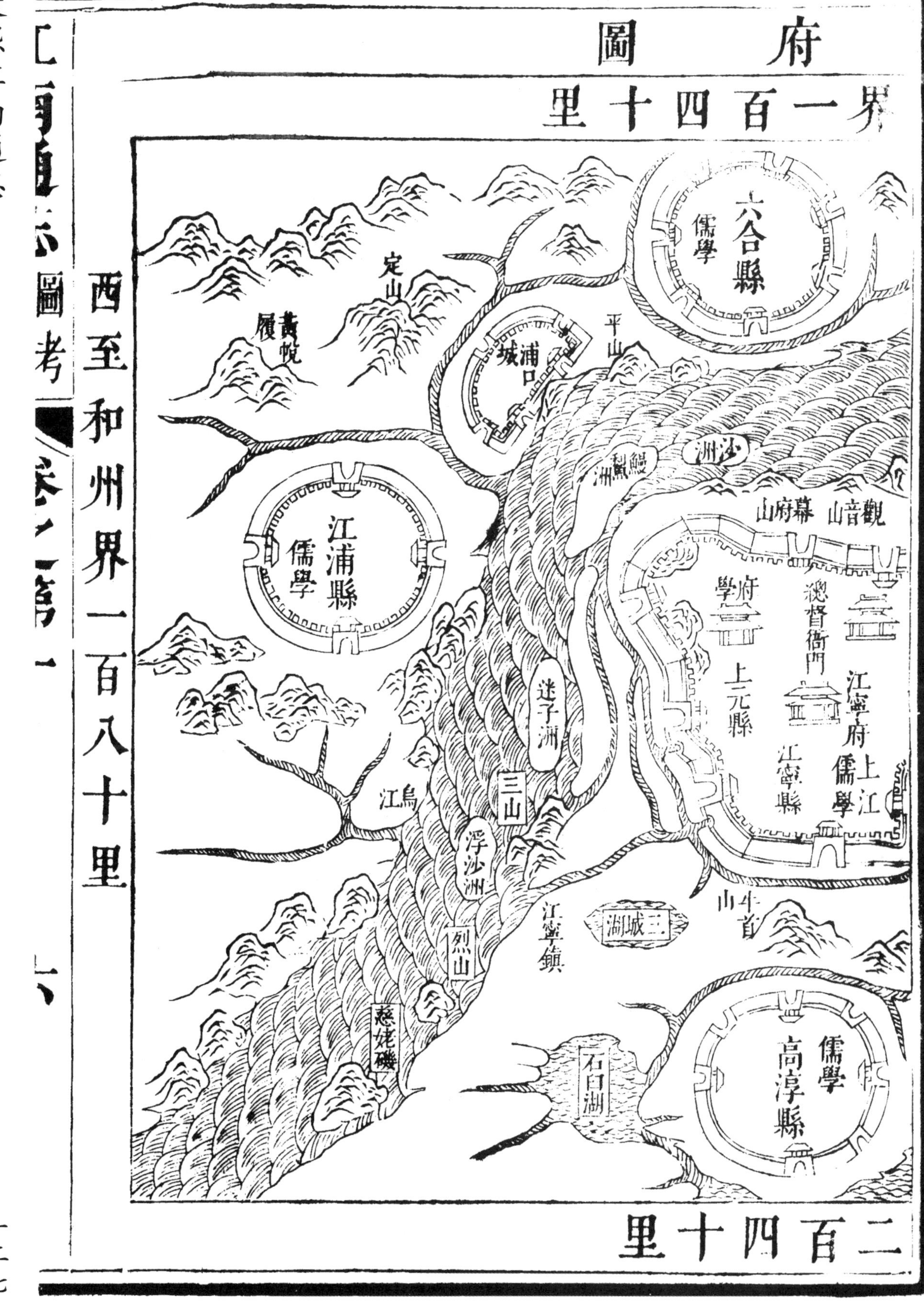

府圖
界一百四十里
西至和州界一百八十里
二百四十里
六合縣
儒學
江浦縣
儒學
浦口城
定山
平山
黃悅嶺
沙洲
觀音山
幕府山
府學
總督衙門
上元縣
江寧府儒學
上江
江寧縣
迷子洲
三山
浮沙洲
烏江
烈山
江寧鎮
三城湖
牛首山
慈姥磯
石臼湖
高淳縣
儒學

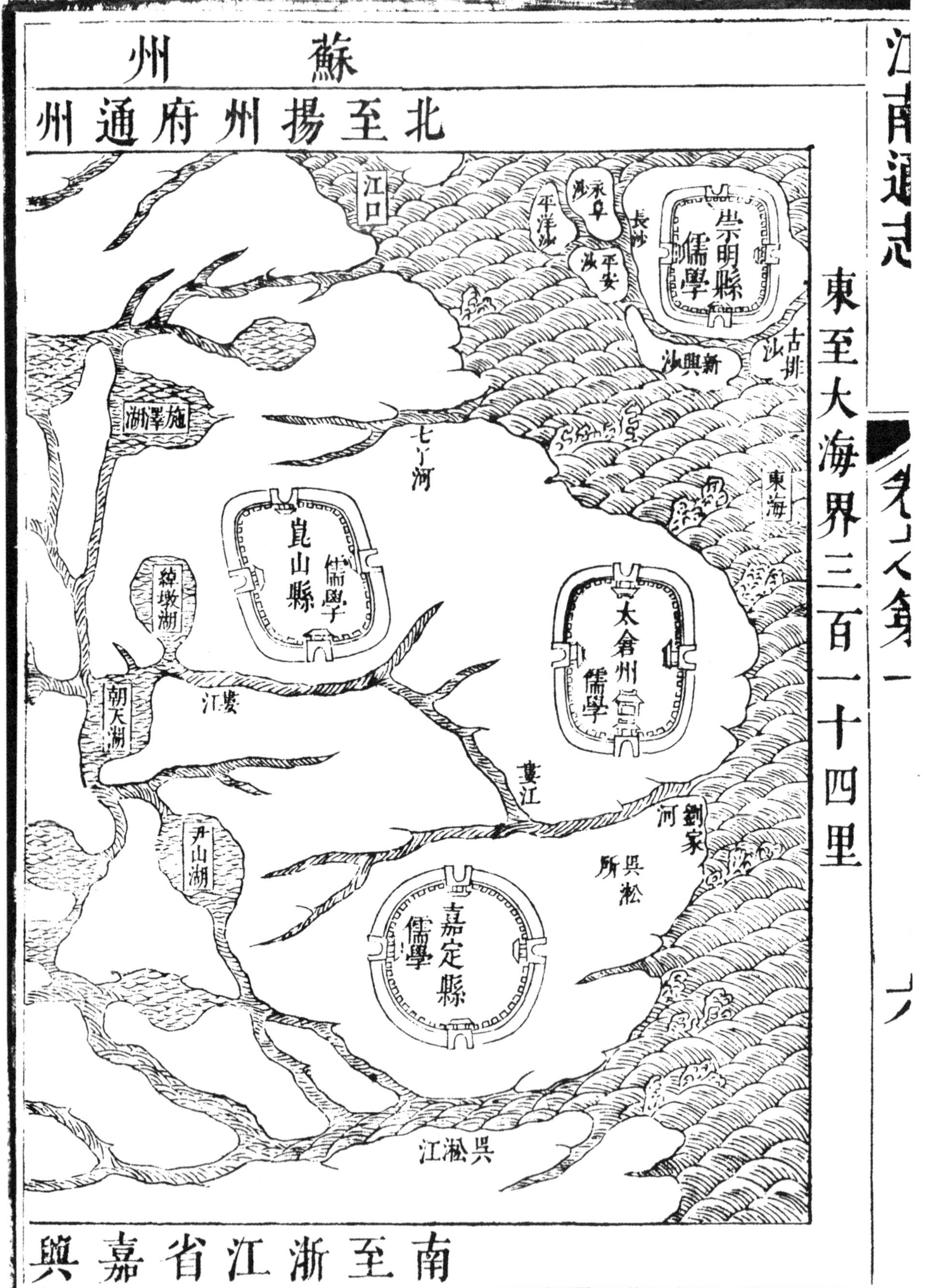
蘇州
北至揚州府通州
東至大海界三百一十四里
南至浙江省嘉興
江口
平洋沙
永寧沙
長沙
平安沙
崇明縣
儒學
新興沙
古排沙
施澤湖
七丫河
東海
崑山縣
儒學
太倉州
儒學
綽墩湖
朝天湖
婁江
婁江
劉家河
吳淞所
丹山湖
嘉定縣
儒學
吳淞江
江南通志　卷之一

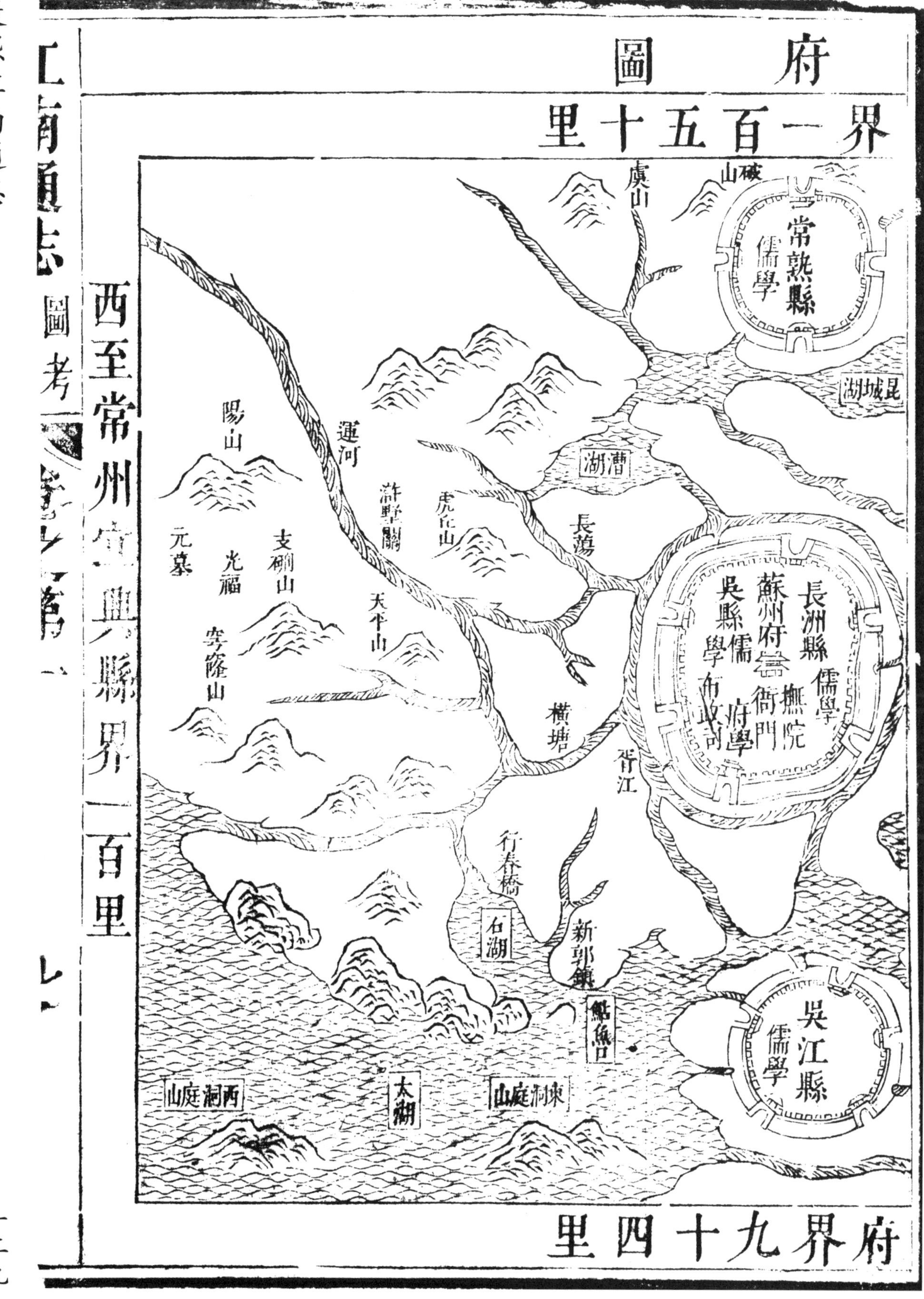
府
圖
界一百五十里
西至常州府宜興縣界一百里
府界九十四里
常熟縣
儒學
虞山
破山
昆城湖
潛湖
長蕩
運河
陽山
元墓
光福
支硎山
滸墅關
虎丘山
天平山
穹窿山
蘇州府
長洲縣
吳縣
儒學
撫院
府學
布政司
橫塘
胥江
行春橋
石湖
新郭鎮
鮎魚口
吳江縣
儒學
西洞庭山
太湖
東洞庭山

松江
北至蘇州府崑
吳淞所
吳淞江
海口
閘橋
上海縣
儒學
新涇
蒲匯塘
界河
泗涇
橫港
洞涇
龍華港
俞塘
二竈港
吳衡涇
東至大海界一百里
竹岡
三林塘
鐵鑪塘
川沙
東海
黃浦
泖涇
周浦塘
南匯
葉謝港
大金山
拾子涇
得勝港
青村港
黃浦
闌涇
竹岡
青村
小金山
斜涇
梅林涇
柘林營
袁浦涇
海匯
漕山
蔡港
羊山
南至金山衛

府圖
山縣界八十里
西至蘇州府長洲縣界六十里
界七十二里
白鶴港
澱山湖
新涇
青浦縣
儒學
山涇
吳涇
松塘
富林涇
界河
大塘
白蕩
佘山
天馬山
鍾賈山
辰山
採花涇
五里塘
圓泖
思賢港
泖港
白龍潭
姚涇
山塘
大泖
松江府
婁縣儒學
府學
華亭縣儒學
提督衙門
水次倉
斜塘
大張涇
米市塘
白蓮缺
官紹塘
長泖
衞河
鄉界涇
楓涇
當湖
金山衞
獨山
白沙灣

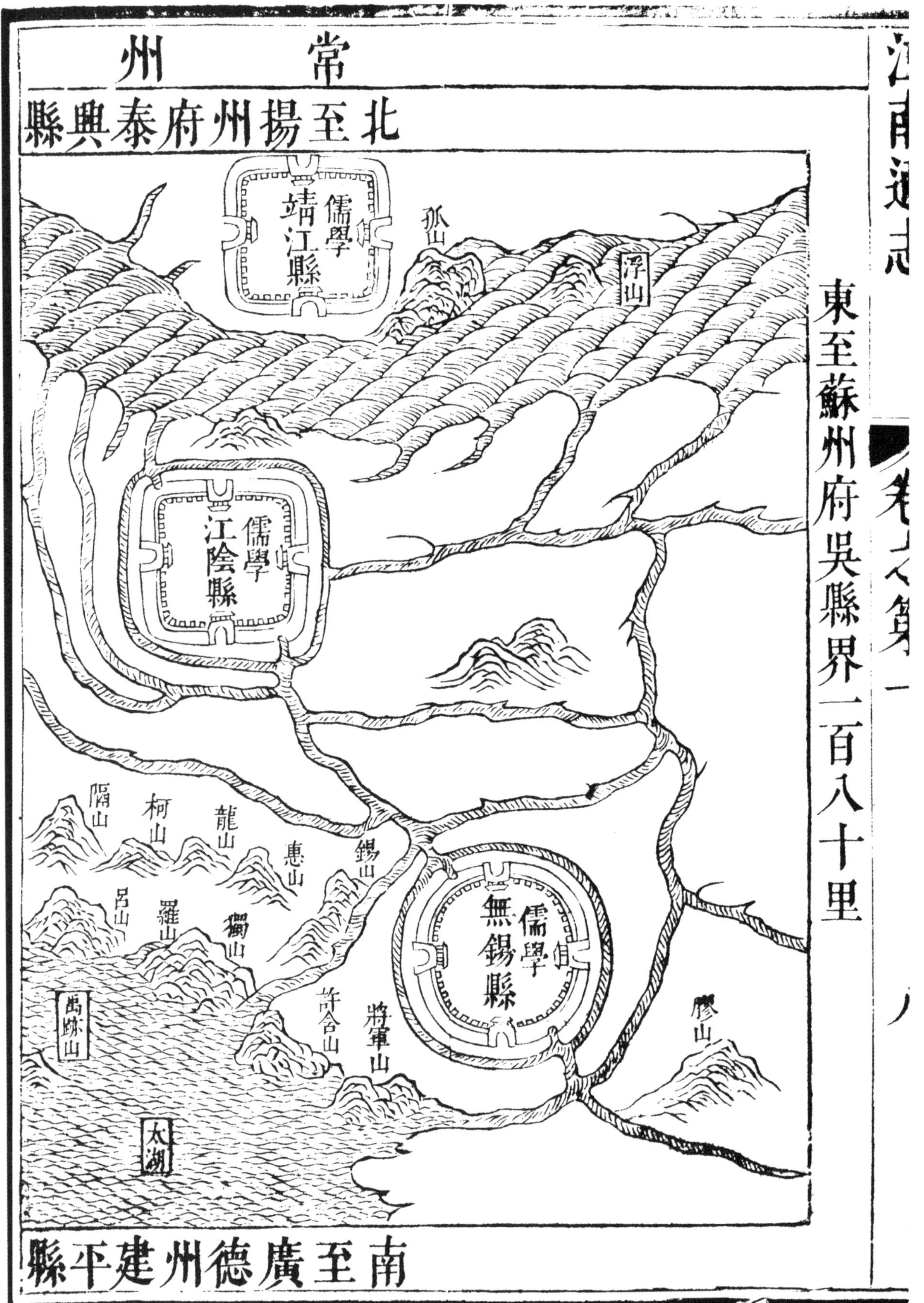
常州
北至揚州府泰興縣
東至蘇州府吳縣界一百八十里
南至廣德州建平縣
靖江縣 儒學
孤山
浮山
江陰縣 儒學
無錫縣 儒學
隔山
柯山
龍山
惠山
錫山
吕山
羅山
獨山
禹跡山
許舍山
將軍山
膠山
太湖

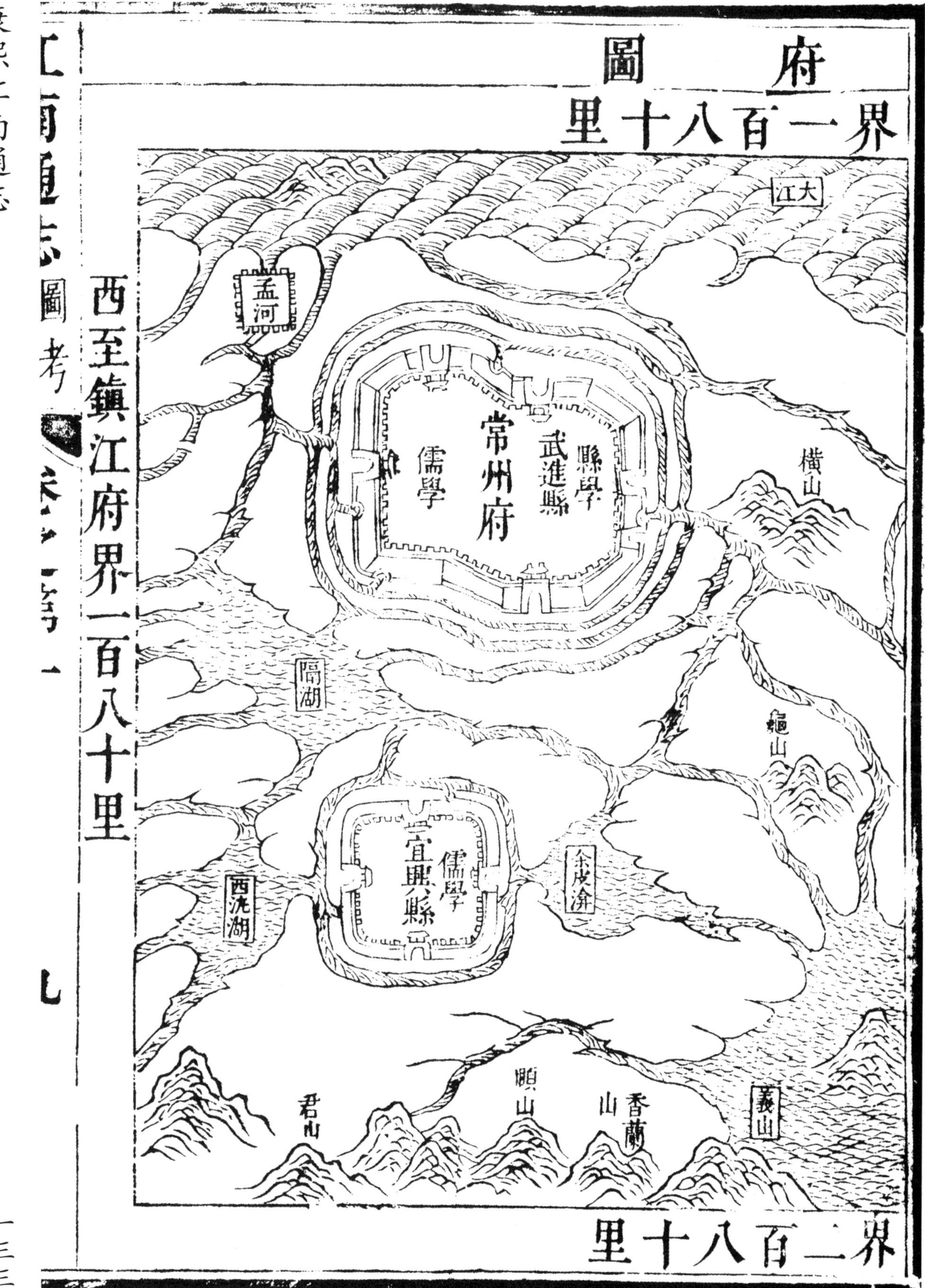

府圖
界一百八十里
大江
孟河
西至鎮江府界一百八十里
常州府
武進縣
縣學
儒學
橫山
隔湖
宜興縣
儒學
余皮涂
西沈湖
君山
香蘭山
義山
界二百八十里

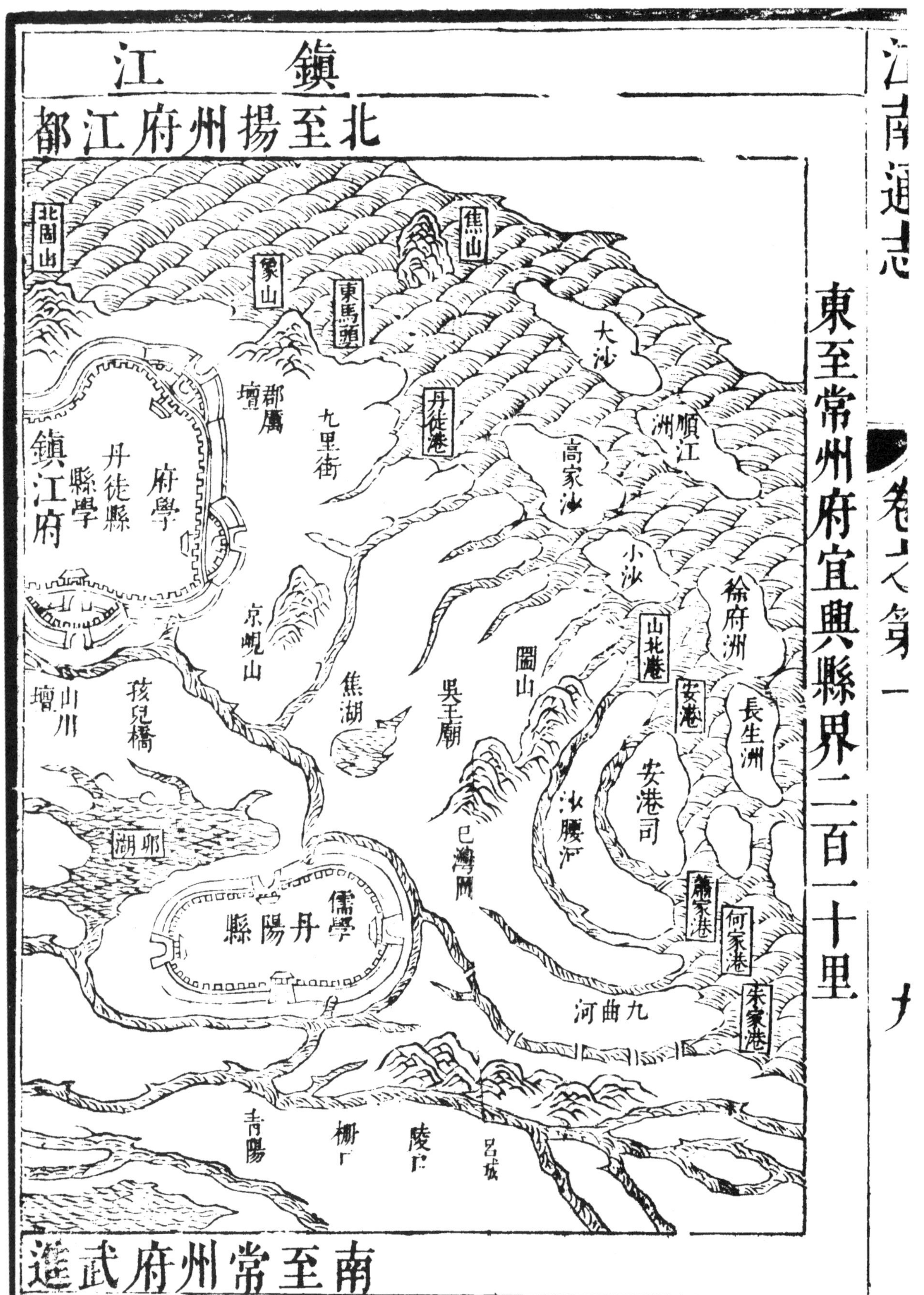
鎮江
北至揚州府江都
東至常州府宜興縣界二百一十里
南至常州府武進
北固山
焦山
象山
東馬頭
大沙
丹徒港
順江洲
高家沙
小沙
徐府洲
長生洲
安港
山北港
安港司
九里街
郡厲壇
鎮江府
府學
丹徒縣
縣學
京峴山
焦湖
圌山
孩兒橋
山川壇
練湖
儒學
丹陽縣
九曲河
蕭家港
何家港
朱家港
青陽
栅廠
陵廠
呂城

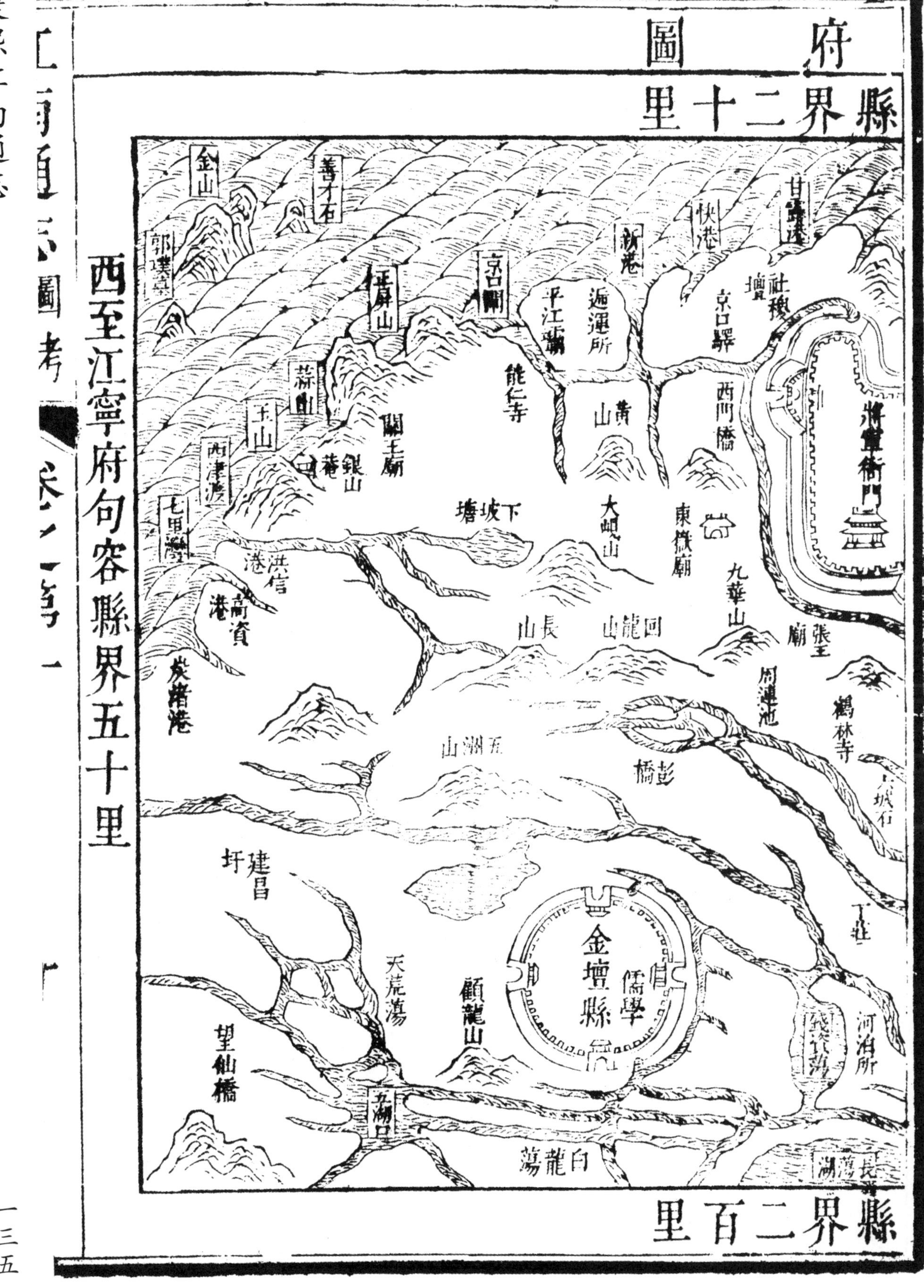
府圖
縣界二十里
西至江寧府句容縣界五十里
縣界二百里
將軍衙門
金壇縣
儒學
劍山
善才石
郭璞墓
京口閘
新港
快港
甘露港
蒜山
玉山
西津渡
銀山
關王廟
能仁寺
通運所
京口驛
社稷壇
西門橋
黃山
下坡塘
大峴山
東嶽廟
洪信港
高資港
長山
回龍山
九華山
張王廟
炭渚港
鶴林寺
五州山
彭橋
建昌圩
天荒蕩
顧龍山
望仙橋
白龍蕩
河泊所
長蕩湖

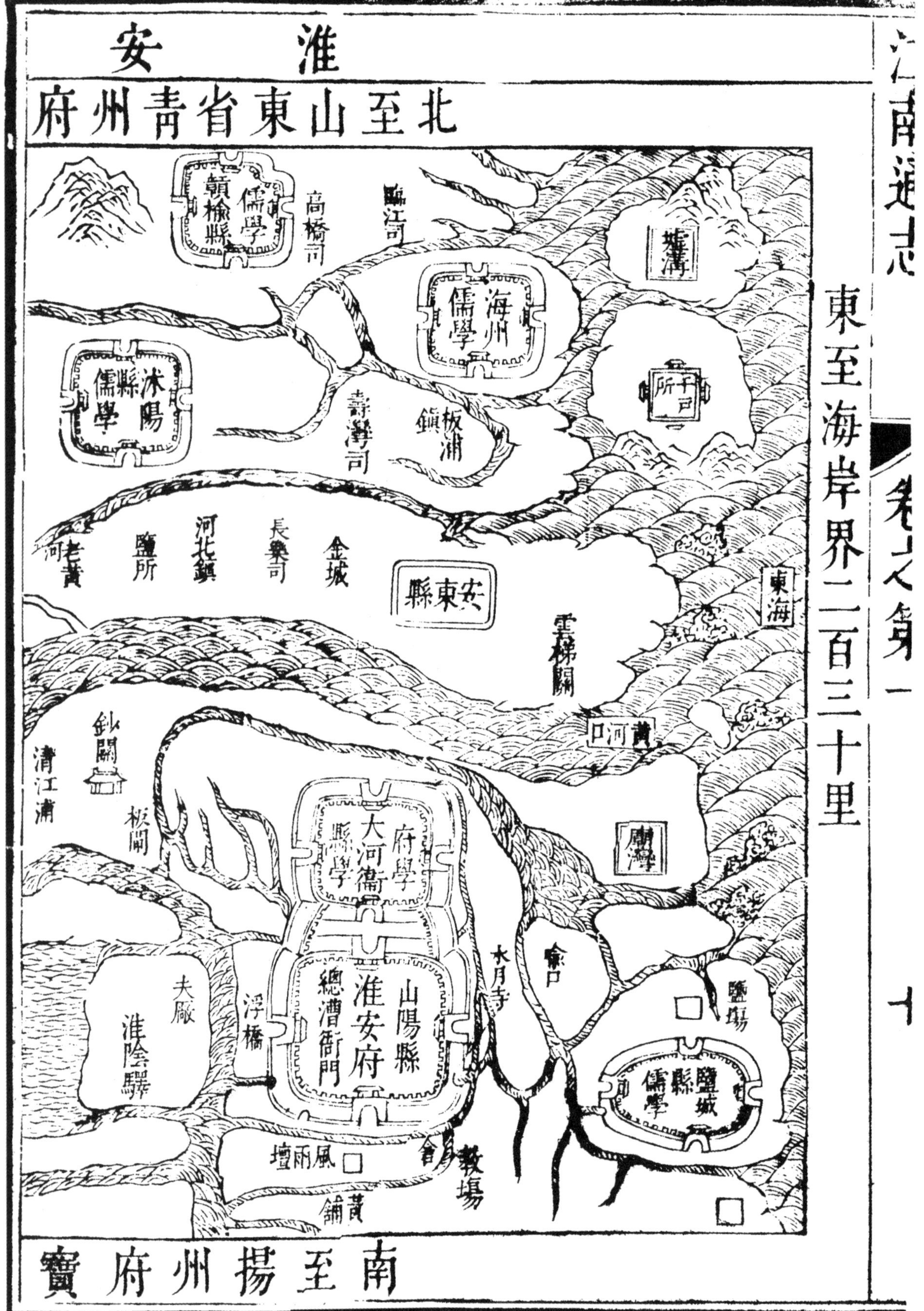
淮安
北至山東省青州府
東至海岸界二百三十里
南至揚州府寶
贛榆縣儒學
高橋司
臨江司
海州儒學
沭陽縣儒學
板浦鎮
千戶所
東海
老黃河
鹽所
河北鎮
長樂司
金城
安東縣
雲梯關
黃河口
清江浦
鈔關
板閘
府學
大河衛
縣學
廟灣
山陽縣
淮安府
總漕衙門
淮陰驛
浮橋
水月寺
鹽場
鹽城縣儒學
風雨壇
教場
黃鋪
江南通志
卷之第一
十

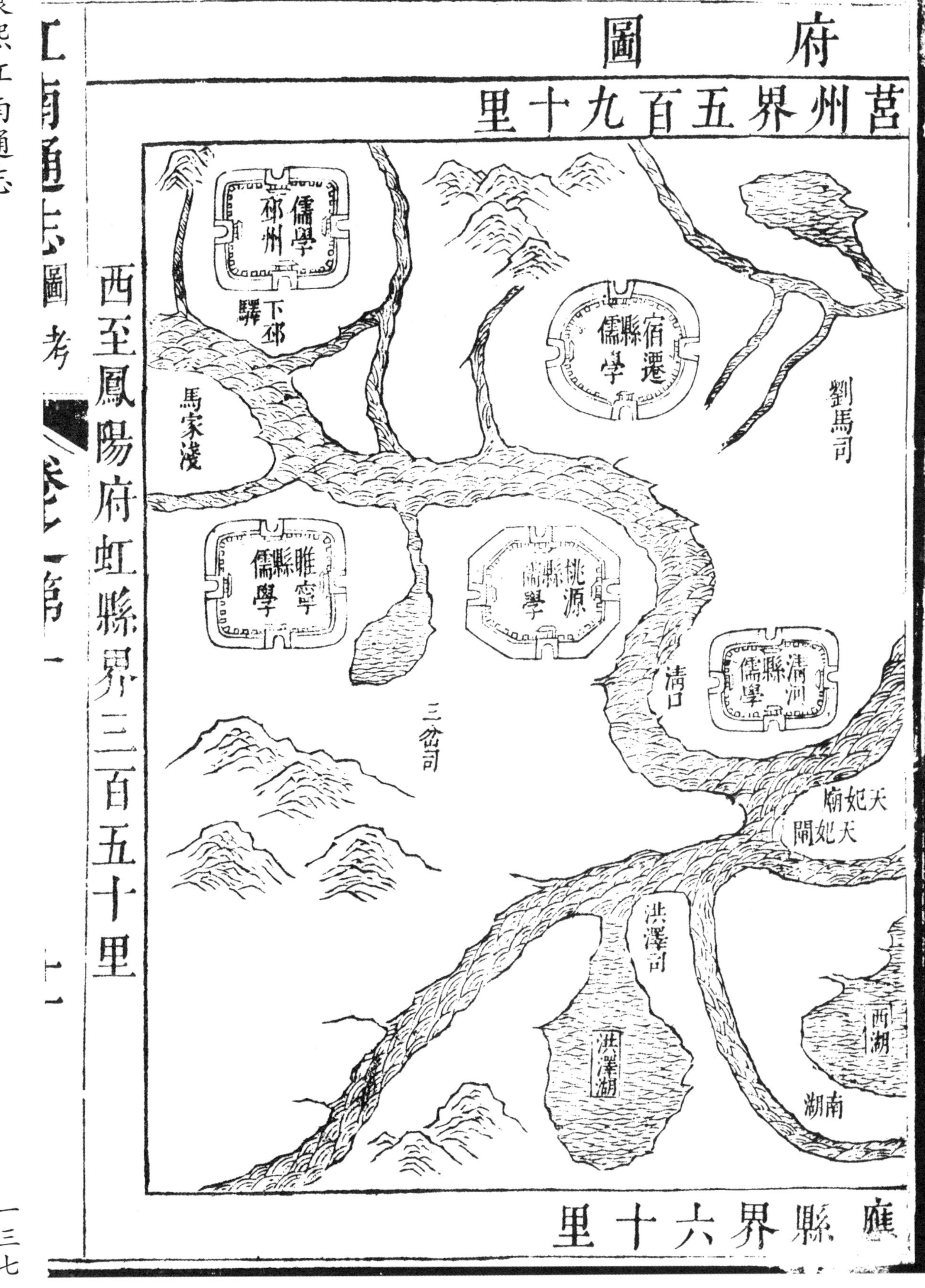

府圖
莒州界五百九十里
西至鳳陽府虹縣界三百五十里
縣界六十里
邳州儒學
下邳驛
馬家淺
宿遷縣儒學
劉馬司
睢寧縣儒學
桃源縣儒學
清口
清河縣儒學
三岔司
天妃廟
天妃閘
洪澤司
洪澤湖
西湖
南湖

揚州

北至淮安府山陽

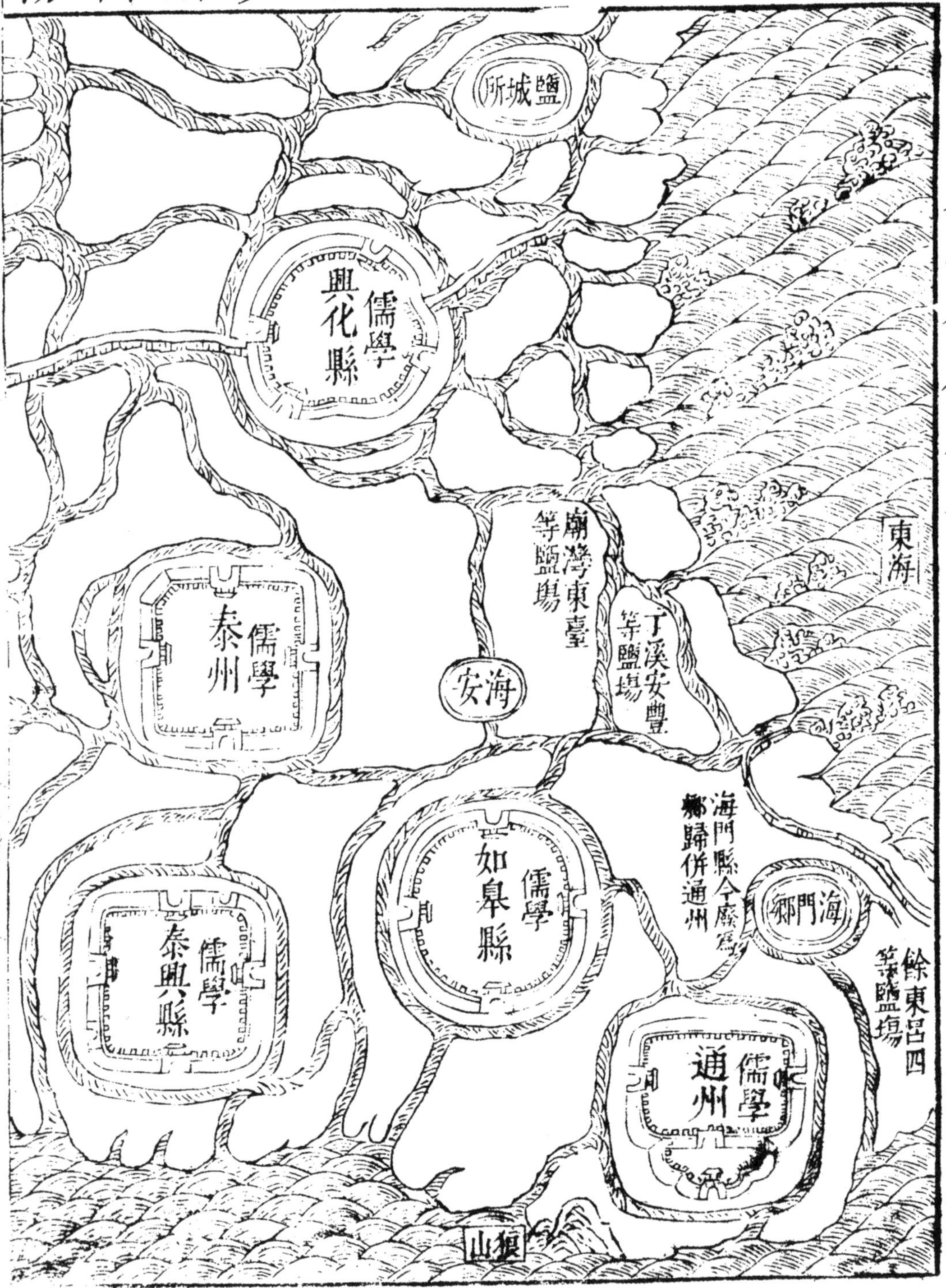

東至本府如皐縣掘港場海岸界三百六十里

南至鎮江府丹

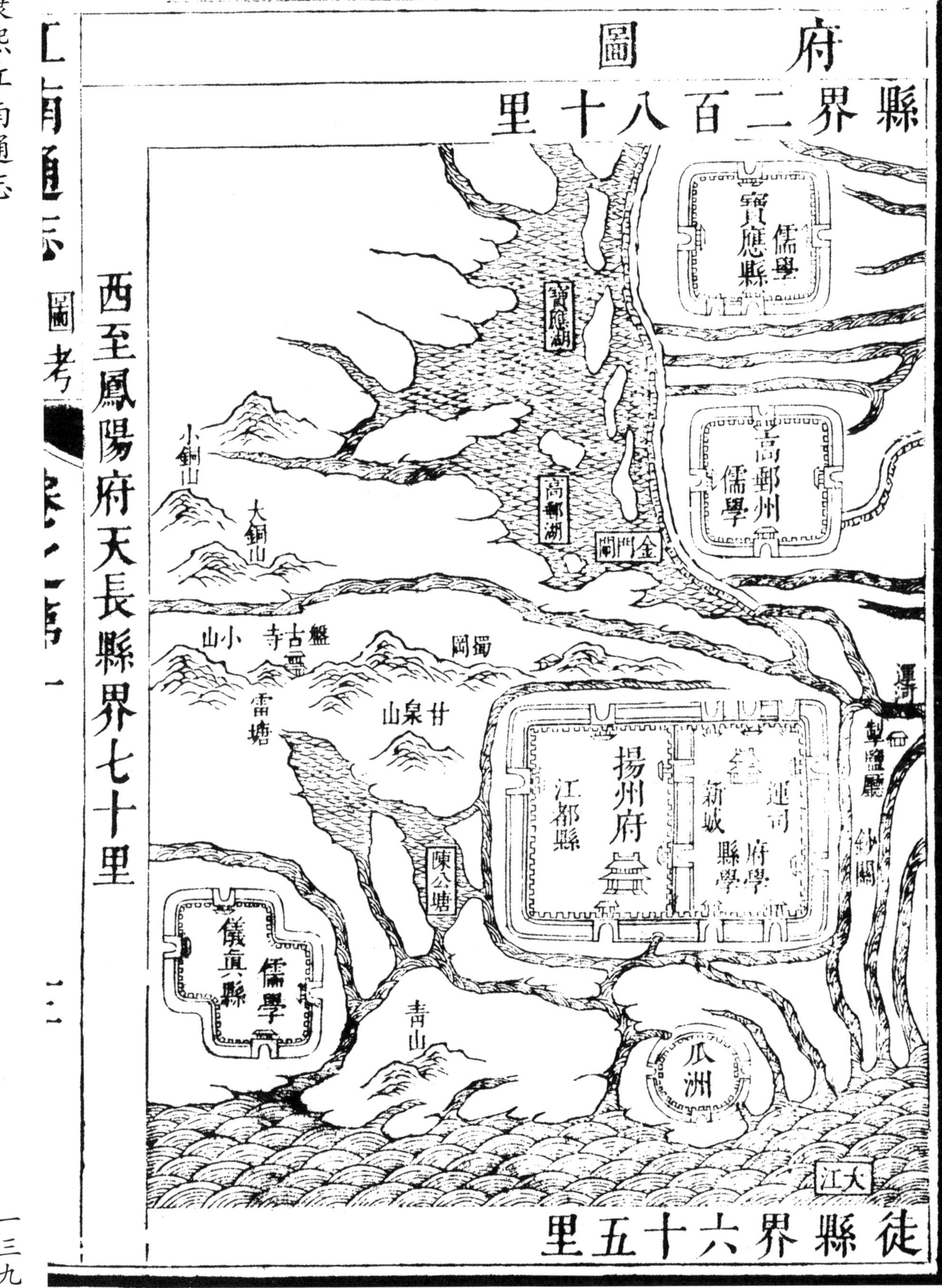
府圖
縣界二百八十里
西至鳳陽府天長縣界七十里
寶應縣
儒學
寶應湖
高郵湖
金門閘
高郵州
儒學
小銅山
大銅山
小山
盤古寺
蜀岡
雷塘
甘泉山
揚州府
江都縣
新城
運司
府學
縣學
陳公塘
掣鹽廳
鈔關
儀真縣
儒學
青山
瓜洲
大江
徒縣界六十五里

安慶

北至盧州府舒城

東至盧州府無爲州界四百九十里

南至池州府東

江南通志 卷之第一 十二

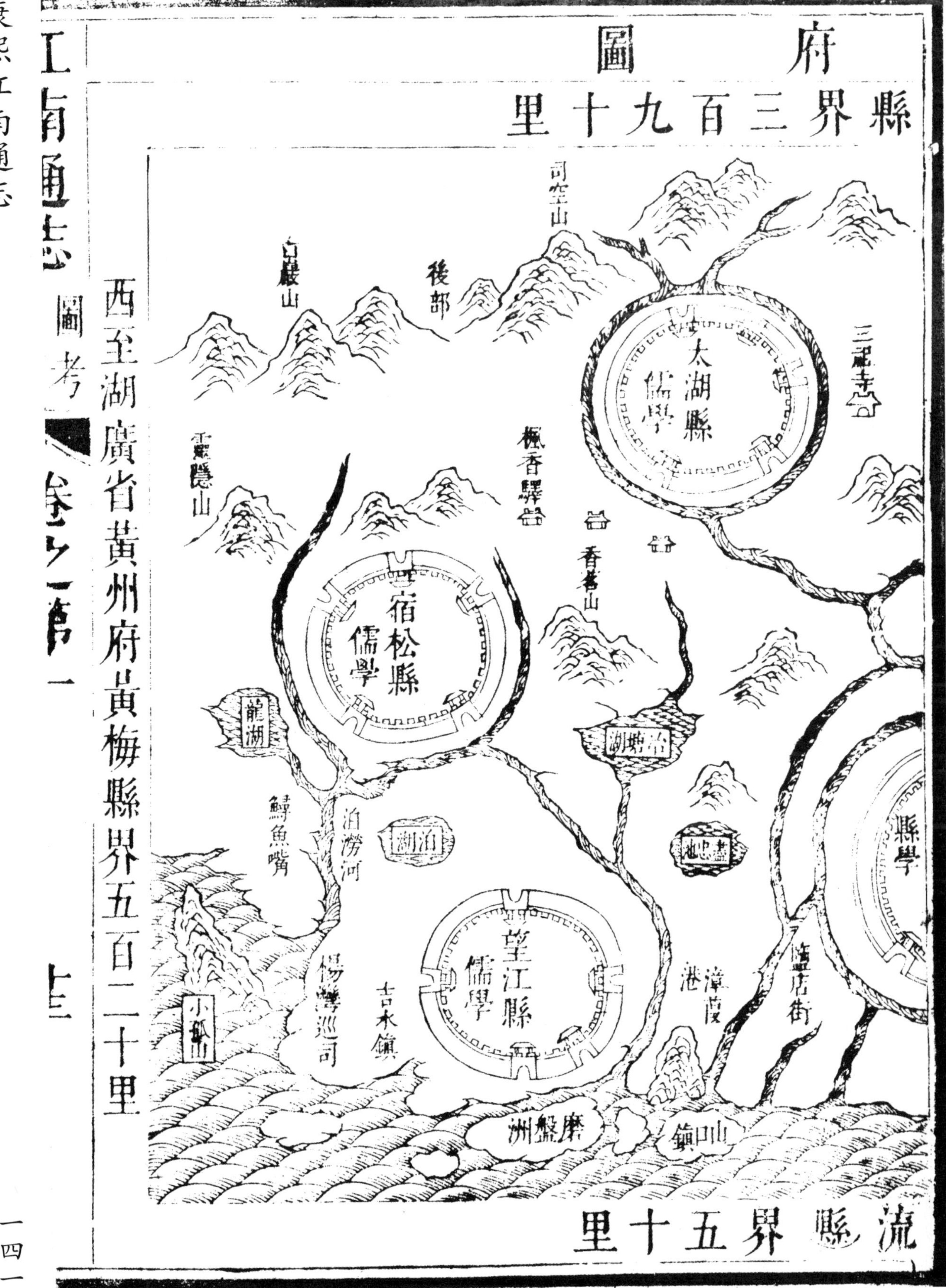
府圖
縣界三百九十里
西至湖廣省黃州府黃梅縣界五百二十里
流縣界五十里
司空山
後部
三祖寺
太湖縣
儒學
楓香驛
香茗山
宿松縣
儒學
龍湖
泊湖
鱘魚嘴
楊灣巡司
吉水鎮
望江縣
儒學
小孤山
磨盤洲
山口鎮
縣學

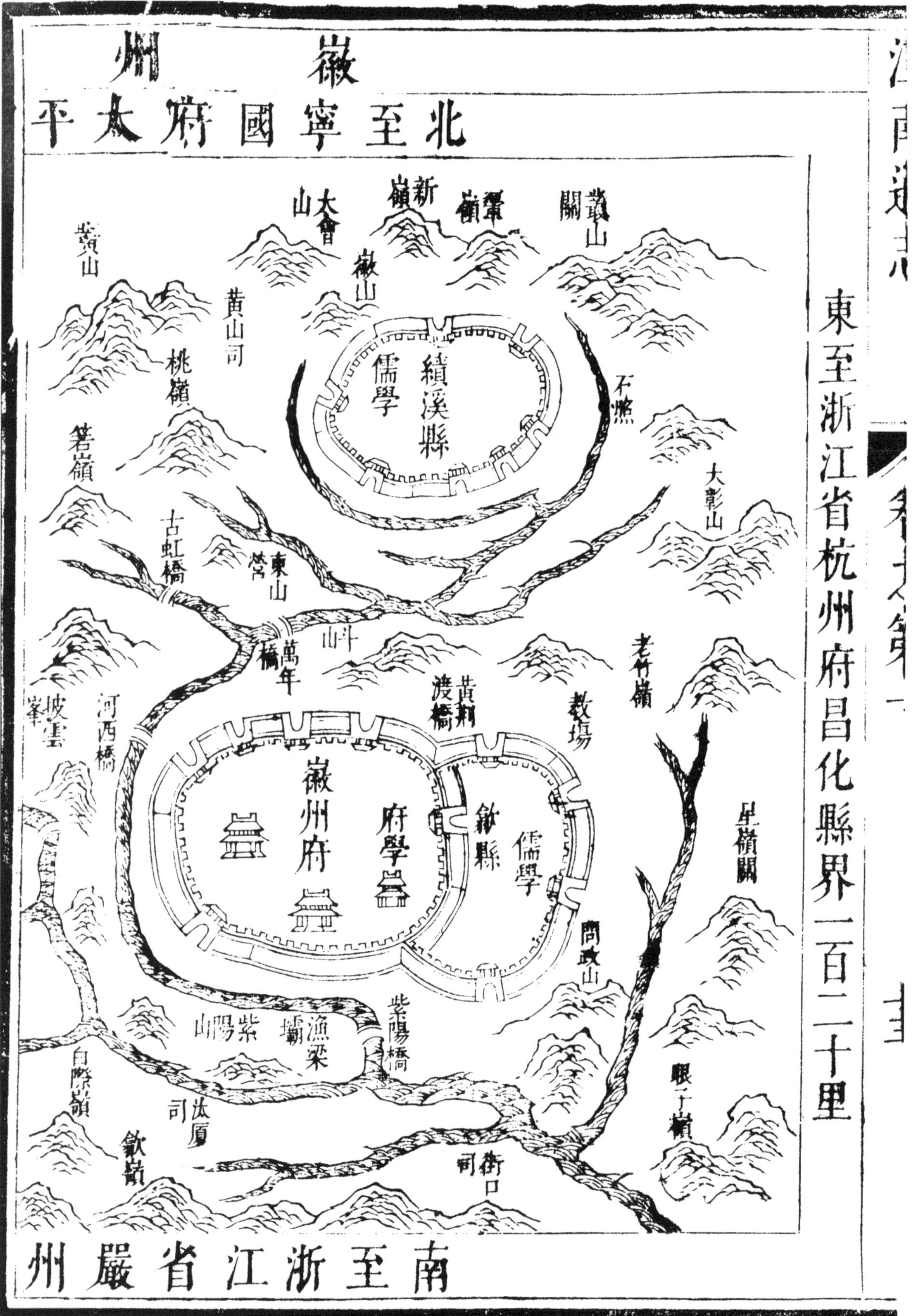
徽州
北至寧國府太平
東至浙江省杭州府昌化縣界一百二十里
南至浙江省嚴州
績溪縣
儒學
徽州府
府學
歙縣
儒學
黃山
黃山司
桃嶺
箬嶺
古虹橋
東山營
萬年橋
斗山
黃荆渡橋
教場
老竹嶺
披雲峯
河西橋
紫陽橋
紫陽山
漁梁壩
問政山
白際嶺
歙嶺
汰厦司
街口司
石照
大彰山
大會山
新嶺
徽山
叢山關
昱嶺關

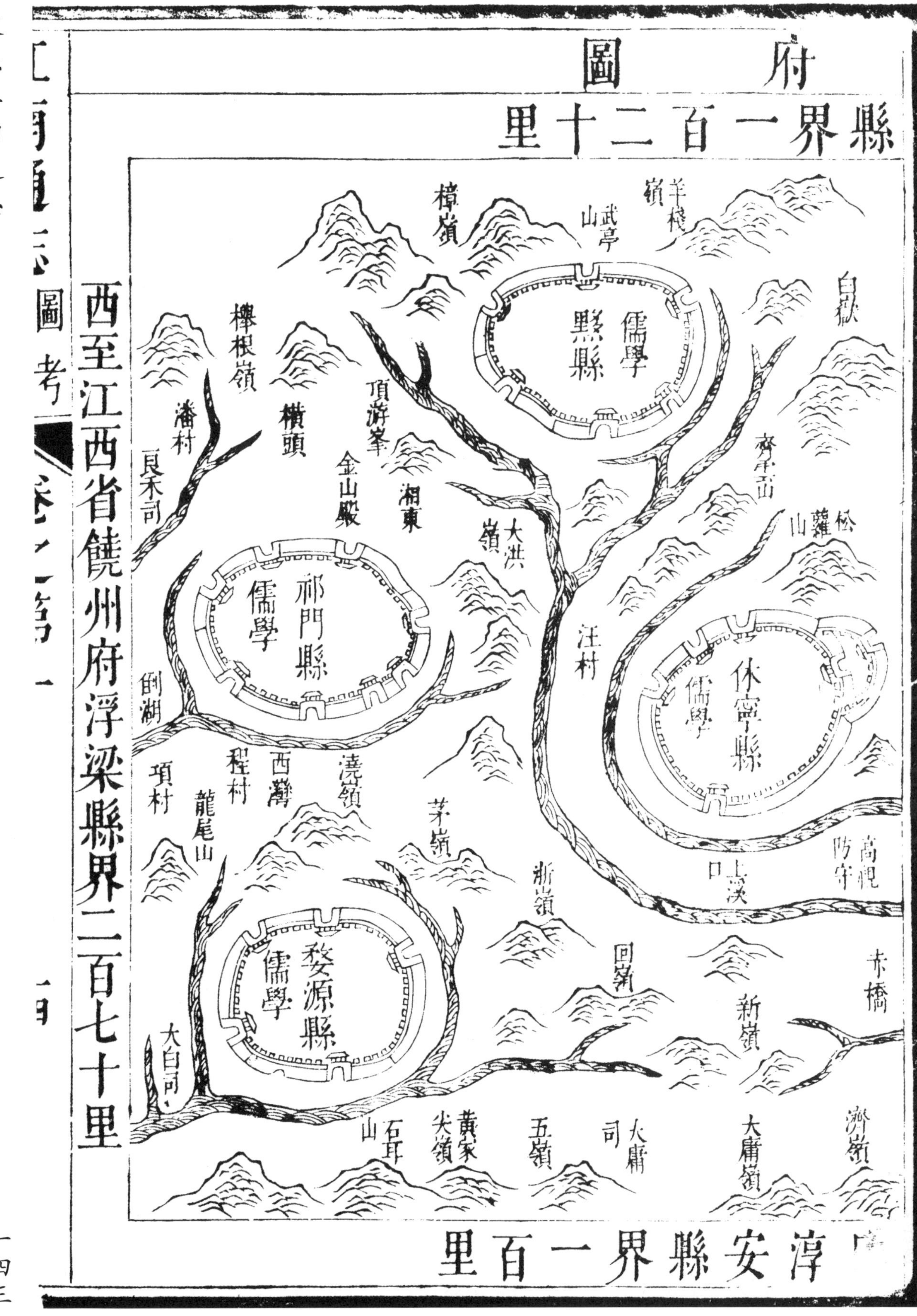
府圖
縣界一百二十里
西至江西省饒州府浮梁縣界二百七十里
淳安縣界一百里
歙縣
儒學
祁門縣
儒學
休寧縣
儒學
婺源縣
儒學
樟嶺
武亭山
羊棧嶺
白嶽
櫸根嶺
潘村
良禾司
橫頭
項游峯
金山殿
湘東
大洪嶺
齊雲山
松蘿山
汪村
倒湖
項村
程村
西灣
澆嶺
龍尾山
茅嶺
浙嶺
上溪口
高視防守
回嶺
赤橋
新嶺
大白司
石耳山
黃家尖嶺
五嶺
大庸司
大庸嶺
濟嶺

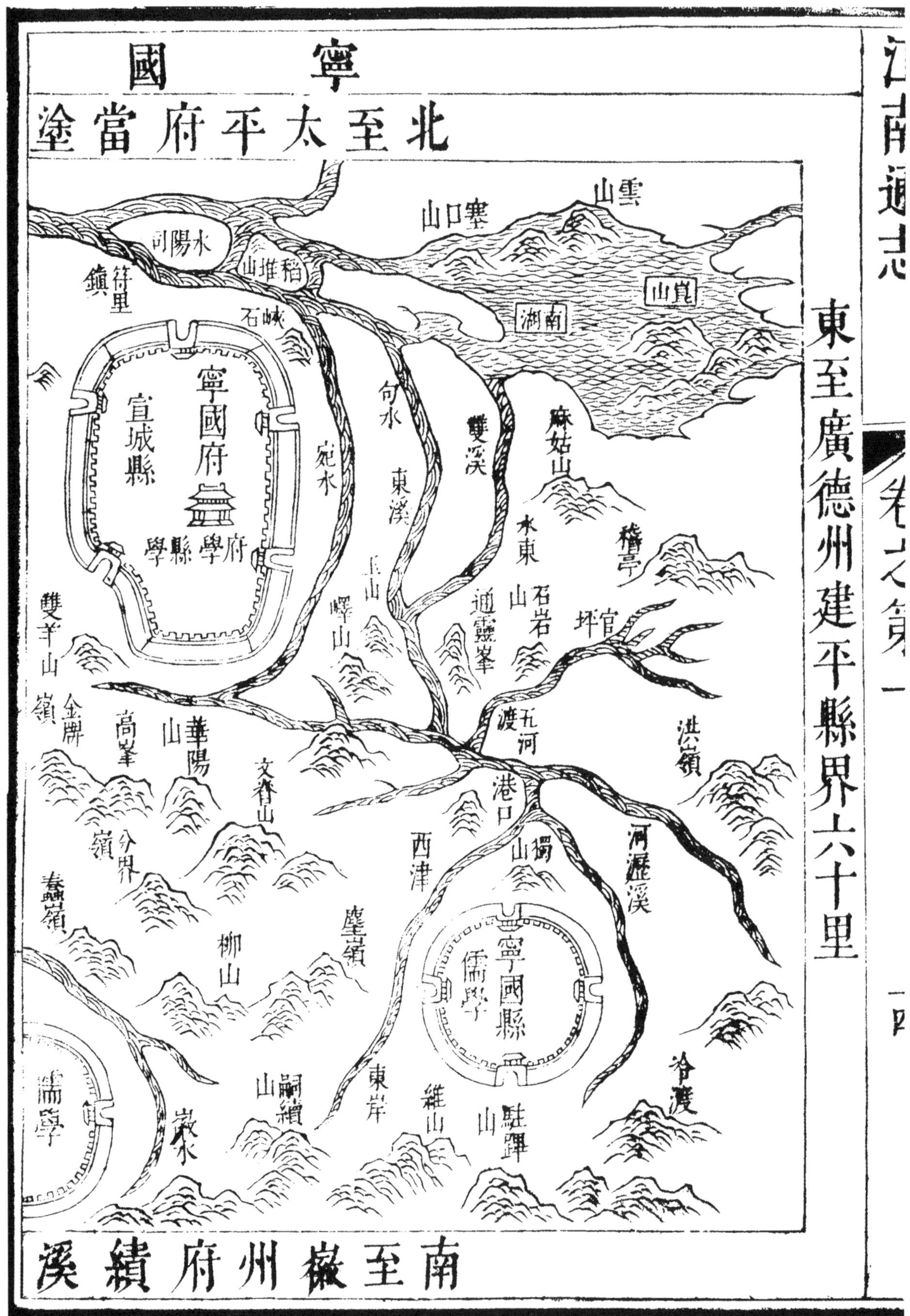
寧國
北至太平府當塗
東至廣德州建平縣界六十里
南至徽州府績溪
寧國府
宣城縣
府學
縣學
雲山
塞口山
水陽司
稻堆山
符里鎮
南湖
昆山
句水
宛水
東溪
雙溪
麻姑山
東水
石岩
官坪
五河渡
華陽山
高峯
文脊山
港口
西津
獨山
洪嶺
柳山
寧國縣
儒學
東岸
冷渡
儒學

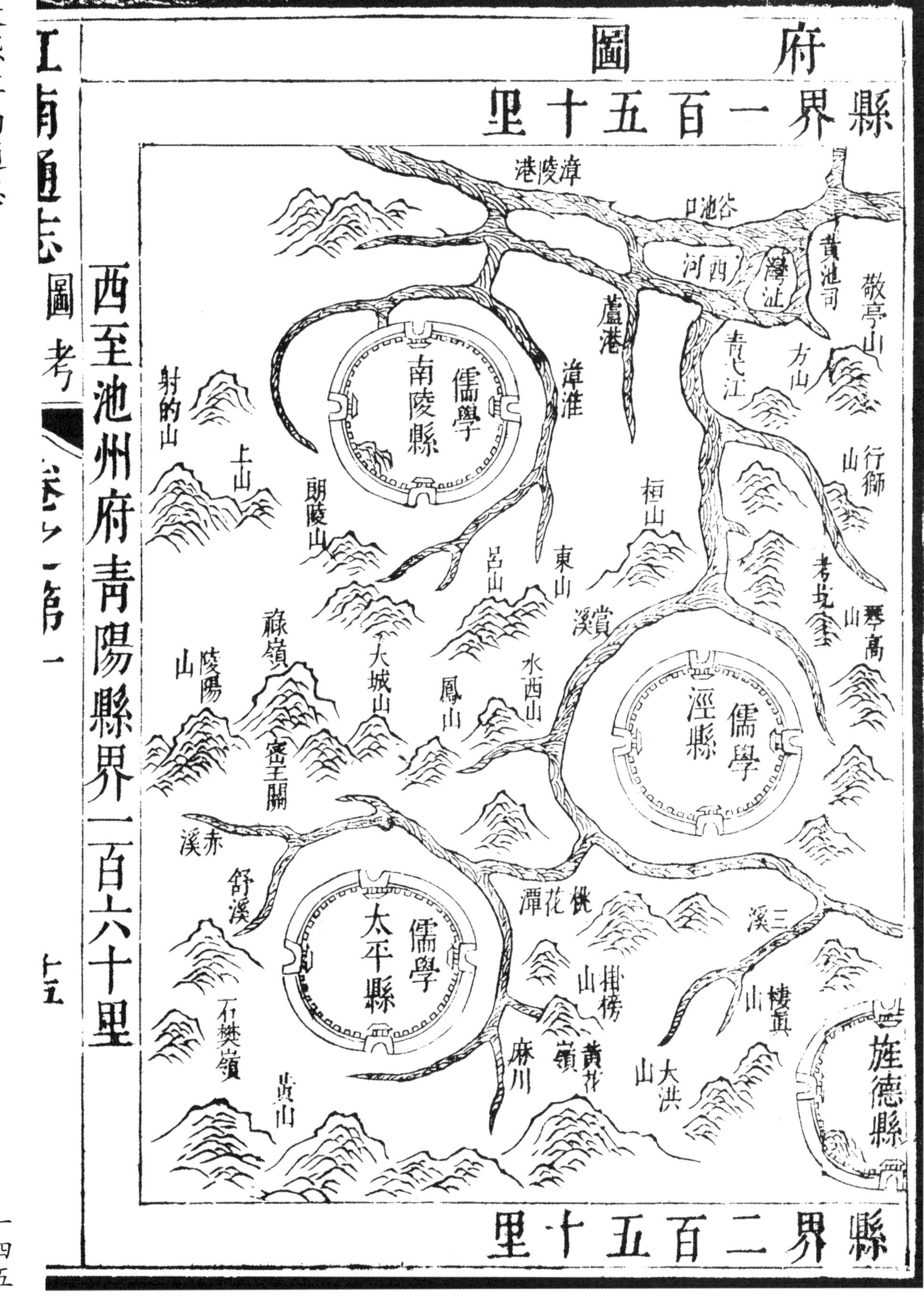
江南通志 圖考 卷之一
府圖
縣界一百五十里
西至池州府青陽縣界一百六十里
縣界二百五十里
漳陵港
谷池口
西河
灣沚
黄池司
敬亭山
蘆港
青弋江
方山
漳淮
南陵縣
儒學
射的山
上山
朗陵山
行獅山
桓山
東山
呂山
賞溪
琴高山
祿嶺
大城山
水西山
陵陽山
鳳山
涇縣
儒學
赤溪
舒溪
桃花潭
三溪
太平縣
儒學
棲眞山
旌德縣
黄花嶺
麻川
大洪山
黄山

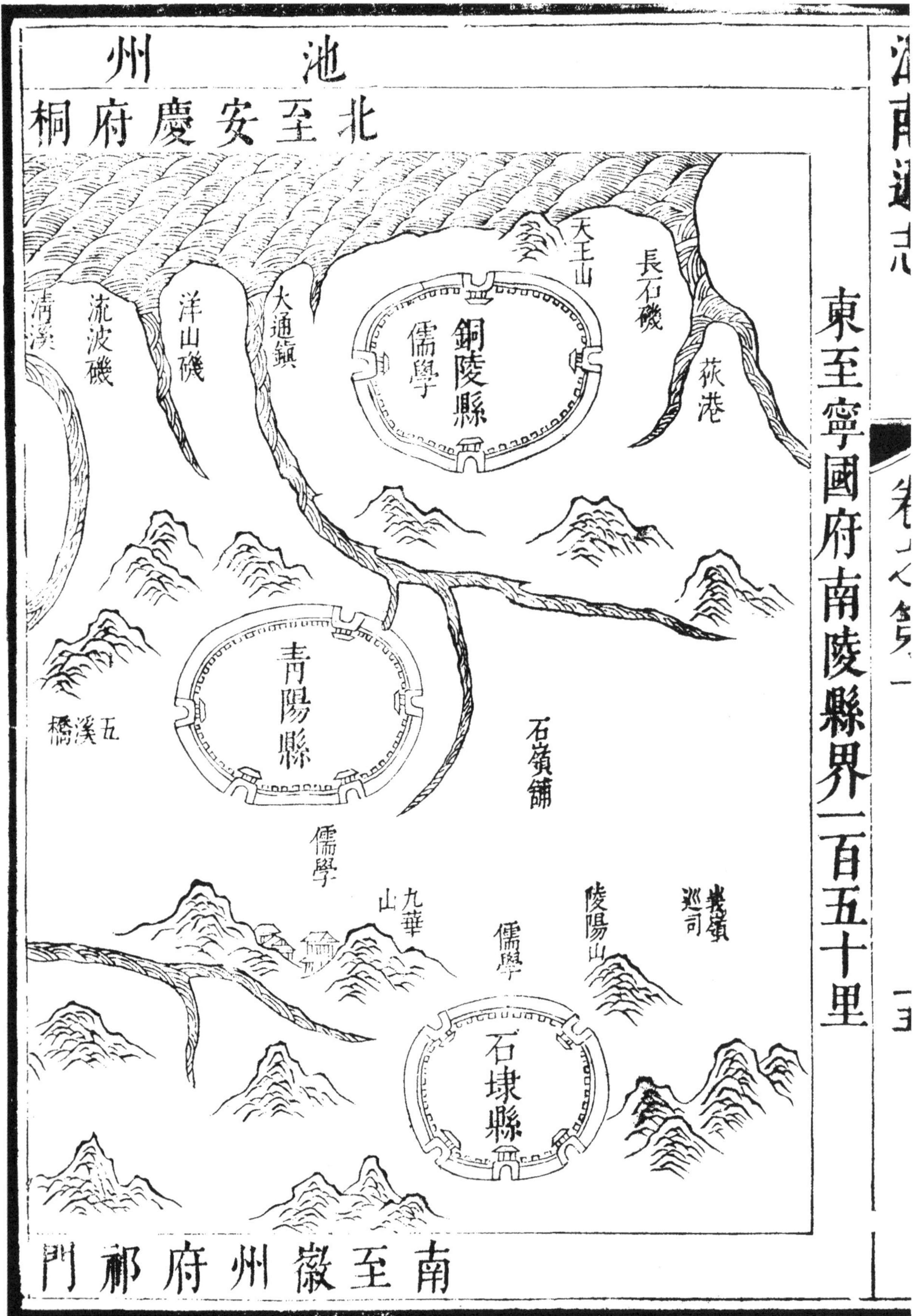
池州
北至安慶府桐
東至寧國府南陵縣界一百五十里
南至徽州府祁門
銅陵縣
儒學
天王山
長石磯
荻港
大通鎮
洋山磯
流波磯
清溪
青陽縣
石嶺舖
五溪橋
儒學
九華山
陵陽山
巡司
儒學
石埭縣

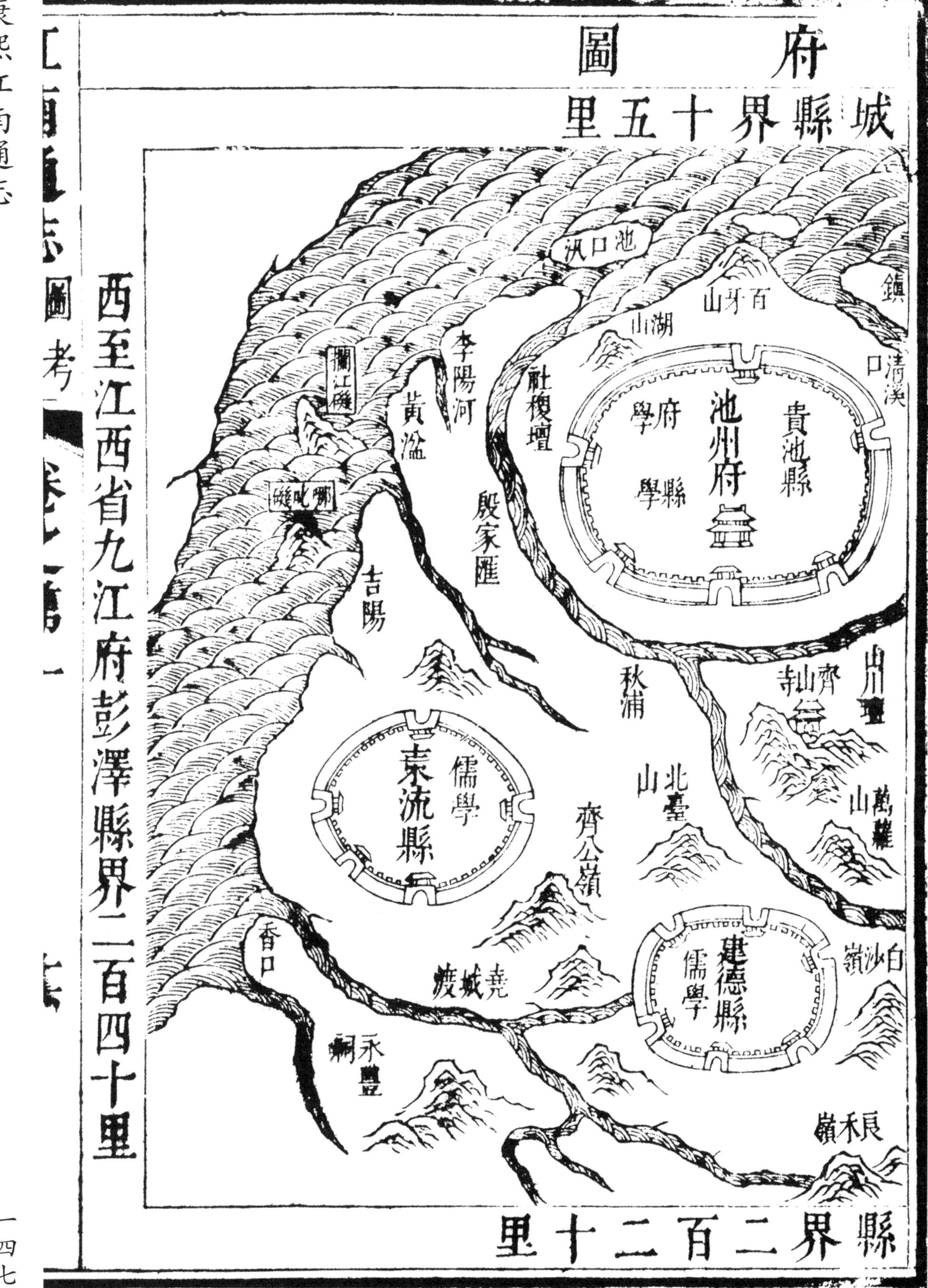
府圖
城縣界十五里
西至江西省九江府彭澤縣界二百四十里
縣界二百二十里
池口汛
百牙山
湖山
鎮
清溪口
社稷壇
池州府
貴池縣
府學
縣學
李陽河
黃湓
攔江磯
殷家匯
吉陽
齊山寺
秋浦
東流縣
儒學
北臺山
齊公嶺
建德縣
儒學
白沙嶺
香口
堯城渡
良禾嶺

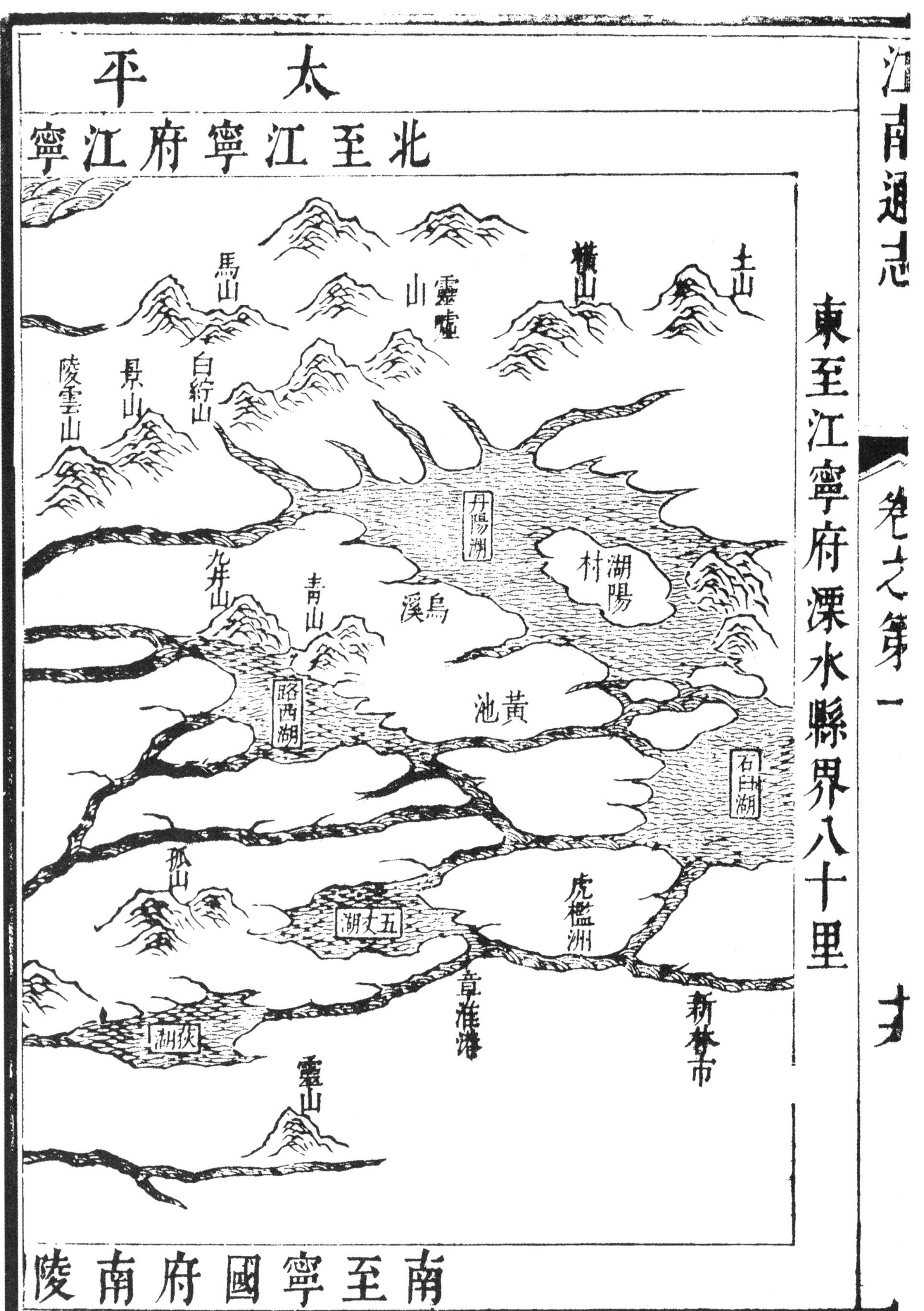
太平
北至江寧府江寧
東至江寧府溧水縣界八十里
南至寧國府南陵
馬山
靈墟山
横山
土山
白紵山
景山
陵雲山
丹陽湖
湖陽村
九井山
青山
烏溪
黃池
路西湖
石臼湖
孤山
五丈湖
虎檻洲
狹湖
章淮港
新林市
靈山
江南通志
卷之第一

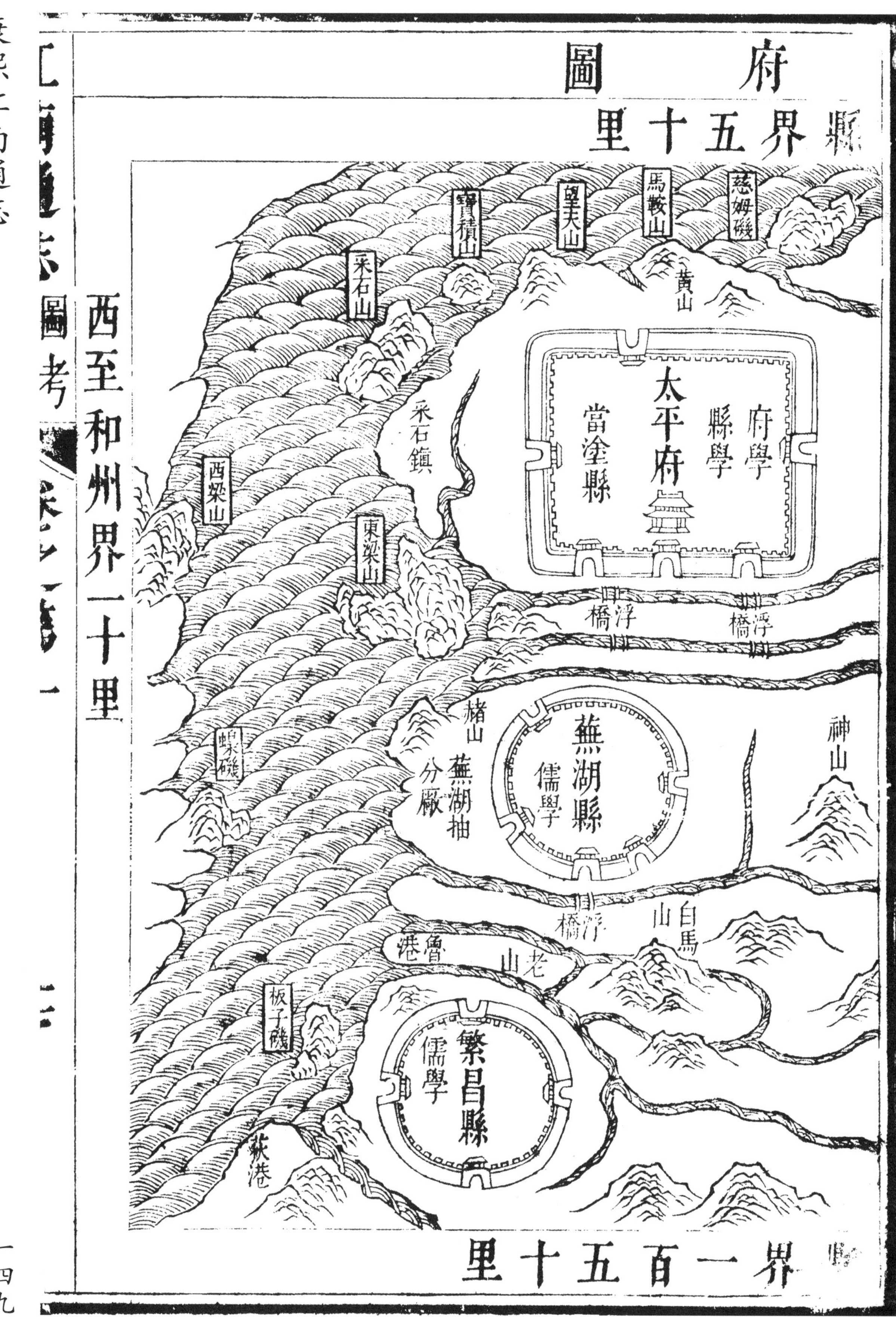
府圖
縣界五十里
西至和州界一十里
界一百五十里
慈姆磯
馬鞍山
望夫山
寶積山
采石山
黃山
太平府
當塗縣
縣學
府學
采石鎮
西梁山
東梁山
浮橋
浮橋
櫧山
蕪湖縣
儒學
蕪湖抽分廠
神山
蟂磯
浮橋
白馬山
魯港
老山
板子磯
繁昌縣
儒學
荻港

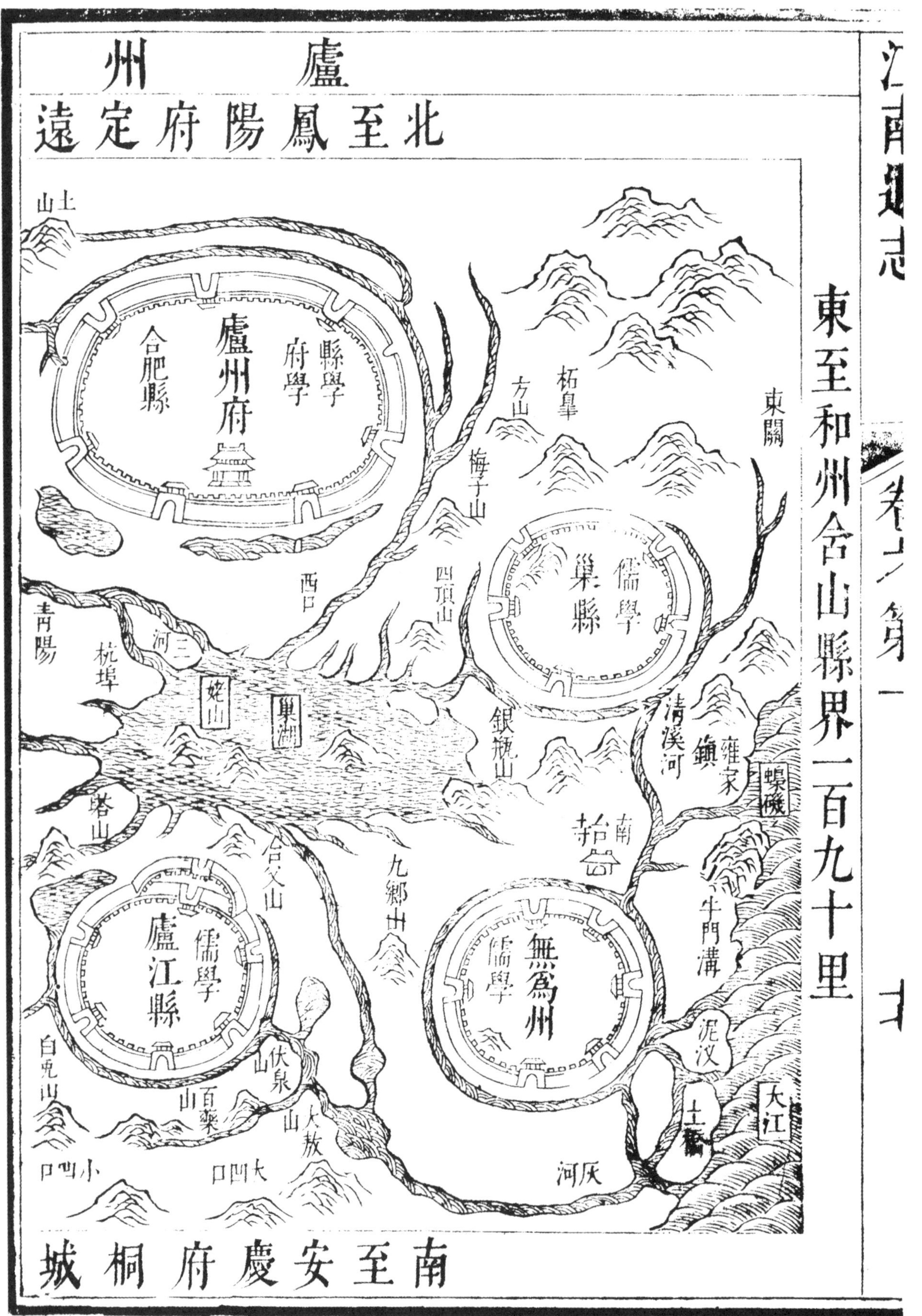
廬州
北至鳳陽府定遠
東至和州含山縣界一百九十里
南至安慶府桐城
廬州府
合肥縣
縣學
府學
巢縣
儒學
廬江縣
儒學
無爲州
儒學
巢湖
姥山
土山
青陽
杭埠
三河
西口
四頂山
梅子山
方山
柘臯
東關
銀瓶山
清溪河
雍家鎮
螺磯
塔山
冶父山
九鄉山
牛門溝
泥汊
大江
土橋
白兎山
伏泉山

府圖
縣界一百八十里
西至河南省汝寧府固始縣界三百上八十里
六安州
儒學
霍山縣
儒學
舒城縣
儒學
英山縣
儒學
蜀山
大蜀山
雙河
南嶽山
小岡山
三溝
金牛市
馬曹山
黑子嶺
浮祥山
縣界二百四十里
圖考
一

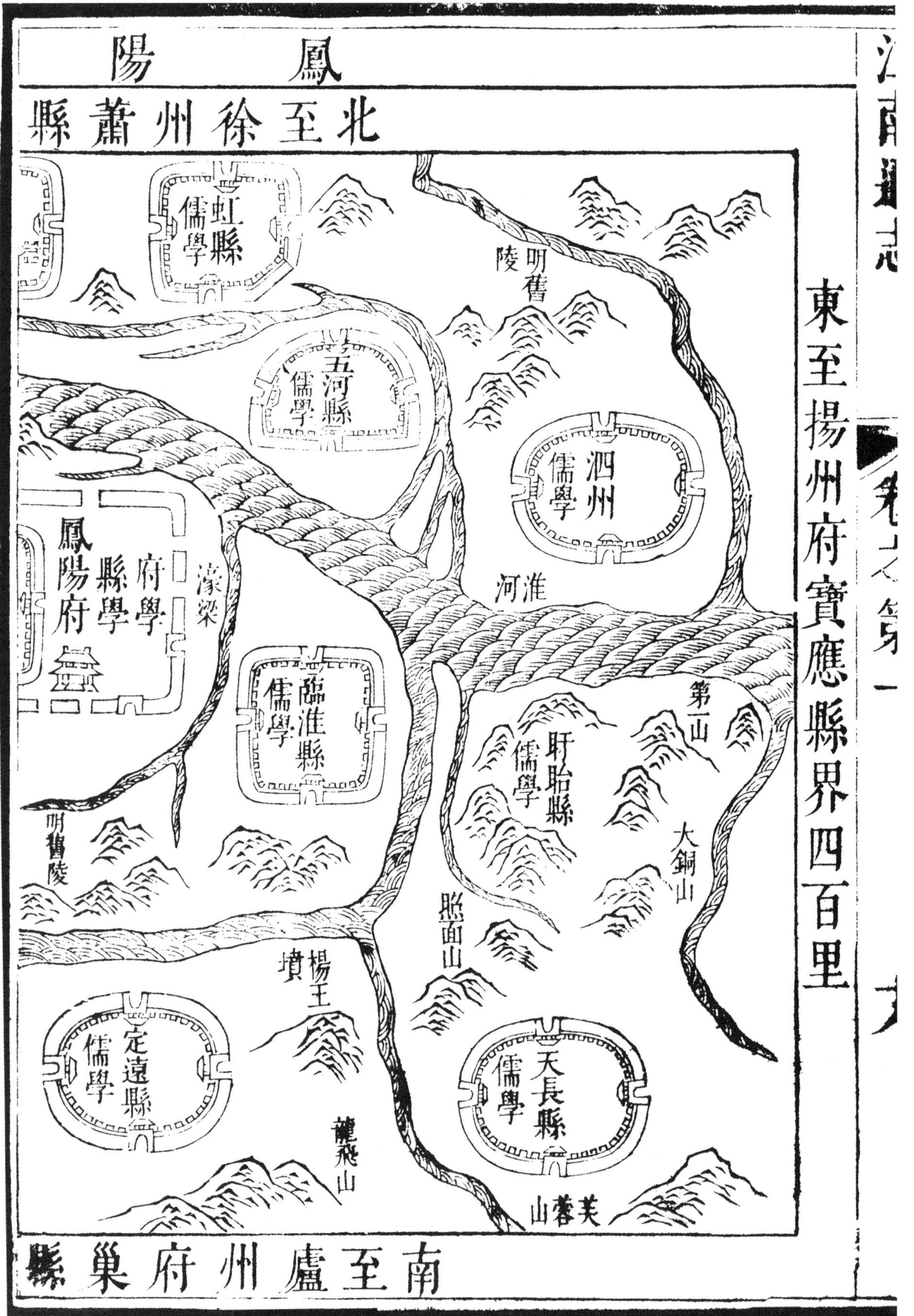
鳳陽
北至徐州蕭縣
東至揚州府寶應縣界四百里
南至盧州府巢縣
江南通志
卷之第一
虹縣儒學
五河縣儒學
泗州儒學
舊明陵
淮河
鳳陽府
府學
縣學
濠梁
臨淮縣儒學
盱眙縣儒學
第一山
大銅山
明舊陵
照面山
楊王墳
定遠縣儒學
天長縣儒學
飛龍山
芙蓉山

府圖

界三百二十三里

西至河南省開封府項城縣界五百九十里

百五十里

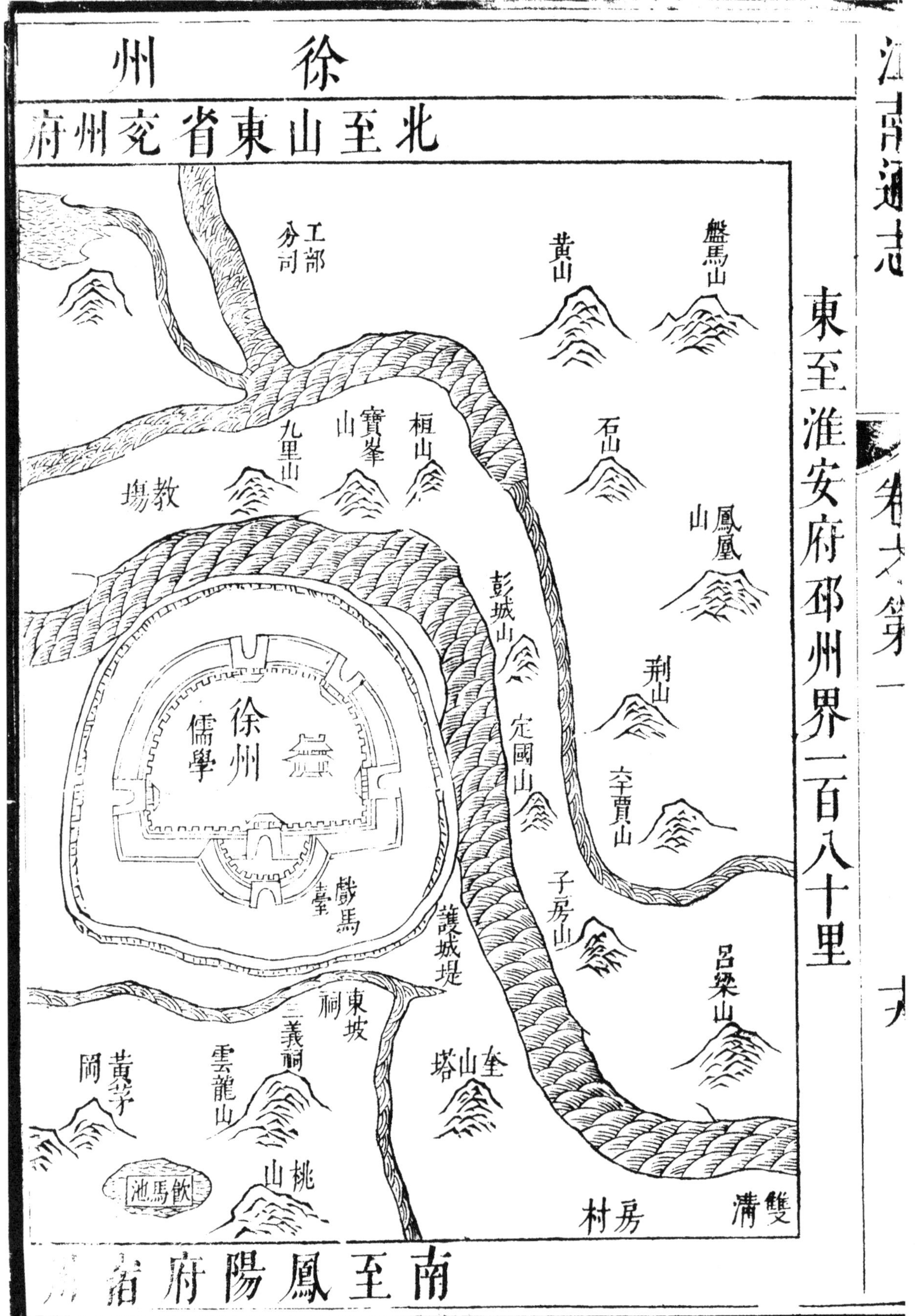
徐州
北至山東省兖州府
東至淮安府邳州界一百八十里
南至鳳陽府宿州
工部分司
黃山
盤馬山
九里山
寶峯山
桓山
石山
教場
鳳凰山
彭城山
荆山
定國山
徐州
儒學
戲馬臺
子房山
護城堤
呂梁山
東坡祠
三義祠
雲龍山
黃茅岡
奎山塔
桃山
飲馬池
房村
雙溝

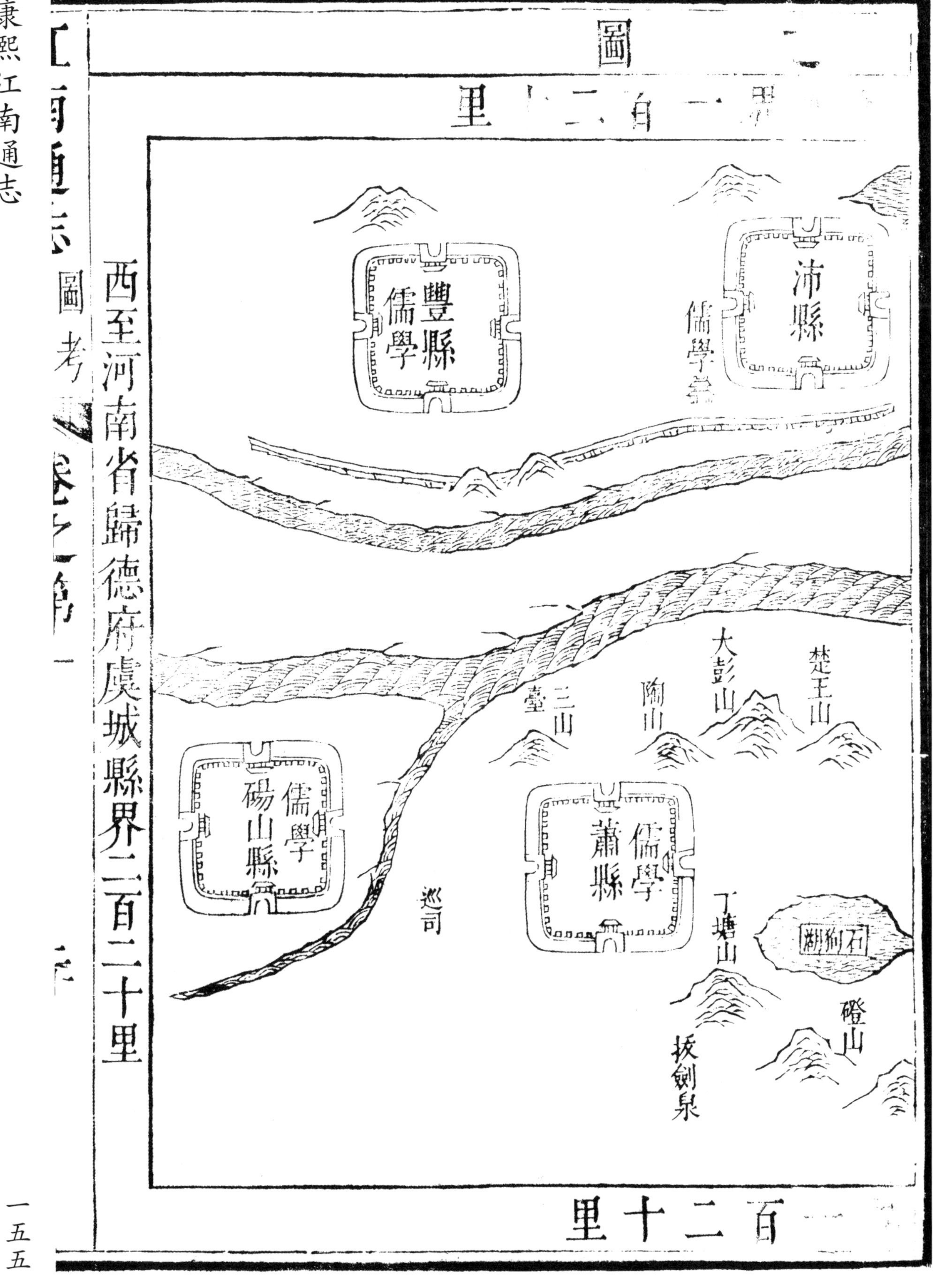
圖
里二十二百一界
西至河南省歸德府虞城縣界二百二十里
豐縣
儒學
沛縣
儒學
碭山縣
儒學
蕭縣
儒學
大彭山
楚王山
陶山
三山
臺
巡司
丁塘山
石狗湖
磴山
拔劍泉
百二十里

滁州
北至鳳陽府盱眙
東至江寧府六合縣界一百二十里
南至和州
練寺山
烏龍山
來安縣
儒學
中嘉山
龍山
黃道山
同山
五川橋
月塘
菱溪塘
水口集
滁州
儒學
三湖塘
廣大圩
三汊河
東葛驛
毛塘橋

圖之
縣界一百九里
西至鳳陽府定遠縣界一百五十里
一百八十里
大鎗嶺
大柳驛
仙居山
皇甫山
廣武衛
白米山
石駝山
清流關
花山
琅琊山
豐樂亭
醉翁亭
黃越嶺
洞山
陡山
龍潭
襄河
全椒縣
儒學
筆峰山

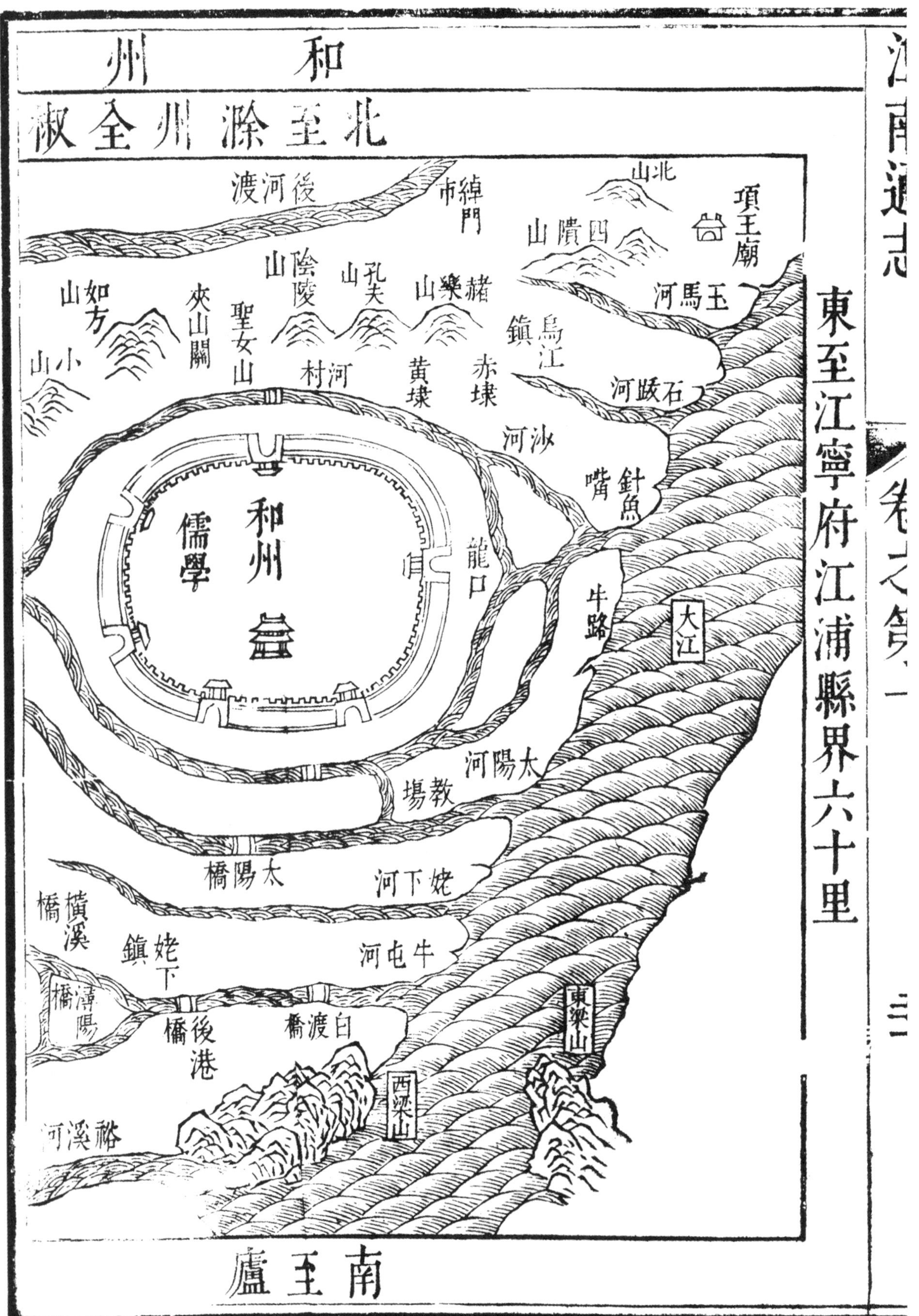
和州
北至滁州全椒
東至江寧府江浦縣界六十里
南至盧
江南通志
卷之第一
三
後河渡
緯門市
北山
四瞶山
項王廟
玉馬河
褚槃山
孔夫山
陰陵山
如方山
夾山關
聖女山
小山
烏江鎮
石䟦河
赤埭
黃埭
河村
沙河
針魚嘴
龍口
和州
儒學
牛路
大江
太陽河
教場
太陽橋
姥下河
橫溪橋
姥下鎮
牛屯河
溥陽橋
後港橋
白渡橋
東梁山
西梁山
裕溪河

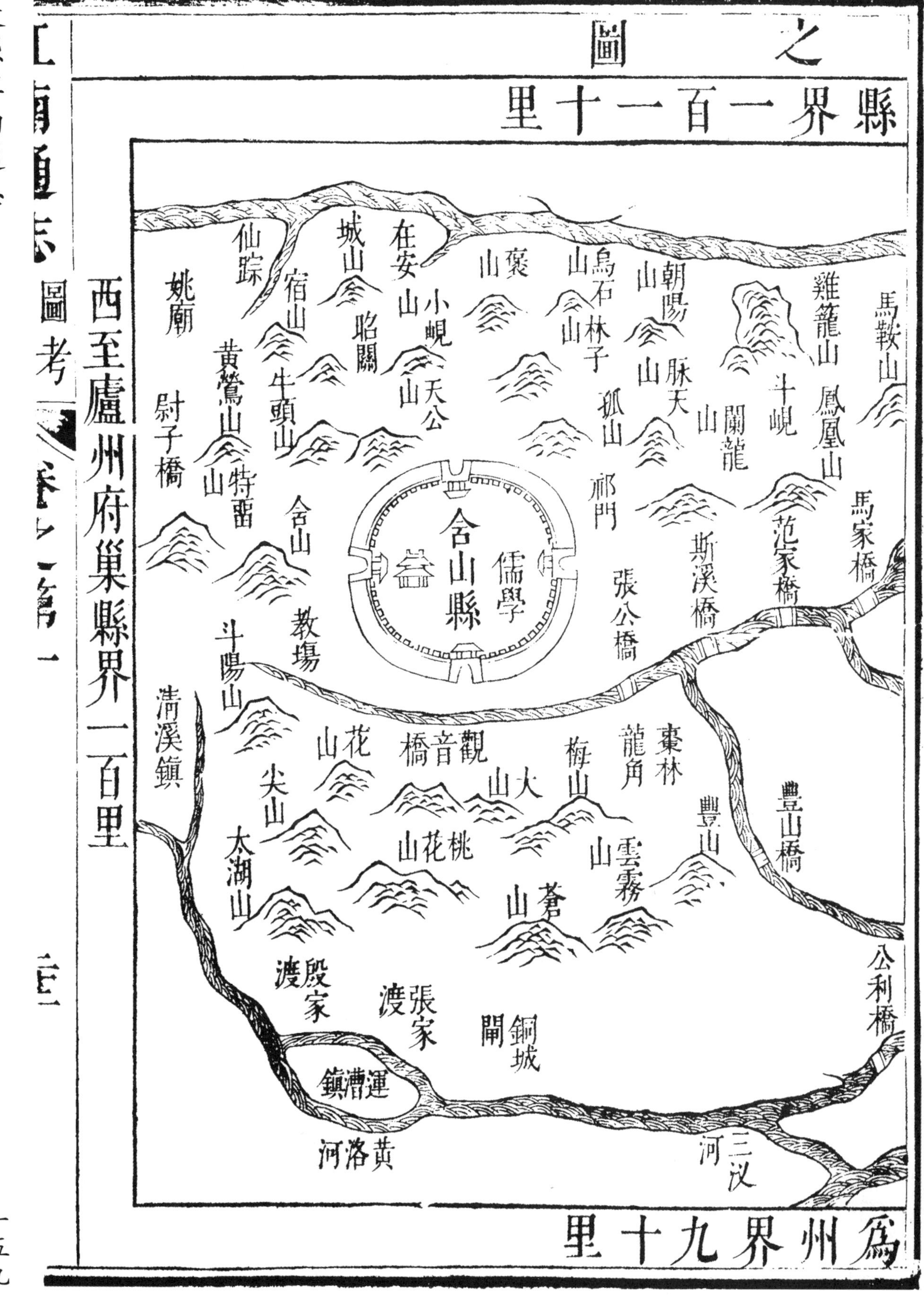
之圖
縣界一百一十里
西至廬州府巢縣界一百里
爲州界九十里
含山縣
儒學
仙蹤
城山
在安山
褒山
烏石山
朝陽山
雞籠山
馬鞍山
姚廟
宿山
昭關
小峴山
天公山
林子山
脉天山
孤山
闌龍山
斗峴
鳳凰山
黃鶯山
牛頭山
尉子橋
特畱山
祁門
馬家橋
范家橋
斯溪橋
張公橋
含山
教場
斗陽山
清溪鎮
花山
觀音橋
大山
梅山
龍角
棗林
尖山
桃花山
雲霧山
豐山
豐山橋
太湖山
蒼山
殷家渡
張家渡
銅城閘
公利橋
運漕鎮
黃洛河
三汊河

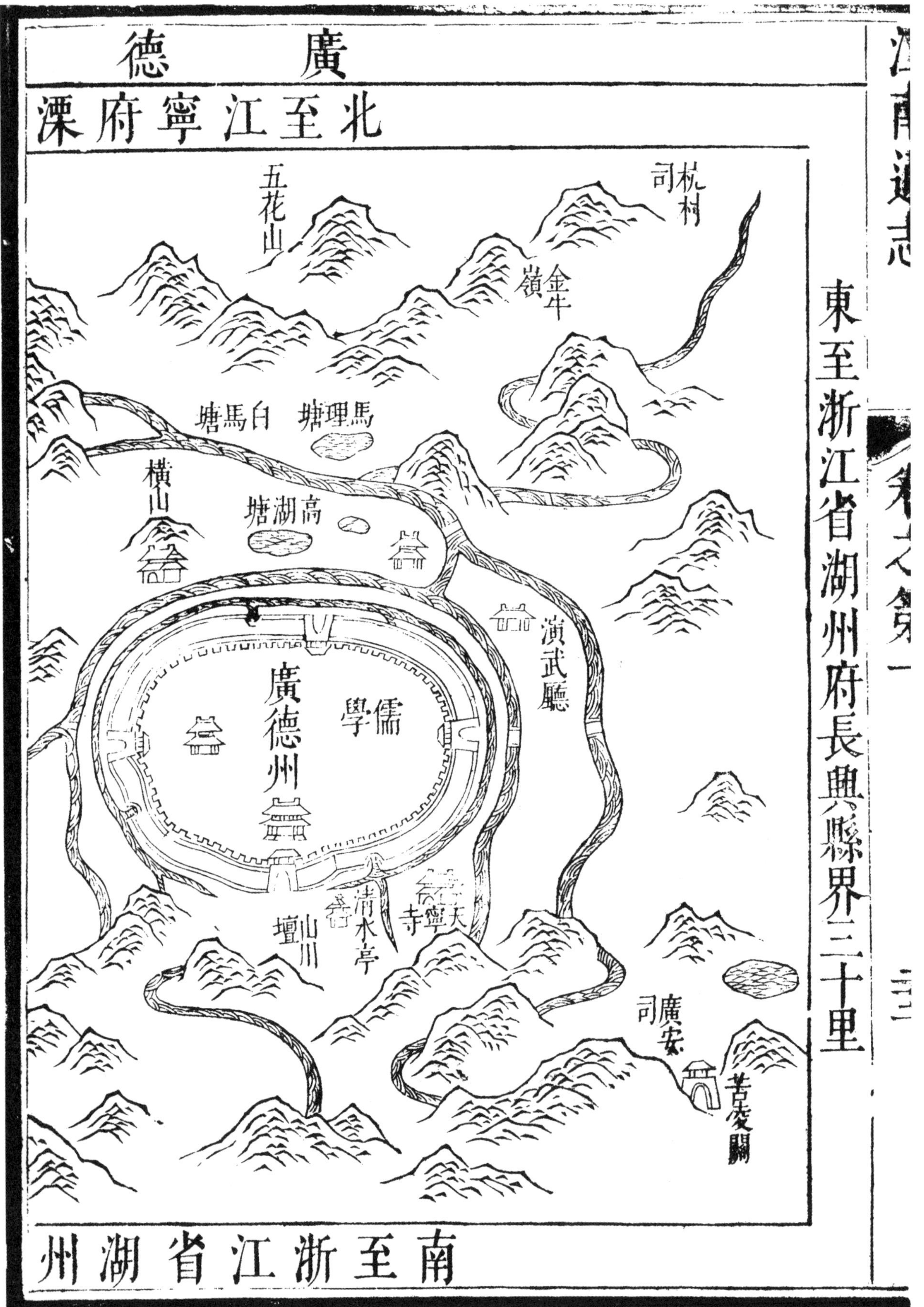
廣德
北至江寧府溧
東至浙江省湖州府長興縣界三十里
南至浙江省湖州
五花山
杭村司
金牛嶺
馬理塘
白馬塘
橫山
高湖塘
演武廳
廣德州
儒學
清水亭
山川壇
天寧寺
廣安司
苦夌關

州圖

圖目

江南境内黄淮二河堤岸圖

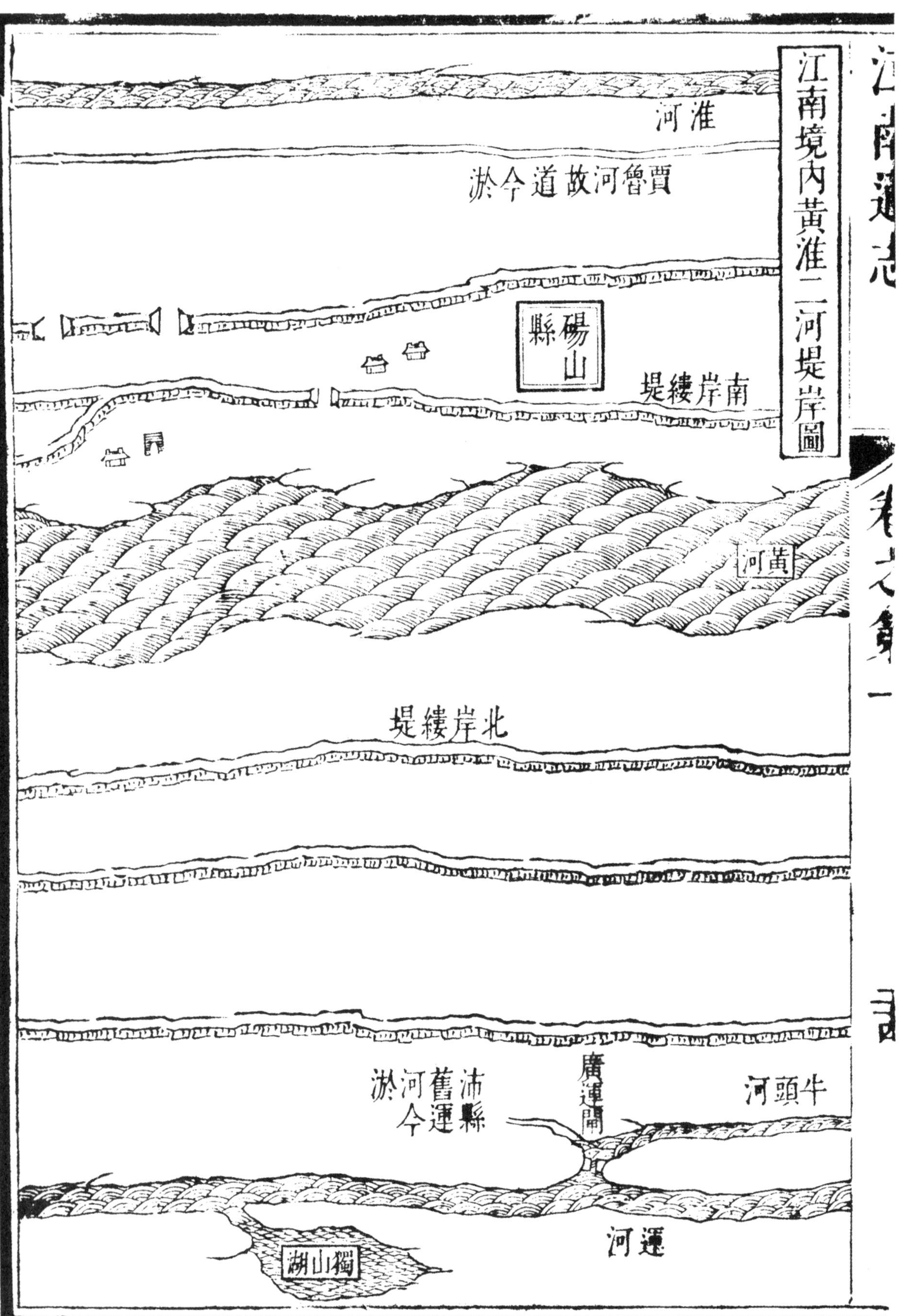
江南境内黄淮二河堤岸圖
淮河
賈魯河故道今淤
碭山縣
南岸縷堤
黄河
北岸縷堤
牛頭河
沛縣舊運河今淤
廣運閘
運河
獨山湖
江南通志
卷之第一

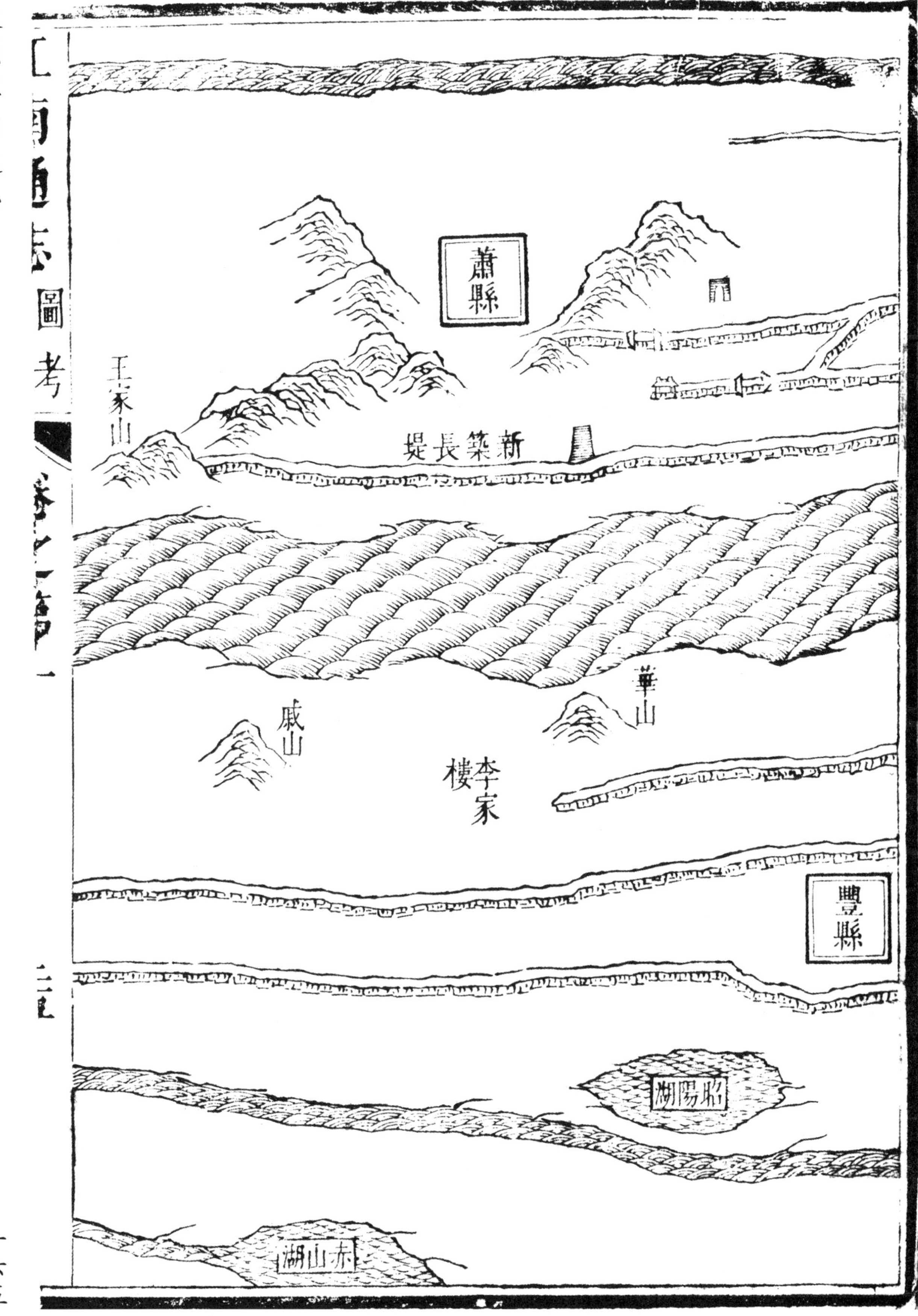

蕭縣
王家山
新築長堤
華山
戚山
李家樓
豐縣
昭陽湖
赤山湖

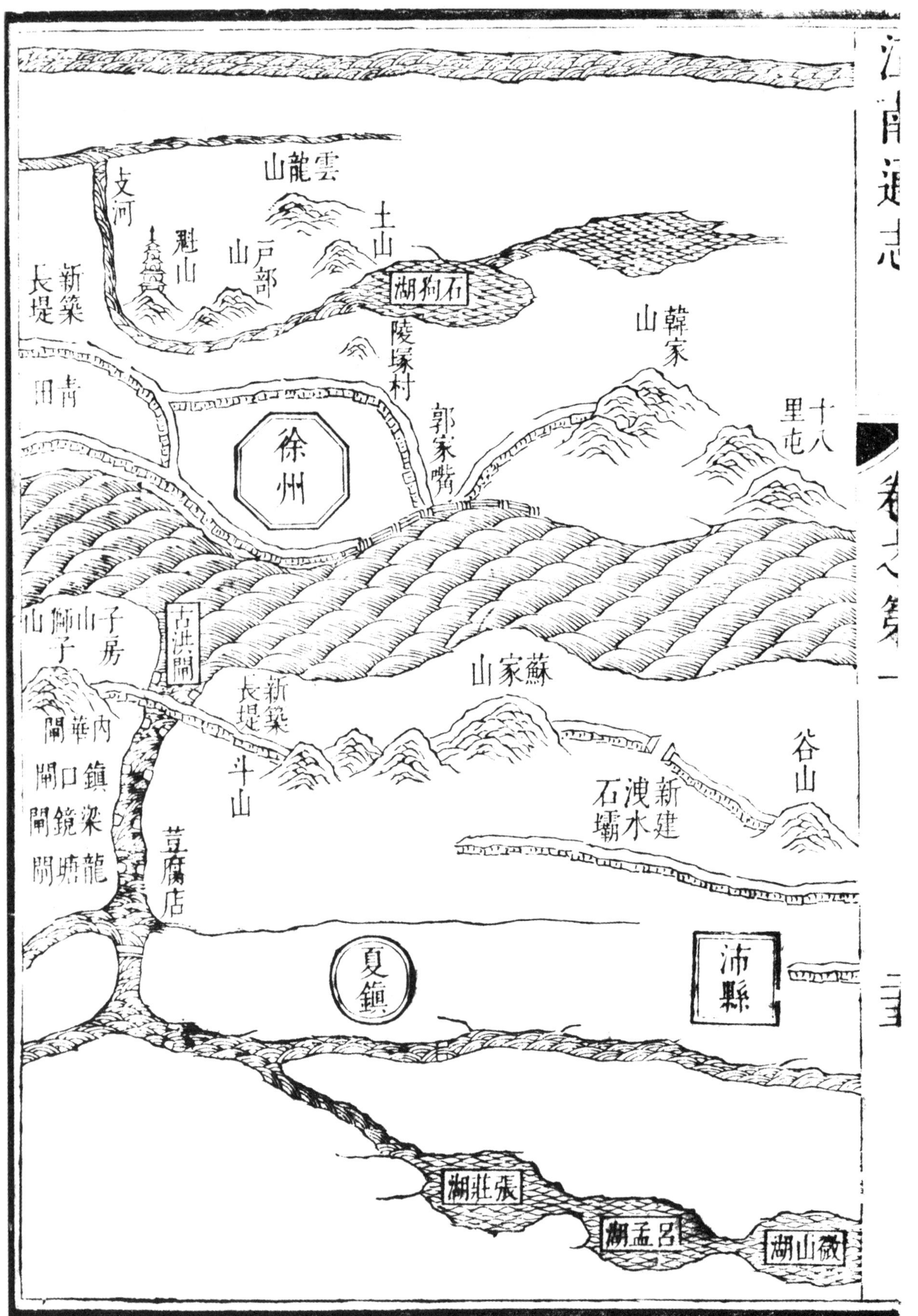
雲龍山
支河
魁山
戶部山
土山
新築長堤
石狗湖
陵冢村
韓家山
青田
徐州
郭家嘴
十八里屯
子房山
獅子山
古洪閘
蘇家山
新築長堤
內華閘
鎮口閘
梁鏡閘
龍塘閘
斗山
谷山
新建洩水石壩
荳腐店
夏鎮
沛縣
張莊湖
呂孟湖
微山湖
江南通志
卷之第一

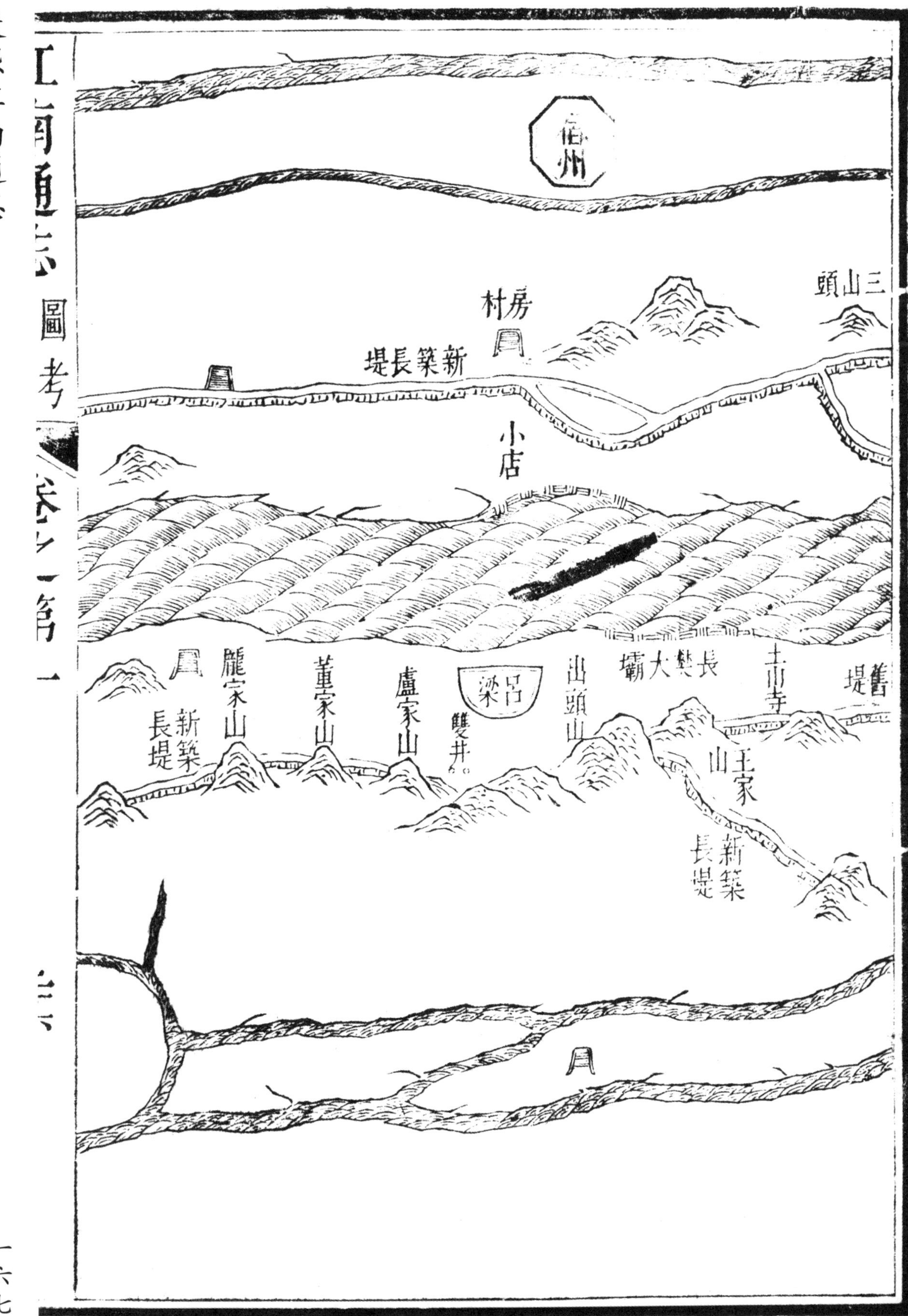
宿州
三山頭
房村
新築長堤
小店
舊堤
土山寺
長樊大壩
山頭山
呂梁
雙井
盧家山
董家山
龐家山
新築長堤
王家山
新築長堤

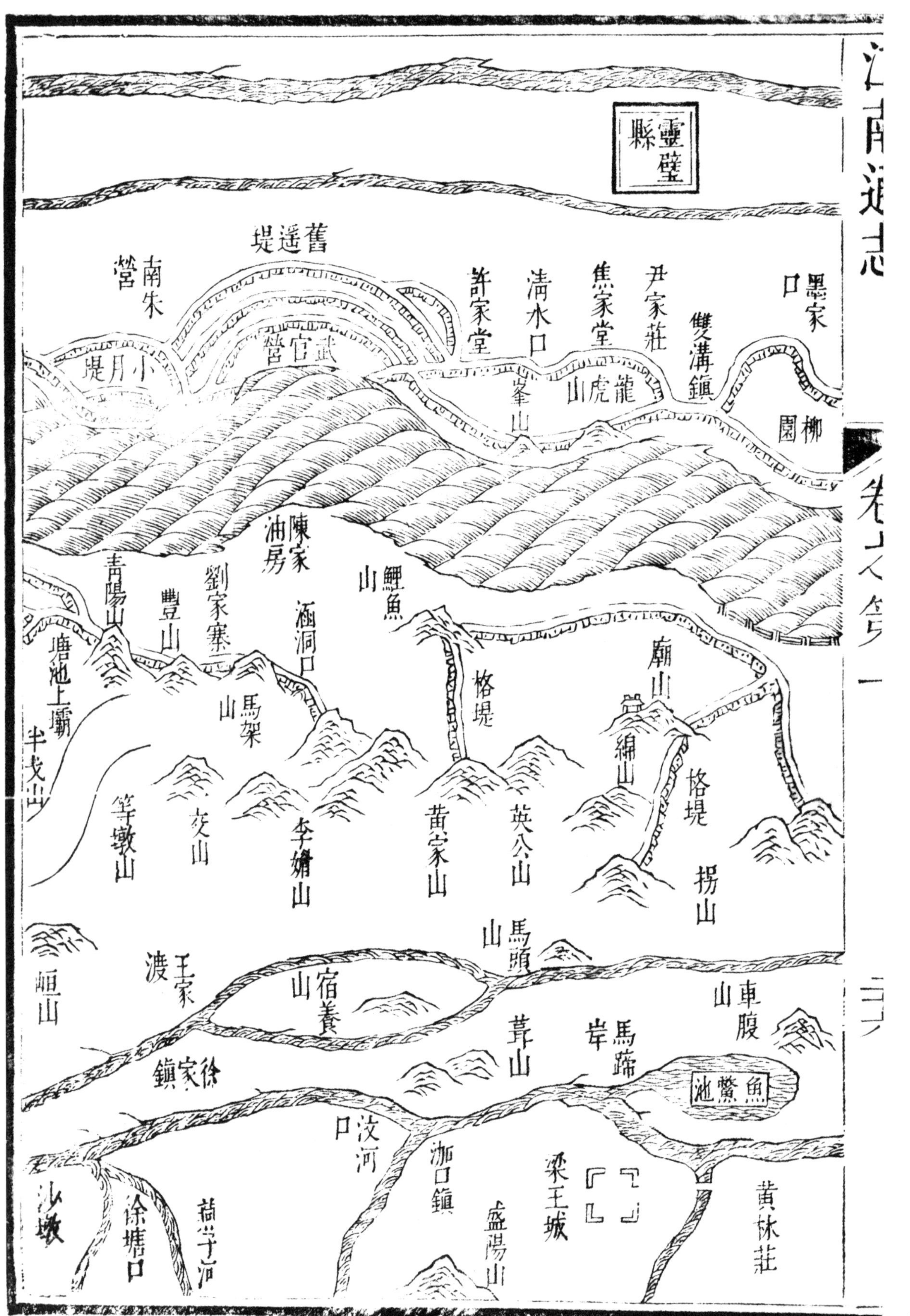
江南通志
靈璧縣
舊遥堤
南朱營
小月堤
武官營
許家堂
清水口
焦家堂
尹家莊
墨家口
雙溝鎮
龍虎山
峯山
柳園
陳家油房
劉家寨
鯉魚山
青陽山
豐山
涵洞口
唐池上壩
馬架山
格堤
廟山
綿山
格堤
半戈山
等墩山
交山
李婧山
黄家山
英公山
拐山
馬頭山
王家渡
宿養山
車腹山
峘山
茸山
馬蹄岸
徐家鎮
魚鱉湖
汶河口
梁王城
黄林莊
盛陽山
徐塘口

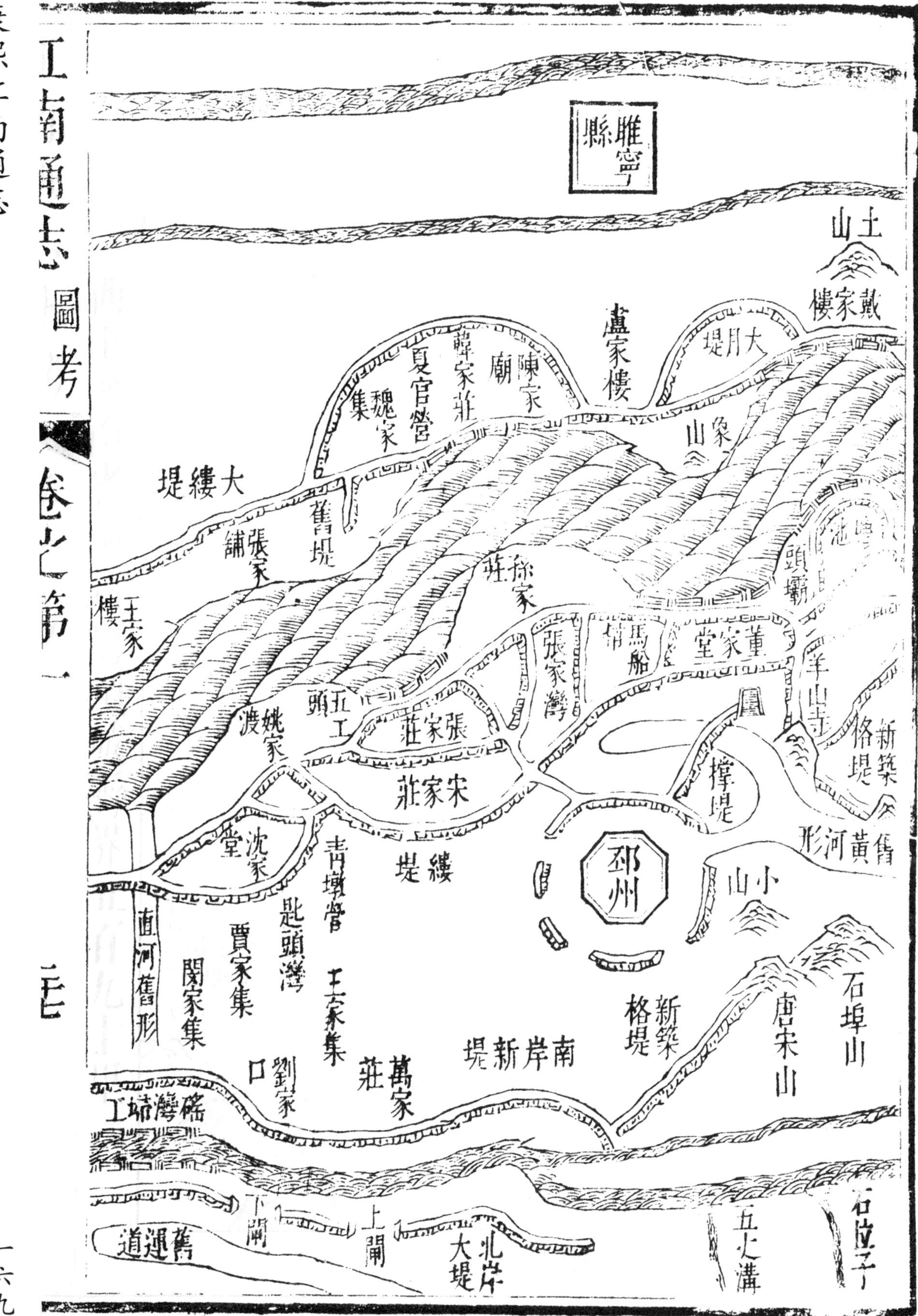
江南通志 圖考 卷之第一
睢寧縣
土山
戴家樓
大月堤
盧家樓
陳家廟
韓家莊
夏官營
魏家集
大縷堤
舊堤
張家舖
王家樓
象山
孫家莊
董家堂
張家灣
五工頭
姚家渡
張家莊
宋家莊
撐堤
羊山寺
新築格堤
舊黃河形
邳州
小山
沈家堂
縷堤
青墩營
匙頭灣
賈家集
閔家集
直河舊形
王家集
南岸新堤
新築格堤
唐宋山
石埠山
劉家口
萬家莊
磘灣埽工
舊運道
下閘
上閘
北岸大堤
五丈溝

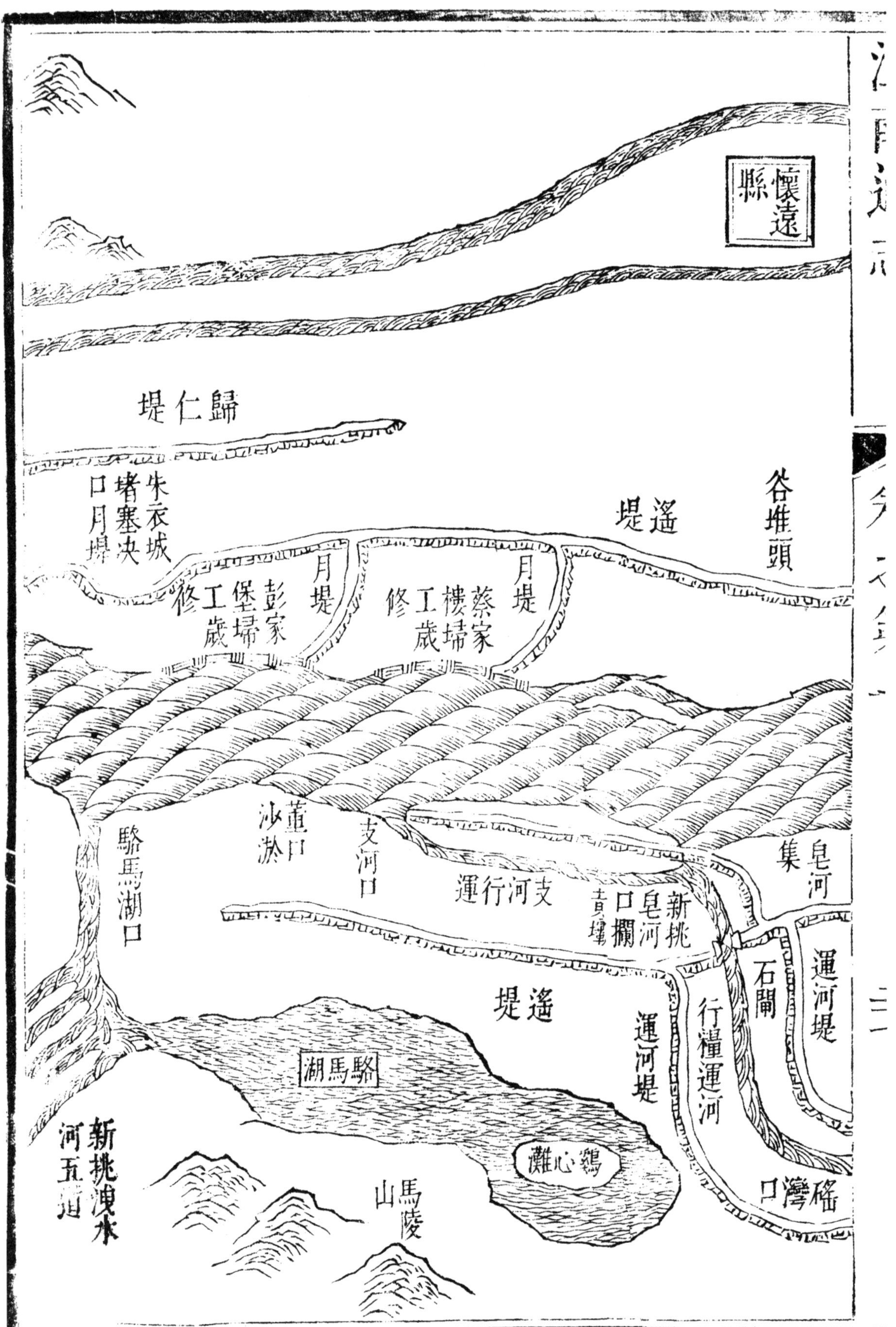
懷遠縣
歸仁堤
朱衣城堵塞決口月堤
遙堤
谷堆頭
彭家堡埽工歲修
月堤
蔡家樓埽工歲修
月堤
駱馬湖口
董口沙淤
支河口
支河行運
新挑皂河口攔壩
皂河集
遙堤
運河堤
行糧運河
石閘
運河堤
駱馬湖
鷄心灘
新挑洩水河五道
馬陵山
磘灣口

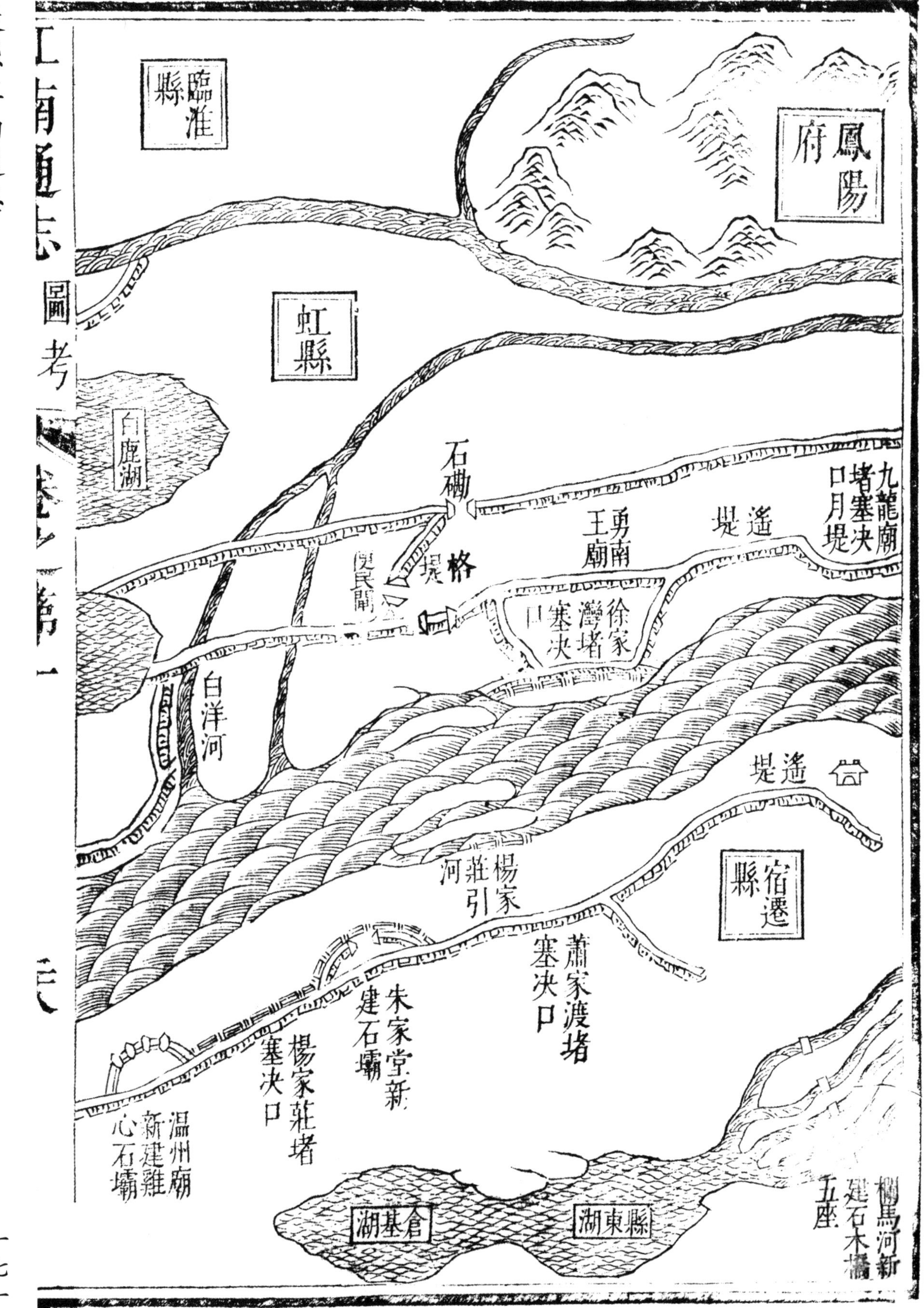
鳳陽府
臨淮縣
虹縣
白鹿湖
石硼
九龍廟堵塞決口月堤
遙堤
勇南王廟
格堤
便民閘
徐家灣堵塞決口
白洋河
遙堤
宿遷縣
楊家莊引河
蕭家渡堵塞決口
朱家堂新建石壩
楊家莊堵塞決口
溫州廟新建雞心石壩
柳馬河新建石木橋五座
倉基湖
縣東湖

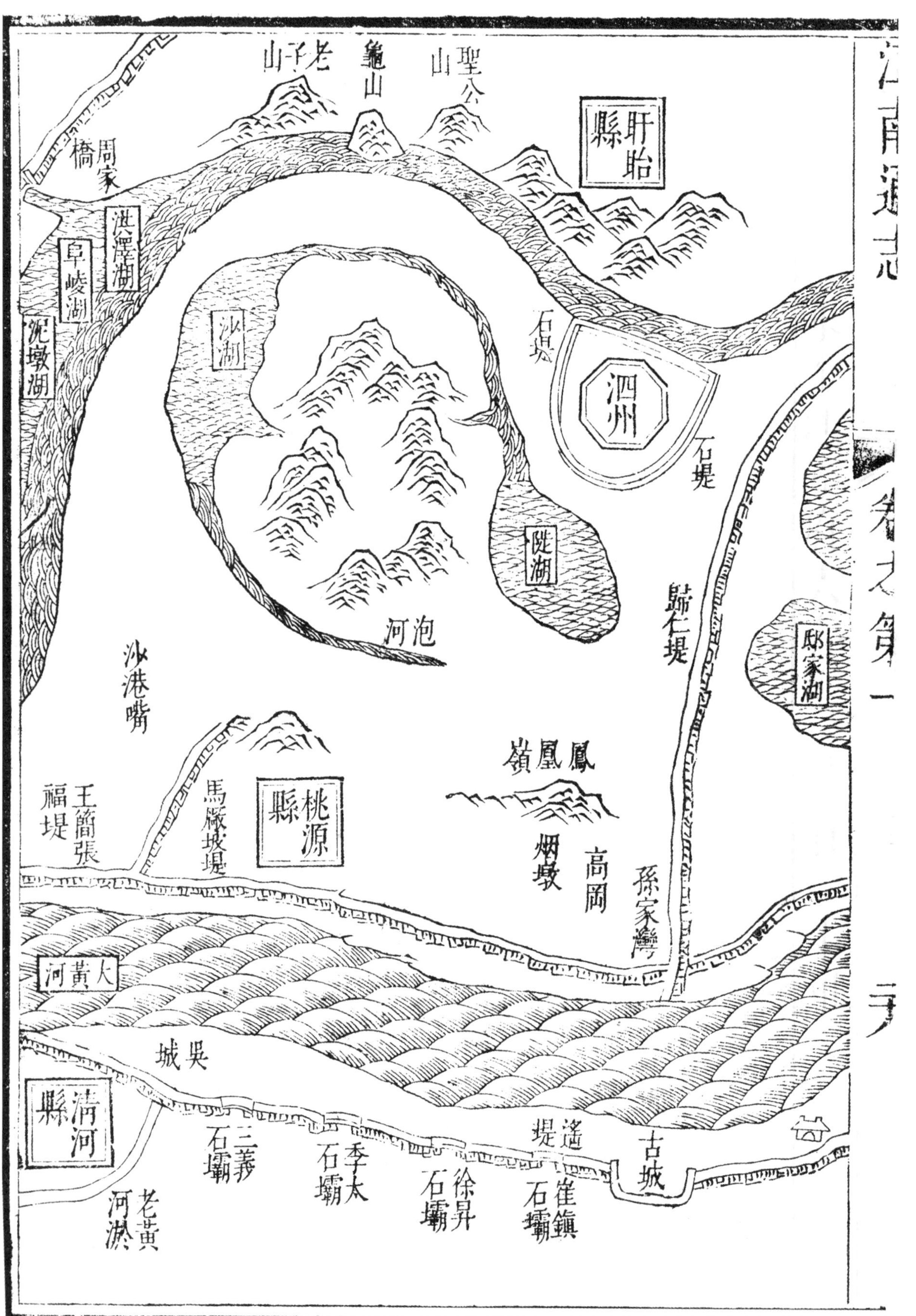
老子山
龜山
公聖山
盱眙縣
周家橋
洪澤湖
阜陵湖
泥墩湖
沙湖
石堤
泗州
石堤
陡湖
泡河
歸仁堤
邸家湖
沙港嘴
鳳凰嶺
王簡張福堤
馬厰坡堤
桃源縣
烟墩
高岡
孫家灣
大黄河
吳城
清河縣
遥堤
古城
三義石壩
季太石壩
徐昇石壩
崔鎮石壩
老黄河淤

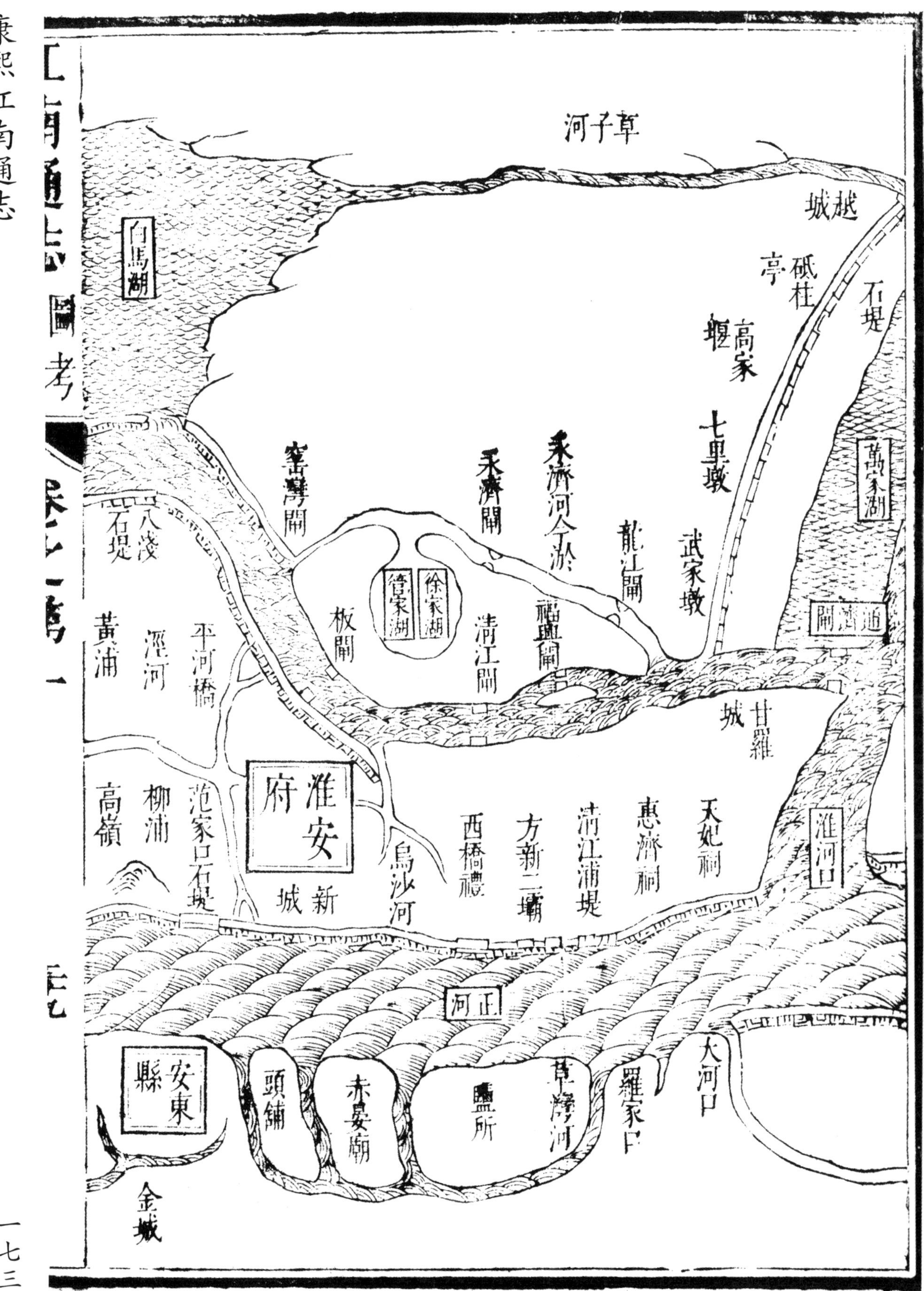
草子河
越城
砥柱亭
石堤
高家堰
七里墩
白馬湖
萬家湖
窰灣閘
永濟閘
永濟河今淤
龍江閘
武家墩
福興閘
清江閘
板閘
徐家湖
管家湖
通濟閘
甘羅城
八淺
石堤
黃浦
澀河
平河橋
淮安府
高嶺
柳浦
范家口石堤
新城
烏沙河
西橋
清江浦堤
惠濟祠
天妃祠
淮河口
正河
安東縣
頭鋪
赤晏廟
鹽所
草灣河
羅家口
大河口
金城

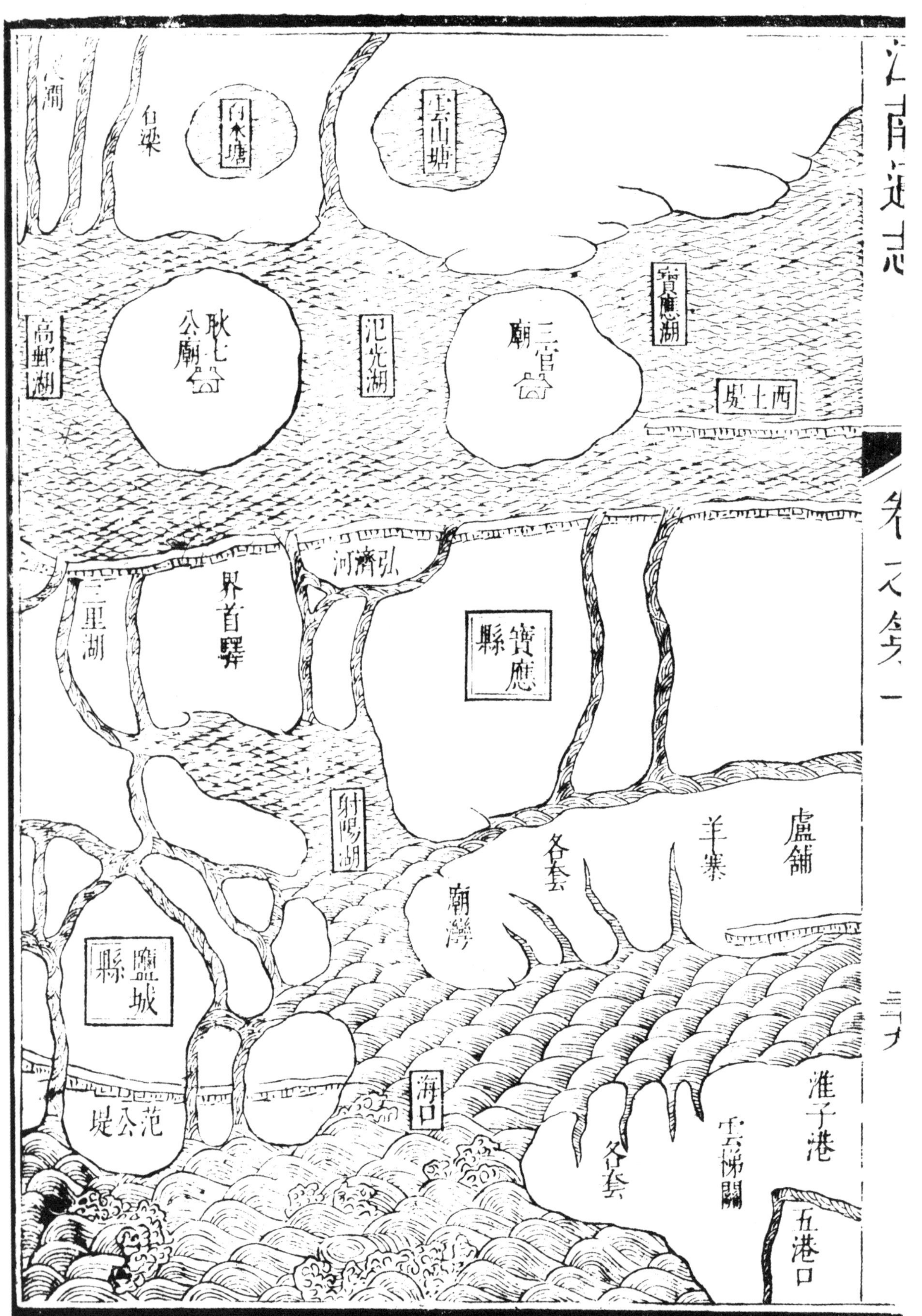
江南通志
卷之第一
三十六
白水塘
白涂
雲山塘
高郵湖
耿七公廟
氾光湖
三官廟
寶應湖
西土堤
弘濟河
界首驛
三里湖
寶應縣
射陽湖
各套
廟灣
羊寨
盧舖
鹽城縣
范公堤
海口
淮子港
各套
雲梯關
五港口

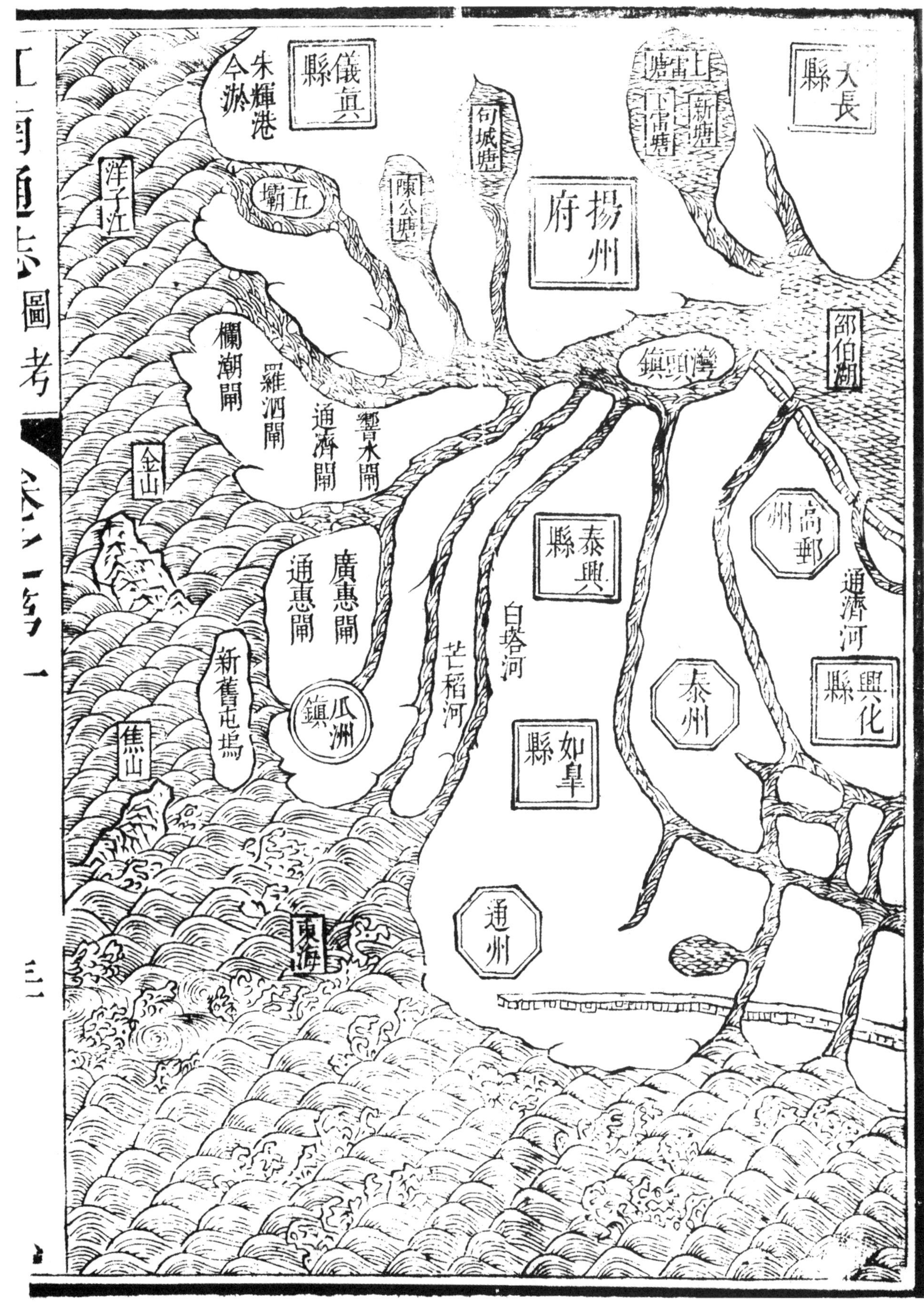
江南通志 圖考 卷之一
三
儀真縣
朱輝港今淤
洋子江
五壩
陳公塘
句城塘
揚州府
上雷塘
下雷塘
新塘
天長縣
邵伯湖
灣頭鎮
欄潮閘
羅泗閘
通濟閘
響水閘
金山
廣惠閘
通惠閘
新舊屯塢
瓜洲鎮
焦山
芒稻河
白塔河
泰興縣
高郵州
通濟河
興化縣
泰州
如皋縣
通州
東海

圖目

江南境內長江各汎圖

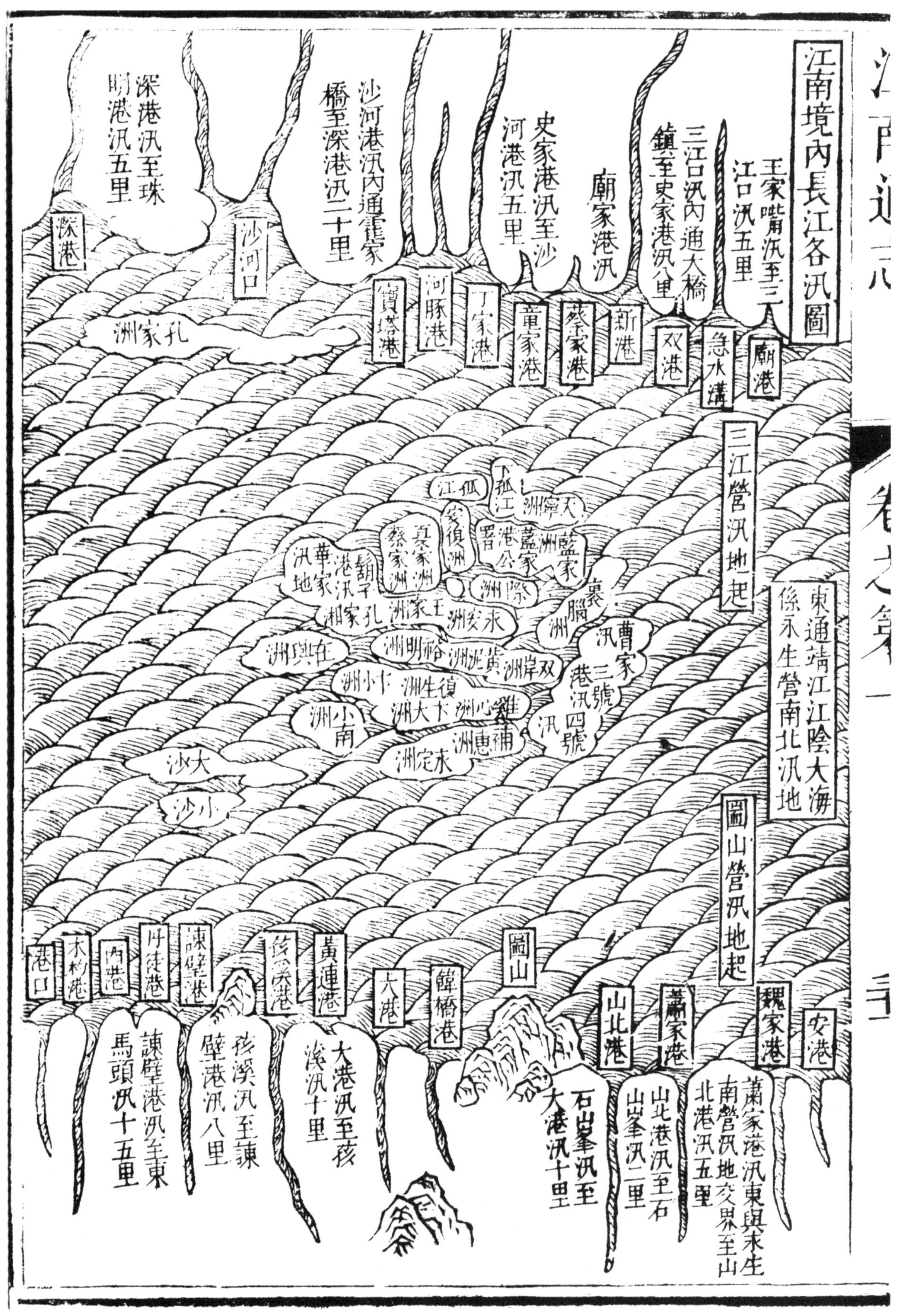

江南境內長江各汛圖
王家嘴汛至三江口汛五里
三江口汛內通大橋鎮至史家港汛八里
廟家港汛
史家港汛至沙河港汛五里
沙河港汛內通霍家橋至深港汛二十里
深港汛至珠明港汛五里
廟港
急水溝
双港
新港
蔡家港
童家港
丁家港
河豚港
寶塔港
沙河口
深港
孔家洲
三江營汛地起
東通靖江江陰大海係永生營南北汛地
圌山營汛地起
永安洲
王家洲
曹家汛
三號港汛
四號汛
黃泥洲
双岸洲
雞心洲
永定洲
大沙
小沙
港口
內港
丹徒港
諫壁港
孩溪港
黃連港
大港
韓橋港
圌山
山北港
蕭家港
魏家港
安港
諫壁港汛至東馬頭汛十五里
孩溪汛至諫壁港汛八里
大港汛至孩溪汛十里
石山峯汛至大港汛十里
山北港汛至石山峯汛二里
蕭家港汛東與永生南營汛地交界至山北港汛五里

瓜洲城
演武廳
花園港汛至沙港汛九里
龍王港汛
新港汛至龍王港汛二里
珠明港汛至新港汛五里
花園港
長河頭
卞家港
珠明港
儀真營汛地起
三江營汛地止
金山
郭公墓
焦山
潭家洲
玉山
京口閘
大閘口汛
小閘口汛
鎮江關
甘露港汛
劉流港
金線港
東馬頭
掘港汛
西馬頭汛
玉山汛
操江廠
蒜山汛
甘露寺
劉流汛
象山汛
東馬頭汛
鎮江府

青山頭汛至東溝汛二十里
一戗港汛至青山頭汛二十里
儀真縣
江口汛內通淮楊至一戗港汛十五里
舊江口汛至江口汛二十里
馬港汛至舊江口汛二十里
何家港汛至馬港汛與瓜洲營交界
沙港汛至何家港汛十里
青山港
一戗港
宋嘴港
操江廠
上江口
下江口
舊江口
鐵定港
馬港
寧港
何家港
奇兵營汛地起
儀真營汛地止
北新洲
福生洲
賴元洲
真人洲
大新洲
保定洲
小新洲汛
長洪洲
隱洲
陰洲
儀真營汛地止
儀真營汛地起
圖山營汛地止
栢家閘
楊家溝
螺螄港
天寧洲口
嚴渚港
高資港
洪信港
樂亭港
七里港
栢家閘汛十五里
楊家溝汛至栢家閘汛十五里
螺螄港汛至楊家溝汛十五里
天寧洲汛至螺螄港汛十五里
斫潭橋汛至天寧洲汛十五里
高資港汛至斫潭橋汛十五里
洪信港汛至高資港汛三十里
樂亭港汛至洪信港汛三里
七里港汛至樂亭港汛十里
師姑灘汛至七里港汛八里

東溝汎至瓜埠汎四十里
東溝
礬山
趙家西河
瓜埠口汎內通六合至段要汎三十里
段要汎至二套口汎十五里
瓜埠口
宣花漾
二套口汎至新台汎二十里
新台汎至急水溝汎二十里
老虎溝
王家溝
急水溝汎內通黃厰河至浦山汎二十里
龍窩口
浦山汎至浦口汎二十里
急水溝
段要洲
黃天蕩
燕子磯
觀音港
焦家嘴
段要口
七里洲汎至草鞋夾汎二十里
弘濟寺
觀音門
野山磯
鰣魚厰汎至七里洲汎三十里
傅家溝
唐家渡
草堂橋汎至鰣魚厰汎二十里
朱家嘴汎至草堂橋汎四十里
太子洲
朱家嘴
偷牛港
東陽港
龍潭港
三江口汎
柯家閘汎至朱家嘴汎四十里

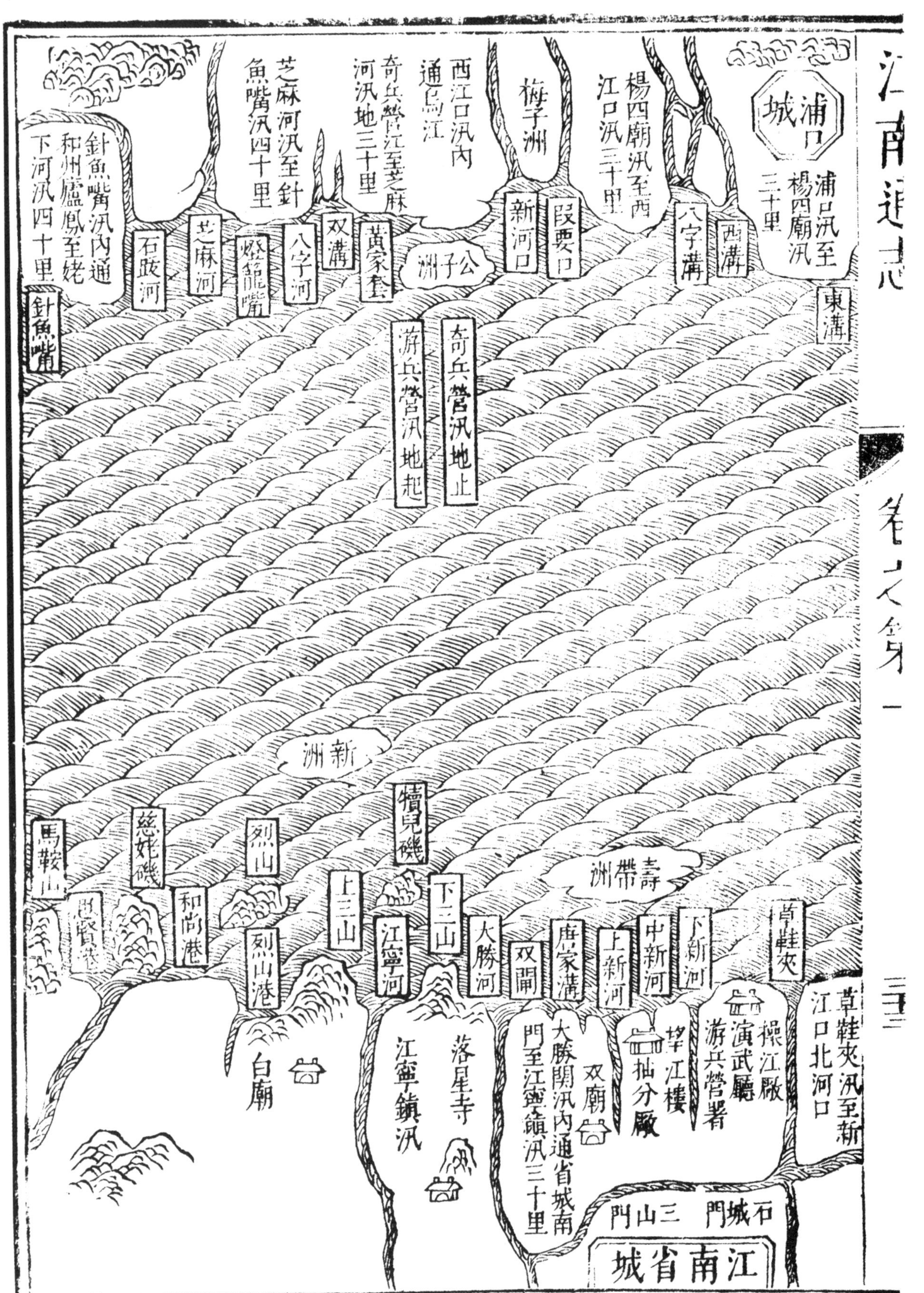
浦口城
浦口汛至楊四廟汛三十里
楊四廟汛至西江口汛三十里
梅子洲
西江口汛內通烏江
奇兵營江至芝麻河汛地三十里
芝麻河汛至針魚嘴汛四十里
針魚嘴汛內通和州鑪鳯至姥下河汛四十里
針魚嘴
石跋河
芝麻河
熸龍嘴
八字河
双溝
黃家套
公子洲
新河口
段要口
八字溝
西溝
東溝
奇兵營汛地止
游兵營汛地起
新洲
馬鞍山
慈姥磯
烈山
和尚港
烈山港
白廟
上三山
犢兒磯
下三山
江寧河
大勝河
双閘
唐家溝
壽帶洲
上新河
中新河
下新河
草鞋夾
草鞋夾汛至新江口北河口
操江廠
演武廳
游兵營署
望江樓
抽分廠
双廟
大勝關汛內通省城南門至江寧鎮汛三十里
落星寺
江寧鎮汛
石城門
三山門
江南省城

江南通志 圖考 卷之一
王家嘴
中夾口
姥下河汛至西梁山汛二十里
大陽河
姥下河
西梁山汛
操江營
牛屯河
西梁山
裕溪口內通無為州等處至田家溝汛二十五里
陡門巷
裕溪河
田家溝汛至蟂磯汛二十里
田家溝
蟂磯
戶部分司
蟂磯汛至牛棠河汛十五里
新溝河
新洲
老軍
望夫山
人頭磯
寶積山
采石河
采石磯
東梁山
操江廠
東梁山大信河內通太平府至四合山汛二十里
四合山汛至魯港汛二十里
四合山
文昌閣
工部分司
吉祥寺
蕪湖縣
戶部分司
雙港汛
大雙溝
蕪湖河
陶家溝
稀泥港

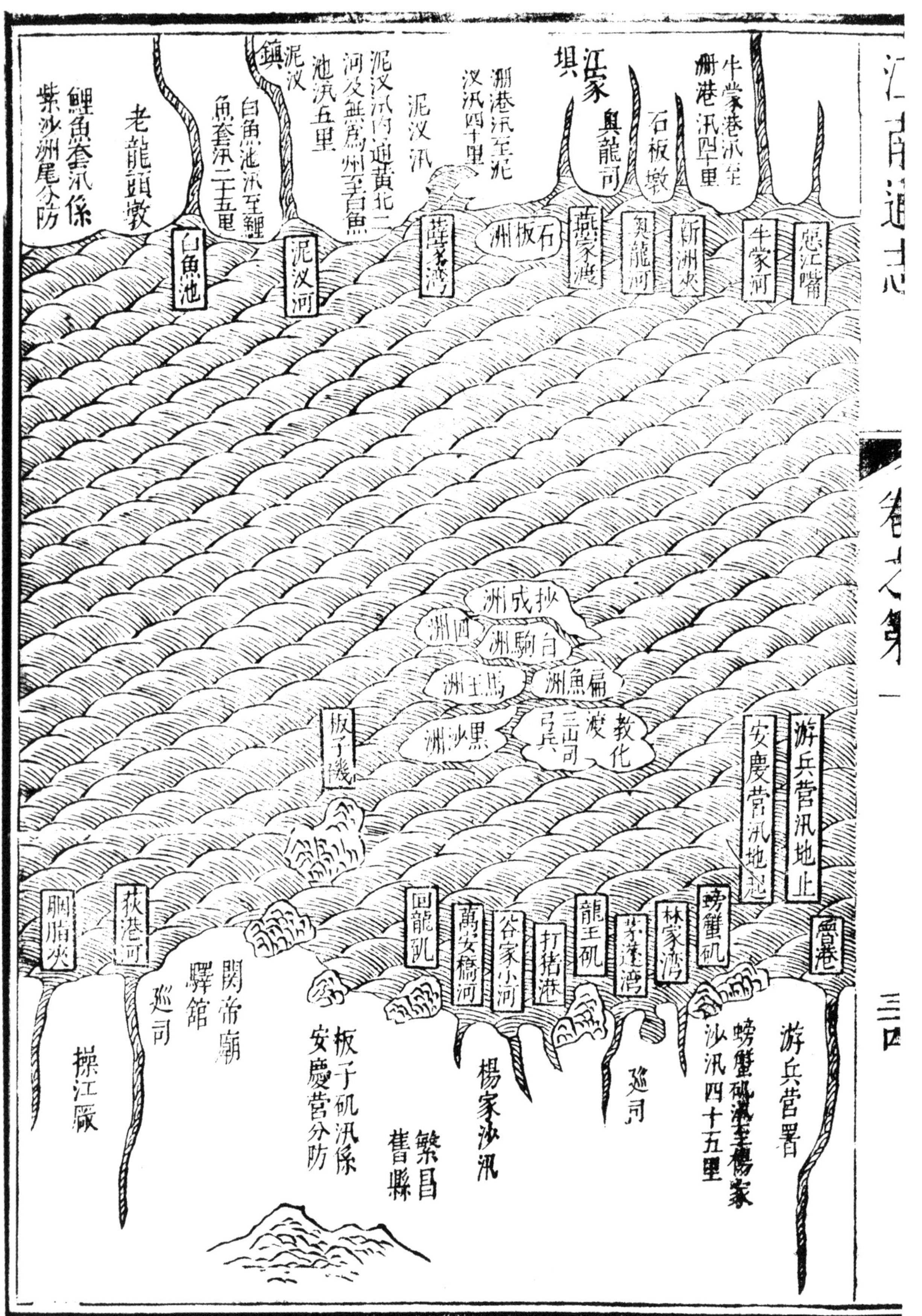

感江嘴
牛家河
新洲夾
奥龍河
燕家灣
石板洲
薛家灣
泥汊河
白魚池
牛家巷汛至
冊港汛四十里
石板墩
奥龍河
江家壩
冊港汛至泥
汊汛四十里
泥汊汛
泥汊汛內通黃花二
河及無為州至白魚
池汛五里
泥汊
鎮
白魚池汛至鯉
魚套汛二十五里
老龍頭墩
鯉魚套汛係
紫沙洲尾分防
抄成洲
四洲
白駒洲
扁魚洲
馬王洲
黑沙洲
教化
渡
三山司
弓兵
板子磯
游兵營汛地止
安慶營汛地起
曹巷
螃蟹磯
林家灣
芥蓬灣
龍王磯
打猪港
谷家小河
萬安橋河
回龍磯
荻港河
胭脂夾
游兵營署
螃蟹磯汛至楊家
沙汛四十五里
巡司
楊家沙汛
繁昌
舊縣
板子磯汛係
安慶營分防
關帝廟
驛館
巡司
操江廠

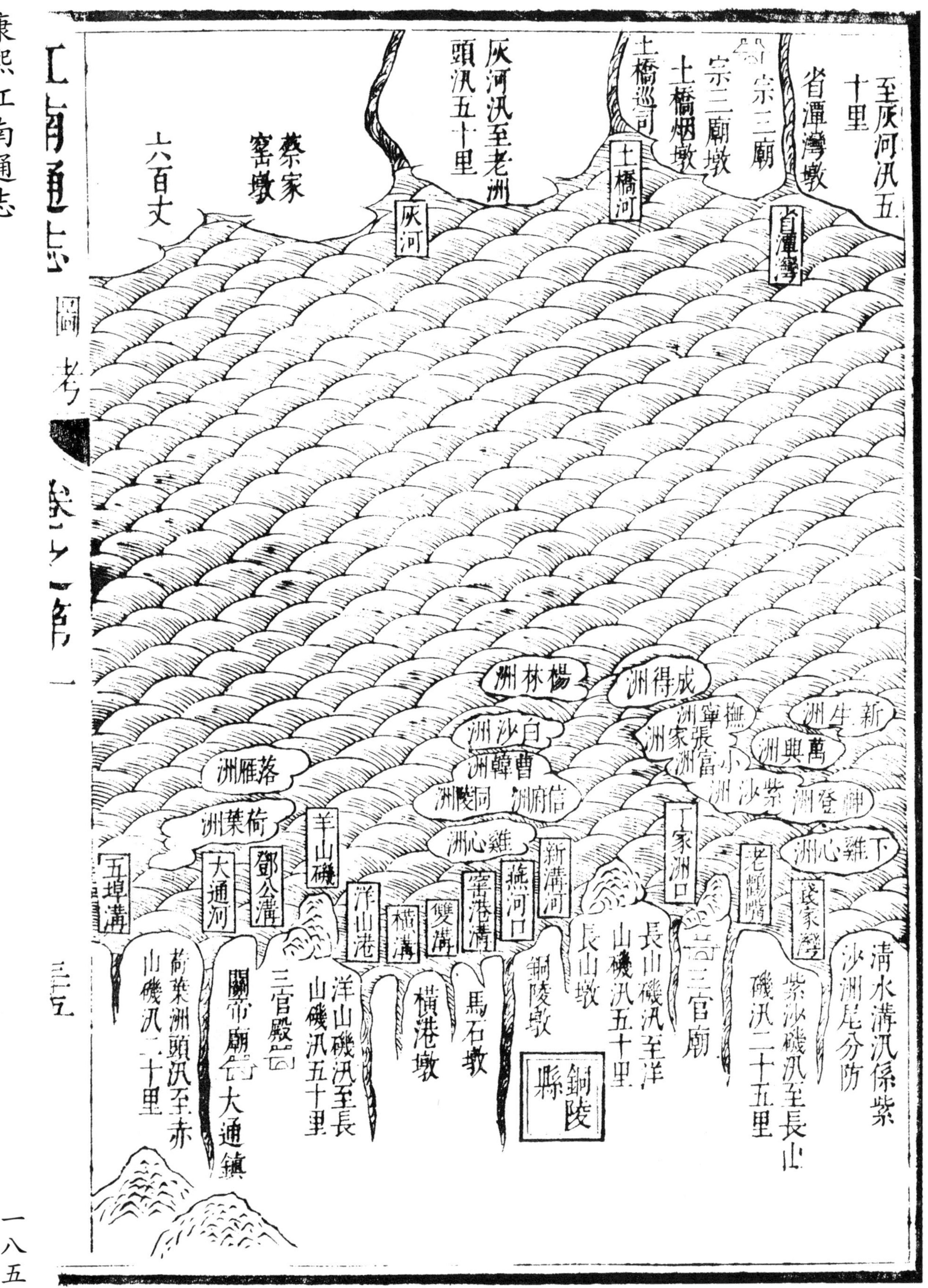
至灰河汛五十里
省潭灣墩
宗三廟
宗三廟墩
土橋烟墩
土橋巡河
灰河汛至老洲頭汛五十里
蔡家窑墩
六百丈
灰河
土橋河
省潭灣
楊林洲
成得洲
白沙洲
撫寧洲
張家洲
小富洲
新生洲
萬興洲
曹韓洲
信府洲
同陵洲
紫沙洲
神登洲
落雁洲
荷葉洲
雞心洲
下雞心洲
五埠溝
大通河
鄧公溝
羊山磯
洋山港
橫溝
雙溝
窑港溝
燕河口
新溝河
丁家洲口
老鸛嘴
清水溝汛係紫沙洲尾分防
紫沙磯汛至長山磯汛二十五里
三官廟
長山磯汛至洋山磯汛五十里
長山墩
銅陵墩
銅陵縣
馬石墩
橫港墩
洋山磯汛至長山磯汛五十里
三官殿
關帝廟
大通鎮
荷葉洲頭汛至赤山磯汛二十里

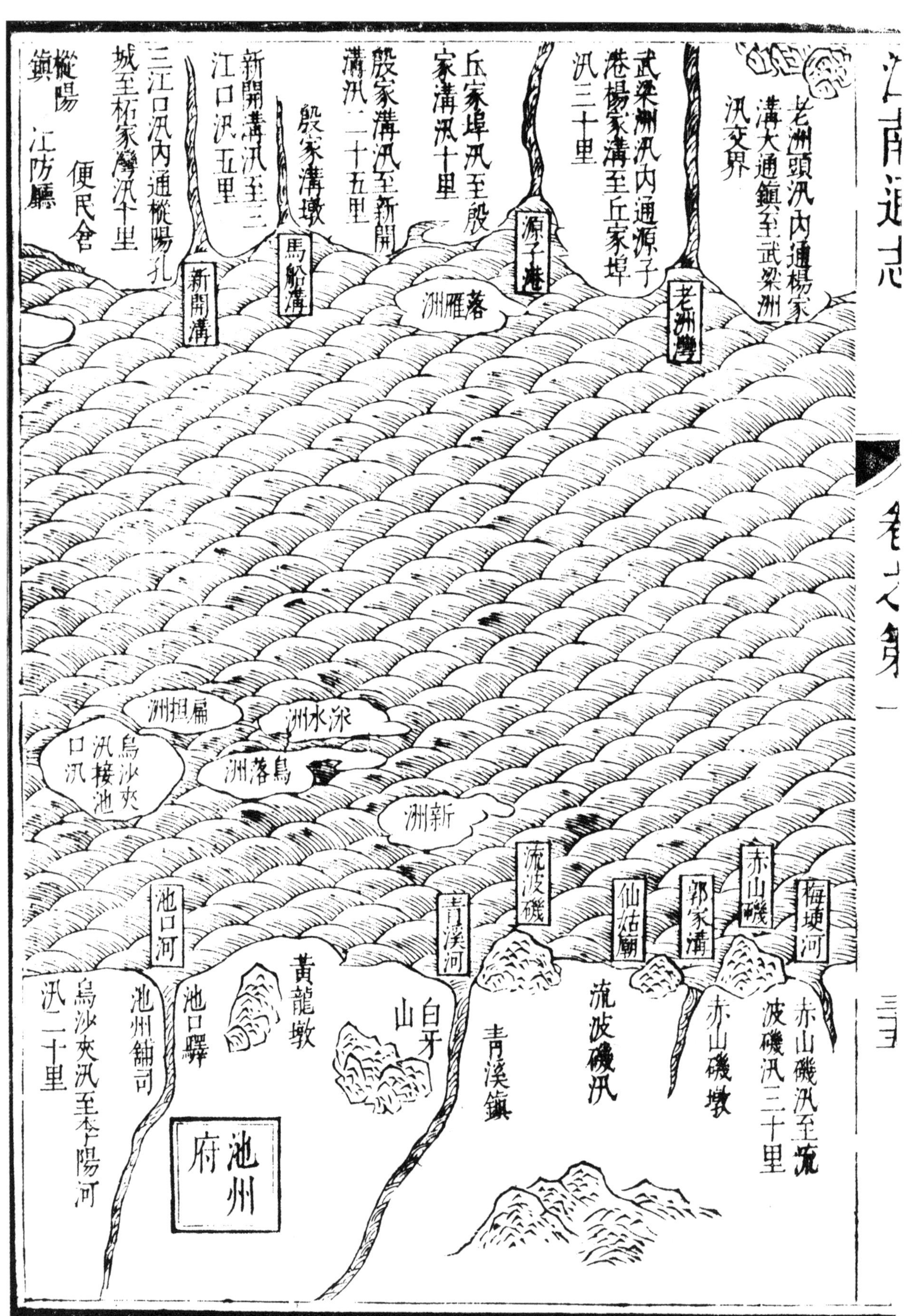
老洲頭汛內通楊家溝大通鎮至武梁洲汛交界
武梁洲汛內通源子港楊家溝至丘家埠汛三十里
丘家埠汛至殷家溝汛十里
殷家溝汛至新開溝汛二十五里
殷家溝墩
新開溝汛至三江口汛五里
三江口汛內通樅陽孔城至柘家灣汛十里
樅陽鎮
便民倉
江防廳
老洲灣
源子港
馬船溝
新開溝
落雁洲
扁担洲
泳水洲
烏落洲
烏沙夾汛接池口汛
新洲
梅埂河
赤山磯
郭家溝
仙姑廟
流波磯
青溪河
池口河
赤山磯汛至流波磯汛三十里
赤山磯墩
流波磯汛
青溪鎮
白牙山
黃龍墩
池口驛
烏沙夾汛至李陽河汛二十里
池州府

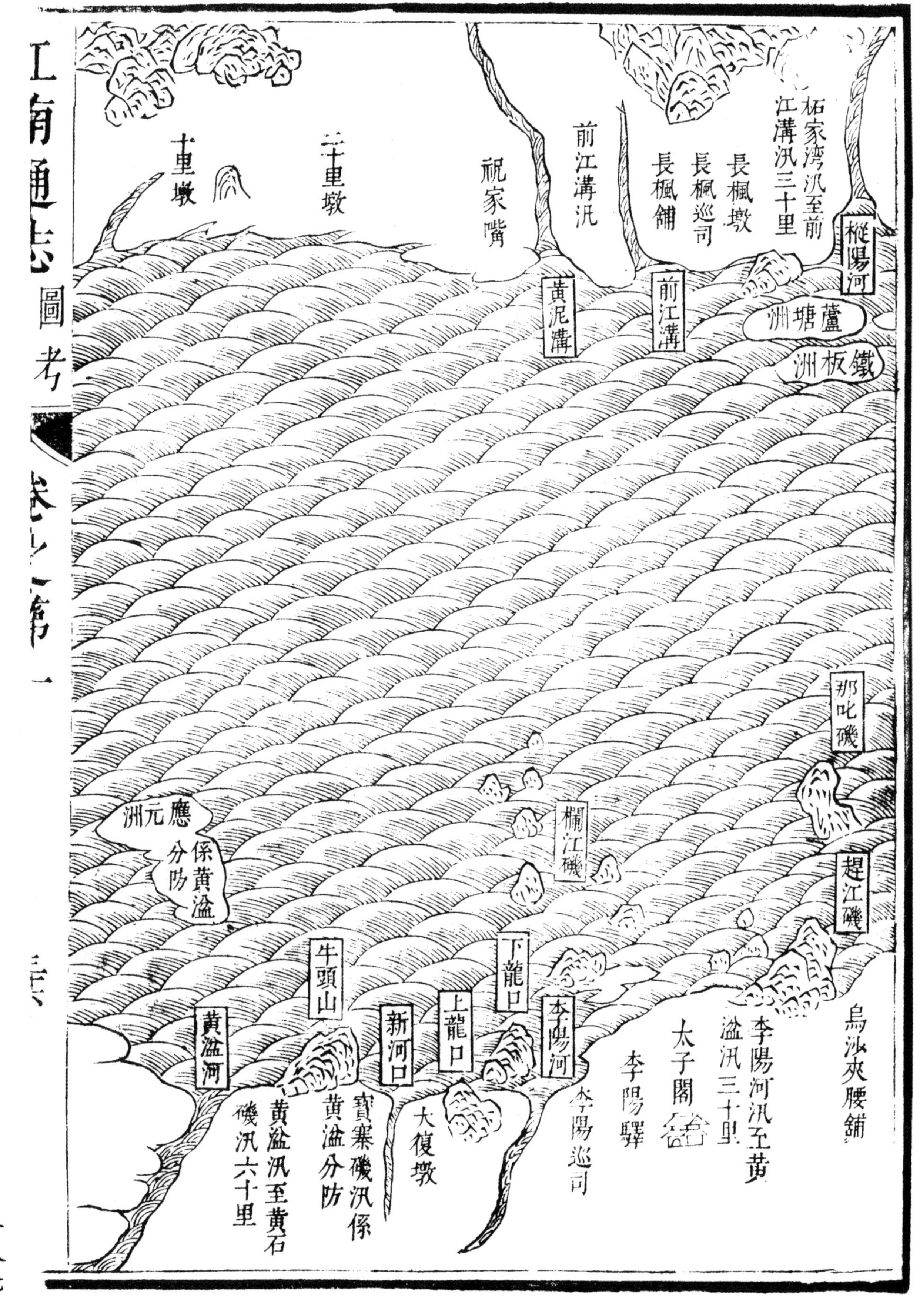
江南通志 圖考 卷之一 第
十里墩
二十里墩
祝家嘴
前江溝汛
長楓鋪
長楓巡司
長楓墩
柘家灣汛至前江溝汛三十里
樅陽河
黃泥溝
前江溝
蘆塘洲
鐵板洲
那吒磯
欄江磯
應元洲
係黃湓分防
趕江磯
牛頭山
下龍口
上龍口
新河口
李陽河
黃湓河
烏沙夾腰鋪
李陽河汛至黃湓汛三十里
太子閣
李陽驛
李陽巡司
大復墩
寶寨磯汛係黃湓分防
黃湓汛至黃石磯汛六十里

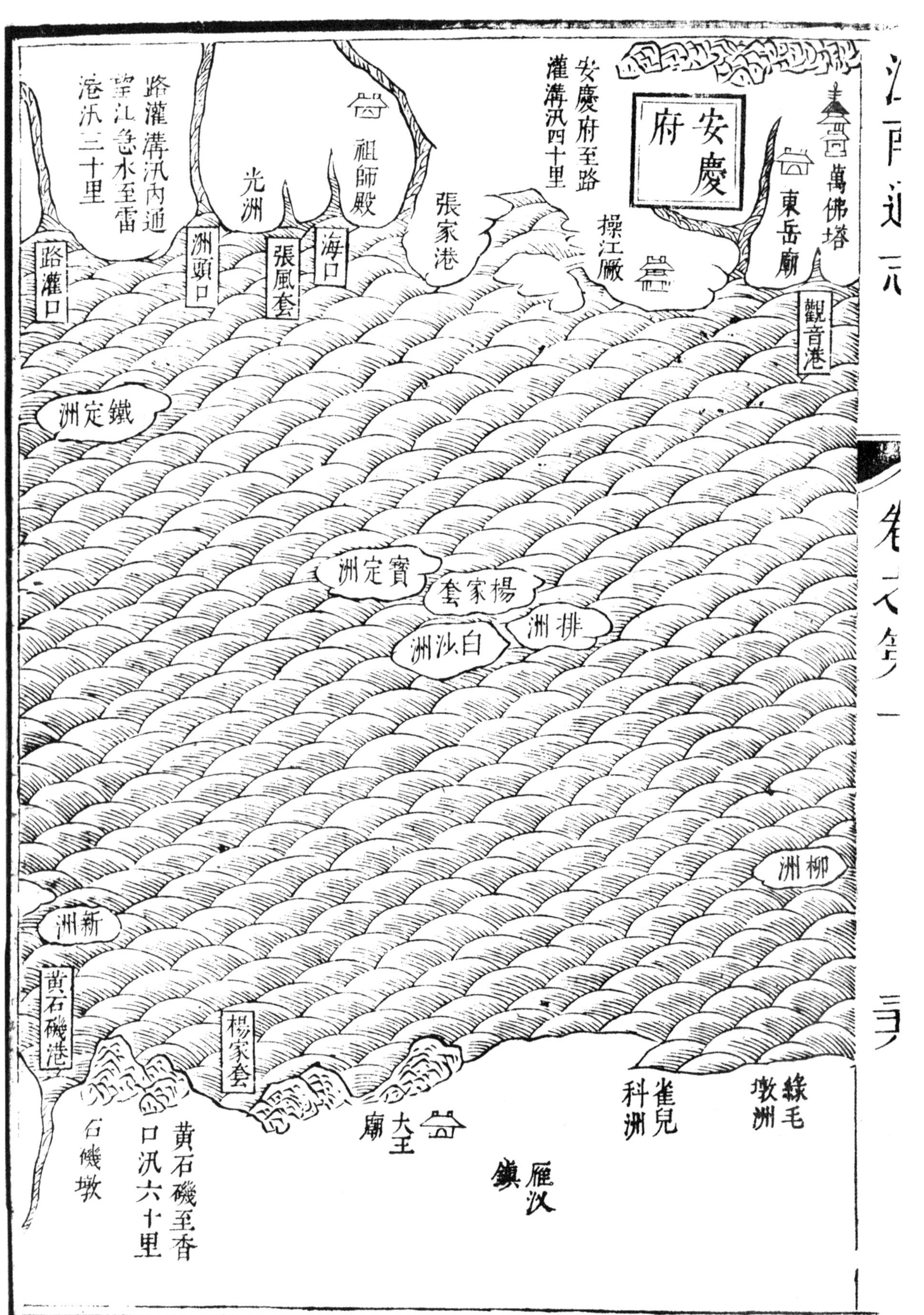
安慶府
萬佛塔
東岳廟
觀音港
操江廠
安慶府至路灌溝汛四十里
張家港
祖師殿
海口
光洲
張風套
洲頭口
路灌溝汛內通望江急水至雷港汛三十里
路灌口
鐵定洲
寶定洲
楊家套
排洲
白沙洲
柳洲
新洲
黃石磯港
楊家套
大王廟
雁汊鎮
雀兒科洲
綠毛墩洲
石磯墩
黃石磯至香口汛六十里

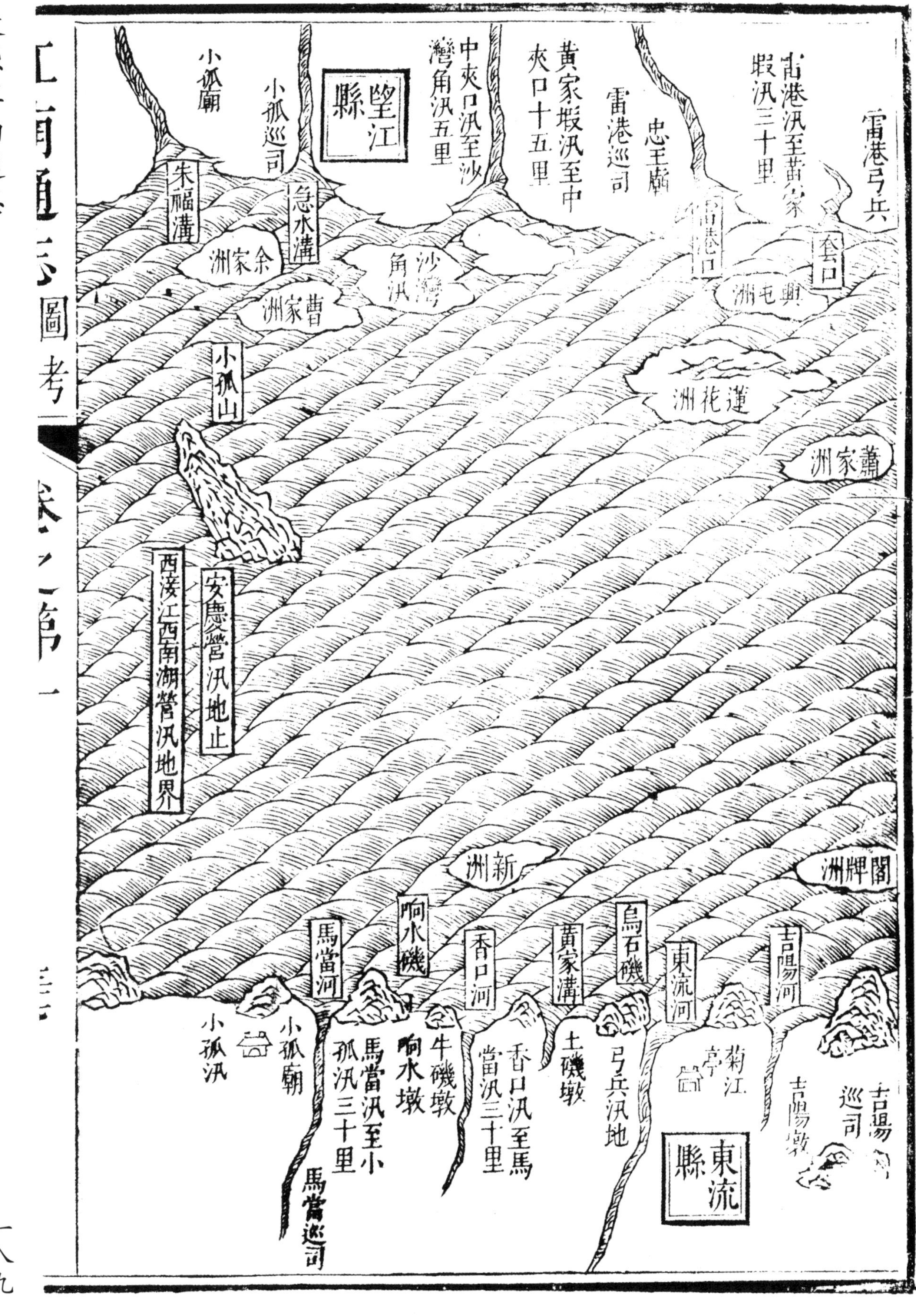
江南通志圖考 卷之第一
望江縣
東流縣
小孤廟
小孤巡司
中夾口汛至沙灣角汛五里
黃家㙍汛至中夾口十五里
雷港巡司
忠王廟
雷港汛至黃家㙍汛三十里
雷港弓兵
朱福溝
急水溝
雷港口
套口
洲家余
沙灣角汛
洲家曹
洲屯興
洲花蓮
小孤山
洲家蕭
西湀江西南湖營汛地界
安慶營汛地止
洲新
洲牌閣
馬當河
响水磯
香口河
黃家溝
烏石磯
東流河
吉陽河
小孤汛
小孤廟
馬當汛至小孤汛三十里
响水墩
牛磯墩
香口汛至馬當汛三十里
土磯墩
弓兵汛地
菊江亭
吉陽墩
吉陽巡司
馬當巡司

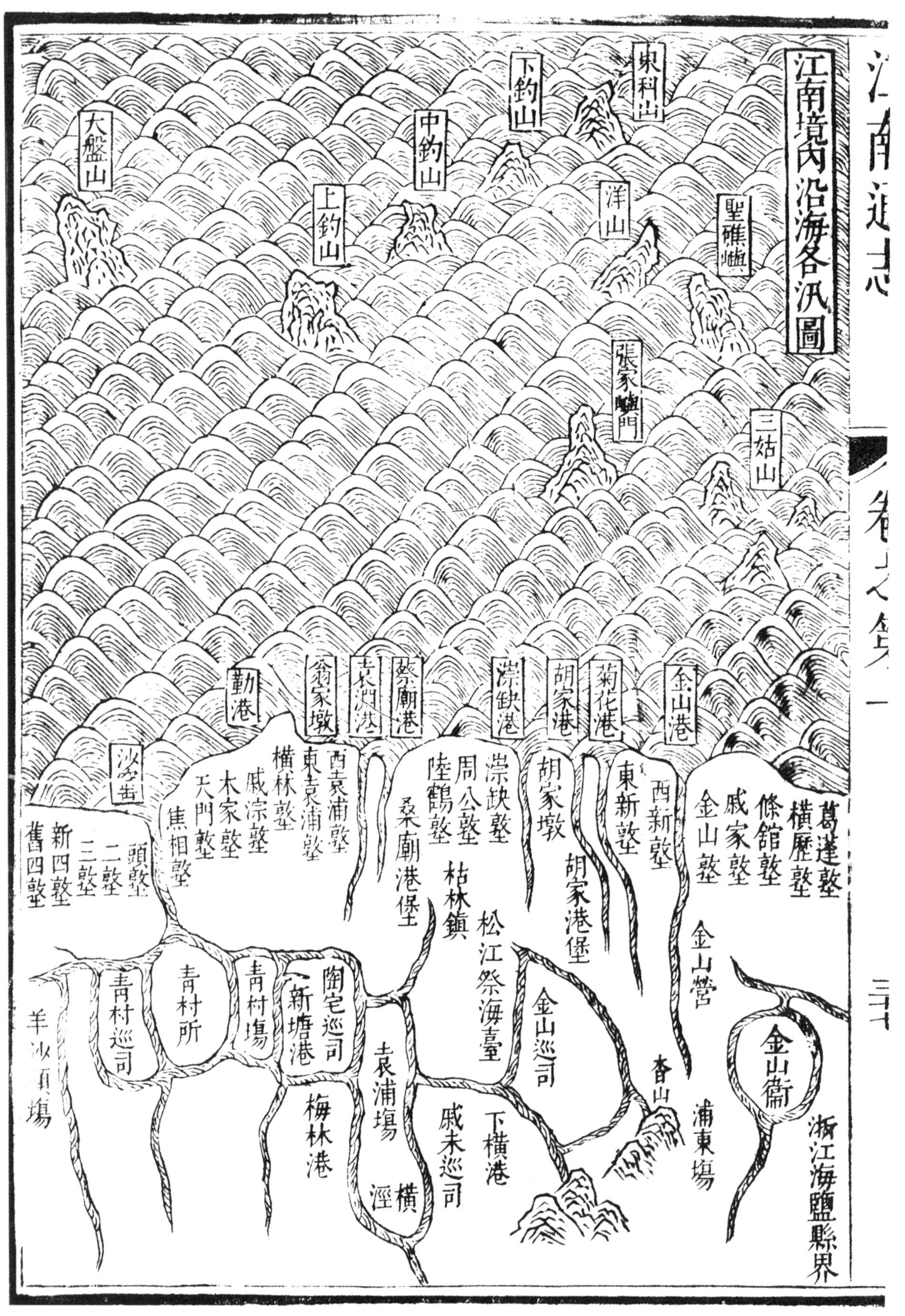
江南境內沿海各汛圖
大盤山
上釣山
中釣山
下釣山
東科山
洋山
聖礁嶼
張家嶼門
三姑山
沙岡
勤港
翁家墩
袁門港
祭廟港
漴缺港
胡家港
菊花港
金山港
舊四墩
新四墩
三墩
二墩
頭墩
焦相墩
天門墩
木家墩
戚宗墩
橫林墩
東袁浦墩
西袁浦墩
桑廟港堡
陸鶴墩
周公墩
漴缺墩
柘林鎮
胡家墩
胡家港堡
東新墩
西新墩
金山墩
戚家墩
條館墩
橫歷墩
葛蓬墩
金山營
松江祭海臺
金山巡司
查山
浦東塲
金山衛
浙江海鹽縣界
羊沙頭塲
青村巡司
青村所
青村塲
陶宅巡司
新塘港
梅林港
袁浦塲
橫涇
戚未巡司
下橫港

江南通志 圖考 卷之一第 三
李西嶼
陳錢山
茶山
淡水嶼
蒲嶼
白敝窪
五團洪
朱家窪
四團洪
白沙窪
下島窪
清水窪
楊家港
爛泥浜
川沙窪
范家港
下湯港
周家洪墩
玉山
十八墩
十七墩
十六墩
十五墩
十四墩
祭海臺
十三墩
十二墩
十一墩
十墩
九墩
八墩
七墩
六墩
南滙嘴
五墩
四墩
三墩
二墩
頭墩
六墩
五墩
旱寨
九團
八團
七團
四團
六團
南蹌巡司
五團
三團
二團
下沙二場
一團
三林巡司
南滙所
黄浦
上海縣

吳家沙
响沙
袁家沙
浪岡山
永子山
海礁山
分水礁
孫家沙
長沙
無名沙
小團沙
爛沙
南沙
軍營
送信嘴
敗草沙
浪港
七丫港
七丫軍營
七丫墪
東新市
劉家河
下涇墪
劉家河營
正四巡司
宋家港
劉家港巡司
洋子港
淺浪浜
諸涇鎮
太倉州
天妃宮
黃窰港
顧涇港
綵淘港
張浦墪
黃涇墪
南華千港
石家港
雙塘浜
月浦墪
空注墪
顧涇墪
綵淘墪
顧涇巡司
嘉定縣
吳松江口
吳松舊城
江灣鎮
江灣巡司
吳松所
桃樹浦
封家浜
中潛墪
馬沙墪
依有墪
老鸛墪

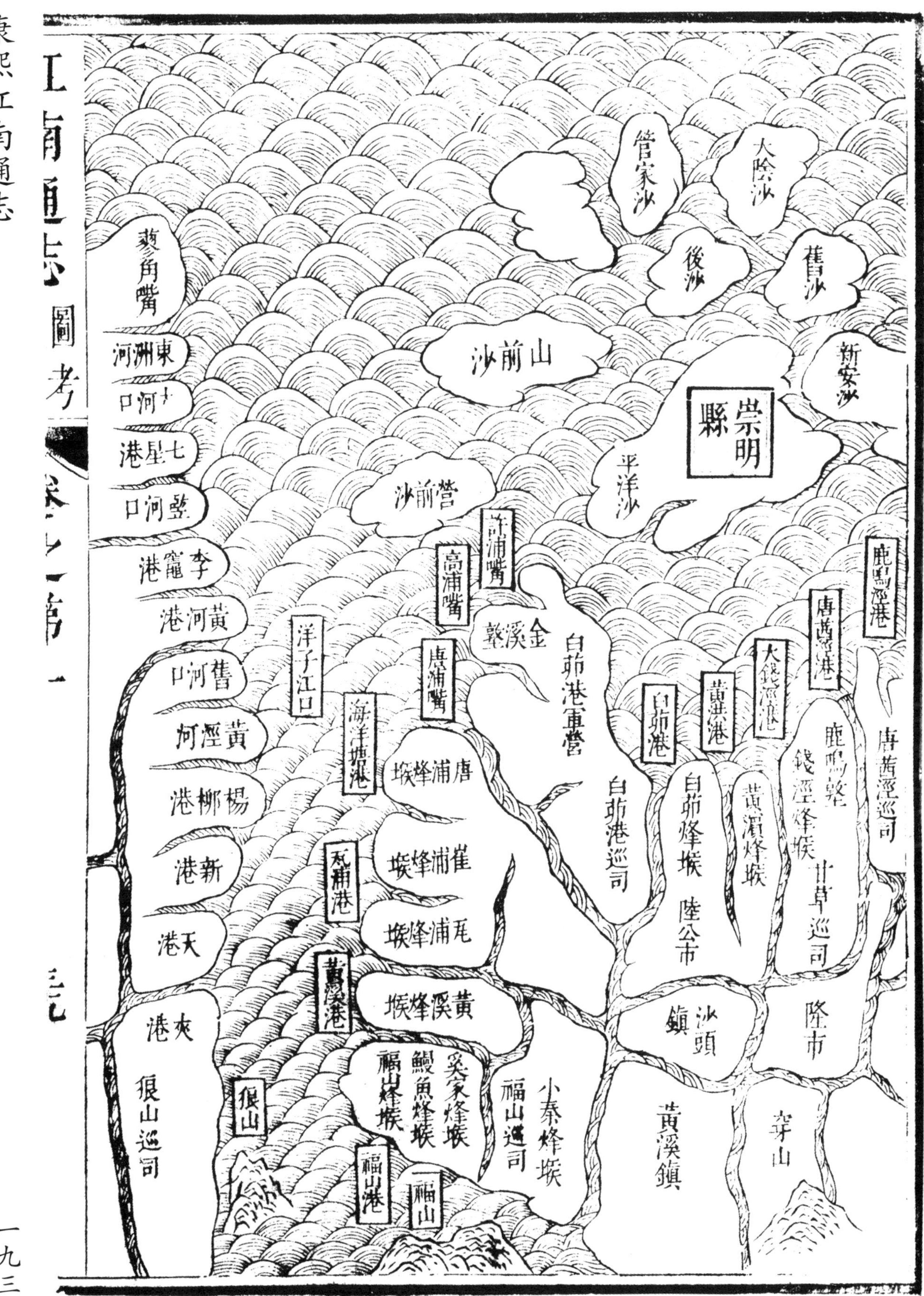
江南通志
圖考
卷之一
管家沙
大陰沙
後沙
舊沙
新安沙
山前沙
崇明縣
平洋沙
營前沙
東洲河
大河口
李竈港
黃河港
舊河口
黃涇河
楊柳港
新港
夾港
狼山巡司
狼山
洋子江口
海洋塘港
許浦嘴
高浦嘴
唐浦嘴
金溪墊
唐浦烽堠
崔浦烽堠
毛浦烽堠
黃溪烽堠
白茆港軍營
白茆港巡司
白茆港
白茆烽堠
陸公市
沙頭鎮
黃溪鎮
隆市
鹿鳴涇港
唐茜涇港
大錢涇港
唐茜涇巡司
錢涇烽堠
穿山
小秦烽堠
福山巡司
福山港
福山
福山烽堠
鰻魚烽堠
奚家烽堠

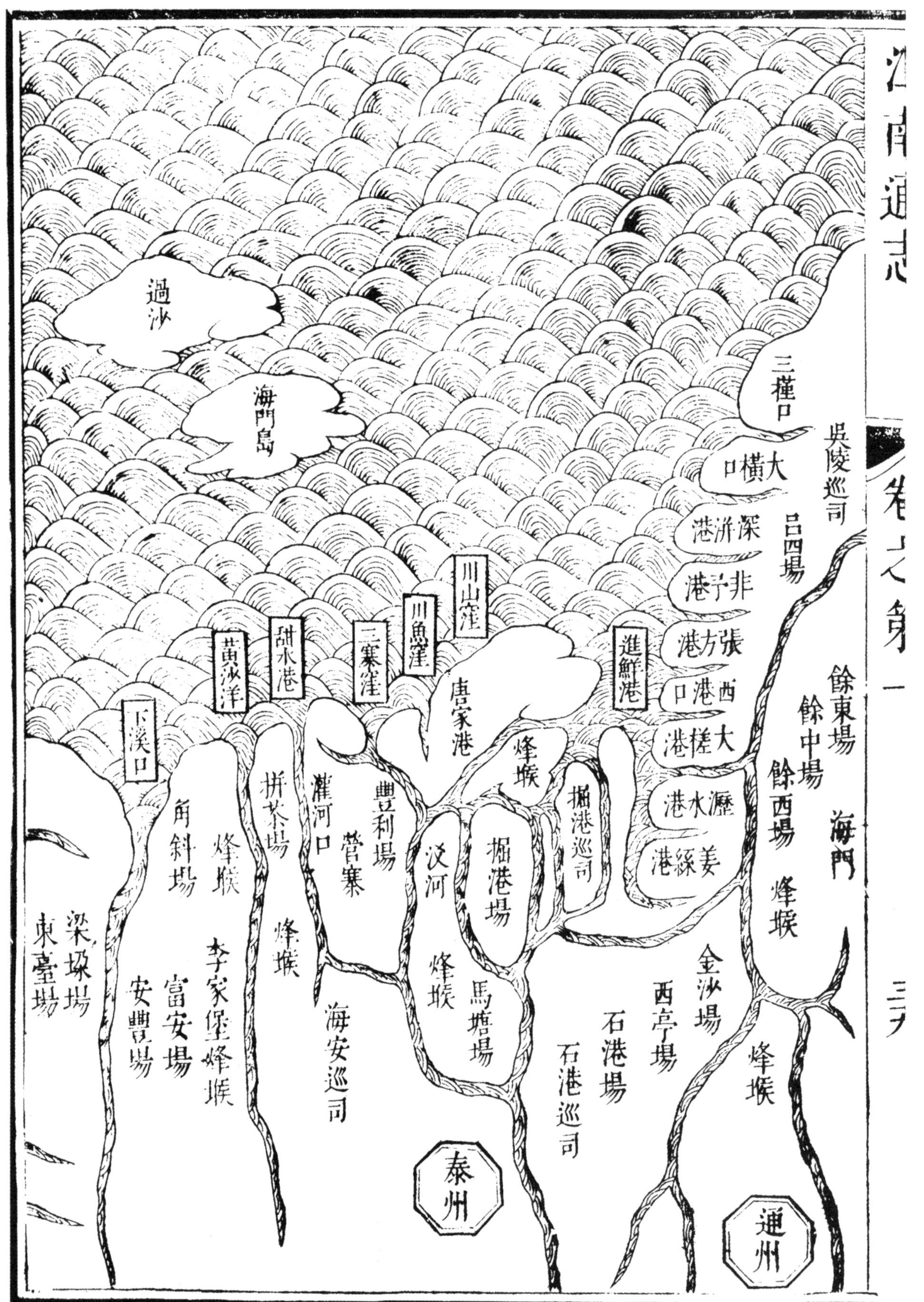
三槎口
吳陵巡司
大横口
深浒港
呂四場
非予港
張方港
西港口
大槎港
瀝水港
姜綠港
餘東場
餘中場
餘西場
海門
烽堠
金沙場
西亭場
石港場
石港巡司
烽堠
通州
過沙
海門島
川山洼
川魚洼
三寨洼
甜水港
黃沙洋
下溪口
進鮮港
唐家港
烽堠
掘港巡司
掘港場
汊河
烽堠
馬塘場
泰州
豐利場
營寨
灌河口
海安巡司
拼茶場
烽堠
角斜場
烽堠
李家堡烽堠
富安場
安豐場
梁垛場
東臺場

開山
亂沙
東陬山
射陽湖口
新洋港
虎斑水
淮河口
范公堤
沙濆營
劉莊烽堠
白駒烽堠
廟灣巡司
金城鎮
雲梯關
東溝口
廟灣場
馬羅巡司
北營
南營
白駒寨
劉莊寨
喻口巡司
羊寨巡司
新興場
鹽城縣
伍佑場
劉莊場
白駒場
草堰場
小海場
丁溪場
何垛場
安東縣
羊寨營
安豐巡司
壩上巡司

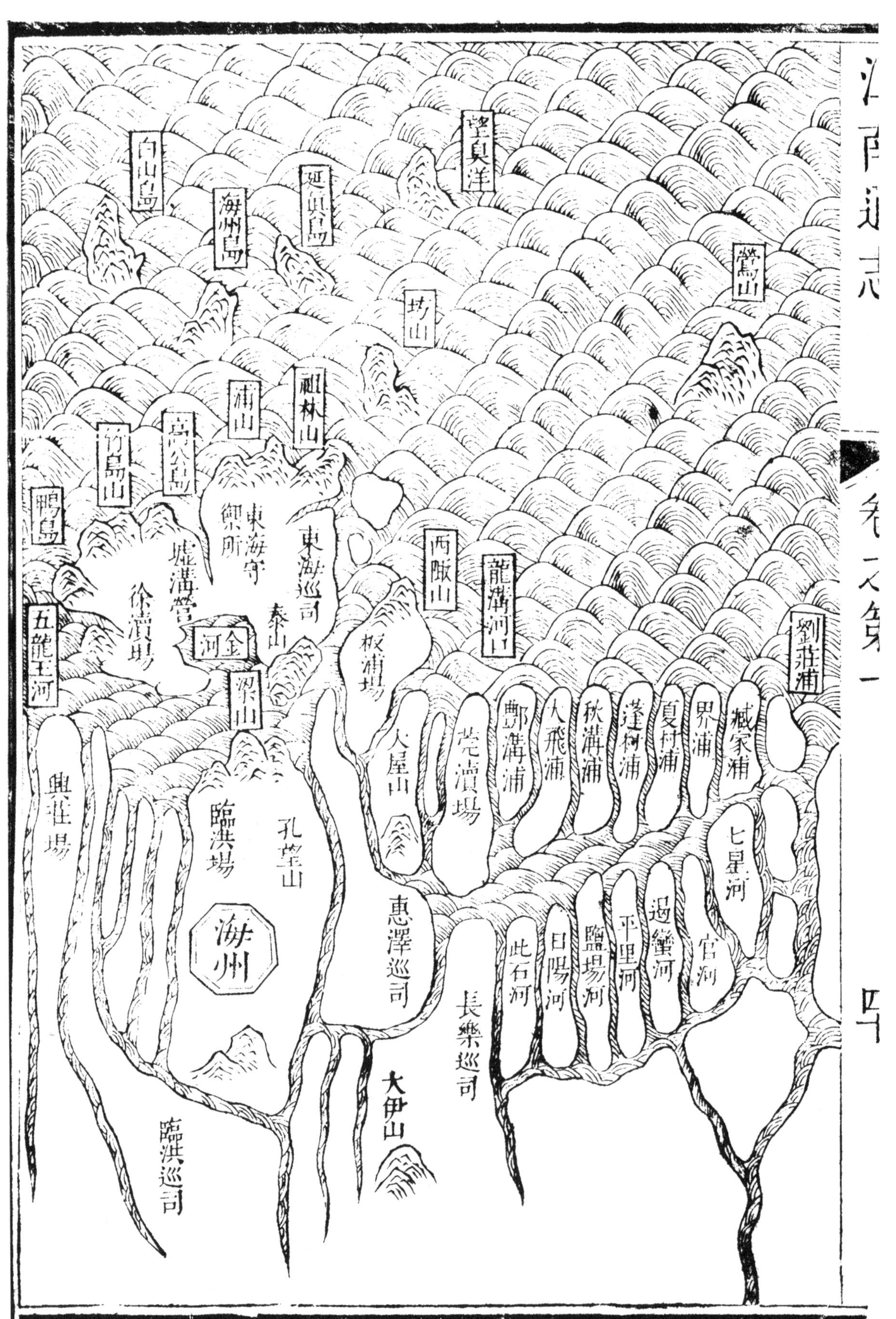
望真洋
白山島
延真島
海州島
鶯山
坊山
祖林山
浦山
高公島
竹島山
鴨島
東海守禦所
東海巡司
墟溝營
徐瀆場
五龍王河
金河
泰山
深山
西陬山
龍溝河口
劉莊浦
板浦場
大屋山
莞瀆場
鄭溝浦
大飛浦
秋溝浦
蓬村浦
夏村浦
界浦
臧家浦
七星河
興莊場
臨洪場
孔望山
海州
惠澤巡司
長樂巡司
此石河
日陽河
臨場河
平里河
過蠻河
官河
大伊山
臨洪巡司

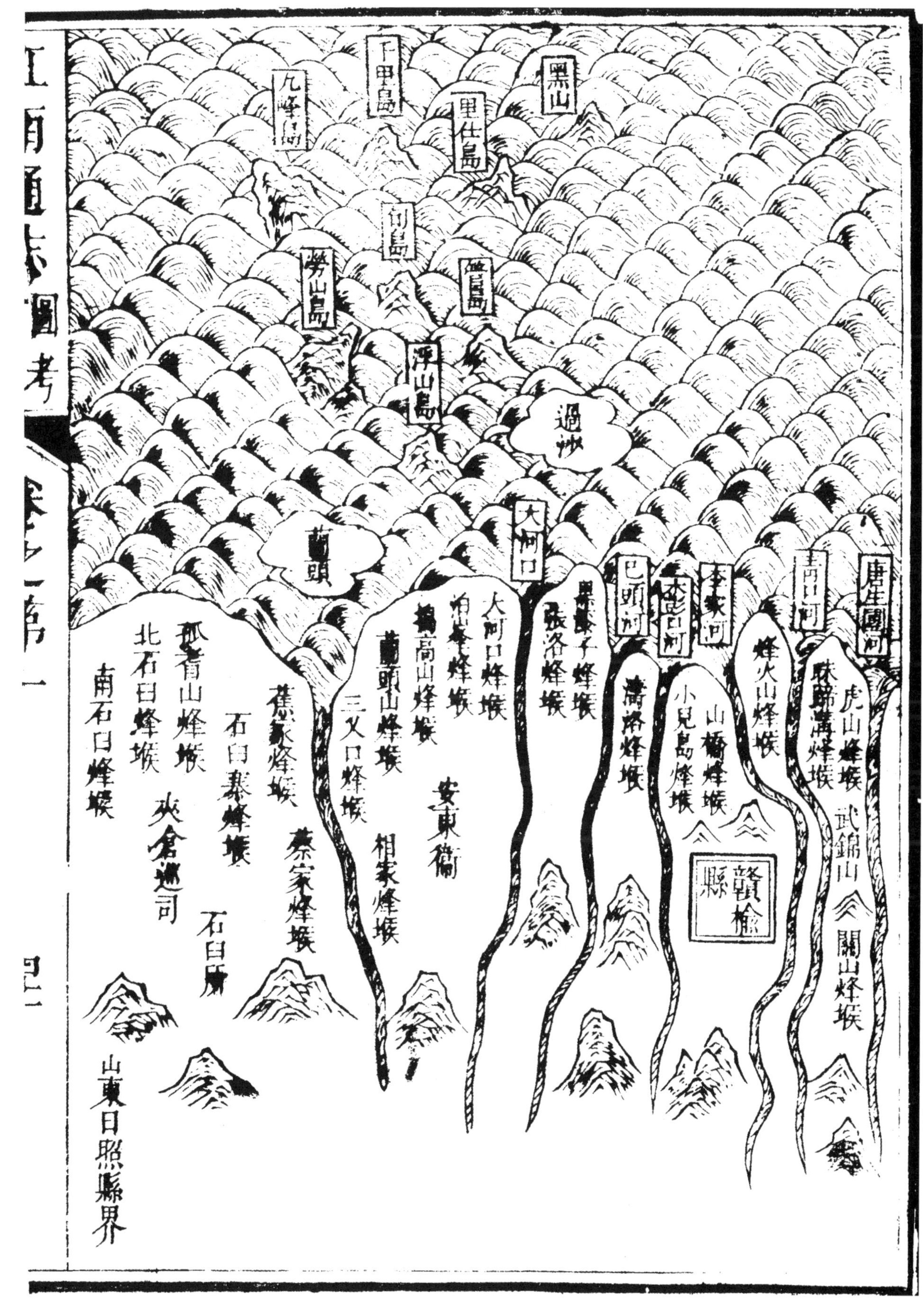

黑山
九峰島
里仕島
勞山島
浮山島
過沙
大河口
巴頭河
唐生圍河
大河口烽堠
張洛烽堠
烽火山烽堠
虎山烽堠
武錦山
關山烽堠
贛榆縣
安東衛
相家烽堠
三义口烽堠
蔡家烽堠
石臼所
夾倉巡司
北石臼烽堠
南石臼烽堠
山東日照縣界

圖目

江南境内太湖港瀆圖

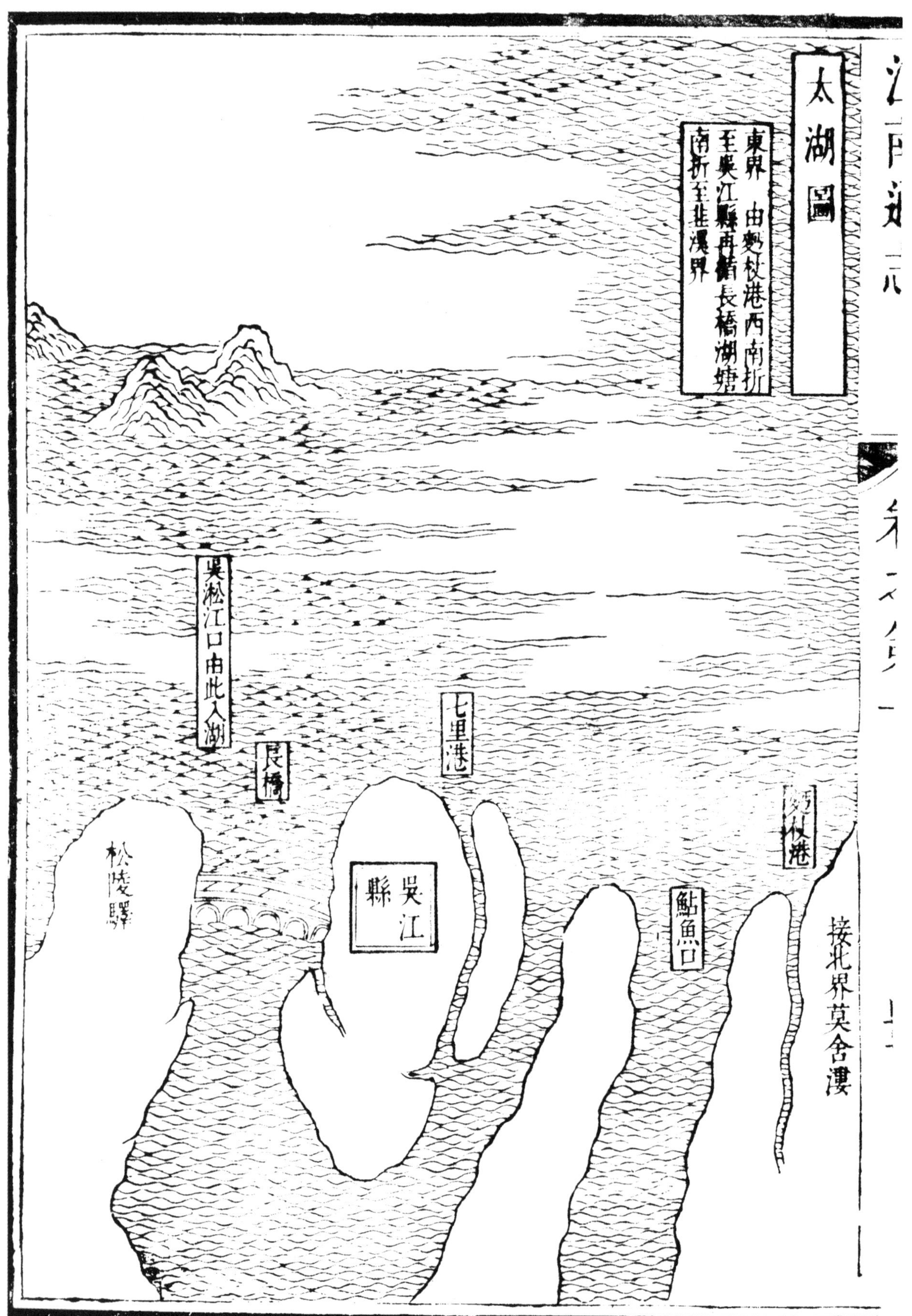
太湖圖
東界　由甽杖港西南折至吳江縣南循長橋湖塘南折至韭溪界
吳淞江口由此入湖
長橋
七里港
松陵驛
吳江縣
甽杖港
鮎魚口
接北界莫舍漊

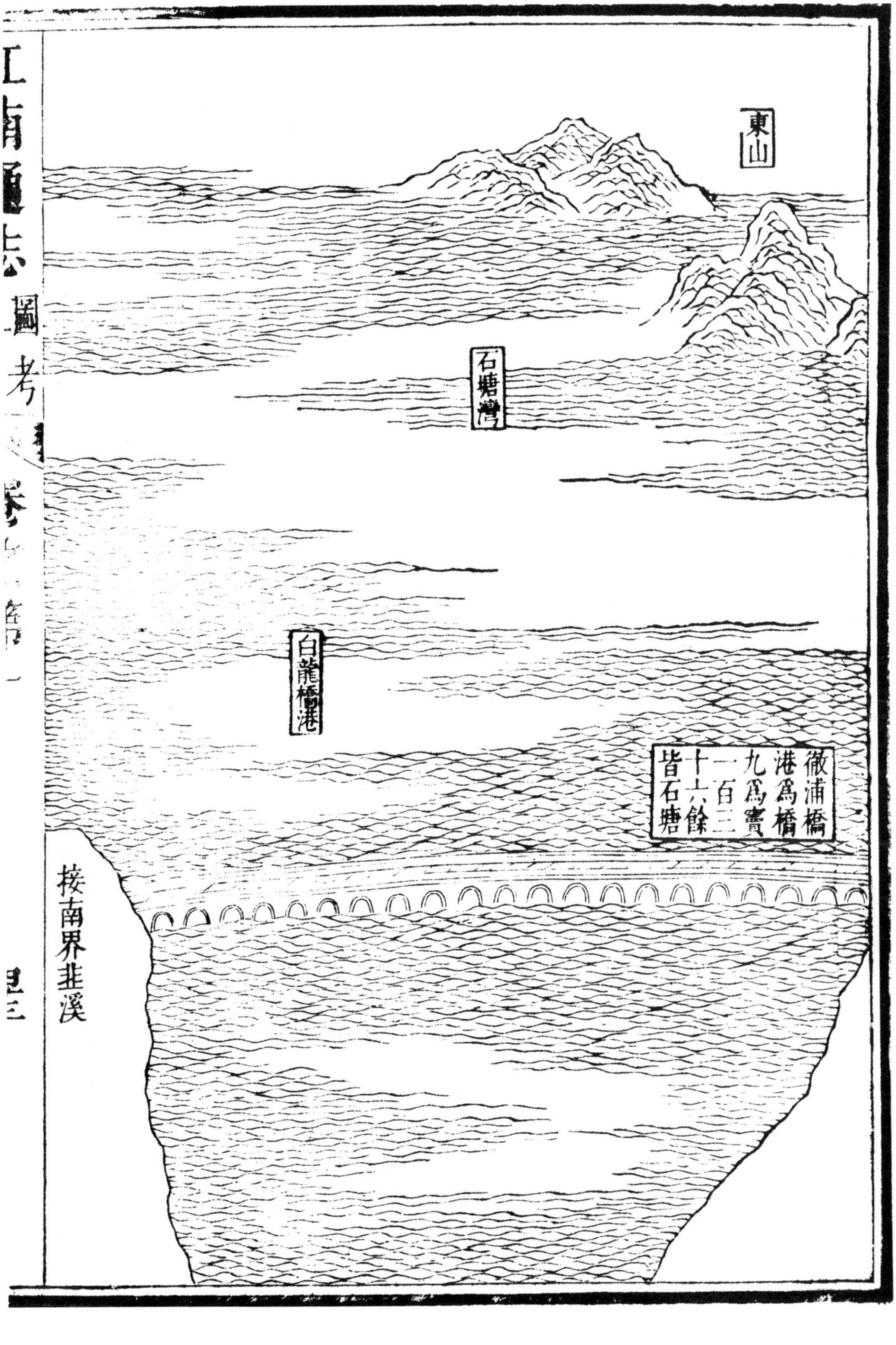

東山

石塘灣

白龍橋港

徹浦橋港爲橋九爲竇一百三十六餘皆石塘

接南界韭溪

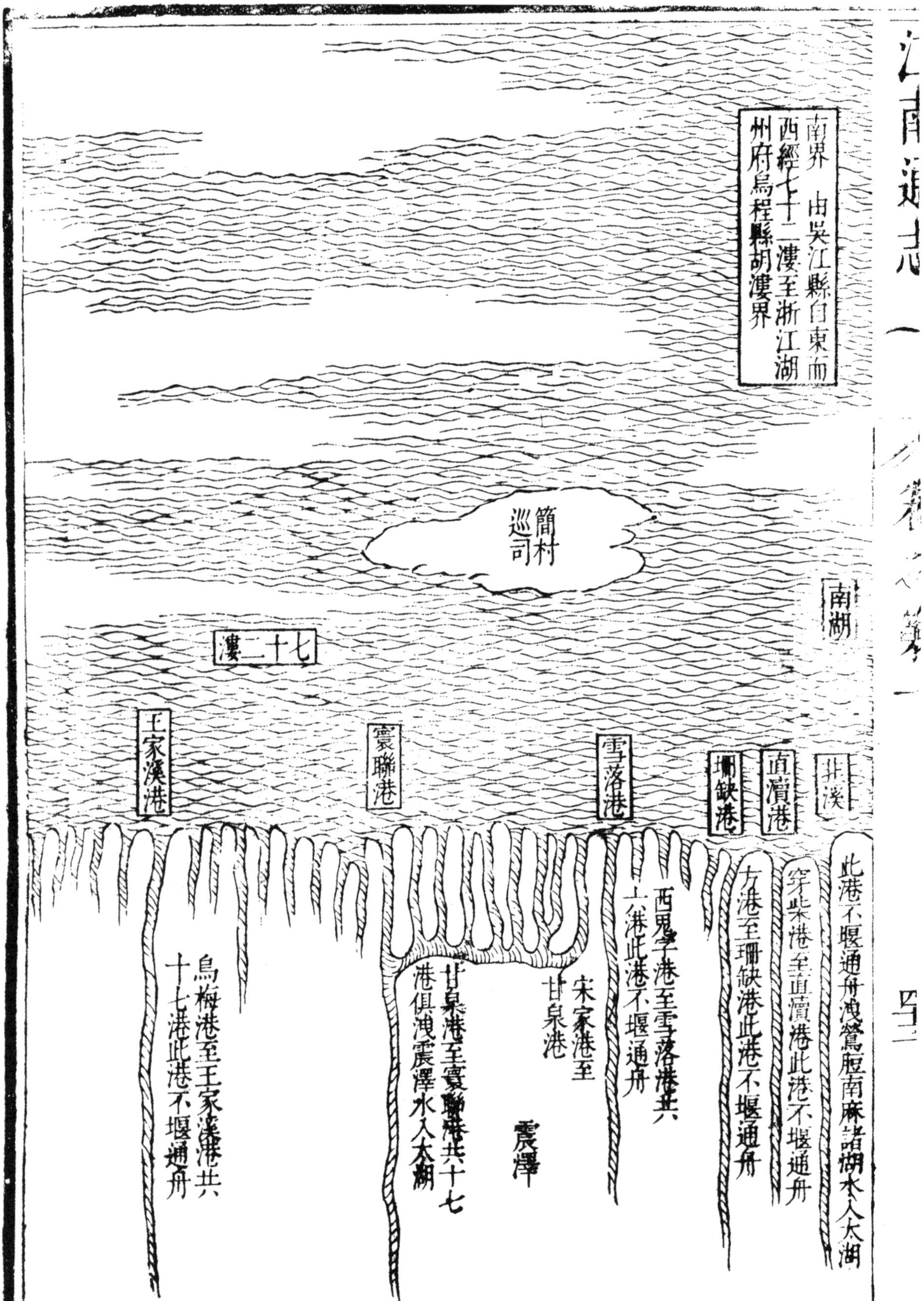

南界　由吳江縣自東而西經七十二漊至浙江湖州府烏程縣胡漊界

簡村巡司

南湖

七十二漊

卄溪

直瀆港

珊缺港

雪落港

寰聯港

王家溪港

此港不堰通舟洩鶯脰南麻諸湖水入太湖

穿紫港至直瀆港此港不堰通舟

方港至珊缺港此港不堰通舟

西兒字港至雪落港共六港此港不堰通舟

宋家港至甘泉港

甘泉港至寰聯港共十七港俱洩震澤水入太湖

震澤

烏梅港至王家溪港共十七港此港不堰通舟

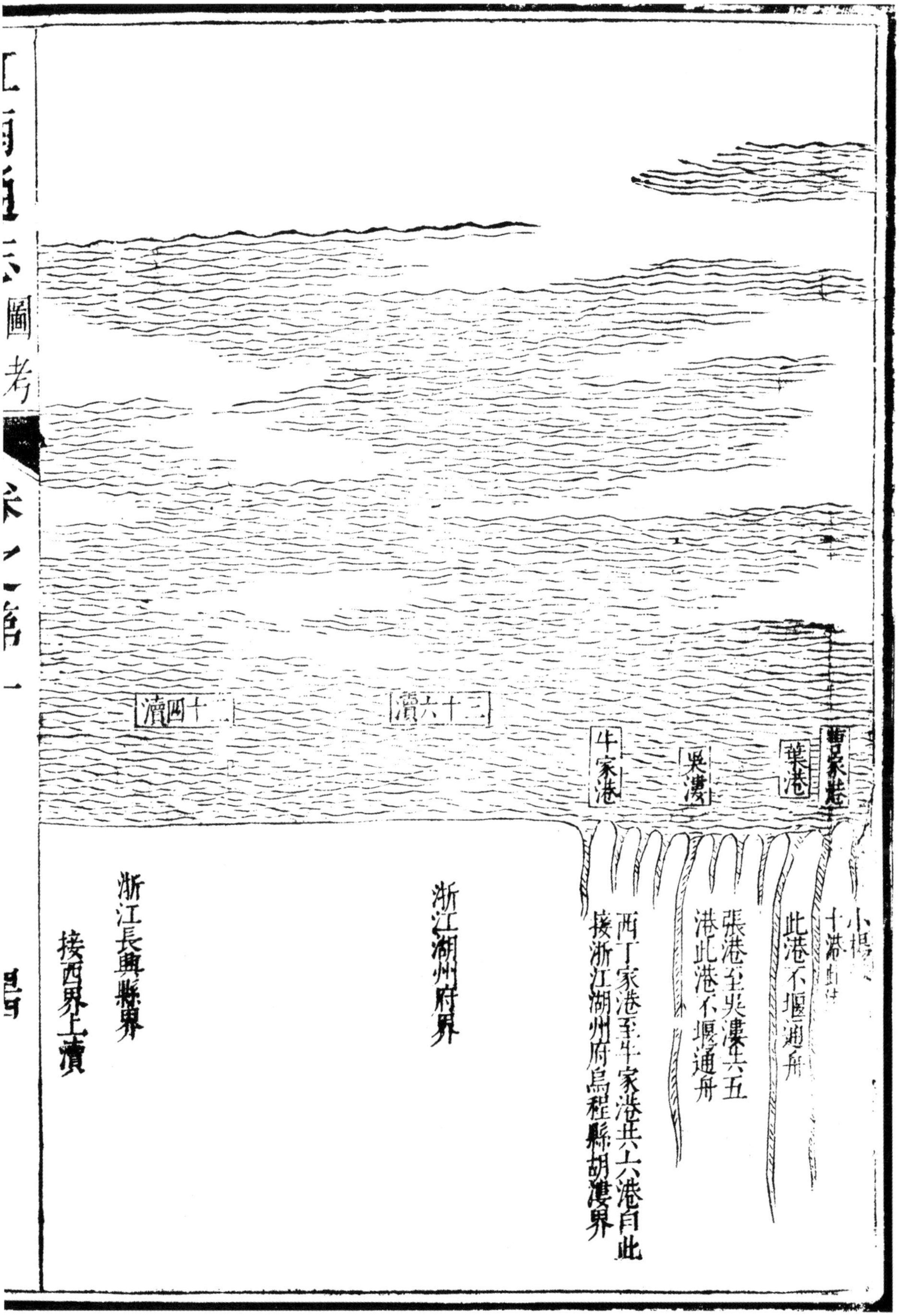

曹家港
葉港
吳漊
牛家港
三十六瀆
三十四瀆
小梅
十港自此
此港不堰通舟
張港至吳漊共六五
港此港不堰通舟
西丁家港至牛家港共六港自此
接浙江湖州府烏程縣胡漊界
浙江湖州府界
浙江長興縣界
接西界上瀆

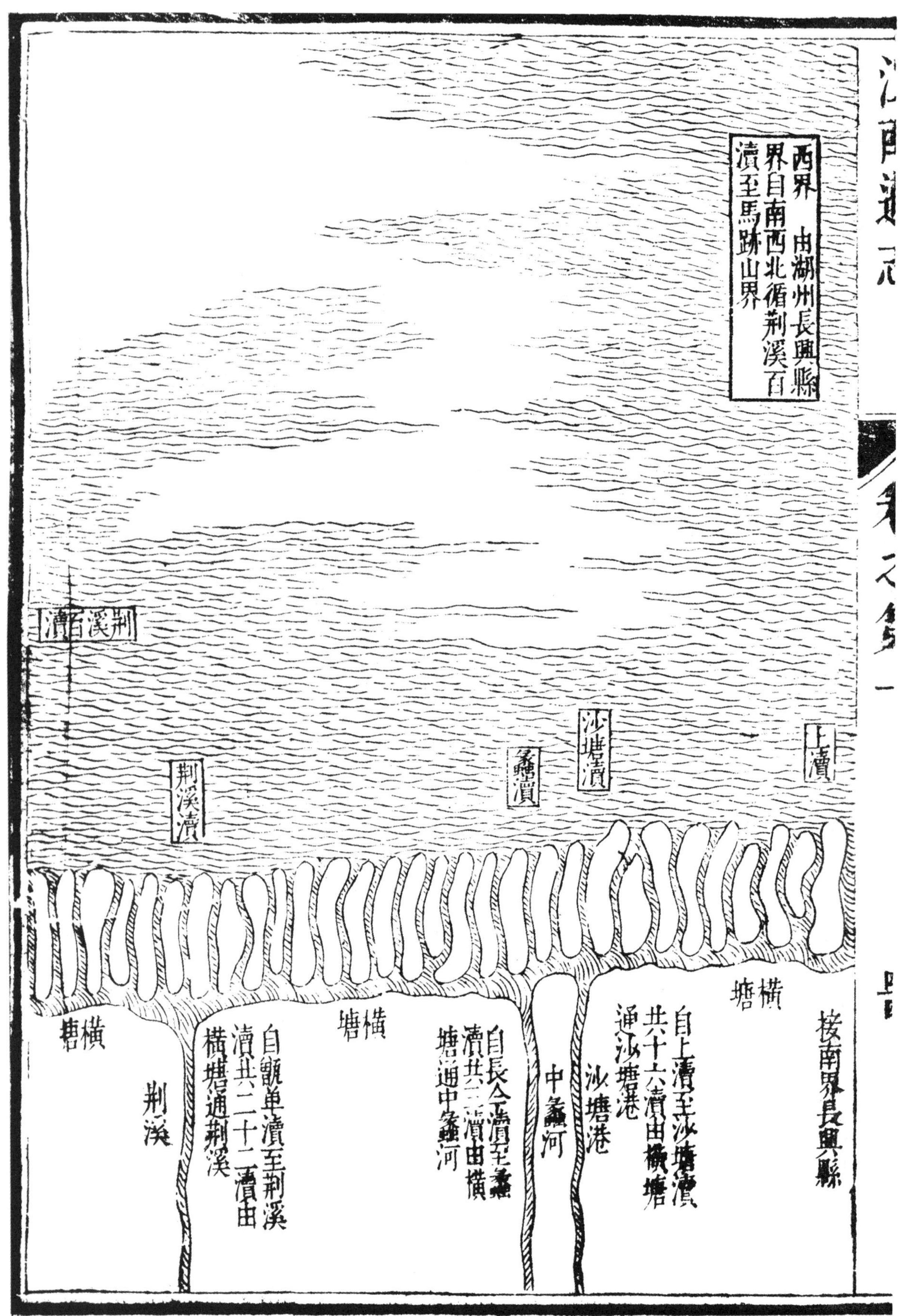
西界　由湖州長興縣界自南西北循荊溪百瀆至馬跡山界
荊溪百瀆
荊溪瀆
蠡瀆
沙塘瀆
上瀆
橫塘
荊溪
自甑单瀆至荊溪瀆共二十二瀆由橫塘通荊溪
橫塘
中蠡河
沙塘港
自上瀆至沙塘瀆共十六瀆由橫塘通沙塘港
橫塘
接南界長興縣

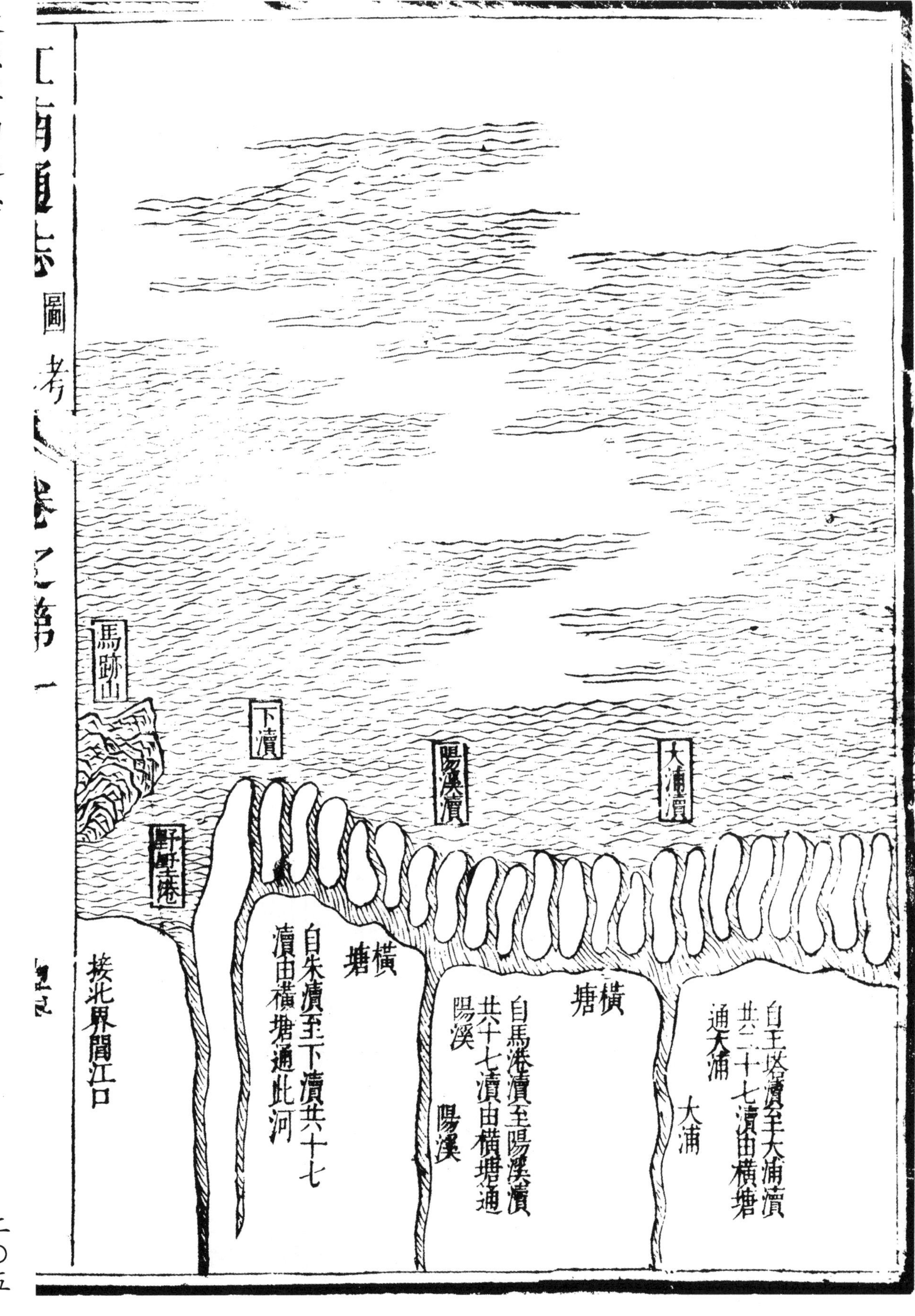

江南通志 圖考 卷之第一
馬跡山
下瀆
陽溪瀆
大浦瀆
接北界閭江口
橫塘
自朱瀆至下瀆共十七瀆由橫塘通此河
橫塘
自馬港瀆至陽溪瀆共十七瀆由橫塘通陽溪
陽溪
自王塔瀆至大浦瀆共二十七瀆由橫塘通大浦
大浦

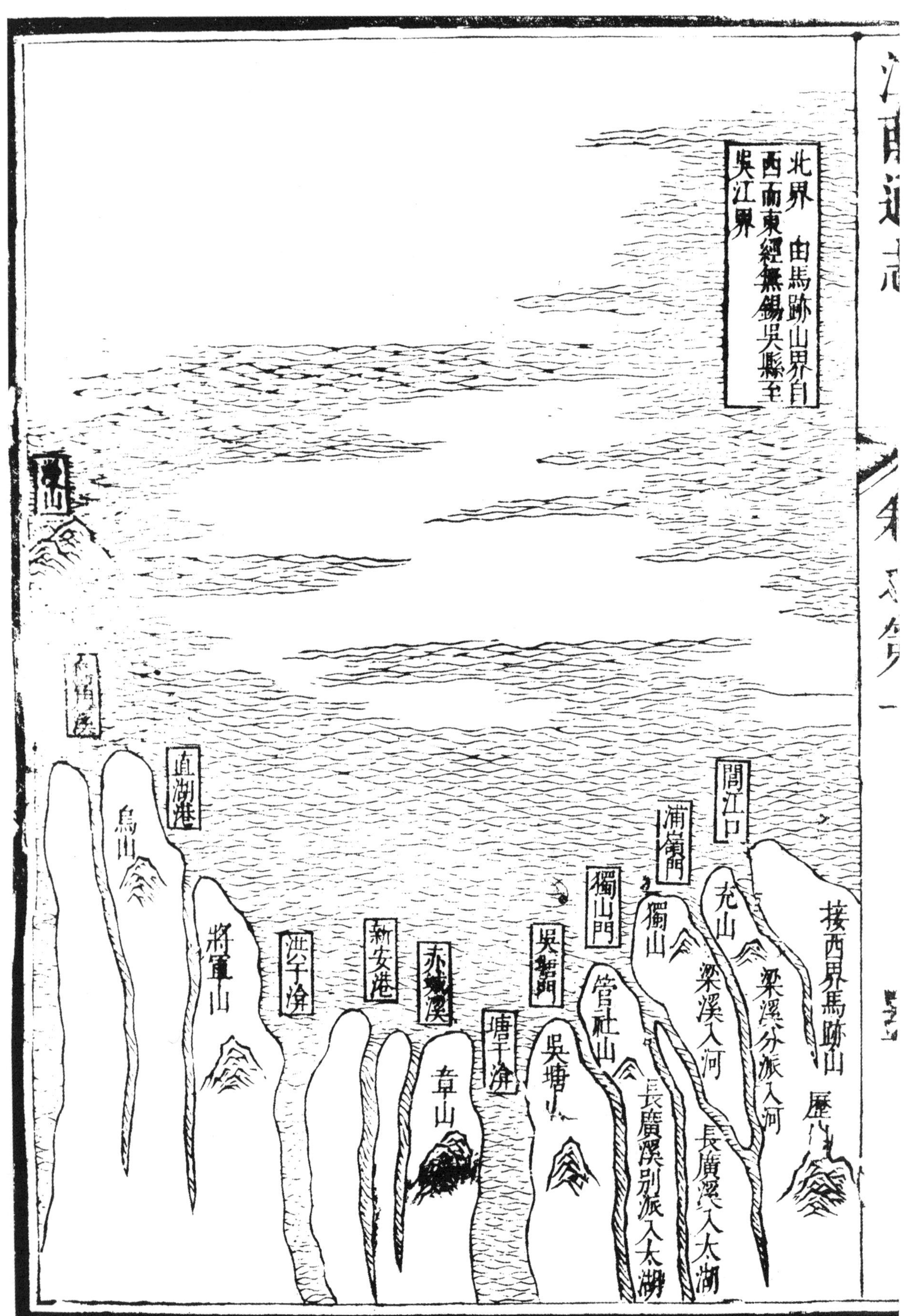
北界　由馬跡山界自
西而東經無錫吳縣至
吳江界
閶江口
浦嶺門
獨山門
獨山
充山
接西界馬跡山
歷山
梁溪分派入河
梁溪入河
長廣溪入太湖
長廣溪別派入太湖
管社山
吳塘門
吳塘山
塘千瀆
赤城瀆
章山
新安港
洪子瀆
將軍山
直湖港
烏山

江南通志圖考
西山
兀山
陳山巡司
長沙山
武山
菜山
長沙門
游山港
大缺口
游山
西磧山
塘橋港
溪橋港
莫舍港
白洋灣
香山港
背口
新涇港
銅坑山
銅井山
兀墓山
香山
背山
茅奇嘴
天宮寺山
石湖
游湖

江南通志 卷二百三 六十八

江南通志卷之第二

建置沿革

禹貢之列揚州也次於冀青兗徐而職方辨九州則揚州最先其位置固已殊矣迨其後都會在西北而物力仰東南故江左常居重藩焉自孫吳割據六朝承之更張州郡繼此則或道或路或軍或陪京均非職方之舊至我

興朝大造區服幅員廣輪靡遠弗届而於省次仍先江南超軼百代何往蹟之足云志建置沿革

承宣布政使司

堧土括江淮南北淮以南古東南荒服禹貢揚州之域淮北域於徐豫周爲宋曾吳楚徐舒沈皖郯鄫盧蓼六巢桐蕭焦霍莒宿舒庸舒鳩鍾離鍾吾州來偪陽諸國地而春秋吳爲大役屬越戰國屬楚秦罷侯置守分天下爲三十六郡其在揚者爲鄣九江會稽在徐者爲瑯琊郯泗水薛郡在豫者爲碭郡穎川漢懲秦弊復建諸侯初封韓信爲楚王信誅分其地爲二彭城東海薛郡屬楚王交下邳會稽臨淮屬荆王賈後屬吳王濞濞敗國除更爲江都國英布爲淮南王布誅而九江廬江

地屬淮南王長其後辛國除爲郡縣武帝時置十三部刺史不常所治而江南郡邑屬揚徐豫三部東漢分會稽爲吳郡更頴川爲汝南置彭城沛下邳爲國廣陵爲郡三國屬吳盱泗頴亳彭城皆屬魏晉以廣陵丹陽宣城新安毘陵吳郡盧江屬揚彭城下邳東海臨淮瑯琊屬徐其後以淮南爲徐州而淮陰海陽隸焉劉宋揚州屬郡五丹陽吳郡淮南宣城新安南徐州屬郡八南東海南瑯琊晉陵義興南蘭陵臨淮淮陵南彭城徐州屬郡七沛邳東海淮陽濟陰北濟陰鍾離南兗州屬郡

陵海陵山陽南沛北淮北下邳南豫州屬郡六歷陽南譙廬江南汝陰南梁晉熙豫州屬郡一梁郡南齊增設州四冀豫北兗北徐增設郡四臨江盱眙沛北東海梁陳因之北魏元嘉以後夾淮立徐揚北揚海合淮諸州皆兵爭置鎮廢置靡常地號紛更不可勝紀隋受宇文之禪先有江北屬徐豫揚者郡十二曰彭城瑯琊東海下邳曰汝陰譙曰江都鍾離淮南廬江同安歷陽迄平陳而丹陽五郡盡入版圖既而改郡爲州所稱蘇常揚廬壽頴亳及今因之其蔣宣熙歙暫稱卽易大業旋

復稱郡唐分天下爲十道江南道二昇蘇常潤爲東宣歙池爲西揚楚除和壽廬舒爲淮南宋亳泗濠宿海爲河南唐末藩鎮分立節度使五代江左統於南唐江北併於周偏據可不詳宋制府州軍雜置江寧寧國太平歙池廣德江南東路領之平江常州嘉興鎮江兩浙西路領之淮南東路州十曰揚亳宿楚海泰泗滁眞通軍五曰高郵安東招信淮安淸河淮南西路府二曰壽春安慶州三曰廬和濠軍二曰六安無爲惟徐州本隷山東西路爲武寧軍爲碭郡南渡後邳州屬縣四海州屬縣

六及壽潁亳宿泗五州並入於金金以壽潁等屬南京路餘皆隸山東元以行中書省分轄諸道江浙行省內江南諸道行御史臺屬路四集慶太平池州廣德江東建康道屬路二寧國徽州江南浙西道屬路三平江常州鎮江府一松江州一江陰河南江北行省內江北淮東道屬路二揚州淮安滁屬揚府一高郵淮西江北道屬路三廬州安豐安慶和屬廬其潁州及二縣隸汝寧府者宿亳二州及二縣邳州並三縣與徐州同隸歸德府者統轄於河南江北道明改集慶路爲應天府隨以金

陵爲京師改知府爲應天府尹凡所領安慶蘇州
松江常州鎮江徽州寧國池州太平廬州鳳陽淮
安揚州十三府滁和廣德徐四州直隸焉以原附
歸德汝寧之四州九縣分隸鳳陽淮安並徐州亦
從河南來屬永樂北遷南稱陪京府及直隸州訖
無增省弘治中增置屬州一太倉後增縣四高淳
青浦靖江霍丘又設京外衛共八十二
皇清世祖章皇帝順治二年平定江南改京置省以
應天爲江寧府置江南承宣布政使司提刑按察
使司使皆駐省城暨十八年分右布政使駐蘇州

江寧蘇州松江常州鎮江五府
今上皇帝康熙三年以江省刑名務繁
詔設安徽按察使於安慶領安慶徽州寧國太平池州廬州鳳陽七府及滁和廣德三州而江寧按察使領江寧蘇州松江常州鎮江淮安揚州七府及徐州駐省城如故五年以淮安揚州二府及徐州歸併右藩於是藩臬所領郡邑分屬如一六年更左右布政使爲江蘇安徽布政司停左右使之名其分置守巡各道裁復不一二十一年定爲江鎮常道淮揚道廬鳳道淮徐道而以蘇松併於蘇常

糧道池太併於安徽糧道又置江南都使司領江淮與武蘇州太倉鎮海金山鎮江淮安大河揚州儀真徐州新安宣州建陽安慶廬州鳳陽鳳陽右鳳陽中長淮宿州泗州滁州二十四衛東海守禦一所治江寧府州仍舊裁併五十八衛入州縣并裁守禦所一以海門縣瀕海坍沒降爲鄉松江府增置婁縣二布政司共領府十四直隸州四屬州十三縣共九十六

江寧府

禹貢揚州之域春秋屬吳後屬越戰國屬楚威王

因其地有王氣埋金厭之故置邑名金陵秦改秣陵屬鄣郡漢初建楚及荆吴江都諸國元封中置丹陽郡領六縣三國吴自京口徙都丹陽改治曰建業晉平吴改建業曰秣陵又分其北爲建鄴又分建鄴置江寧建興初改建業爲建康東晉渡江建都焉宋齊梁陳因之隋平陳廢郡置蔣州跨江以北江浦六合古棠邑地史傳亦爲堂邑秦隷九江漢屬徐州晉隆安中立秦郡屬南豫州又屬南兖州宋元嘉中入北魏屬揚州南齊析秦州爲齊郡梁廢齊存秦陳置義州北齊改瓦梁郡周置六

合郡及方州隋改方山府六合縣唐武德初爲揚州東南道行臺尚書省後復蔣州罷行臺爲揚州大都督府九年徙揚州都督于江都更名金陵曰白下分其地屬潤宣二州貞觀初更白下曰江寧方山府屬南兖州至德初置江寧郡乾元初以江寧爲昇州上元二年廢屬潤州以江寧置上元縣光啓三年復置昇州楊吳爲金陵府後建西都南唐改江寧府又改六合爲雄州宋開寳中下南唐復稱昇州天禧中復江寧府建炎中改建康府隷江南東路其六合隷眞州屬淮南東路元初置建

康溧陽二路隸江東道其江北者隸淮東道揚州路又改建康爲集慶路置江南諸道行御史臺六合隸眞州如故明置南京爲京師歷集慶路爲應天府統江南五縣以屯衞在江北割眞州之六合轄焉析置江浦縣永樂北遷爲陪京弘治中析置高淳共領八縣

皇清順治二年定江南改京爲省以應天府爲江寧府隸江蘇布政使司領縣八

江寧府屬沿革表

總部	郡	州縣

唐虞	揚州		
夏商	揚州		
周	吳 越		
	楚		棠 金陵 平陵
秦		鄣郡	秣陵 溧陽 丹陽 江乘
		九江郡	堂邑
漢	揚州	丹陽郡	江乘 秣陵 句容 丹陽
			湖熟 溧陽
	徐州	臨淮郡	堂邑
東漢	揚州	丹陽郡	溧陽 丹陽 秣陵 湖熟

時代	州	郡	縣
			句容 江乘
	徐州	廣陵郡	堂邑
三國 吳		丹陽郡	建業 丹陽 溧陽 句容
			永安
		廣陵郡	堂邑
晉	揚州	丹陽郡	秣陵 江寧 丹陽 永世
			溧陽 江乘 句容 湖熟
	徐州	臨淮郡	堂邑
東晉	揚州	丹陽郡	建康 秣陵 丹陽 江寧
			永世 溧陽 湖熟 句容

朝代	州	郡	縣
			江乘 同夏
	南豫州	秦郡	堂邑 尉氏
南北朝宋	揚州	丹陽郡	建康 秣陵 丹陽 江寧
			永世 溧陽 湖熟 句容
	南兗州	秦郡	秦 尉氏
北魏	揚州	秦州	橫山
南齊	揚州	丹陽郡	建康 秣陵 丹陽 溧陽
			永世 湖熟 江寧 句容
			同夏
	青州	齊郡	尉氏 秦

梁	揚州	丹陽郡	建康 秣陵 丹陽 溧陽
			永世 湖熟 江寧 句容
			同夏
	南兗州	秦郡	堂邑 尉氏
陳	揚州	丹陽郡	建康 秣陵 丹陽 溧陽
			永世 湖熟 江寧 句容
			同夏
		義州	堂邑 尉氏
北齊	東廣州	秦州	堂邑 尉氏
		瓦梁郡	

北周	吳州	方州 六合郡	甞邑 尉氏
隋	揚州	蔣州 丹陽郡	江寧 溧水
		宣州	永世
		江都郡	句容 六合
唐 高祖武德初	東南道行臺尚書揚州		金陵 丹陽 溧水 溧陽
			句容
	淮南道	方州	六合
武德九年徙揚州于江都	江南東道	潤州 丹陽郡	白下 江寧 句容
		宣州 宣城郡	丹陽 溧水 溧陽
	淮南道	方州 揚州	六合

時代	道路	州郡	縣
至德至光啓	江南東道	昇州 江寧郡	上元 江寧 句容 溧水
			溧陽
五代 楊吳	淮南道	廣陵郡	六合
		金陵府	上元 句容 溧水 溧陽
南唐		江寧府	六合
		江寧府	上元 江寧 句容 溧陽
			溧水
		雄州	六合
後周		雄州	六合
宋	江南路	昇州	上元 江寧 句容 溧水

			溧陽
	淮南路	揚州 建安軍	六合
南宋	江南路	建康府	上元 江寧 句容 溧陽
			溧水
	淮南路	眞州	六合
元	江浙行省 江南諸道行御史臺	集慶路	上元 江寧 句容 溧水州
			溧陽州
	江北淮東道	揚州路眞州	六合
明	南直隸	應天府	上元 江寧 句容 溧陽
			溧水 江浦 六合 高淳

皇清	江南省	江寧府	上元　江寧　句容　溧陽
			溧水　江浦　六合　高淳
	江南江蘇布政司	江寧府	上元　江寧　句容　溧陽
			溧水　江浦　六合　高淳

江寧府屬縣沿革

上元縣 附郭

秦 金陵 漢 秣陵湖熟江乘地屬丹陽郡 東漢 因之 三國 吳 建業屬丹陽郡 晉 復為秣陵尋分置建鄴 東晉 建康縣 南北朝 宋 齊 梁 陳 俱因之屬丹陽郡 隋 入江寧屬蔣州 唐 上元初廢江寧置上元縣因年號為名屬昇州湖熟廢為鎮 五代 楊吳 屬金陵府 南唐 屬江寧府 宋 次赤縣屬昇州後屬江寧府又

建康府　元縣復故屬集慶路　明陞爲赤縣爲應天府治

皇清改京爲省隸江寧府編戶一百五十里

江寧縣附郭

秦金陵地　漢屬丹陽秣陵　東漢因之　三國吴建業屬丹陽郡　晉復爲秣陵尋分置建鄴又分置江寧縣屬丹陽郡　南北朝宋　齊　梁　陳俱因之屬　隋徙治冶城屬蔣州後屬丹陽郡　唐武德初郎縣置揚州改歸化縣又改金陵縣又徙白下林改白下縣貞觀初復改江寧縣上元初廢　五代南唐復割上元南十九鄉置江寧縣屬金陵府號西都　宋爲次赤縣屬江寧府又建康府　元縣復故屬集慶路　明陞爲赤縣並爲應天府治

皇清改京爲省隸江寧府編戶六十八里

句容縣

漢置句容縣以句曲山名屬丹陽郡　東漢因之　三國吳初鑿句容中道以通吳會屬丹陽郡　晉　東晉因之僑置臨沂懷德同夏等縣於琅琊鄉尋併入有三縣廢城址

南北朝宋　齊　梁　陳俱因之屬丹陽郡　隋屬江都郡　唐武德初置茅州尋復爲縣隸潤州乾元初屬昇州　五代南唐屬江寧府　宋屬昇州後江寧府　元屬集慶路　明屬應天府

皇清因之隸江寧府編户二百三十里

溧陽縣

周平陵　秦置溧陽縣以溧水出南湖名　漢　東漢俱因之　三國吳分置永安　晉改永世　南北朝宋　齊　梁　陳俱因之　隋併溧陽入

溧水屬蔣州又改永世屬宣州唐初復置溧陽縣上元初隸昇州五代南唐宋因之俱屬元陞爲路後復爲縣屬江寧府元縣又陞爲州明復爲應天府

皇清因之隸江寧府編戶二百三十里

溧水縣

吳瀨渚地秦漢皆溧陽地三國吳六朝之俱因隋開皇中割溧陽丹陽地置溧水縣唐初屬宣州尋併溧陽入之屬蔣州唐後屬昇州五代南唐屬江寧府宋屬昇州後元陞爲州屬集慶路明復爲縣屬應天府

皇清因之隸江寧府編戶一百四里

江浦縣

周楚棠邑地漢烏江地晉明洪武中析白馬等四鄉又析六合之孝義鄉滁之豐

城鄉置縣於浦子口城內後遷於曠口山之陽又析江寧沙州鄉一十八里附之屬應天府

皇清因之隸江寧府編戶一十九里

六合縣

周楚棠邑 秦因之屬九江郡 漢棠邑屬臨淮郡 東漢屬廣陵郡 三國初屬魏後屬吳屬廣陵郡 晉隆安中置秦郡 南北朝宋置秦尉氏二縣屬秦郡 齊因之屬齊郡 梁復屬秦郡 魏橫山 北齊置秦州改瓦梁郡縣如故 北周改六合郡設方州統縣如故 隋廢郡改尉氏曰六合縣隨省棠邑屬江都郡 唐州廢縣復舊屬江都郡 五代楊吳屬江寧府 南唐置雄州 後周復爲六合屬雄州 宋屬眞州 元因之 明屬應天府

皇清因之隸江寧府編戶一十七里

高淳縣

古鎮本溧水地明弘治中府尹以地曠難治奏割溧水之立信永豐等七區共七十二里建爲高淳縣屬應天府

皇清因之隷江寧府編戶四十一里

蘇州府

禹貢揚州之域泰伯仲雍讓國出居其地號勾吳武王克殷因封其後爲吳國春秋入越後入楚秦爲會稽郡漢初屬荆又屬吳國復爲會稽郡屬揚州吳婁二縣隷之東漢爲吳郡三國屬吳晉因之東晉爲吳國置內史宋罷國復爲郡齊因之梁析

婁地置信義郡信義縣又置崑山縣陳置吳州省
信義郡及縣置常熟縣隋改蘇州以姑蘇山得名
大業初復改吳州唐武德中復爲蘇州貞觀中隸
江南東道析吳縣置長洲縣天寶間改吳郡乾元
初復爲蘇州後唐同光中吳越稱中吳府析吳縣
地置吳江縣宋開寶間復爲蘇州太平興國中改
平江軍屬兩浙路嘉定初析崑山地置嘉定縣政
和中陞平江府南渡後隸浙西路元改平江路陞
崑山常熟吳江嘉定爲州明改蘇州府直隸南京
降四州仍爲縣洪武中以通州屬縣崇明歸蘇州

弘治中割崑山常熟嘉定地置太倉州領崇明州
縣共八隸蘇州府
皇清因之屬江南省江蘇布政使司領州一縣七

蘇州府沿革表

	總部	郡	州縣
唐虞	揚州		
夏商	揚州		
周	吳 越 楚		
秦		會稽郡	吳 婁
漢	揚州	會稽郡	吳 婁

東漢	揚州	吳郡	吳 婁
三國 吳		吳郡	吳 婁
晉	揚州	吳郡	吳 海虞 婁
南北朝 宋	揚州	吳郡	吳 婁 海虞
南齊	揚州	吳郡	吳 婁 海虞
梁	揚州	吳郡	吳 婁 海虞 崑山
		信義郡	信義
陳		吳州	吳 崑山 常熟
隋	揚州	蘇州 吳州	吳 崑山 常熟
		吳州	吳 崑山 常熟

唐	江南東道	蘇州	吳 長洲 崑山 常熟
五代 吳越		中吳府	吳 長洲 崑山 常熟
			吳江
宋	兩浙路	平江軍	吳 長洲 崑山 常熟
			吳江 嘉定
南宋	浙西路	平江府	吳 長洲 崑山 常熟
			吳江 嘉定
元	江浙行中書省 江南浙西道	平江路	吳 長洲 崑山州 常熟州
			吳江州 嘉定州
明	南直隸	蘇州府	吳 長洲 崑山 常熟

皇清

江南布政使司　蘇州府

江南江蘇布政使司　蘇州府

吳江　嘉定　太倉　崇明

吳　長洲　吳江　常熟

崑山　嘉定　太倉　崇明

吳　長洲　吳江　常熟

崑山　嘉定　太倉　崇明

蘇州府屬州縣沿革

吳縣附郭

周泰伯封邑秦置吳縣爲會稽郡治漢因之東漢吳郡治三國吳晉宋齊梁皆因之陳置吳州隋改蘇州治此縣如故唐析北境爲長洲又割東境爲華亭五代吳越立中吳府宋平江府治元平江路治明蘇州

府治

皇清因之編戸五百十一里

長洲縣附郭

周　秦　漢　東漢　三國吳　晉　南北朝

隋皆吳縣地　唐析吳縣北境地置長洲縣以長洲苑故名後改長洲軍旋復縣　五代南

唐中吳府治　宋復縣　元　明俱因之府路並治此

皇清因之編戸七百四十一里

吳江縣

秦　漢　東漢　三國　晉　南北朝　隋　唐

皆吳縣松陵鎮地　五代梁開平年間吳越王錢氏奏析吳縣地置吳江縣　宋屬松江府

元陞爲州屬平江路明復爲縣屬蘇州府

皇清因之編戶五百六十七里

常熟縣

秦 漢 東漢 三國皆吳縣地晉太康中析吳縣之虞鄉置海虞縣以虞山名屬吳郡東晉 南北朝宋 齊皆因之梁置信義郡信義縣陳省海虞信義置常熟縣以地豐穰名屬吳郡隋徙治南沙廢信義郡屬蘇州唐武德間移治今縣卽海虞故城五代 宋因之屬平江府元陞爲州屬平江路明復爲縣屬蘇州府

皇清因之編戶五百一十四里

崑山縣

秦婁縣地以婁江名　漢　東漢　三國　晉　東晉　南北朝宋　齊皆因之　梁大同初析婁縣地置崑山縣以地有崑山名　陳因之　隋開皇初廢旋復　唐屬蘇州分縣之南境入華亭　宋屬平江府割安亭等五鄉隸嘉定　元陞爲州治太倉屬平江路　明復爲縣徙今治屬蘇州府

皇清因之編戶三百三十八里

嘉定縣

秦　漢　東漢　三國　晉　南北朝宋　齊皆婁縣地　梁　隋　唐　五代皆崑山地名嘐城鄉　宋嘉定中割崑山安亭等五鄉於練祁市置嘉定縣以年號爲名屬平江府　元陞爲州屬平江路　明復爲縣屬蘇州府

皇清因之編戶六百六十八里

太倉州

周 相傳吳王於此置倉 **漢** **三國吳** **晉** **南北朝** **隋**

唐 **五代** 皆婁縣地 **宋** 置節制司酒庫於此 **元** 爲海外番舶市易處海運從此出口元貞初從崑山州治此 **明** 吳元年立太倉衛洪武中又立鎮海衛弘治中割崑山新安惠安湖州三鄉常熟雙鳳鄉嘉定樂智循理二鄉置爲州屬蘇州府領縣一曰崇明

皇清因之編戶三百一十二里

崇明縣

唐 武德間海中湧二洲卽今東西二沙 **宋** 復漲姚劉沙與東沙接壤卽崇明舊治建中靖國初復一沙於西北卽今之三沙嘉定中置鹽塲於此名曰天賜屬通州海門縣隸淮東制置司 **元** 至元間置崇明州屬揚州路 **明** 改崇明縣洪武初改屬蘇州府弘治間置太倉州因隸焉

皇清因之編戸一百一十里

松江府

禹貢揚州之域春秋屬吳吳亡入越後入楚秦爲會稽郡婁縣地漢因之東漢屬吳郡孫吳晉宋齊皆因之梁置信義郡省婁縣入焉尋析婁地爲崑山縣信義廢仍屬吳郡郡於陳爲吳州隋爲蘇州大業初復爲吳郡而縣隸如故梁時置前京胥浦二縣至隋皆廢唐天寶中析嘉興地置華亭縣屬蘇州五代吳越隸中吳府後置秀州以華亭屬之宋改秀州爲嘉禾郡又改爲嘉興府華亭爲屬邑

元先隸嘉興路至元間陞華亭縣爲華亭府後改爲松江府以府北有松江故名轄華亭後置上海縣隸江南浙西道明因之嘉靖中置青浦屬南直隸領三縣

皇清因之順治十三年析華亭地置婁縣隸江南省江蘇布政使司領縣四

松江府沿革表

	總部	郡	縣
唐虞	揚州		
夏商	揚州		

周	吳越楚		婁
秦		會稽郡	婁
漢		會稽郡	婁
東漢	揚州	吳郡	婁
三國吳		吳郡	婁
晉	揚州	吳郡	婁
南北朝宋	揚州	吳郡	婁
南齊	揚州	吳郡	婁
梁	揚州	吳郡	崑山 前京 胥清
陳	南徐州	吳州	崑山 前京

朝代	統屬	府州	縣
隋	揚州	吳郡	崑山
唐	江南東道	蘇州	崑山　華亭
五代　吳越		中吳府	華亭
後晉		秀州	華亭
宋	兩浙路	秀州	華亭
	浙西路	嘉興府	華亭
元	江浙行中書省 江南浙西道	華亭府	華亭　上海
明	南直隸	松江府	華亭　上海　青
皇清	江南布政使司	松江府	華亭　婁　上海　青浦
	江南江蘇布政使司	松江府	華亭　婁　上海　青浦

松江府屬縣沿革

華亭縣 附郭

秦　漢婁東南境海鹽北境屬會稽郡　三國孫吳封陸遜爲華亭侯華亭之名始此

南北朝崑山境　隋如故　唐天寶間析嘉興地置華亭縣屬蘇州移崑山縣治於馬鞍山　五代屬秀州　宋屬嘉興府　元陞華亭府後罷立都水庸田司復罷改松江府縣屬之如舊　明松江府治

皇清因之編戶八百一十一里後分其地爲婁縣今止編戶三百三十一里

婁縣

秦置婁縣　漢　三國　晉　東晉　南北朝宋　齊

俱因之　梁析爲崑山婁廢　陳　隋皆崑山地　唐　五代　宋　元

明皆爲華亭地

皇清順治十三年析華亭地爲婁縣編戸三百五十

里

上海縣

秦海鹽北境　漢　三國　晉俱因之　南北朝梁陳爲前京縣地　唐

華亭縣地居海之上洋舊曰華亭海　宋商販聚集名上海市置上海市舶司　元分華亭東北五鄉立上海縣屬松江府　明屬松江府

皇清因之編戸四百九里

青浦縣

秦　漢　三國　晉　東晉　宋　齊俱婁縣境梁析為崑山境陳　隋俱因之唐為華亭地五代　宋　元以青龍鎮市舶司屬上海明嘉靖間立青浦縣旋罷萬曆初復立屬松江府

皇清因之編戶二百四十六里

常州府

禹貢揚州之域周為吳公子札采邑吳亡屬越後屬楚秦隸會稽郡漢初屬荊吳江都國尋更置會稽郡毘陵陽羨無錫三縣地隸之東漢分屬吳郡三國吳分會稽之無錫以西置屯田典農校尉晉省校尉置毘陵郡立武進縣永嘉末改晉陵郡又

析置義興郡東晉晉陵徙治京口後還治晉陵宋齊因之梁置江陰郡江陰縣陳皆因之隋平陳廢郡置常州大業初改毗陵郡唐武德初改常州天寶初改晉陵郡乾元初復爲常州五代時屬楊吳及南唐宋仍爲常州改義興爲宜興縣屬兩浙路南宋分浙西路陞江陰爲軍元陞常州路陞宜興無錫爲州又陞江陰爲州屬松江統隸江南浙西道明改常州府復以三州爲縣領縣四成化間以江陰之馬馱沙地置靖江縣隸焉屬南直隸

皇清因之隸江南省江蘇布政使司領縣五

常州府沿革表

	總部	郡	縣
唐虞	揚州		
夏商	揚州		
周	吳		延陵
	越 楚		
秦		會稽郡	
漢	揚州	會稽郡	毗陵 陽羨 無錫
東漢	揚州	吳郡	毗陵 陽羨 無錫侯國
晉	揚州	毗陵郡	武進 毗陵 暨陽 無錫

朝代	州	郡	縣
		義興郡	陽羨
東晉	揚州	晉陵郡	晉陵 武進 曁陽 無錫
		義興郡	陽羨
南北朝宋	南徐州	南東海郡	武進
		晉陵郡	晉陵 延陵 無錫 曁陽
		義興郡	陽羨
南齊	南徐州	南東海郡	武進
		晉陵郡	晉陵 無錫 延陵 曁陽
		義興郡	陽羨
梁	南徐州	晉陵郡	晉陵 無錫

		江陰郡	江陰
		南蘭陵郡	蘭陵
		義興郡	陽羨
隋	揚州	常州 毘陵郡	晉陵 江陰 無錫 義興
		江都郡	曲阿
唐	江南東道	常州 晉陵郡	晉陵 武進 江陰 義興
			無錫
五代南唐		江陰軍	江陰
宋	兩浙路	常州	晉陵 宜興 江陰 武進
			無錫

朝代	路省	府州	縣
南宋	浙西路	常州	晉陵 宜興 武進 無錫
		江陰軍	江陰
元	江浙行中書省 江南浙西道	常州路	晉陵 武進 宜興州 無錫州
		松江府	江陰州
明	南直隸	常州府	武進 無錫 江陰 宜興
			靖江
皇清	江南布政使司	常州府	武進 無錫 江陰 宜興
			靖江
	江南江蘇布政使司	常州府	武進 無錫 江陰 宜興
			靖江

常州府屬縣沿革

武進縣 附郭

漢丹徒曲阿二縣地 三國吳改丹徒爲武進 晉太康初别置武進于丹陽之東境屬毘陵郡以舊武進復丹徒太興初僑置南蘭陵郡 南北朝宋 齊屬南東海郡 梁天監中改武進爲蘭陵縣屬南蘭陵郡 隋省入曲阿屬江都郡 唐武德中復即蘭陵地置武進貞觀中省入晉陵垂拱初復置 五代楊吳徙治郡城與晉陵俱爲附郭縣 宋屬常州 元屬常州路 明以晉陵省入武進爲常州府治

皇清因之編戸四百五十七里

無錫縣

周泰伯始封地 漢置無錫縣有山產錫至漢錫殫故名屬會稽郡 東漢侯國 三國

吳廢晉復置屬南北朝皆因隋開皇中省入晉陵縣晉毗陵郡之隋後復置屬毗陵郡唐屬晉宋屬常元陞無錫州明復爲縣屬陵郡宋州元屬常州路明常州府

皇清因之編戶四百一十四里

江陰縣

漢毗陵暨晉南北朝梁置江陰縣立有隋廢郡以縣地陽江陰郡轄之隋縣屬常州唐初以縣置暨州尋廢復析置暨陽州唐利城二縣尋省入江陰縣屬常州五代南唐置江陰軍宋熙寧中廢軍南宋陞江元初因之後領江陰縣宋以縣屬常州南宋陰軍元陞爲路後又降州屬明復爲縣改松江府屬常州府

皇清因之編戶三百三十四里

宜興縣

春秋吳地荆溪　秦陽羡　漢因之屬會稽郡　後漢屬吳郡　晉置義興郡　南北朝宋因之析置臨津義鄉國山綏安四縣　齊　梁俱屬義興郡　隋廢郡改陽羡爲義興縣以義鄉國山臨津三縣省入屬常州綏安地後屬宣州爲廣德地　唐武德初又改置南興州州尋廢仍　宋改宜興陞爲府尋罷爲義興縣屬晉陵郡　宋屬常州　元爲縣後復陞爲州屬　明復爲縣屬常州路　明常州府

皇清因之編戸三百八十一里

靖江縣

元以前本江陰縣馬馱沙地　明成化中置縣名靖江

皇清因之編戸十團五沙

鎮江府

禹貢揚州之域春秋屬吳後屬越戰國屬楚秦西屬鄣東屬會稽爲谷陽雲陽二縣地漢初屬荆吳江都國後屬會稽郡東漢屬吳郡吳孫權徙丹徒號京城又曰京口晉屬毘陵郡永嘉五年改晉陵徙治丹徒東晉僑置徐兗二州號爲北府劉宋以南徐州治京口又分置南東海郡齊因之梁改蘭陵陳又改東海六朝皆爲重鎮隋平陳廢州及郡爲延陵縣屬蔣州開皇中置潤州大業初復廢以延陵屬江都郡唐武德中以江都之延陵地置潤州治丹徒垂拱中置金壇縣天寶初改丹陽郡又

改曲阿爲丹陽元和中復爲潤州以鎭海軍節度使治此五代爲南唐重鎭宋初改鎭江軍政和中陞府屬兩浙路南宋屬浙西路元改鎭江路屬江南浙西道明改鎭江府屬南直隸領縣如故

皇清因之隸江南省江蘇布政使司領縣三

鎭江府沿革表

	總部	郡	縣
唐虞	揚州		
夏商	揚州		
周	吳 越 楚		

朝代	州	郡	縣
秦		鄣郡	谷陽
		會稽郡	雲陽
漢	揚州	會稽郡	丹徒 曲阿
東漢	揚州	吳郡	丹徒 曲阿
晉	揚州	毗陵郡	丹徒 曲阿
東晉	揚州	晉陵郡	丹徒 曲阿
南北朝宋	南徐州	晉陵郡	曲阿
		南東海郡	丹徒
南齊	南徐州	南東海郡	丹徒
		晉陵郡	曲阿

梁		蘭陵郡	丹徒 蘭陵
陳		東海郡	丹徒 蘭陵
隋	揚州	潤州 江都郡	延陵 曲阿 含山
唐	江南東道	潤州 丹陽郡	丹徒 丹陽 金壇 延陵
宋	兩浙路	鎮江軍	丹徒 丹陽 金壇
南宋	浙西路	鎮江府	丹徒 丹陽 金壇
元	江浙行中書省 江南浙西道	鎮江路	丹徒 丹陽 金壇
明	南直隸	鎮江府	丹徒 丹陽 金壇
皇清	江南布政使司	鎮江府	丹徒 丹陽 金壇
	江南江蘇布政使司	鎮江府	丹徒 丹陽 金壇

鎮江府屬縣沿革

丹徒縣 附郭

周吳朱方秦谷陽縣本延陵地時望氣者以其地有王氣使赭衣三千徒鑿京峴山爲長坑因名丹徒漢置丹徒縣屬會稽郡後漢屬吳郡三國吳改武進晉復爲丹徒屬毗陵郡東晉屬晉陵郡南北朝宋屬南東海郡爲南徐州治所齊因之梁屬蘭陵郡陳屬東海郡隋初屬蔣州後省入延陵屬江都郡唐復置丹徒屬潤州宋鎮江府治元鎮江路治明鎮江府治

皇清因之編戶二百七十里

丹陽縣

秦雲陽縣史官占雲陽有王氣因鑿北岡截直道使曲故名曲阿漢曲阿屬會稽郡後漢

屬吳三國吳復爲晉復改曲阿東晉屬晉陵郡南北朝宋齊因之梁改蘭陵屬東隋復名曲阿以唐天寶初改名丹陽縣屬潤州宋屬鎮江府元屬鎮江路明屬鎮江府

皇清因之編戶一百六十里

金壇縣

本曲阿縣地隋大業末因土人保聚置金山縣唐武德中秦延陵垂拱四年復置金山縣後又置瑯琊縣並省入延陵垂拱四年復置金山縣更改金壇屬丹陽郡宋屬鎮江府元屬鎮江路明屬鎮江府

皇清因之編戶一百四十二里

淮安府

禹貢揚徐之域兼入青州春秋屬吳後屬越後屬

楚漢初爲楚後隸臨淮東海琅琊東漢屬廣陵郡東海下邳國三國屬魏爲臨淮廣陵二郡地後又於贑榆置武陵郡晉爲下邳國臨淮廣陵二郡又分廣陵置山陽郡又以淮北爲北徐州劉宋屬臨淮淮陵下邳東海淮陽旣失淮北於此置北兗州自是至梁皆爲重鎭復於鬱州立青冀二州後兩淮多入於魏東魏齊周踵置郡縣或仍舊稱或標新制或南名北易或北號南更數州之間煩悉不可覼紀所署州縣歷今不改者東魏置海州北周置邳州置沭陽隋開皇間廢山陽郡爲楚州大業

初又併淮南爲江都郡淮北爲彭城下邳東海二郡唐初號楚州天寶初改淮陰郡屬淮南道其隸河南道者爲徐州彭城郡泗州臨淮郡海州東海郡彭城置宿遷縣唐末爲楊吳所有五代後周取之南唐陞順化軍宋以淮陽一軍隸京東東路其楚海安東三州清河一軍則隸之淮南東路焉置清河縣金以海邳分隸山東東西二路改置睢寧元至元中陞淮安路轄山陽九州縣屬江北淮東道置桃園其邳州及屬縣轄河南歸德府屬河南江北道統隸河南江北行省明改淮安府兼淮之

南北改安東爲縣又以邳州自歸德來屬領州縣共十一

皇清因之隸江南省江蘇布政使司領州二縣七

淮安府沿革表

	總部	郡	州縣
唐虞	揚州	徐州	
夏商	揚州	徐州	
周	吳　楚　魯		祝其　良
	郯　鍾吾		
秦	揚州	九江郡	

				漢					
徐州				徐州					
泗水郡	瑯琊郡	薛郡	郯郡	瑯琊郡	東海郡				臨淮郡
	贛榆		朐 下邳 下相	贛榆	郯 襄賁 下邳	良成 朐 利成	祝其 厚丘 東安	司吾 陰平 曲陽	取慮 厹猶 射陽 睢陵

鹽瀆　淮陰　淮陵　下相

海陵　僮

泗水

埈　泗陽

東漢

徐州

東海

郯　朐　襄賁

陰平　利城　祝其

厚丘　贛榆

瑯琊國

東安

廣陵郡

凌　射陽　鹽瀆

下邳國

下邳　睢陵　下相　淮陰

淮陵　取慮　僮侯國　良城

朝代	州	郡國	縣
			司吾侯國
三國 魏		臨淮郡	山陽 建陵 僮
		廣陵郡	東海 郯
		武陵郡	下城
晉	徐州	下邳國	下邳 淩 良城 睢陵
			取慮 僮
		蘭陵郡	鄫 祝其 朐 襄賁
			利城 贛榆 厚丘
		廣陵郡	淮陰 海陽
		臨淮郡	司吾 下相

朝代	州	郡	縣
	南兗州	山陽郡	山陽　鹽城
南北朝 宋	南徐州	臨淮郡	海西　射陽　淮陰
		淮陵郡	司吾　陽樂
	徐州	下邳郡	下邳　良城　僮
		東海郡	襄賁　贛榆
		濟陵郡	睢陵
		淮陽郡	角城　宿豫
	南兗州	山陽郡	山陽　鹽城
		盱眙郡	睢陵
南齊	南兗州	山陽郡	山陽　鹽城

朝代	州	郡	縣
		海陵郡	海安
	北徐州	濟陰郡	睢陵
	青州	齊郡	宿豫
		北海郡	廣饒 贛榆
		東莞郡	朐山
	冀州	北東海郡	襄賁 僮 下邳 厚丘
梁	北兖州	山陽郡	鹽城
		潼陽郡	
		海西郡	襄賁 臨海
	東徐州	下邳郡	下邳

朝代	州	郡	縣
	南北二青州	東海郡	贛榆 懷仁
陳		鹽城郡	鹽城
	北徐州	濟陰郡	睢陵
	安州	下邳郡	宿豫
北魏	徐州	彭城郡	睢陵
	東徐州	下邳郡	下邳 良城
	淮州	山陽郡	山陽
東魏	南青州	義塘郡	歸義 懷仁
	東楚州	宿豫郡	宿豫
		淮陽郡	角城

朝代	州	郡	縣
	東徐州	郯郡	郯 建陵
	海州	東海郡	贛榆 廣饒
		海西郡	襄賁
		沭陽郡	懷文
		瑯琊郡	海安 朐
	睢州	淮陽郡	睢陵
		臨潼郡	取慮
北齊		射陽郡	懷恩
		東海郡	東海
		濟陰郡	池南

北周		沭陽郡	沭陽
		朐山郡	朐山
		濟陰郡	昭義
		泗州	宿豫
		邳州	
		彭城郡	睢陵
隋	徐州	東海郡	朐山 東海 漣水 沭陽
			懷仁
		下邳郡	宿豫 夏丘 下邳 良城
	揚州	江都郡	山陽 鹽城

唐	河南道	徐州 彭城郡	宿遷 下邳
		泗州 臨淮郡	漣水
		海州 東海郡	朐山 東海 沭陽 懷仁
		沂州 瑯琊郡	丞
	淮南道	楚州 淮陰軍	山陽 鹽城 淮陰
五代南唐		順化軍	
宋	京東東路	淮陽軍	下邳 宿遷
	淮南東路	楚州 山陽郡	山陽 鹽城
		海州 東海郡	朐山 懷仁 沭陽 東海
		安東州	漣水

		清河軍	清河
金	山東東路	海州	朐山 贛榆 東海 漣水
			沭陽 安東
	山東西路	邳州	下邳 蘭陵 宿遷 睢寧
元	江北淮東道	淮安路	山陽 鹽城 桃源 清河
			海寧州 朐山 沭陽 贛榆
			安東州
	河南江北道	歸德府	邳州 下邳 宿遷 睢寧
明	南直隸	淮安府	山陽 鹽城 清河 桃源
			安東 沭陽 海州 贛榆

			邳州 宿遷 睢寧
皇清	江南布政使司	淮安府	山陽 鹽城 清河 桃源
			安東 沭陽 海州 贛榆
			邳州 宿遷 睢寧
	江南江蘇布政使司	淮安府	山陽 鹽城 清河 桃源
			安東 沭陽 海州 贛榆
			邳州 宿遷 睢寧

淮安府屬州縣沿革

山陽縣 附郭

漢射陽縣地屬臨淮郡東漢屬廣陵郡晉改置山陽縣又置山陽郡以境內有山陽地故

名南北朝宋齊俱因之梁省縣存郡屬北兗州北魏郡縣俱復舊隸淮州隋廢郡置山陽縣隸江都郡唐仍爲縣屬楚州後屬淮陰郡五代南唐順化軍宋端平間置淮安軍又改縣爲淮安後復山陽屬楚州又析置新城縣元因之省淮安等縣入山陽屬淮安路明淮安府治

皇清因之編戶一百二十里

鹽城縣

漢鹽瀆縣屬臨淮郡東漢屬廣陵郡晉義熙間置鹽城縣屬山陽郡南北朝宋齊梁俱因之北齊改射陽郡立懷恩縣陳復鹽城更立鹽城郡隋廢郡存鹽城縣又立射州尋廢縣屬江都郡唐屬淮陰郡五代南唐屬泰州宋初屬淮安軍後山陽郡元屬淮安路明屬淮安府

皇清因之編戶九十一里

清河縣

漢曲陽縣以在淮曲之陽名 晉至唐俱泗州清河口地 宋紹興中屯重兵於此咸淳末置清河軍及縣 元至元中省州存縣屬淮安路 明屬淮安府

皇清因之編戶一十三里

桃源縣

漢至五代宿遷桃園鎮地 宋屬淮陽軍初入于金後置淮濱縣屬泗州後廢縣 元初復置桃園縣隸淮安路後訛園為源 明屬淮安府

皇清因之編戶四十八里

安東縣

漢襄賁昌慮縣屬東海郡魏晉因之南北朝東魏置海西郡襄賁縣如故隋初郡廢改爲漣水縣屬東海郡唐置漣州貞觀初州廢以縣屬泗州宋置漣水軍尋廢爲縣屬楚州入金歸宋屬寶應州景定初升安東州元安東州屬淮安路明改安東縣屬淮安府

皇清因之編戸四十里

沭陽縣

春秋郯子國秦郯郡地漢厚丘陰平僮三縣地屬東海郡東漢因之三國魏建陵僮地又置下城隨省晉郯厚丘地屬東海郡南北朝宋置僮縣屬南彭城郡梁置潼陽郡東魏置沭陽郡轄懷文縣北周併爲沭陽縣隋因之屬海州唐屬泗州後復屬海州五代宋因之南渡入於金尋復金屬海州元屬淮安路

明屬淮安府

皇清因之編戶一十七里九鄉

海州

春秋郯子國　秦朐縣屬薛郡　漢朐東安二縣地屬東海郡　後漢分置琅邪國　三國魏爲郯縣下城　晉因之　南北朝宋僑立青冀二州於此　東魏改青冀二州爲海州置琅邪郡海安縣屬之　北齊徙海州治琅邪置東海郡東海縣　隋廢海州爲東海郡治朐山　唐復海州又改東海郡　宋復爲州建炎初入於金隨復景定初置西海州　元陞海州路尋改海寧府後復爲海寧州屬淮安路　明以州轄朐山贛榆二縣後省朐山州屬淮安府領縣一

皇清因之編戶六十里

贛榆縣

春秋 魯東夾谷境魯會齊夾谷即此又爲莒子國 秦 鬱州地 漢 置贛榆縣屬琅琊郡又爲東海郡祝其利城二縣地 東漢 因之 三國魏 改東海又置武林郡 晉 復贛榆屬東海郡 南北朝宋 因之省祝其利城 齊 屬青州北海郡增置廣饒 梁 復屬東海郡 東魏 隸海州廢武陵又置義塘郡置懷仁歸義二縣隸南青州 隋 省歸義仍懷仁屬東海郡 唐 復贛榆隨省入東海縣屬海州 宋 又稱懷仁與東海縣復屬東海郡 金 復贛榆屬海州 元 屬海寧州 明 如故

皇清因之編戶五十六里

邳州

古 少皞氏遺墟 夏 邳國 周 郯子國 春秋 良邑晉會吳於此 秦 下邳縣屬郯郡

漢因之析置良成又取慮在其西南屬東海郡東漢屬下邳國晉因之南北朝宋置下邳郡北魏南徐州梁改東徐州陳改安州北周置邳州隋置下邳郡縣屬之唐初以下邳剡良城置邳州尋廢爲縣隷泗州元和中屬徐州宋建淮陽軍仍存縣更以宿遷來屬金復邳州屬下邳蘭陵宿遷睢寧四縣元併三縣入州以州屬歸德府後置睢寧宿遷兩縣屬淮安路繼還屬州明初改屬鳳陽府後改屬淮安府領縣二

皇清因之編戸四十二社五關廂

宿遷縣

周春秋鍾吾子國亦宿國所遷地秦下相縣屬郯郡漢併置厹猶司吾泗陽凌縣東漢省泗陽司吾爲侯國晉屬下邳國南北朝宋省下相置宿豫甬城屬淮陽郡齊屬齊郡省甬城陳屬安州東魏置宿豫郡屬東楚州北周屬泗州隋廢郡存縣屬下

邳郡 唐 置宿遷縣隸泗州寶應中更隸徐州 宋 隸淮陽軍 元 初廢尋復仍屬邳州 明 舊

皇清因之編戶五十九里

睢寧縣

春秋 鄫國地附郯 戰國 宋薛地 漢 睢陵縣屬臨淮郡 東漢 因之 晉 屬蘭陵郡 南北朝 宋 睢寧縣先屬濟陰郡後屬盱眙縣 齊 屬濟陰郡 陳 因之 北魏 屬彭城郡 東魏 晉陵屬臨潼郡 北齊 池南屬濟陰郡 北周 招義 隋 廢睢陵立夏丘屬下邳郡 唐 改承寧屬沂州瑯琊郡 宋 省入淮陽軍 金 復置睢陵縣改陵爲寧屬邳州 元 初廢尋復原屬泗州至元中改屬邳州

皇清因之編戶地四十五社

揚州府

禹貢揚州之域春秋屬吳後屬越戰國屬楚秦爲九江郡地漢初淮南國後更吳又更江都又爲廣陵王國置廣陵江都高郵平安四縣隸之屬臨淮東漢改廣陵郡三國屬魏復屬吳晉移廣陵治於淮陰東晉分郡地置海陵山陽二郡又置如皋縣隸海陵劉宋南齊因之屬南兗州北齊改東廣州北周改爲吳州隋初爲揚州大業初改江都郡唐初復爲南兗州改邗州尋爲揚州治江都置大都督府天寶初改廣陵郡乾元初復爲揚州置淮南節度使上元中置寶應縣五代楊吳都此改江都

府南唐以爲東都置泰州及泰興興化縣周世宗取揚州仍置大都督節度使置通州及海門縣宋初因之後屬淮南東路建炎後陞爲帥府元至元甲建大都督府置江淮等處行中書省後改爲揚州路隸江北淮東道明永樂中置淮海府後改維揚府成化間復稱揚州爲直隸府改眞州爲儀眞縣領州縣凡十

皇清因之隸江南省江蘇布政使司

今上皇帝康熙十一年以海門瀕海坍没改爲鄉領州三縣六

揚州府沿革表

	總部	郡	州縣
唐虞	揚州		
夏商	揚州		
周	吳越楚		
秦	揚州	九江郡	
漢	揚州	廣陵郡	廣陵 江都 高郵 平安
	徐州	臨淮郡	東陽 海陵
東漢	徐州	廣陵郡	廣陵 江都 高郵 平安
			東陽

朝代	州	郡	縣
晉	徐州	廣陵郡	海陽 廣陵 江都
		臨淮郡	東陽 高郵
南北朝宋	南兗州	廣陵郡	廣陵 海陵 高郵 江都
		海陵郡	如皋 寧海
南齊	南兗州	廣陵郡	海陵 廣陵 高郵 江都
			齊寧
		海陵郡	寧海 如皋
梁	南兗州	海陵郡	廣陵 江陽 海陵
		廣業郡	竹塘 三歸
		陽平郡	石鼈

北齊	東廣州	廣陵郡	
		江陽郡	
北周	吳州		
隋	揚州	江都郡	江陽　江都　海陵　寧海
			高郵　安宜
唐	淮南道	揚州　廣陵郡	江都　江陽　海陵　高郵
			楊子
		楚州　淮陰郡	寶應
五代　楊吳		揚州	廣陵　江都　永貞　高郵
			興化

		泰州	泰興 海陵 如皋
後周		淮陰郡 楚州	寶應
		團練州	
		靜海軍	海門
宋	揚州大都督府	廣陵郡	江都 廣陵
		泰州	海陵 興化 泰興 如皋
		眞州	揚子
		通州	靜海 海門
		高郵軍	高郵
		楚州 山陽郡	寶應

朝代	路道	州府軍	縣
南宋	淮南東路	揚州	江都 泰興
		泰州	海陵 如皋
		儀真郡	楊子
		通州	靜海 海門
		高郵軍	高郵 興化
		寶應州	寶應
元	江北淮東道	揚州路	江都 泰興 真州 楊子
			泰州 海陵 如皋 通州
			靜海 海門
		高郵府	高郵 興化 寶應

明	南直隸	揚州府	江都 儀真 泰興 高郵
			興化 寶應 泰州、如皐
			通州 海門
皇清	江南布政使司	揚州府	江都 儀真 泰興 高郵
			興化 寶應 泰州 如皐
			通州 海門
	江南江蘇布政使司	揚州府	江都 儀真 泰興 高郵州
			興化 寶應 泰州 如皐
			通州

揚州府屬州縣沿革

江都縣附郭

漢置江都縣以江水都聚於此名屬廣陵國與廣陵縣並置東漢因之又輿縣地晉屬廣陵郡南北朝宋齊因之又析置齊寧縣隨廢梁改江陽縣屬海陵郡北齊置江陽郡隋罷江陽郡復江都縣屬江都郡唐始以江都爲揚州治所五代南唐以江陽省入廣陵宋熙寧間省廣陵入江都爲揚州治元揚州路治明初爲淮海府又維揚府治後揚州府治

皇清因之編戶一百一十八里

儀真縣

漢俱江都縣地唐置揚子縣屬廣陵郡五代楊吳改永貞屬揚州宋陞建安軍復改揚子縣後陞軍爲眞州以縣屬之政和中置儀眞縣元陞眞州路後復爲眞州屬

揚州路　明洪武初改眞州爲儀眞縣省楊子入之屬揚州府

皇清因之編戶一十四里

泰興縣

漢　晉　唐俱海陵縣濟川鎮地　五代南唐析置泰興縣屬泰州　宋初因之後徙治今所屬揚州　元屬揚州路　明屬揚州府

皇清因之編戶一百一十二里

高郵州

周吳邗溝地　秦築郵亭因名秦郵　漢置高郵縣屬廣陵國　東漢屬廣陵郡　晉屬臨淮郡　南北朝宋屬廣陵郡　齊因之　梁置廣業郡又置竹塘三歸縣　隋復高郵縣屬江都郡餘郡縣並廢　唐因之　五代楊吳屬揚州　宋置高郵軍建炎中陞爲承

州割泰州之興化屬焉尋復爲軍 元 陞高郵路後改爲府增寶應屬之 明 降爲州屬揚州府領二縣如故

皇清因之編戶八十六里

興化縣

漢 晉 唐 本海陵縣地 五代楊吳 始置興化縣屬揚州 南唐 屬泰州 宋 紹興改爲鎮後復爲縣屬高郵軍 元 屬高郵府 明 屬高郵州

皇清因之編戶四十二里

寶應縣

漢 平安縣屬廣陵國 東漢 屬廣陵郡 南北朝梁 置陽平郡及石鼈縣 隋 開皇郡縣並廢置安宜縣屬江都郡 唐 上元中因獲定國寶更名寶應屬淮陰郡 宋 寶慶中陞州屬

山陽郡 元初爲軍後改府尋罷爲縣改屬高郵府 明屬高郵州

皇清因之編戶三十四里

泰州

漢 海陵縣本臨淮郡 東漢 省入東陽屬廣陵郡 晉 爲海陽縣屬如故 南北朝 宋 復爲海陵 齊 置海陵郡以寧海海陵縣屬之 梁 郡如故 隋 罷郡復海陵縣屬江都郡 唐 改吳陵縣置吳州尋廢州縣復故屬揚州 五代 楊吳 置海陵制置院 南唐 陞爲泰州析置海陵縣屬之後入于周 後周 陞團練州 宋 復爲泰州 元 初陞路後爲州屬揚州路領海陵如皐二縣 明 仍爲州屬揚州府省海陵入府州領縣一

皇清因之編戶一百八十七里

如皐縣

漢 晉本廣陵地 東晉始置如皋縣 南北朝宋 齊俱因之 隋省如皋置寧海縣屬江都郡 唐析海陵地置如皋鎮 五代南唐復陞爲縣屬泰州

宋 元 明俱仍舊

皇清因之編戶四十二里

通州

漢 晉 唐本海陵縣東境地 五代南唐置靜海都鎮制置院 周改靜海軍尋置通州領海門縣以僻在海隅名 宋改崇州尋復爲通州領靜海海門二縣 元陞通州路後復爲州屬揚州路領縣如故 明仍爲州屬揚州府省靜海領崇明海門二縣洪武初割崇明屬蘇州府州領縣一

皇清因之編戶七十七里

今上皇帝康熙十一年以海門縣城被海潮衝圮廢爲海門鄉其編戸一十四里歸併通州共編戸九十一里

謹按吳越之分古名揚州爾雅云州界多水水波善揚故曰揚州又云江南之氣躁勁厥性輕揚也其以揚州專屬廣陵則自隋開皇始而明成化間復自維揚府改稱之宋秦觀本州集序云三代以前所謂揚州者西北極淮東南距海江湖之間盡其地自漢以來既置刺史於是稱揚州者往往指其刺史治所所在而已蓋西漢刺史無常治東漢治歷陽或徙壽春又徙曲阿魏亦治壽春或徙合肥吳治建業西晉元魏後周皆因魏東晉宋齊梁陳皆因吳惟劉宋嘗以建業爲王畿而東揚州治會稽隋以後皆治廣陵由是言之凡稱揚州者東漢指歷陽或壽春或曲阿合肥自魏至周指壽春或合肥江左自吳至陳指建業或會稽皆可稱之惟隋唐五代乃顓指廣陵若夫廣陵之境兩漢時

嘗爲吳國江都國廣陵郡或南兖東廣吳州邗州之稱其專稱揚州則亦自隋始由是言之凡稱吳國江都廣陵南兖東廣吳州邗州皆今之揚州也恐後之稱揚州者或至失眞不可不據實以别之

江南通志卷之第二終

江南通志　沿革　卷之第二

江南通志卷之三

建置沿革

安慶府

禹貢揚州之域春秋皖舒桐三國地戰國并於楚秦屬九江郡漢初屬淮南王國後置廬江郡龍舒樅陽皖潛松滋諸縣隸之三國初屬魏後屬吳爲重鎮晉仍屬廬江分置晉熙郡建懷寧宋齊因之梁置江州陳置晉州隋改熙州大業中改同安郡治懷寧置太湖宿松望江縣唐初爲東安州尋改舒州天寶復爲同安郡至德改盛唐郡省樅陽呂

亭同安置桐城縣乾元初復改舒州俱屬淮南道
五代時初屬楊吳後屬南唐宋屬淮南路熙寧間
屬淮南西路政和中置德慶軍紹興中改安慶軍
慶元初陞安慶府元至元間改安慶路析懷寧地
置潛山屬蘄黃宣慰司後罷司置省直隸河南江
北行省明初改寧江府後名安慶府屬南直隸
皇清因之隸江南省安徽布政使司領縣六

安慶府沿革表

	總部	郡	縣
唐虞	揚州		

時代	州	郡	縣
三代	揚州		
春秋	舒 桐 皖		
戰國	楚		灊
秦	揚州	九江郡	
漢	揚州	廬江郡	龍舒 臨湖 樅陽 灊
			皖 松滋
東漢	揚州	廬江郡	灊 皖 龍舒國 臨湖國
			雩婁
三國 吳		廬江郡	皖城
晉	揚州	廬江郡	龍舒 灊 皖

朝代	州	郡	縣
	豫州	安豐郡	松滋 安豐
東晉	南豫州	廬江郡	灊 舒
		晉熙郡	懷寧 新治 陰安
	江州	尋陽郡	松滋 安豐
南北朝 宋	南豫州	廬江郡	灊 舒
		晉熙郡	懷寧 新治 陰安 太湖
			呂亭左
	江州	尋陽郡	松滋 安豐
南齊	豫州	晉熙郡	新治 陰安 懷寧 太湖
		安豐郡	松滋 安豐

朝代	州道	郡	縣
梁	豫州	同安郡	懷寧 太湖
		高塘郡	松滋
		樅陽郡	呂亭
北齊		江州	
陳		晉州	晉熙 宿松 太湖 樅陽
		大雷郡	
隋	揚州	熙州	晉熙 高塘 義鄉 樅陽
		同安郡	同安 懷寧 太湖 宿松
			望江
唐	淮南道	東安州	懷寧 皖陽 宿松 望江

			太湖 青城 荆陽 同安
		舒州同安郡	懷寧 宿松 望江 太湖
			同安
	淮南道	盛唐郡	懷寧 宿松 望江 太湖
			桐城
五代南唐		舒州	懷寧 宿松 望江 太湖
			桐城
宋	淮南西路	德安軍安慶軍	懷寧 桐城 宿松 望江
			太湖
	淮南西路	安慶府	懷寧 桐城 宿松 望江

			太湖
元	淮西江北道	安慶路	懷寧　宿松　望江　太湖
			桐城　潛山
明	南直隸	安慶府	懷寧　桐城　潛山　太湖
			宿松　望江
皇清	江南布政使司	安慶府	懷寧　桐城　潛山　太湖
			宿松　望江
	江南安徽布政使司	安慶府	懷寧　桐城　潛山　太湖
			宿松　望江

安慶府屬縣沿革

懷寧縣 附郭

古 皖國地 漢 皖縣屬廬江郡 三國 初屬魏後屬吳爲皖城屬廬江郡 晉 皖縣屬廬江郡 東晉 始於灊地置懷寧縣屬晉熙郡 南北朝宋 齊 因之屬晉熙郡 梁 屬同安郡 陳 改晉熙縣屬晉州 隋 因之爲熙州治 唐 復懷寧縣爲舒州治析置皖陽等縣隨廢 五代南唐 屬舒州 宋 隨府治遷初移皖口即今治屬德慶軍又安慶軍後安慶府治 元 屬安慶路 明 先屬寧江府後安慶府治

皇清因之編戶三十三里

桐城縣

春秋 桐國 漢 樅陽屬廬江郡 東漢 龍舒侯國屬廬江郡 晉 龍舒 南北朝宋 省入舒縣又爲呂亭左縣 梁 置樅陽郡呂亭縣屬之 陳 改樅陽縣屬晉州 隋 改同安縣

屬同安郡唐至德初改桐城縣屬盛唐郡宋屬德慶軍又安慶軍後安慶府元屬安慶路明先屬寧江府後安慶府

皇清因之編戶四十二里

潛山縣

漢皖灊二縣地屬廬江郡東晉安帝立懷寧於潛邸皖縣廢隋開皇中省灊縣入熙州宋立爲四寨元析故懷寧之清朝玉照二鄉地置潛山縣以山爲名有事灊嶽云屬安慶路明屬安慶府

皇清因之編戶一十三里

太湖縣

漢皖縣地屬廬江郡南北朝宋置陰安新治太湖左縣因地有太湖名隋始改

晉熙省新治陰安後改太湖縣屬同安郡唐屬同安郡析置青城荆陽二縣尋廢宋省入懷寧尋復置屬安慶軍元屬安慶路明屬安慶府

皇清因之編戶二十四里

宿松縣

漢皖縣地元始中松滋侯國後置縣屬廬江郡晉於縣僑置松滋郡梁置高塘郡隋廢郡改高塘縣後改今名屬同安郡唐初置州未幾廢後復屬舒州宋省入望江尋復屬安慶軍元屬安慶路明屬安慶府

皇清因之編戶二十四里

望江縣

漢皖縣地屬廬江郡晉大雷戍東晉新治屬晉熙郡宋因之齊屬安豐郡陳

置大雷郡**隋**改義鄉後改名屬同安郡**唐**置州尋復縣屬同安郡後盛唐郡**宋**屬安慶軍**元**屬安慶路**明**屬安慶府

皇清因之編戶一十二里

徽州府

禹貢揚州之域春秋屬吳繼屬越戰國屬楚秦置黟歙二縣屬鄣郡漢屬丹陽郡縣如故設都尉分治於歙新莽廢東漢復舊吳析黟歙爲六縣割丹陽置新都郡晉改新都曰新安宋齊因之梁改新寧隋廢郡置歙州改海寧曰休寧大業初復新安郡唐初復稱歙州天寶初改新安郡永徽間析歙

地置績溪開元間析休寧置婺源永泰初析黟及饒州之浮梁置祁門乾元初復爲歙州隸江南西道五代屬南唐宋隸建康路宣和初改徽州紹興初分隸江南東路元陞徽州路屬江東建康道隸江浙行省元貞中陞婺源爲州明先改興安府後改徽州府降婺源復爲縣屬南直隸

皇淸因之隸江南省安徽布政使司領縣六

徽州府沿革表

總部	郡	縣
唐虞 揚州		

夏商	揚州		
周	吳　越　楚		
秦		鄣郡	黟　歙
漢	揚州	丹陽郡	黟　歙
東漢	揚州	丹陽郡	歙　黟
三國　吳		新都郡	始新　新定　黎陽　休陽
			黟　歙
晉	揚州	新安郡	始新　遂安　黟　歙
			海寧　黎陽
南北朝　宋	揚州	新安郡	始新　遂安　歙　海寧

代	州	郡	縣
			黟
南齊	揚州	新安郡	始新　遂安　黟　歙
			海寧
梁	揚州	新寧郡	海寧　黟　歙
陳	揚州	新安郡	歙　海寧　黟
隋	揚州	歙州	
		新安郡	休寧　歙　黟
唐	江南西道	歙州　新安郡	歙　休寧　歸德　黟
			績溪　北野　婺源　祁門
宋	建康府路	歙州	歙　休寧　婺源　祁門

			黟　績溪
	江南東路	徽州	歙　休寧　祁門　黟
			績溪　婺源
元	江東建康道	徽州路	歙　休寧　祁門　黟
			績溪　婺源州
明	南直隸	徽州府	歙　休寧　婺源　祁門
			黟　績溪
皇清	江南布政使司	徽州府	歙　休寧　婺源　祁門
			黟　績溪
	江南安徽布政使司	徽州府	歙　休寧　婺源　祁門

黟　績溪

徽州府屬縣沿革

歙縣 附郭

秦置歙縣以南有歙浦名屬鄣郡漢因之屬丹陽郡爲都尉治三國吳屬新都郡析置始新新定黎陽休陽四縣晉屬新安郡南北朝宋齊因之梁屬新寧郡陳屬新安郡隋初省縣尋置歙州後改縣屬新安郡餘縣悉省入唐屬新安郡析置北野縣宋爲歙州治元因之明徽州府治

皇清因之編戶二百八十四里

休寧縣

秦歙縣地屬鄣郡漢屬丹陽郡三國吳置休陽後改海陽屬新都郡晉改海寧屬

新安郡以黎陽省入南北朝宋齊因之梁置新寧郡陳並廢復海寧縣隋大業初改休寧屬新安郡唐屬新安郡永泰初析置歸德隨省宋屬徽州元屬徽州路明屬徽州府

皇清因之編戸二百一十六里

婺源縣

隋以前休寧回玉鄉地唐開元末析置縣以縣水流如婺州故名婺源屬新安郡宋屬徽州元陞爲州屬徽州路明復爲縣屬徽州府

皇清因之編戸一百三十四里

祁門縣

漢黟縣赤山鎮地唐永泰初兼析饒之浮梁地置縣以縣東北有祁山西南有閶門合名祈門

屬新安郡宋屬徽州元屬徽州路明屬徽州府

皇清因之編戶四十九里

黟縣

秦置黟縣以縣有黟山名屬鄣郡漢鴻嘉中廣德王國三國吳復爲縣晉屬新安郡南北朝宋齊因之梁屬新寧郡陳隋唐俱屬新安郡宋屬徽州元屬徽州路明屬徽州府

皇清因之編戶四十五里

績溪縣

漢歙縣華陽鎮地唐永徽中析置北野縣後改今名以縣乳溪與徽溪相去一里離合如績故名績溪屬歙州宋屬徽州元屬徽州路明屬徽州府

皇清因之編戶三十五里

寧國府

禹貢揚州之域春秋屬吳後屬越戰國屬楚秦爲鄣郡漢置丹陽郡宛陵春穀涇宣城四縣治宛陵東漢因之孫吳析置寧國縣晉改宣城郡亦治宛陵劉宋併僑置淮南郡入宣城治于湖隸南豫州隨復淮南郡宣城復隸揚州齊梁俱隸南豫梁置南陵郡陳又立北江州隋平陳宣城改宣州餘州郡俱廢大業初復稱宣城郡併宛陵入宣城爲郡治以南陵爲縣唐武德復爲宣州立宣州都督後

屬江南西道開元中析當塗涇地置太平縣寶應初又析置旌德縣大順間陞寧國軍置節度使楊吳因之宋復稱宣州乾道初陞寧國府隸建康府路後隸江南東路元改寧國路隸江東建康道明改寧國府屬南直隸

皇清因之隸江南省安徽布政使司領縣六

寧國府沿革表

	總部	郡	縣
唐虞	揚州		
夏商	揚州		

時代	州國	郡	縣
周	吳　越　楚		
秦	鄣郡		
漢	揚州	丹陽郡	宛陵　春穀　涇　宣城
東漢	揚州	丹陽郡	宛陵　涇　春穀
三國吳		丹陽郡	宛陵　涇　懷安　寧國
			安吳　春穀
晉	揚州	宣城郡	宛陵　宣城　安吳　涇
			春穀　寧國　懷安
南北朝宋	揚州	宣城郡	宛陵　懷安　寧國　宣城
			安吳　涇

朝代	州道	郡	縣
南齊	南豫州	宣城郡	懷安　宛陵　寧國　宣城
			涇　安吳
梁	南豫州	宣城郡	宛陵　宣城　涇　懷安
		南陵郡	南陵
陳	南豫州	宣城郡	宛陵　宣城　懷安　涇
			寧國　安吳
	北江州	南陵郡	南陵
隋	揚州	宣州宣城郡	宣城　涇　南陵
唐	江南西道	宣州	宣城　涇　南陵　太平
			寧國

朝代	道路	府州	屬縣
	江南西道	宣城郡	宣城 涇 南陵 太平
			寧國 旌德
五代南唐	寧國軍節度使	宣州	宣城 涇 旌德 寧國
			南陵 太平
宋	建康府路	宣州	宣城 南陵 寧國 旌德
			太平 涇
	江南東路	寧國府	宣城 南陵 寧國 旌德
			太平 涇
元	江東建康道	寧國路	宣城 南陵 涇 寧國
			旌德 太平

朝代	省	府	屬縣
明	南直隸	寧國府	宣城 南陵 涇 寧國 旌德 太平
皇清	江南布政使司	寧國府	宣城 南陵 涇 寧國 旌德 太平
	江南安徽布政使司	寧國府	宣城 南陵 涇 寧國 旌德 太平

寧國府屬縣沿革

宣城縣 附郭

漢 置宣城縣與宛陵並置屬丹陽郡 東漢 省宣城入宛陵為丹陽郡治 三國 吳仍之屬丹陽郡析置寧國懷安等縣 晉 復置宣城屬宣城郡 東晉 東北朝宋

齊梁陳俱因之　隋省宛陵懷安安吳及淮南之逡遒地入宣城爲宣州治　唐宣城郡治　五代南唐置寧國軍　宋宣州治　元寧國路治　明寧國府治

皇清因之編戶二百一十七里

南陵縣

漢春穀地　東漢　三國吳藉圻置屯　晉因之　東晉改陽穀　南北朝宋　齊因之　梁置南陵縣及南陵郡治春穀　隋罷郡以南陵縣屬宣州　唐武德初屬池州貞觀初還屬宣州　南唐　宋皆因之　元屬寧國路　明屬寧國府

皇清因之編戶八十九里

涇縣

漢置涇縣以涇水名屬丹陽郡　東漢因之　三國吳因之　晉屬宣城郡　南北

朝　隋因之　唐即縣置南徐州更名猷州涇屬焉武德初州廢涇復屬宣州　五代南唐　宋俱屬宣州　元屬寧國路　明屬寧國府

皇清因之編戸七十里

寧國縣

漢宛陵南境　三國吳析宛陵置寧國縣屬丹陽郡　晉屬宣城郡　南北朝俱因之　隋省入宣城　唐析宣城復置屬宣州　五代南唐　宋俱因之　元屬寧國路　明屬寧國府

皇清因之編戸六十里

旌德縣

漢涇縣地　唐寶應初析當塗涇縣地置旌德縣屬宣州　五代南唐　宋俱屬

宣州元屬寧國路明屬寧國府

皇清因之編戶四十三里

太平縣

漢涇縣地唐天寶中析當塗涇地置太平後省尋復屬宣州五代南唐宋俱因之元屬寧國路明屬寧國府

皇清因之編戶二十里

池州府

禹貢揚州之域春秋屬吳後屬越戰國屬楚秦屬鄣郡漢屬丹陽郡石城陵陽二縣屬之東漢分隸宣城郡三國吳屬丹陽郡增臨城縣晉平吳改屬

宣城郡宋齊因之梁析宣城置南陵郡石城陵陽併屬之隸南豫州并置石埭縣陳改北江州隋平陳州郡俱廢改石城曰秋浦與南陵同屬宣城郡唐武德初於宣之秋浦置池州屬宣州都督改屬江南道貞觀初州廢以縣隸宣州天寶初析涇南陵秋浦置青陽永泰初復析宣之秋浦青陽饒之至德置池州又析青陽秋浦復置石埭縣徙秋浦於貴池立州治五代楊吳改秋浦爲貴池南唐陞康化軍宋復爲池州開寶中益以昇之銅陵太平興國中復益以江州之東流統焉隸建康府路後

隸江南東路元改池州路屬江浙行省江南行御史臺明改池州府屬南直隸

皇清因之隸江南省安徽布政使司領縣六

池州府沿革表

	總部	郡	縣
唐虞	揚州		
夏商	揚州		
周	吳越楚		
秦	揚州	鄣郡	
漢	揚州	丹陽郡	石城 陵陽

東漢	揚州	丹陽郡	陵陽 石城
三國吳	揚州	丹陽郡	石城 臨城 陵陽
晉	揚州	宣城郡	陵陽 臨城 石城
東晉	揚州	宣城郡	臨城 廣陽 石城
南北朝宋	揚州	宣城郡	臨城 廣陽 石城
南齊	南豫州	宣城郡	廣陽 石城 臨城
梁	南豫州	南陵郡	石城 陵陽 南陵 石埭
陳	北江州	南陵郡	石城 南陵 陵陽 石埭
隋	揚州	宣州	南陵 秋浦
唐	江南道	池州	秋浦 南陵

		宣州	秋浦 南陵
	江南西道	池州	秋浦 青陽 石埭 至德
五代南唐	昇州	康化軍	貴池 青陽 石埭 建德
宋	建康府路	池州	貴池 青陽 銅陵 石埭
			建德 東流
	江南東路	池州	貴池 青陽 銅陵 石埭
			建德 東流
元	江浙行省 江南行御史臺	池州路	貴池 青陽 銅陵 石埭
			建德 東流
明	南直隸	池州府	貴池 青陽 銅陵 石埭

皇清 江南布政使司 池州府 貴池 青陽 銅陵 石埭 建德 東流

江南安徽布政使司 池州府 貴池 青陽 銅陵 石埭 建德 東流

池州府屬縣沿革

貴池縣 附郭

漢 石城縣屬丹陽郡 三國吳 因之 晉 屬宣城郡 南北朝宋 齊 梁 陳 皆因之 隋 石城廢入南陵以所廢地置秋浦縣 唐 徙秋浦於貴池立池州治 五代楊吳 改秋浦爲貴池縣 南唐 置康化軍屬昇州 宋 池州治 元 池州

路治明池州府治

皇淸因之編戶三十九里

靑陽縣

漢涇縣地東漢陵陽縣三國吳析石城陵陽地置臨城俱屬丹陽郡東晉避諱改臨城爲廣陽屬宣城郡南北朝宋齊俱因之梁改勝遠軍陳因之隋倂入南陵唐天寶初置靑陽縣以其地在靑山之陽故名永泰初屬池州五代楊吳復改勝遠軍南唐復靑陽宋屬池州元屬池州路明屬池州府

皇淸因之編戶一十七里

銅陵縣

南北朝梁南陵地陳隋因之唐置義安縣尋廢爲銅官冶五代南

唐因治置銅陵縣屬昇州宋改屬池州元屬池州路明屬池州府

皇清因之編戸一十五里

石埭縣

漢陵陽石城涇三縣地三國吳置石埭塲晉南北朝宋齊俱因之梁大同中因塲置石埭縣以兩石橫亘溪上如埭故名屬南陵郡陳屬北江州隋省石埭入南陵秋浦唐永泰初復置屬池州五代南唐屬康化軍宋屬池州元屬池州路明屬池州府

皇清因之編戸一十一里

建德縣

漢石城地唐至德初析鄱陽秋浦地置至德縣因年號爲名屬饒州後改屬池州五代

楊吳改至德爲建德屬池州　南唐屬康化軍　宋屬池州　元屬池州路　明屬池州府

皇清因之編戸九里

東流縣

漢彭澤地　唐置東流場　五代南唐保大間建縣以大江自湓城東注故名東流先隷江州　宋太平興國初自江州來屬池州　元屬池州路　明屬池州府

皇清因之編戸七里

太平府

禹貢揚州之域春秋屬吳後屬越戰國屬楚秦屬鄣郡漢爲丹陽郡之春穀丹陽蕪湖三縣地東漢

孫吳如故晉增置于湖縣分轄丹陽宣城兩郡春
穀屬宣城餘屬丹陽元帝渡江僑立繁昌縣成帝
復僑立淮南郡及當塗襄垣各縣以處流民又僑
立豫州刺史治蕪湖永和中鎮牛渚咸安太元間
鎮姑孰義熙中省春穀入蕪湖又省蕪湖劉宋丹
陽隷丹陽郡于湖當塗繁昌隷淮南郡當塗繁昌
皆割于湖爲境元嘉中分立南豫州其後或治姑
孰或治于湖隋平陳廢淮南郡徙當塗治姑孰併
于湖繁昌襄垣入之屬蔣州唐置南豫州于當塗
尋廢以縣屬宣州省丹陽縣爲鎮地分入當塗江

寧天祐間復立蕪湖南唐昇明中復以春穀石埭場及南陵地置繁昌改當塗爲建平軍後周又改雄遠軍宋開寶中改平南軍太平興國初陞太平州隸建康府路後隸江南東路元改太平路隸江浙行省江南行御史臺明陞太平府屬南直隸轄三縣

皇淸因之隸江南省安徽布政使司領縣三

太平府沿革表

	總部	郡	縣
唐虞	揚州		

夏商	揚州		
周	吳 越 楚		鳩茲
秦		鄣郡	丹陽
漢	揚州	丹陽郡	春穀 丹陽 蕪湖
東漢	揚州	丹陽郡	丹陽 蕪湖 春穀
三國吳		丹陽郡	丹陽
晉	揚州	丹陽郡	丹陽 于湖 蕪湖
		宣城郡	春穀
東晉	揚州	丹陽郡	丹陽 蕪湖
		淮南郡僑置	于湖

南北朝宋	揚州	丹陽郡	丹陽
		淮南郡	于湖 當塗 繁昌 襄垣
南齊	揚州	丹陽郡	丹陽
	南豫州	淮南郡	于湖 當塗 繁昌 襄垣
梁	揚州	丹陽郡	丹陽
	南豫州	淮南郡	于湖 當塗 繁昌 襄垣
陳	揚州	丹陽郡	丹陽
	南豫州	淮南郡	于湖 當塗 繁昌 襄垣
隋	揚州	蔣州	當塗
唐		揚州	丹陽

	江南西道	宣州	當塗
五代南唐	江南東道	建平軍	當塗
		昇州	蕪湖　繁昌
後周		雄遠軍	當塗
		宣州	蕪湖　繁昌
宋		平南軍	當塗
		宣州	蕪湖　繁昌
	建康府路	太平州	當塗　蕪湖　繁昌
	江南東路	太平州	當塗　蕪湖　繁昌
元	江浙行省 江南諸道行御史臺	太平路	當塗　蕪湖　繁昌

明 南直隸 太平府 當塗 蕪湖 繁昌

皇清 江南布政使司 太平府 當塗 蕪湖 繁昌

江南安徽布政使司 太平府 當塗 蕪湖 繁昌

太平府屬縣沿革

當塗縣 附郭

秦丹陽 漢 晉因之 東晉僑立當塗縣立鎮牛渚又鎮姑孰 南北朝 宋割于湖地爲實土屬淮南郡南豫州刺史治 齊 梁 陳俱因之 隋開皇間即晉僑立縣名徙當塗治於姑孰併于湖及僑立襄垣繁昌地入之屬蔣州 唐省丹陽入當塗丹陽廢爲鎮當塗改屬宣州 五代 南唐建平軍 後周雄遠軍 宋初平南軍後廢軍復縣立太平州治此 元太平路治 明太平府治

皇清因之編戸一百三十九里

蕪湖縣

周吳鳩茲 漢置蕪湖縣屬丹陽郡以地卑蓄水而生蕪藻名 晉初增置 東晉咸和間僑立豫州刺史治蕪湖又立淮南郡于湖 南北朝宋南郡上黨郡義熙間省蕪湖入襄垣又省上黨郡入襄垣 齊 梁 陳因之 隋廢淮南郡 唐天祐間復置蕪湖屬昇州 宋初屬宣州後改屬太平州 元屬太平路 明屬太平府

皇清因之編戸三十里

繁昌縣

周吳鵲 漢 晉俱春穀地 東晉僑立襄城郡及繁昌縣渚屬之後郡廢義熙間省春穀入 南北朝宋割于湖境爲實土屬淮南郡 齊 梁 陳皆因蕪湖

之隋併繁昌入當塗五代南唐復置繁昌屬昇州宋初屬宣州後改屬太平州元屬太平路明屬太平府

皇清因之編戶一十二里

廬州府

禹貢揚州之域周爲廬子及蓼六舒巢國春秋戰國屬楚秦屬九江郡漢初屬淮南王國又爲六安國後分其地立廬江九江郡舒居巢合肥六等縣屬之東漢於其地立侯國五三國先屬吳後屬魏築無爲城於濡須江口晉爲淮南廬江二郡地宋齊兼置南汝陰郡梁置南豫州治合肥後改合州

置郡更煩後入北齊皆因之兼置北陳郡隋初改合州爲廬州大業時州廢復廬江郡置廬江霍山縣唐武德復爲廬州天寶初改廬江郡乾元初復爲廬州屬淮南道於壽春置盛唐霍山縣楊吳置昭順軍節度南唐因之周世宗改保信軍宋初因之屬淮南西路後復爲廬州增立英山縣建炎初爲本路安撫司治所元初置淮西總管萬戶府尋改廬州路總管府屬淮西江北道改無爲六安爲州明改廬州府領州一縣四屬南直隸後益以鳳陽之六安英山二州縣弘治中又置霍山縣

皇清因之屬江南省安徽布政使司領州二縣六

廬州府沿革表

	總部	郡	州縣
唐虞	揚州		
夏商	揚州		
周	楚 廬 蓼 六		六
	舒 巢		巢
秦	揚州	九江郡	襄安 居巢
漢	揚州	廬江郡	舒 居巢 龍舒 臨湖
			襄安

朝代	州	郡	縣
		九江郡	合肥
		六安國	六
東漢	揚州	廬江郡	舒 臨湖侯國 襄安 居巢侯國
			龍舒侯國 六安國
		九江郡	合肥侯國
晉	揚州	淮南郡	合肥 逡遒
		廬江郡	舒 居巢 臨湖 龍舒
			襄安 六
南北朝 宋	南豫州	廬江郡	舒
		南汝陰郡	汝陰 慎

南齊	南豫州	廬江郡	舒
	豫州	南汝陰郡	汝陰 慎
		安豐郡	開化
梁	南豫州	廬江郡 合州	舒
		南譙郡	蘄
		汝陰郡	汝陰
		湘州	
		霍州 岳安郡	岳安
		北沛郡	開化
陳		梁郡	慎

北魏	合州	汝陰郡	汝陰
東魏		平梁郡	慎
北齊		北陳郡	合肥
隋	徐州	廬州　廬江郡	合肥　廬江　襄安　慎
			霍山　開化
唐	淮南道	廬州　廬江郡	合肥　慎　巢　廬江
			舒城
		壽州　壽春郡	盛唐　霍山
五代後晉			來化
楊吳　南唐		昭順軍	

朝代	路	府州軍	縣
後周		保信軍	
宋	淮南西路	廬州	合肥　愼　舒城
		壽春府	六安
		無爲軍	無爲　巢　廬江
南宋	淮南西路	廬州	合肥　舒城　梁
		六安軍	六安　英山
		無爲軍	無爲　廬江
		鎭巢軍	
元	淮西江北道	廬州路	合肥　梁　舒城　無爲州
			廬江　巢　六安州　六安

			英山
明	南直隸	廬州府	合肥 舒城 廬江 無爲州
			巢 六安州 英山 霍山
皇清	江南布政使司	廬州府	合肥 舒城 廬江 無爲州
			巢 六安州 英山 霍山
	江南安徽布政使司	廬州府	合肥 舒城 廬江 無爲州
			巢 六安州 英山 霍山

廬州府屬州縣沿革

合肥縣 附郭

漢置合肥縣屬九江郡又爲逡遒地 東漢合肥侯國屬九江郡 晉復爲縣屬淮南郡

南北朝宋改汝陰縣屬南汝陰郡齊因之梁屬汝陰郡北魏置合州陳愼縣屬梁郡東魏改平梁郡北齊置北陳州隋廢郡復合肥縣屬廬州後廬江郡唐因之俱廬州治宋初如舊南渡後改愼爲梁縣元爲廬州路州路俱治此明爲廬州府治併梁縣地入之

皇清因之編戶六十五里

舒城縣

周春秋舒子國漢爲舒及龍舒縣地屬廬江郡東漢因之龍舒爲侯國晉爲舒縣屬廬江郡南北朝宋齊梁皆因之隋省縣唐開元中析合肥廬江置舒城縣屬廬州後廬江郡宋因之元屬廬州路明屬廬州府

皇清因之編戶四十五里

廬江縣

漢舒縣地屬廬江郡 晉 南北朝宋並因之 齊置廬江郡 梁又置湘州 後齊州廢 隋郡廢置廬江縣屬廬州後廬江郡 唐因之 宋以縣割屬無爲軍 元改無爲爲州縣仍屬 明改屬廬州府

皇清因之編戶二十里

無爲州

商周並巢伯國地 秦襄安縣 漢因之屬廬江郡 東漢爲居巢臨湖襄安三縣地屬廬江郡 三國魏築城名無爲州名始此 吳治濡須塢 晉襄安縣 隋襄安後省入巢置無爲鎮 唐因之 宋太平興國間於城口鎮置軍熙寧間又增置無爲縣 元陞路後改州屬廬州路 明省縣仍領縣一屬廬州府

皇清因之編戶四十九里

巢縣

商南巢周巢伯國秦居巢縣漢晉因之南北朝梁爲蘄縣屬南譙郡隋省入襄安唐初置巢州尋改縣屬廬州後廬江郡宋因之南宋陞鎮巢軍元廢州復爲縣屬無爲州明如舊

皇清因之編戶二十里

六安州

周春秋六蓼國地漢六安國屬廬江郡晉改縣稱六屬廬江郡南北朝宋省入舒齊爲開化屬安豐郡梁屬北沛郡又置岳安縣屬霍州隋開化分置霍山縣屬廬江郡唐武德中置霍州貞觀廢屬壽州改盛唐縣屬壽春郡五代後晉改來化後復稱

盛唐 宋初廢霍山盛唐二縣置六安縣政和中陞爲軍隸壽春府 元改州屬廬州路 明因之初割屬臨濠府後復屬廬州府屬縣二

皇清因之編戶五十里

英山縣

周春秋英地後爲羅田縣地 宋始爲鷹山寨咸淳中改英山縣屬六安軍 元 明如舊

皇清因之編戶二十四里

霍山縣

本六安州故埠鎮 明弘治間允尚書鄭時請立縣分六安州二里爲縣因古霍山名屬廬州府六安州

皇清因之編戶二十里

鳳陽府

禹貢徐揚豫三州之境府治在淮之南屬揚州其屬縣鳳陽臨淮定遠盱眙天長壽州霍丘爲揚域懷遠五河虹泗宿二州靈壁蒙城爲徐域潁州潁上太和亳州爲豫域古塗山氏國春秋宋魯地及鍾離蓼徐宿沈霍州來諸國越滅吳後跨江淮併有其地各歸吳侵地與魯宋又以江北地至泗上與楚至戰國時盡屬楚秦併楚屬九江泗水碭潁川郡隸壽春盱眙等縣漢初置鍾離縣更以郡爲淮南國後復郡東漢爲鍾離侯國晉初復爲縣屬

淮南郡後立鍾離郡屬徐州劉宋屬南兗州後置北徐州治鍾離梁因之置定遠縣北魏置州一曰頼州北齊改爲西楚北周置泗亳二州隋文帝以地枕豪水改曰豪州置州一曰壽州復置霍丘頼上二縣煬帝復鍾離郡唐復爲豪州屬淮南道元和初加水爲濠名濠州後改徐州又置宿州及當城虹天長三縣南唐置定遠軍宋初爲團練州後分淮南東西路設臨淮五河靈壁太和四縣紹興後時没於金時復元設濠州安撫司陞爲濠州路改臨濠府後復爲濠州隸安豐路增設懷遠一縣

其潁州原屬河南汝寧府宿亳二州原屬河南歸德府焉明復爲臨濠府後改中立府兼領徐泗邳宿壽潁光六安信陽九州州後去徐邳光信陽六安五州復領四州改中立曰鳳陽爲直隸府增立一縣亦曰鳳陽弘治中復陞亳爲州共領州五縣十三

皇清因之隸江南省安徽布政使司領州縣共十八

鳳陽府沿革表

總部	郡	州縣
唐虞 揚徐豫		

夏商	周				秦				
塗山氏國	宋曾吳越	蓼徐鍾離宿	沈霍州來	楚					
					九江郡		泗水郡	碭郡	潁川郡
	善道 雩婁 鍾離 州來			蒙邑	壽春 盱眙 東陽 鍾離	西蓼 曲陽 廣陵			

漢	豫州	汝南郡	細陽　汝陰　慎
		梁國	蒙
	揚州	九江郡	壽春　當塗　鍾離　東城
			曲陽侯國
		廣陵國	廣陵
		六安國	蓼　安豐
	徐州	沛郡	相　龍亢　銍　下蔡
			譙　蘄　虹　山桑
			符離　夏丘　城父　義城
		臨淮郡	徐　盱眙　睢陵

東漢	豫州	汝南郡	汝陰　細陽　慎　山桑侯國
			城父
		沛國	相　譙　蘄　銍
			龍亢　符離
	徐州	廣陵郡	廣陵
		下邳國	徐　睢陵　盱眙
	揚州	九江郡	壽春　西曲陽　當塗　鍾離侯國
			下蔡　義城
		廬江郡	雩婁侯國　蓼侯國　安豐
三國　魏	豫州	譙郡	臨淮　山桑　蘄城

晉	州	郡	縣
	揚州	淮南郡	西曲陽
		盱眙郡	
晉	豫州	汝陰郡	汝陰 愼
		沛國	相 符離 虹
		譙郡	譙 城父 山桑 龍亢
			蘄 銍
		安豐郡	雩婁 安豐 蓼
	徐州	廣陵郡	廣陵
		臨淮郡	盱眙 徐
	揚州	淮南郡	壽春 下蔡 義城 西曲陽

朝代	州	郡	縣
			鍾離 當塗
六朝宋	南徐州	淮陵郡	徐
	徐州	鍾離郡	
	南兗州	盱眙郡	考城 睢陵
	南豫州	南譙郡	山桑 譙 銍
			城父
		南陳左郡	雩婁
	豫州	譙郡	蒙 蘄
		南汝陰郡	汝陰 慎
南齊	南徐州	淮陵郡	徐

朝代	州	郡	縣
	豫州	南汝陰郡	慎　汝陰
		梁郡	蒙　北譙　城父
		安豐郡	雩婁　安豐
	南豫州	南譙郡	山桑　蘄
	南兗州	盱眙郡	考城　盱眙
	徐州	鍾離郡	
		濟陰郡	睢陵
梁	淮州	盱眙郡	盱眙
		蘄郡	蘄
		臨豪郡　廣安郡	定遠

	東徐州		
		下蔡郡	
陳	北譙州	盱眙郡	考城 盱眙
	安州		
	豫州	汝陰郡	汝陰
北魏	徐州	沛郡	相
	南兗州	下蔡郡	下蔡 臨淮
		譙郡	蒙 蘄
	譙州 前	南譙郡	渦陽
		龍亢郡	龍亢

	南徐州		
	睢州	淮陽郡	睢陵
	譙州後	南梁郡	慎 蒙 譙
	揚州	淮南郡	壽春 汝陰
	淮州	盱眙郡	盱眙
	潁州		
東魏	東楚州		
	揚州		
	譙州		
北齊		龍亢郡	

		大安郡	定遠
		夏丘郡	
	仁州	睢南郡	
	西楚州	潁州郡	
北周		宋州	晉陵
	揚州		
		泗州	
		石梁郡	石梁
		亳州	
隋	豫州	譙郡	譙　城父　山桑　淝水

			臨渙
		汝陰郡	汝陰　清丘　潁上
	徐州	彭城郡	蘄　符離
		下邳郡	徐城
	揚州	江都郡	盱眙　永福
		濠州　鍾離郡	鍾離　定遠　塗山
		壽州　淮南郡	壽春　安豐　霍丘
唐	河南道	潁州　汝陰郡	潁上　永安
		亳州　譙郡	譙　城父　蒙城
		泗州　臨淮郡	臨淮　盱眙　徐城

		濠州　鍾離郡	鍾離　定遠
		宿州	符離　虹　蘄　臨渙
	淮南道	揚州　廣陵郡	天長
		壽州　壽春郡	壽春　安豐　霍丘
五代後周		鎮淮軍	
		雄州	
		忠正軍	
南唐		定遠軍	
		順化軍	
		靜淮軍	

朝代	路	府州軍	縣
		天長軍	
宋	京西北道	順昌府	汝陰 潁上 太和
	淮南東路	亳州 集慶軍	譙 城父 蒙城
		宿州 保靜軍	符離 蘄 臨渙 靈璧
		泗州	臨淮 虹 淮平
		招信軍	天長
		淮安軍	五河
	淮南西路	壽春府	下蔡 安豐 霍丘 壽春
		濠州	鍾離 定遠
		懷遠軍	荊山

金	南京路	壽州	蒙城
		潁州	汝陰 潁上 太和
		亳州 集慶軍	
		宿州 保靜軍	靈璧
		泗州	臨淮 淮平 虹
元	河南江北道	汝寧府	潁州 太和 潁上
		歸德府	宿州 靈璧 亳州 譙
			城父
	淮西江北道	安豐路	壽春 安豐 霍丘 蒙城
			濠州 鍾離 定遠 懷遠

	江北淮東道	淮安路	泗州 臨淮 虹 五河
			盱眙 天長
明	南直隸	鳳陽府	鳳陽 臨淮 懷遠 定遠
			五河 虹 壽州 霍丘
			蒙城 泗州 盱眙 天長
			宿州 靈壁 潁州 潁上
			太和 亳州
皇清	江南布政使司	鳳陽府	鳳陽 臨淮 懷遠 五河
			定遠 虹 壽州 霍丘
			蒙城 泗州 盱眙 天長

宿州 靈壁 穎州 穎上

太和 亳州

江南安徽布政使司 鳳陽府

鳳陽 臨淮 懷遠 五河

定遠 虹 壽州 霍丘

蒙城 泗州 盱眙 天長

宿州 靈壁 穎州 穎上

太和 亳州

鳳陽府屬州縣沿革

鳳陽縣 附郭

夏 塗山氏國 商 周 終黎子國後稱鍾離 秦 蒙邑 漢 鍾離屬九江郡 東漢 鍾離

侯國六朝齊置鍾離郡隋豪州鍾離縣增置塗山五代南唐置定遠軍宋鍾離元因之明改臨淮又析臨淮置鳳陽縣鳳陽府治

皇清因之編戶三十四里

臨淮縣

古塗山氏國春秋鍾離子國秦鍾離屬九江郡漢因之東漢侯國晉鍾離縣屬淮南郡南北朝宋置郡隸徐州齊因之隋豪州後置郡縣仍鍾離又增塗山唐復豪州加水復鍾離省塗山入焉宋置臨淮縣屬泗州元因之明初改中立縣後復臨淮自泗州入屬鳳陽府

皇清因之編戶四十九里

懷遠縣

古塗山氏國春秋宋地鍾離子國漢當塗鍾離縣屬九江郡東漢鍾離侯國三國魏蘄城屬譙郡晉鍾離當塗屬淮南郡南北朝宋考城屬盱眙郡北齊龍亢郡隋塗山唐鍾離俱屬鍾離郡五代周鎮淮軍宋改懷遠軍領荊山縣元改懷遠縣省荊山入之屬安豐路明屬鳳陽府

皇清因之編戸四十七里

定遠縣

秦曲陽縣陰陵在其西北漢曲陽侯國又東城縣東漢西曲陽侯國晉復縣屬淮南郡南北朝梁置定遠縣屬臨豪郡北齊屬大安郡隋郡廢以定遠縣屬鍾離郡唐因之五代南唐改軍宋復縣屬濠州元屬安豐路明屬鳳陽府

皇清因之編戸三十三里

五河縣

春秋曹宋地　漢山桑屬沛縣　三國魏及隋唐爲下丕泗州地　宋咸淳中城五河口置縣以沱澮漴潼四水合派於淮故名　元屬泗州　明改屬鳳陽府

皇清因之編戶一十五里

虹縣

唐虞堯封禹爲夏伯邑於此　漢霍夏丘及相縣屬沛縣　南北朝北齊夏丘郡　北周晉陵縣屬宋州　隋復夏丘　唐武德初析夏丘置虹縣本漢沛郡虹縣名隨省夏丘入虹隸泗州元和初改屬宿州　宋復隸泗州　元因之　明改屬鳳陽府

皇清因之編戶一十九里

壽州

春秋州來子國秦壽春縣屬九江郡漢因之又爲下蔡縣地淮南王國立此後復爲九江郡東漢揚州刺史治晉壽春縣淮南郡治東晉改壽陽郡置鎮南北朝北魏揚州梁南豫州置陳留郡陳豫州東魏北齊北周倶揚州隋廢郡置壽州總管府又置淮南郡唐因之天寶中改壽春郡隨復州五代南唐順化軍後周忠正軍宋初陞壽春府後改安豐軍元改安豐路明初復壽春府尋改壽春省壽春縣入屬鳳陽府領縣二

皇清因之編戶五十四里

霍丘縣

古蓼子國周霍叔封邑漢蓼縣又安豐松滋雩婁義成地東漢蓼侯國晉復蓼縣南北朝梁置安豐郡隋廢郡置霍丘屬壽州唐武德初以松滋霍丘二縣置蓼

縣尋廢省松滋以霍丘仍屬壽州宋屬壽春府元屬安豐路明屬壽州

皇清因之編戶九里

蒙城縣

楚漆園地漢山桑蒙縣東漢山桑侯國三國魏復縣南北朝北魏渦陽隋淝水又改山桑唐天寶中改蒙城屬亳州宋因之元屬安豐路明屬壽州

皇清因之編戶二十五里

泗州

古徐子國漢徐縣又厹猶地晉因之置義城縣屬淮南郡南北朝北魏南徐州梁改東徐州東魏東楚州北州置泗州隋下邳郡唐復泗州更立臨淮郡臨淮盱眙等縣屬之尋廢郡五代南唐立靜淮軍宋復泗州盱眙又改隸濠州又

以臨淮淮平虹來屬元初隸五縣後省淮平割睢寧屬邳割靈璧入宿益以五河盱眙天長合臨淮虹仍隸五縣明先屬淮安府後與臨淮虹五河並隸鳳陽府州領縣二

皇清因之編戶五十三里

盱眙縣

春秋吳善道地秦置盱眙縣漢因之屬臨淮郡淮陵在其西北三國魏置郡晉復縣南北朝南宋及北魏皆復立郡隋仍為縣屬江都郡唐初置濟陰又置睢陵尋並廢建中初復縣屬泗州宋初屬楚州復屬泗州復置盱眙軍尋改淮平縣紹定中改招信軍轄天長元陞招信路尋改臨淮府後仍為盱眙縣隸泗州明仍舊

皇清因之編戶三十七里

天長縣

潁上縣

漢愼縣地屬淮南郡　晉　南北朝宋　齊因之　梁置下蔡郡　北齊廢　隋置潁上縣屬汝陰郡　唐屬潁州　宋屬順昌府　元初省入潁州後復置縣屬潁州

明仍舊

皇清因之編戶八里

太和縣

漢細陽地　六朝及隋唐仍舊　宋初名萬壽縣宣和中改太和縣屬潁州　元初省入潁州後復置屬潁州　明仍舊

皇清因之編戶一十六里

亳州

古焦國秦譙邑屬碭郡漢譙縣屬沛郡東漢因之三國魏譙國南北朝北魏置南兗州北周置亳州隋復譙郡唐復爲亳州領蒙城等縣宋置集慶軍後入金仍爲州元隸河南歸德府轄三縣明初降爲縣盡去屬縣弘治中陞爲州自河南改屬鳳陽府

皇清因之編戶九里

徐州

禹貢徐州之域本古大彭氏國春秋宋地戰國屬楚秦置碭郡又置彭城縣屬泗水郡秦末項羽立楚懷王自立爲西楚霸王並都此漢初改泗水爲沛郡隸豫州又分沛郡立楚國置徐州地節初改

爲彭城郡黄龍初復爲楚國東漢改彭城國三國
屬魏晉同東漢東晉於淮南僑立南徐州以處渡
江者義熙中始分淮北曰北徐州淮南但爲徐州
而彭城屬焉自魏晉來徐州刺史皆治彭城宋永
平中改北徐州曰徐州而加淮南徐州曰南徐州
屬如故後魏於徐州仍立彭城郡後齊置東南道
行臺後周立總管府隋開皇中行臺廢大業初府
廢復爲彭城郡唐武德初改郡爲州貞觀初以徐
州隸河南道天寶初復改彭城郡乾元初復爲徐
州貞元中改武寧軍咸通中復爲徐州尋改爲感

化軍五代梁因之晉爲武寧軍漢周仍爲徐州宋初爲武寧軍復爲徐州高宗紹興後入於金屬山東西路元以徐州及蕭縣屬河南歸德府沛碭豐屬燕南濟寧路明初隸鳳陽府隨改爲直隸州轄四縣

皇清因之隸江南省江蘇布政使司編戸一百五里

徐州沿革表

	總部	郡	縣
唐虞	徐州		
夏商	徐州		

周	宋 楚		
秦	兖州	碭郡	碭
	徐州	泗水郡	彭城 沛 豐
漢	徐州	楚國	彭城 呂 留
	豫州	沛郡	蕭 沛 豐
		梁國	碭
東漢	豫州	梁國	碭山
		沛國	蕭 沛 豐
	徐州	彭城國	彭城 武原 呂 留
			廣戚

晉	徐州	彭城國	彭城 呂 留
	豫州	梁國	下邑
		沛國	沛 豐 蕭
南宋	徐州	彭城郡	彭城 呂 留
		沛郡	蕭 沛
		北濟陰郡	豐
	豫州	梁郡	下邑 碭
南齊	北徐州	沛郡	沛 蕭
北魏	徐州	彭城郡	彭城 呂 留
		沛郡	蕭 沛

		北濟陰郡	豐
		碭郡	安陽
北齊	徐州	彭城郡	承高
		永昌郡	豐
	豫州	梁郡	安陽
隋	徐州	彭城郡	彭城 沛 留 豐
			蕭
	豫州	梁郡	碭山
唐	河南道	徐州彭城郡	彭城 蕭 豐 沛
		宋州	碭山

朝代	路／道	州／府	縣
		感化軍	
五代晉		武寧軍	
宋	京東西路	徐州	彭城 沛 蕭 豐
		單州上碭郡	碭山
金	山東西路	徐州武寧軍	彭城 蕭 豐
		滕州	沛
	南京路	單州	碭山
元	河南江北道	歸德府	徐州 蕭
	燕南河北道	濟寧路	沛 碭山 豐
明	南直隸	徐州	蕭 碭山 豐 沛

皇清	江南布政使司	徐州	蕭 碭山 豐 沛
	江南江蘇布政使司	徐州	蕭 碭山 豐 沛

徐州屬縣沿革

蕭縣

古蕭叔國 春秋宋邑 漢置蕭縣屬沛郡杼秋在其西 東漢屬沛國 三國魏 晉 南北朝宋 齊 北魏俱因之 北齊改承高縣隸彭城郡 隋改龍城又改臨沛後復爲蕭屬彭城郡 唐 五代宋 金俱屬徐州 元初併入州尋復仍置蕭縣屬徐州 明仍舊

皇清因之編戶四十二里

碭山縣

秦置碭郡及碭縣以有碭山名　漢置梁國於碭縣　東漢梁國還治下邑改縣爲碭山　晉省碭山入下邑　南北朝宋復碭屬梁郡　北魏置碭郡析置安陽縣　北齊省碭　隋復碭山屬梁郡　唐屬宋州昭宗末置輝州　五代後唐州廢縣屬單州　宋因之　金屬歸德府後廢　元復置碭山郡屬濟寧路　明屬徐州

皇清因之編戶一十八里

豐縣

秦沛縣中邑屬泗水郡　漢豐縣屬沛郡　晉屬沛國　南北朝宋屬北濟陰郡　北魏因之　北齊屬永昌郡　隋屬彭城郡　唐　宋　金並屬徐州　元屬濟寧路　明改屬徐州

皇清因之編戶一十七里

沛縣

古（偪陽國地）秦（置沛縣屬泗水郡）漢（析置廣戚縣屬沛郡留縣在其域改泗水爲沛郡遷治相而沛縣如故）晉（屬沛國）南北朝宋（屬沛郡北魏因之）北齊（與留并廢）隋（開皇中復置彭城郡）唐（以唐戚縣省入屬如故）宋（因之）金（屬滕州）元（初省入豐尋復置沛縣屬濟寧路後屬濟州）明（改屬徐州）

皇清因之編戸三十六里

滁州

禹貢揚州之域春秋先屬鍾離繼屬吳楚之交戰國屬楚秦爲九江郡地漢初屬淮南等國後屬九江郡三國爲魏地晉屬淮南郡東晉於此僑立南

譙郡宋因置南譙郡齊改新昌梁置北譙郡北魏因之北齊徙南譙州於新昌郡又改北譙郡爲臨滁郡北周又改臨滁爲北譙郡隋初罷新昌郡改南譙爲滁州大業初州廢置清流滁水二縣隸江都府尋又改滁水爲全椒唐復置滁州析清流置永陽南唐改來安後入於周宋爲滁州元初爲路後復爲州屬揚州路明初併清流全椒來安三縣入州後爲直隸州復置全椒來安爲屬縣

皇清因之編戶一十二里隸江南省安徽布政使司

領縣二

滁州沿革表

	總部	郡	縣
唐虞	揚州		
夏商	揚州		
周	吳越楚		
秦		九江郡	
漢	揚州	九江郡	建陽 全椒 阜陵
東漢	揚州	九江郡	全椒 阜陵
三國魏	揚州	九江郡	全椒 阜陵
晉	揚州	淮南郡	全椒 阜陵

朝代	州	郡	縣
東晉		南譙郡僑置	
南北朝宋	南豫州	南譙郡	譙 頓丘
南齊	北徐州	新昌郡	頓丘 嘉平
梁	揚州	北譙郡	北譙
北魏	楚州	北譙郡	北譙
北齊	南譙州	新昌郡	
		臨滁郡	北譙
北周	南譙州	新昌郡	
		北譙郡	北譙
隋	揚州	滁州 [illegible]	滁水 清流

朝代	道路	州郡	屬縣
		江都郡	清流 全椒
唐	淮南道	滁州永陽郡	全椒 永陽
五代南唐	揚州	滁州	清流 全椒 來安
宋	淮南東路	滁州	清流 全椒 來安
元	江北淮東道	滁州路	清流 全椒 來安
		揚州路	滁州 清流 全椒 來安
明	南直隸	滁州	全椒 來安
皇清	江南布政使司	滁州	全椒 來安
	江南安徽布政使司	滁州	全椒 來安

滁州屬縣沿革

全椒縣

漢置全椒縣屬九江郡後漢省建陽入之屬如故三國魏因之晉屬淮南郡南北朝梁立北譙縣屬北譙郡北魏因之北齊屬臨滁郡北周屬北譙郡隋滁水大業初復爲全椒屬江都郡唐屬滁州五代宋元俱仍舊明初廢旋復爲縣屬滁州

皇清因之編戶十二里

來安縣

漢建陽縣屬九江郡東漢省入全椒南北朝齊頓丘屬新昌郡隋清流屬江都郡唐改永陽屬滁州五代南唐置來安縣屬滁州宋廢爲鎮復置縣屬滁州元因之明初廢旋復爲縣屬滁州

皇清因之編戸八里

和州

禹貢揚州之域春秋屬吳後入越戰國屬楚秦置歷陽縣屬九江郡漢初淮南國後復屬九江郡析置陰陵縣東漢歷陽侯國隸九江三國屬吳爲重鎮晉屬淮南郡析爲歷陽阜陵烏江三縣東晉改歷陽郡隸豫州龍亢屬焉劉宋置南豫州齊仍歷陽郡析置臨江郡梁太清中屬東魏紹泰中與北齊修睦遂更名和州和州之名昉此陳宣帝末屬北周併龍亢地入歷陽隋唐間迭稱和州歷陽郡

屬淮南道武德中卽龍亢地置含山五代楊吳南唐迭有其地後入於周宋仍爲和州隸淮南西路元升和州路尋復爲和州隸廬州路仍領歷陽烏江含山三縣明以三縣省入州又降爲歷陽縣隸廬州府尋復和州爲直隸州析置含山縣屬之

皇清因之隸江南省安徽布政使司編戶四十一里

領縣一

和州沿革表

	總部	郡	縣
唐虞	揚州		

朝代	州	郡	縣
夏商	揚州		
周	吳　楚　越		
秦		九江郡	歷陽
漢	揚州	九江郡	陰陵　歷陽
東漢	揚州	九江郡	歷陽侯國　陰陵
晉	揚州	淮南郡	歷陽　烏江　陰陵
東晉	豫州	歷陽郡	歷陽　烏江　龍亢
南北朝宋	南豫州	歷陽郡	歷陽　烏江　龍亢
齊	南豫州	歷陽郡	歷陽　龍亢
		臨江郡	烏江

代	道路	州郡	縣
梁	南豫州	和州	歷陽　龍亢　烏江
北齊	徐州	和州	
陳		臨江郡	歷陽　烏江
北周		歷陽郡	
隋	揚州	和州歷陽郡	歷陽　烏江
唐	淮南道	和州歷陽郡	歷陽　烏江　含山
五代 吳 南唐		和州	歷陽　烏江　含山
宋	淮南西路	和州	歷陽　烏江　含山
元	淮西江北道	和州路	歷陽　含山　烏江
		廬州路	和州　歷陽　含山　烏江

明	南直隸	廬州府	歷陽
	南直隸	和州	含山
皇清	江南布政使司	和州	
	江南安徽布政使司	和州	

和州屬縣沿革

含山縣

春秋吳昭關 秦歷陽縣屬九江郡 漢因之 東晉僑立龍亢縣 南北朝宋龍亢 齊因之屬歷陽郡 梁屬和州 北周取其地併入歷陽 唐武德中析龍亢地置含山縣取州境含山爲名 五代南唐 宋 元俱因之 明先併入州尋復置縣屬和州

皇清因之編戸十八里

廣德州

禹貢揚州之域春秋屬吳地名桐汭後屬越戰國屬楚秦屬鄣郡漢初屬荆吳江都三國後改丹陽郡設故鄣縣隸揚州東漢因之三國屬吳仍稱故鄣又分隸吳興郡晉改廣德隸宣城郡宋置綏安縣屬義興郡梁析置大梁郡石封縣陳改陳留郡隋仍稱綏安唐以綏安爲桃州置桐城懷德二縣後併入綏安又改爲廣德縣並隸宣州五代南唐改廣德制置司屬昇州宋初屬宣州後陞縣爲軍

端拱中析置建平縣屬之隷江南東路元稱廣德路隷江南諸道行御史臺領廣德建平二縣明改路爲府改廣德爲廣陽並建平共領二縣隨改爲州裁廣陽入州治領建平一縣爲直隷州

皇清因之編戸二百四十里隷江南省安徽布政使司領縣一

廣德州沿革表

	總部	郡	縣
唐虞	揚州		
三代	揚州		

時代	州	郡	縣
春秋	吳 越		桐汭
戰國	楚		
秦		鄣郡	
漢	揚州	丹陽郡	故鄣
東漢	揚州	丹陽郡	故鄣
三國 吳	揚州	丹陽郡	故鄣
		吳興郡	故鄣
晉	揚州	宣城郡	廣德
南北朝 宋	揚州	宣城郡	廣德
		義興郡	綏安

南齊	南豫州	宣城郡	廣德
梁	南豫州	大梁郡	石封
陳		陳留郡	石封
隋	揚州	宣州	綏安
唐	江南西道	桃州	桐城 懷德 綏安
		宣州	廣德
五代南唐		昇州	廣德制置司
宋	建康府路	宣州	廣德
	江南東路	廣德軍	廣德 建平
元	江浙行省 江南諸道行御史臺	廣德路	廣德 建平

明	南直隸	廣德府	廣陽 建平
		廣德州	建平
皇清	江南布政使司	廣德州	建平
	江南安徽布政使司	廣德州	建平

廣德州屬縣沿革

建平縣

唐以前爲廣德州郎埠鎮地 宋端拱初置建平縣屬廣德軍 元屬廣德路 明先屬屬廣德府後廣德州

皇清因之編戶一百一十四里

江南通志卷之第三終

江南通志卷之第四

星野

日月五星起於斗宿從斗以紀星故曰星紀由是觀之江南爲屏藩之首其分野亦居方域之首乎循次而推牽牛婺女推房心推奎婁胃皆星紀之所鈎連映帶者也夫星居北而土在南故言躔次者多異喙雖定於唐一行所辨猶紛紜未巳按天官書占車騎者視王良占魚鹽者視瓠瓜一物之微與象緯相應如響矧關郡國精氣感孚豈蠡測之可拘乎化而通之存乎疇人矣志星野

斗分野吳分之圖

天建

天籥

農丈人

鼈

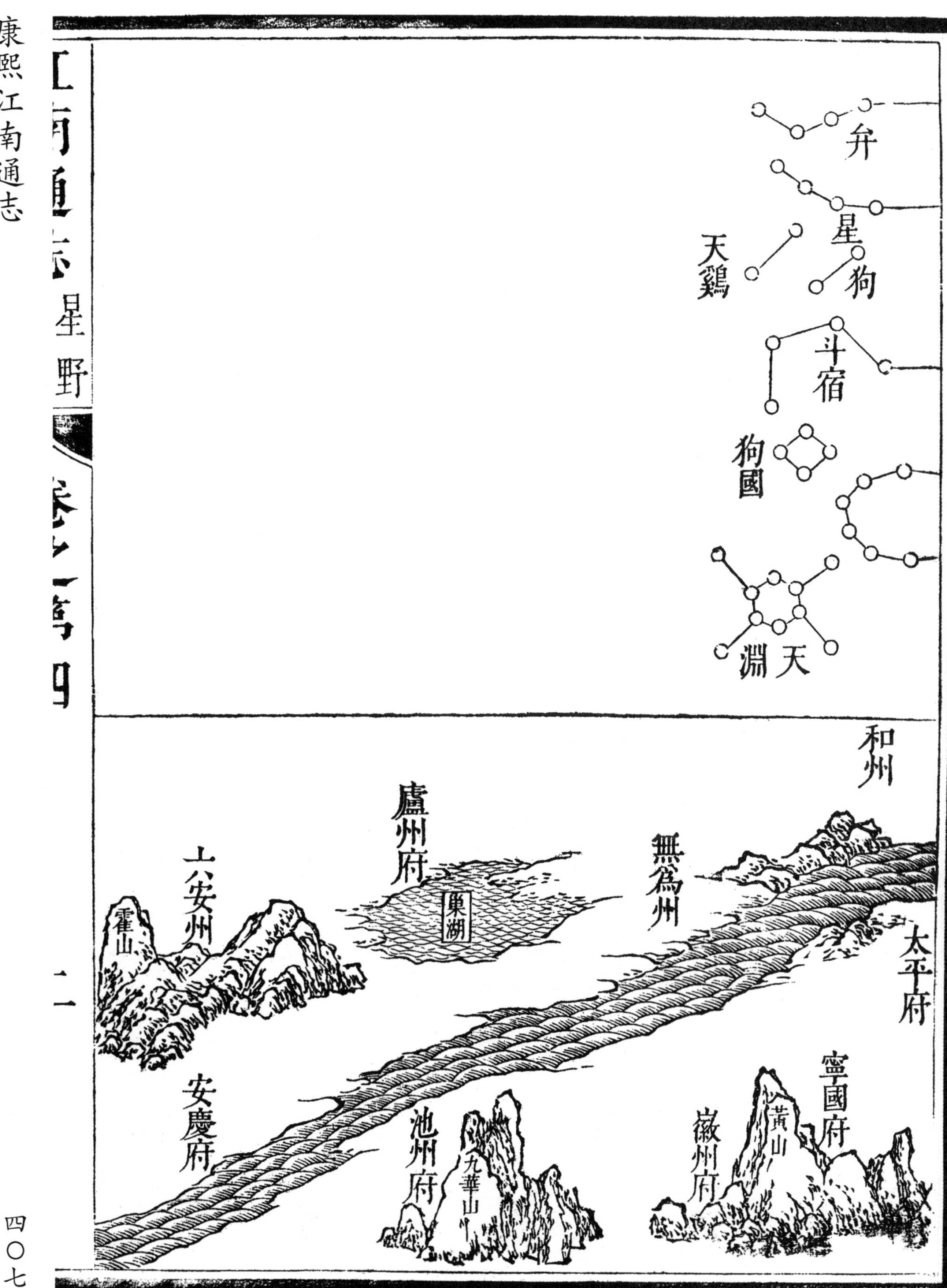
江南通志 星野 卷之四
弁
星
天雞
狗
斗宿
狗國
天淵
和州
廬州府
巢湖
無爲州
六安州
霍山
太平府
安慶府
池州府
九華山
寧國府
黃山
徽州府

牛女分野吳分之圖

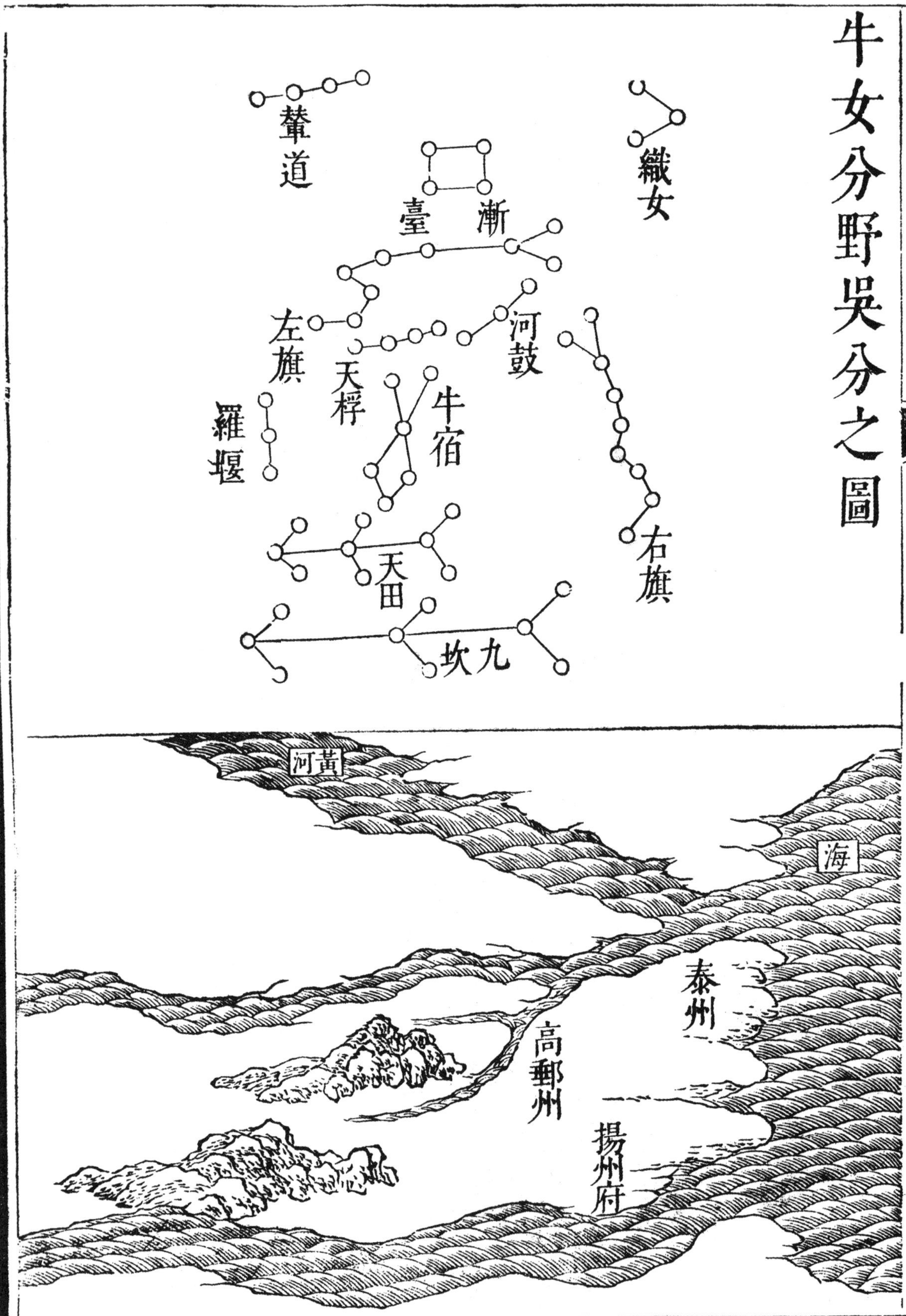

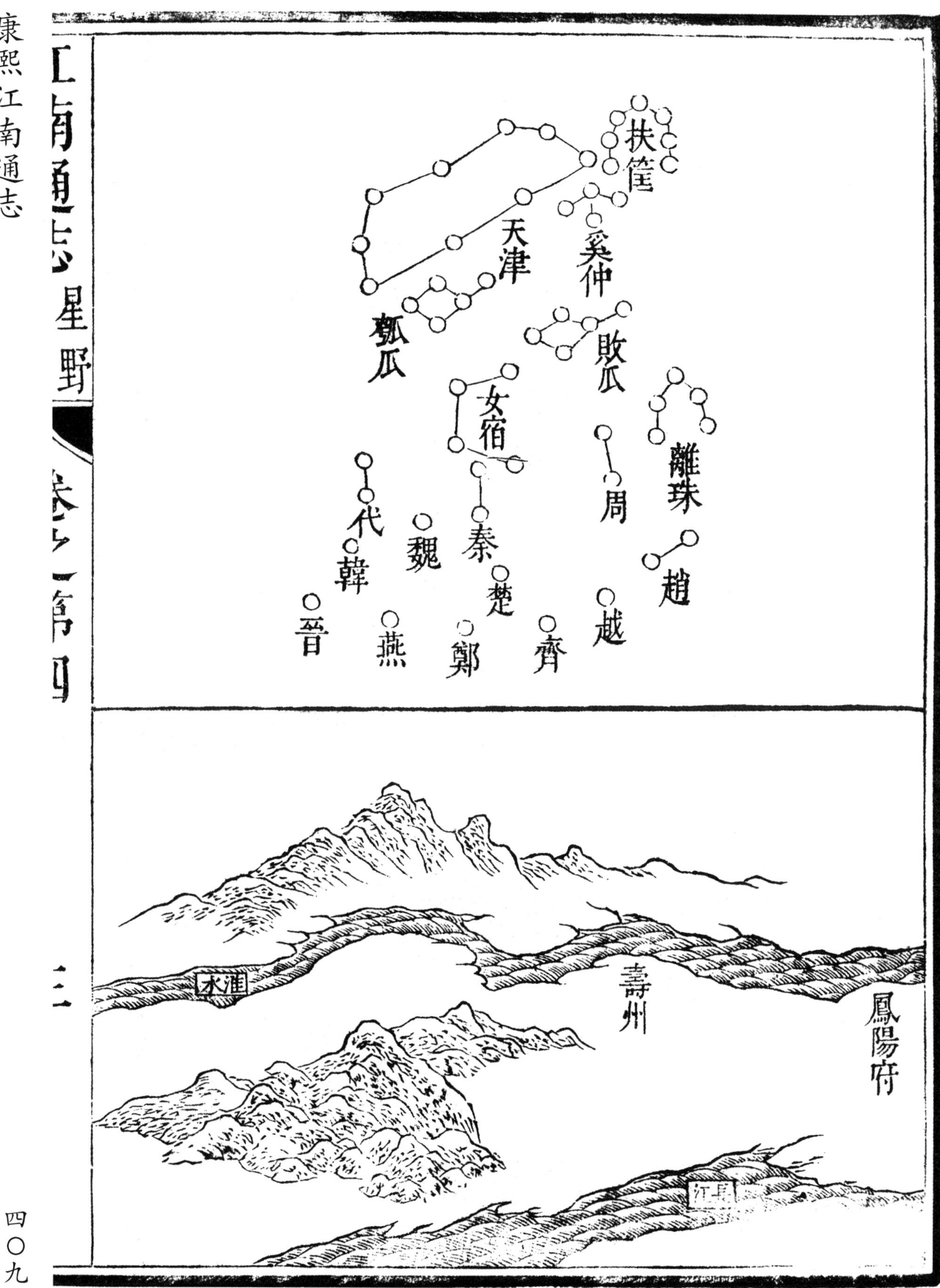
星野
扶筐
天津
奚仲
瓠瓜
敗瓜
女宿
離珠
周
代
魏
秦
趙
韓
楚
越
晉
燕
鄭
齊
淮水
壽州
鳳陽府
長江

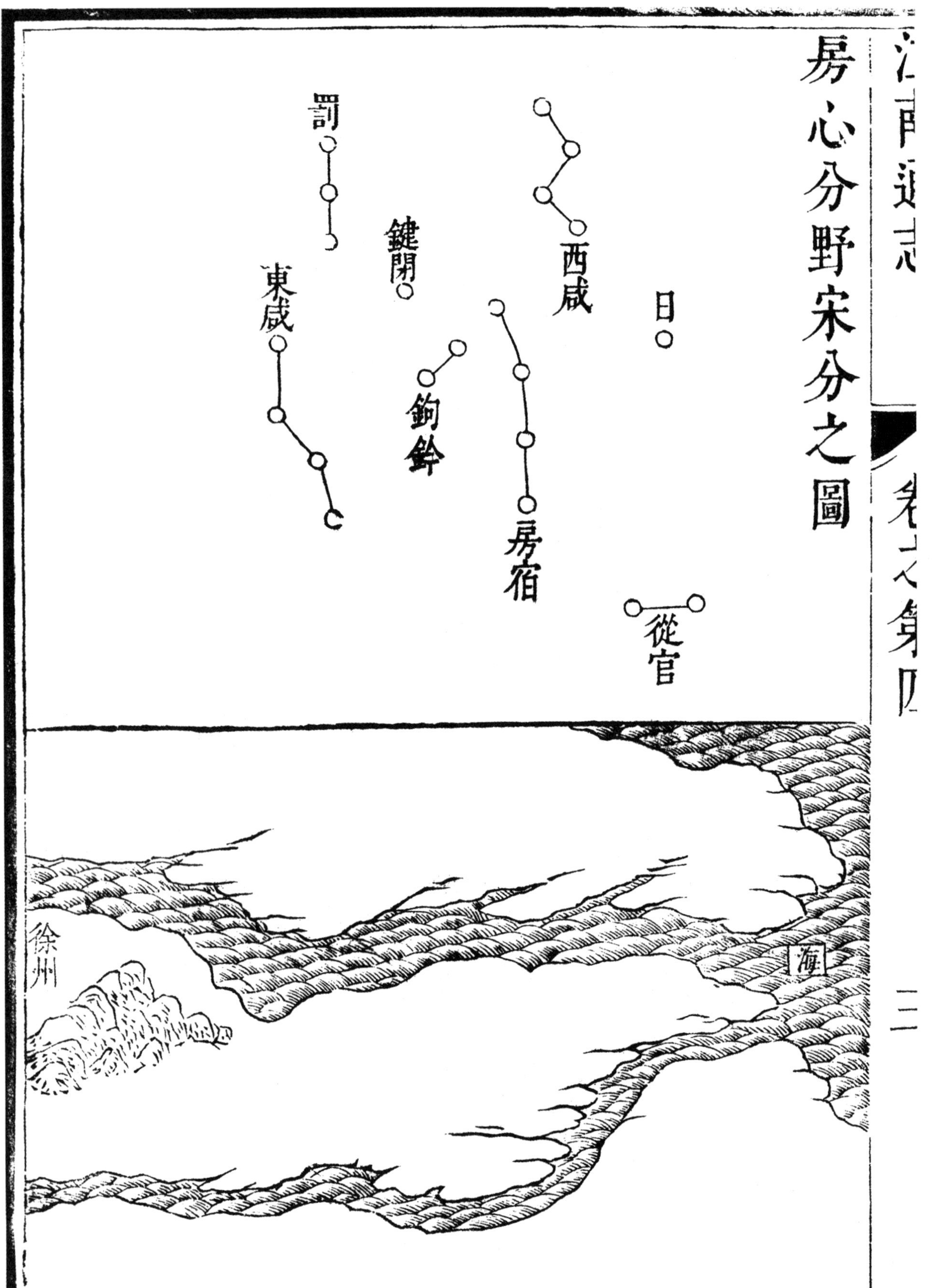
江南通志
卷之第四
三
房心分野宋分之圖
罰
西咸
鍵閉
東咸
日
鉤鈐
房宿
從官
徐州
海

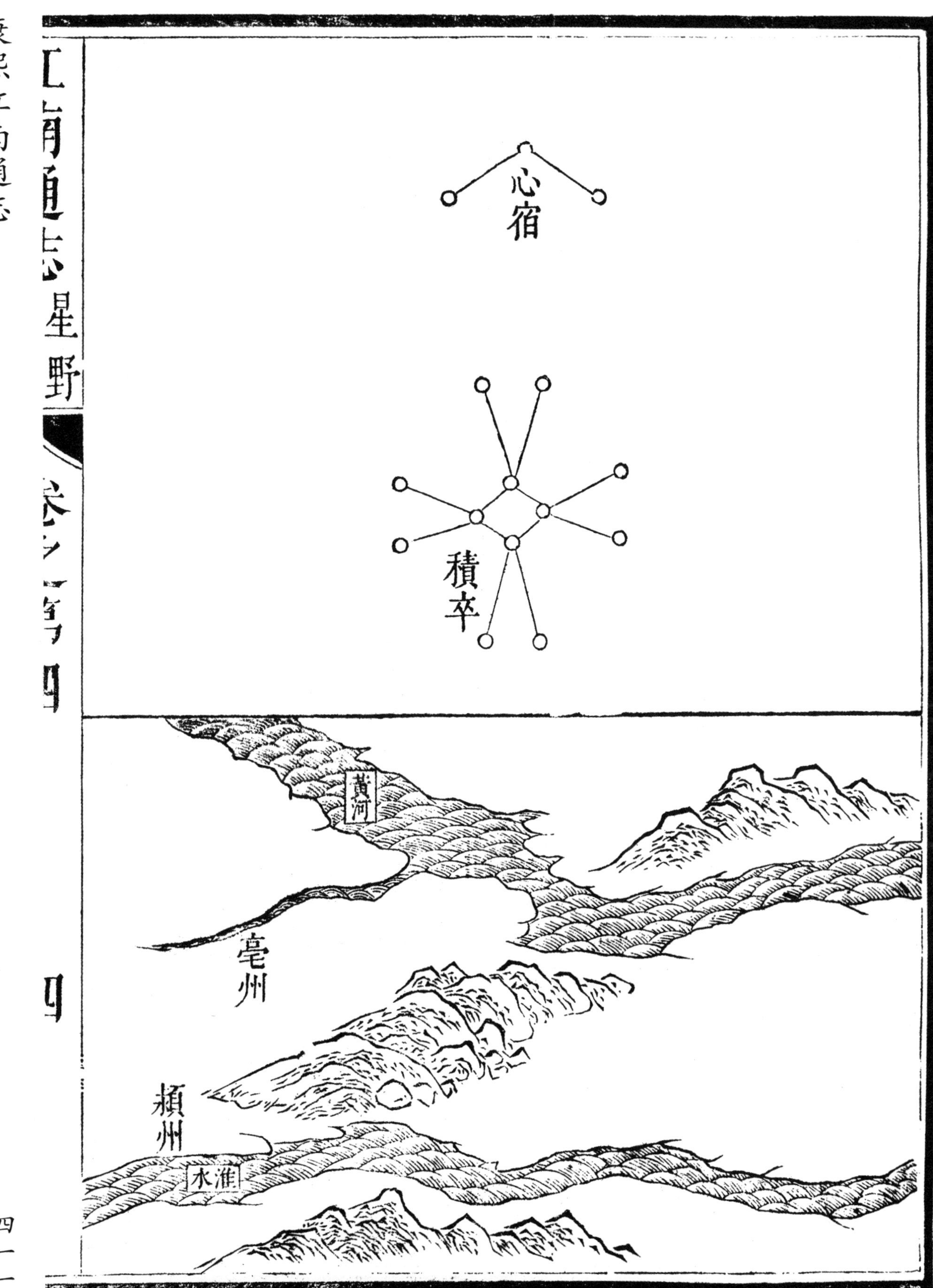
星野
心宿
積卒
黃河
亳州
潁州
淮水

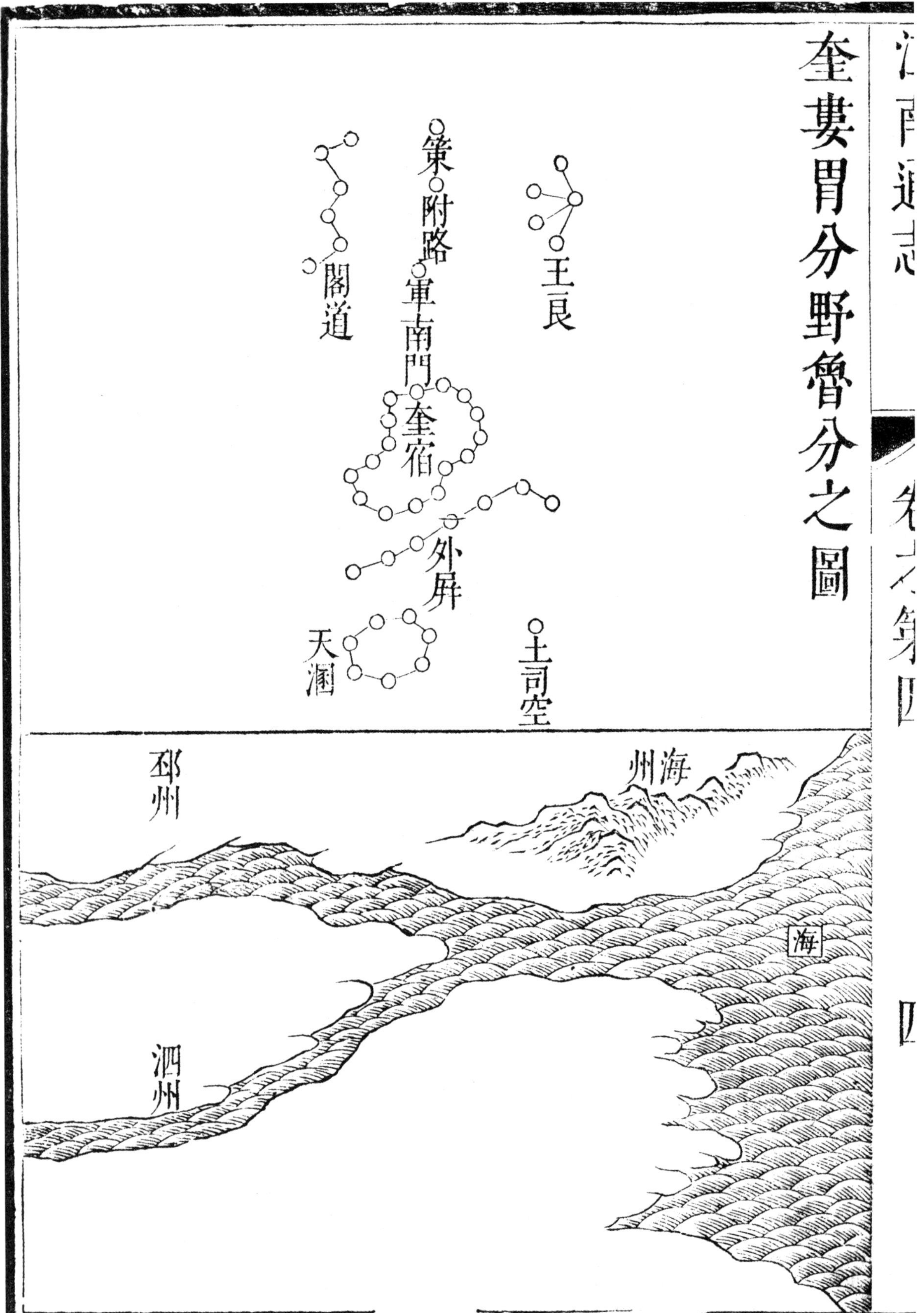
奎婁胃分野會分之圖
江南通志
卷之第四
策
附路
軍南門
奎宿
王良
閣道
外屏
天溷
土司空
邳州
海州
海
泗州

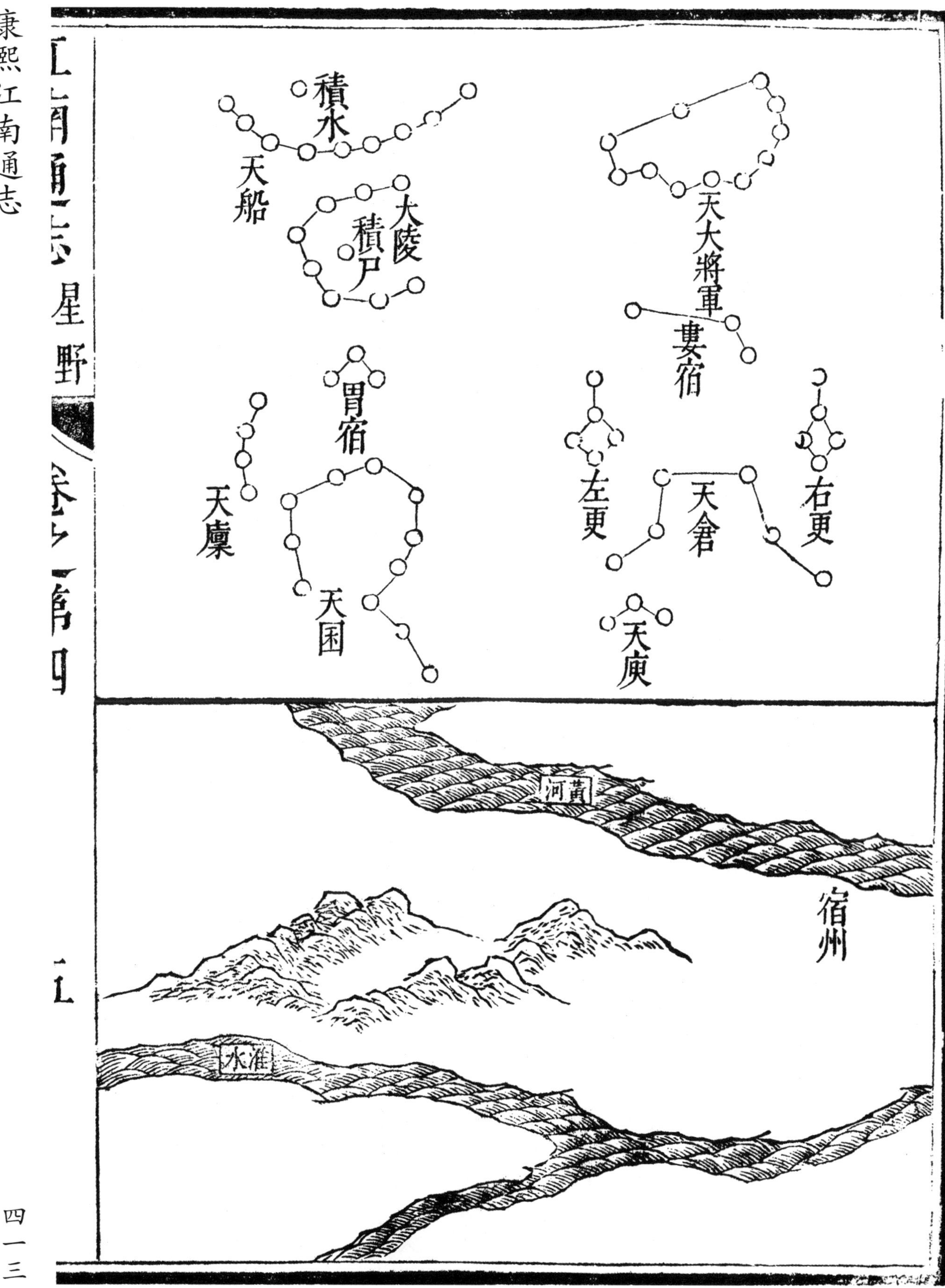
星野
積水
天船
大陵
積尸
天大將軍
婁宿
胃宿
天廩
左更
天倉
右更
天囷
天庾
黃河
宿州
淮水

斗牛女在丑吳分野

按唐天文志曰南斗牽牛星紀也初南斗九度餘千四十二秒十二太中南斗二十四度終女四度自盧江九江（今盧州安慶滁州和州等地）負淮水南盡臨淮（淮安鳳之臨淮盱眙縣）廣陵（今揚州府）至於東海又逾南河得漢丹陽（漢丹陽郡今江寧徽州寧國池州太平廣德州）會稽（漢會稽今蘇州松江常州鎮江）西濱彭蠡南涉越門訖蒼梧南海逾嶺表自韶廣以西珠崖以東為星紀之分也古吳越羣舒廬桐六蓼及東南百越之國南斗在雲漢下流當淮海間為吳分牽牛去南河寖遠自豫章迄會稽（按此會稽為越

中與上不同　南逾嶺徼爲越分○斗宿之屬爲天弁爲建星爲天籥爲天鷄爲狗爲農丈人爲狗國爲鼈爲天淵牛宿之屬爲輦道爲織女爲漸臺爲河鼓爲左旗爲右旗爲天桴爲羅堰爲天田爲九坎女宿之屬爲扶筐爲奚仲爲天津爲瓠瓜爲敗瓜爲離珠爲周爲秦爲代爲魏爲韓爲楚爲趙爲鄭爲燕爲晉爲齊爲越○揚州之域江寧府爲上元爲江寧爲句容爲溧陽爲溧水爲江浦爲六合爲高淳安慶府爲懷寧爲桐城爲潛山爲太湖爲宿松爲望江蘇州府爲吳縣爲長洲爲崑山爲常熟爲

吳江爲嘉定爲太倉州爲崇明松江府爲華亭爲
上海爲青浦爲婁縣常州府爲武進爲無錫爲江
陰爲宜興爲靖江鎮江府爲丹徒爲丹陽爲金壇
徽州府爲歙縣爲休寧爲婺源爲祁門爲黟縣爲
績溪寧國府爲宣城爲涇縣爲南陵爲寧國爲太
平爲旌德池州府爲貴池爲青陽爲建德爲石埭
爲銅陵爲東流太平府爲當塗爲蕪湖爲繁昌盧
州府爲合肥爲舒城爲廬江爲無爲州爲巢縣爲
六安州爲英山爲霍山鳳陽府爲鳳陽爲臨淮爲
定遠爲盱眙爲天長爲壽州爲霍丘淮安府爲山

陽爲鹽城揚州府爲江都爲儀眞爲泰興爲高郵州爲興化爲寶應爲泰州爲如臯爲通州爲海門鄉滁州爲全椒爲來安和州爲含山廣德州爲建平

房心在卯宋分野

按唐天文志曰房心大火也初氐二度餘千四百一十九秒五太中房二度終尾六度自雍丘襄邑小黃而東循濟陰界于齊魯右泗水（今徐州地）達於呂梁乃盡漢濟陰山陽楚國豐沛之地商亳（今亳州地）負北河陽氣之所升也爲心分豐沛負南河陽氣之

所布也爲房分○房宿之屬爲鉤鈐爲鍵閉爲罰爲東西咸爲日爲從官心宿之屬爲積卒○豫州之域鳳陽府爲潁州爲潁上爲太和爲亳州徐州爲蕭爲碭山爲豐爲沛

奎婁胃在戌魯分野

按唐天文志曰奎婁降婁也初奎二度餘千二百一十七秒十七少中婁一度終胃三度濱泗水經方與沛留彭城東至于呂梁乃東南抵淮並淮水而東盡徐㚟之地今淮安所屬淸河以至邳海九州縣在淮水之北者○奎宿之屬爲策爲附路爲閣道爲王良爲軍南門爲

外屏爲天溷爲土司空婁宿之屬爲天大將軍爲左右更爲天倉爲天庾胃宿之屬爲天船爲積水爲大陵爲積尸爲天廩爲天囷○徐州之域淮安府爲淸河爲桃源爲安東爲沭陽爲海州爲贛榆爲邳州爲宿遷爲淮寧鳳陽府爲懷遠爲五河爲虹爲泗州爲蒙城爲宿州爲靈壁

七家分星異同之譜

次	星	劉歆三統曆	費直說周易	蔡邕月令章句	陳卓景初曆	皇甫謐世紀	一行大衍曆	明大統曆
磨羯宮 星紀	斗牛	吳越分	起斗十	起斗六度	自斗十一度	自斗十一度	初斗九度中斗	起斗十三度
辰在丑	女	揚州	一度	大雪冬至	至女七度	至女七度	二十四度終女四度	止女二度

天蝎宫 大火 辰在卯	氐房 心	宋分豫州	起氐十一度	起氐九度驚蟄春分	自氐五度至尾九度	自氐五度至尾九度	初氐二度中房二度中尾六度	起氐二度止尾二度
白羊宫 降婁 辰在戌	奎婁 胃	魯分徐州	起奎一度	起奎八度寒露霜降	自奎五度至胃六度	自奎五度至胃六度	初奎二度中婁一度終胃三度	起奎二度至胃三度

右江南分野考之漢晉諸志大率隸星紀者十之九隸大火及降婁者十之一而星紀中屬斗者又七八屬牛者僅二三雖其言小有參錯要不越本次之內也至於淮南北之分入大火降婁今昔史書郡志並同而近乃有以淮鳳屬之危度則涉元枵鳳陽潁川屬之亢度又入壽星或以爲本之青

田而清類分野書固無是說也其為無徵之言蓋可知矣今以唐史為斷而證之畿豫諸志庶存舊聞以歸畫一其歷代分次度數不齊蓋以恒星歲差而古今曆法亦各有不同之故爰作圖譜如上備觀覽焉

謹按星野之說懸象在天成形在地以氣相感非以形相配禹貢職方惟紀土宜而不言徵應正恐後世鑿空者流憑虛臆測廉纖擬合乃至矯誣故顓頊命重黎絕地天通至周官保章氏僅有以星土辨九州之地之文而分屬不言蓋其慎也後代

汪經家及史記天官書漢書天文地理志始爲條晰而暢言之司馬氏世掌天官而班氏承其後夫有所受之矣然近世圖象緯者率祖隋丹元子步天歌而言占候者皆出淳風晉隋兩志其言與史漢又互有出入焉至一行乃有山河兩戒之說其言渾渾灝灝本之易理參以兵謀形勝之旨詳而不支畧而不漏得古人觀察微旨後有作者或無以過今所當述也蓋古之言天也畧舉大槩而義類深長近世之言天也穿鑿附會而轉多弗效故今於徽寧池太入斗十三度蘇松常鎮入斗二十

三度之說槩置不録以免聚訟唯鳳徐地連魯宋
當星紀大火降婁之交稍爲分別以存往說君子
窮理徵事一以經史爲斷而不參新異使古人謹
天戒之意約畧可稽而不爲術家所假借如是已
矣至於求黃赤之經緯紀南北之里差法存太史
職在靈臺非志方域者所務詳也夫應天以實不
以文則合天以道不以形
聖天子在上德配蒼旻誠孚寘漠其視歲星在而國
昌善言三而祲避者篤越前古奚啻千億行見泰
階平而卿雲出薄海內外咸被照臨則咸歸錫福

豈僅占斗牛之氣而識江表之瑞哉

江南通志卷之第五

祥異

觀象者之卜治安卜壽昌多在南方蓋南極一星福國庇民宜乖氣之所罕集然聖世斥符瑞而謹天變即小怪異未嘗不書也夫太上修德其次修政其次修救其次修禳則轉災爲福繫乎一心故反風渡河一循吏尚能格天動物况造命體元者乎彼牽合附會如漢儒之談五行可勿道矣志祥異

周孝王十三年大雹江凍

秦始皇時長水縣有童謡曰城門當有血城陷沒爲湖一老嫗旦往窺城門門侍問其故因殺犬塗血以給嫗嫗見疾走忽水大至淪陷爲谷目曰谷水

漢惠帝五年夏大旱江水少谿谷絶　太湖涸

呂后三年夏江水溢　八年夏江溢

文帝六年冬十月桃李花　十二年吳有馬生角角在耳前上嚮右角長三寸左角長二寸

景帝三年十一月楚國呂縣有白鵄烏與墨烏羣鬭白鵄不勝墮泗水死者數千　五年江都暴風

從西方來壞城十二丈

武帝元光三年河徙自頓丘經瓠子通於淮泗

元封五年帝往南嶽祭灊霍山上無水廟見四鑊

可受四十斛祭時水輙自滿事畢即空每歲四祭

後但一祭一鑊自敗

昭帝始元三年鳳凰集於東海

宣帝元康元年鳳凰下彭城

成帝河平二年楚國雨雹大如斧　沛郡鐵官冶

鐵鐵不下隆隆如雷聲工者驚走聲止地陷數尺

鑪中銷鐵散如流星

東漢光武建武二十四年睢水逆流一晝夜

明帝永平二年王雒山獲寶鼎廬江太守以獻

章帝元和三年白虎見彭城

和帝永元元年淮水變赤成血

安帝延光二年丹陽山崩四十七所　三年沛國言甘露降豐縣

桓帝建和元年春三月黃龍見譙　永興二年六月彭城泗水增長逆流　朐山崩

靈帝熹平五年黃龍見譙　中平五年山陽等處大水

獻帝建安元年江淮饑民相食　二年年黃龍復見譙

三國吳王權黃武二年曲阿甘露降　江東地震黃龍三年由拳野稻自生　夏江東野蠶成繭大如卵　嘉禾三年九月隕霜傷穀　六年五月江東地震　八月白麟見建業有赤烏羣集吳前殿遂改明年元　赤烏元年白虎見　二年江東地再震　四年大雪平地三尺鳥獸多死　十一年黃龍見於雲陽　十三年丹陽句容及故鄣寧國諸山崩　太元元年八月朔大風江海涌溢平

地水深八尺吳高陵松栢皆拔郡城兩門飛落

吳主亮建興元年九月桃李花　五鳳二年陽羨

離墨山大石自立

吳主休永安六年石頭城火燒西南百八十丈

吳主皓寶鼎二年丹陽民宣騫母年八十偶浴化

爲黿諸子閉戸守之掘堂上作大坎實水其中黿

入坎遊戲一二日延頸外望伺戸小開躍入遠潭

不復還　建衡三年正月西苑言鳳凰集遂改明

年元　天冊元年城中掘得銀尺長一尺廣三分

上刻有年月字　天紀三年建業有鬼目菜生工

人黃狗家依綠棗樹長丈餘又有蕒菜生工人吳平家如枇杷形東觀案圖名鬼目作芝草蕒菜作平慮草遂以狗爲侍芝郎平爲平慮郎皆銀印青綬

晉武帝咸寧元年四月白雉見安豐　太康二年二月淮南丹陽地震　八月白兔見彭城　四年會稽彭蜞及蟹化爲鼠覆野食稻爲災

惠帝元康元年三月尉氏雨血　四年壽春山崩地陷三十丈　五年揚州淮南大水　六年安豐有女化爲男　吳郡民聞地有犬聲掘視得犬雌

雄各一　永寧元年繁昌小兒八歲髮白能卜
太安元年丹陽湖熟縣夏架湖有大石浮二百步
而登岸民驚譟相告曰石來尋石氷入建業　永
興元年丹陽內史朱逵家犬生三子皆無頭
懷帝永嘉元年吳縣萬祥婢生子鳥頭兩足馬蹄
一手無毛黃色大如枕　三年壽春有豕生兩頭
四年十一月辛卯晝晦至庚子　六年無錫條
生茱萸四株交枝若連理
愍帝建興二年武進縣田中得銅鐸五枚　四年
江寧民墾土得白麒麟璽一紐文曰長壽萬年

〔東晉〕元帝建武元年七月晉陵牛生犢兩頭有豕生八足　大興元年十一月乙卯日夜出於南斗中高三丈　二年丹陽馬生駒兩頭　吳郡米廩無故自壞　三年白鹿見丹徒　永昌元年春雨四十餘日晝夜雷電震五十餘日　十一月大旱川谷俱竭

明帝大寧元年春正月黃霧四塞

成帝咸和元年江南大水　十月宣城春穀縣山岸崩獲石鼎重二斤受斛餘　四年十一月吳郡會稽震電　六年五月癸亥曲阿縣有柳樹倒地

六載忽復起生　咸康元年揚州諸郡饑　六月地生毛　八年四月甘露降襄安縣　九月廬江民留珪夜見門内火光掘之得玉鼎圍四寸

穆帝永和九年十二月桃李花　升平二年晉陵等五郡大水年饑　五年八月乙卯夜天裂有聲如雷

哀帝興寧元年揚州地震湖溢

孝武帝寧康三年十二月神獸門災　大元六年揚州大水江東大饑　十月謝安出鎮廣陵始發石頭金鼓無故自破　九年四月陽穀獻白兎

十三年十二月乙未大風晝晦　十二月戊子濤水入於石頭毀大桁殺人　十四年彭城民家雞三足　十五年八月已丑地震　十七年六月癸卯地震

安帝元興二年丹徒甘露降　義熙三年地生毛

四年丹陽淮南地生毛　十一年霍山崩獲銅鐘六枚

恭帝元熙元年亭林地裂數尺中有波濤聲探之火起

南北朝宋武帝永初二年白烏見吳郡婁縣

文帝元嘉三年三吳大水　八年六月丁亥繁昌

獻白兎　十八年六月白燕産丹徒　九月廣陵

澗中出石鐘九口　甘露降於廣陵　二十年歙

縣獻白熊　二十三年當塗木生連理　二十七

年甘露降於東海丹徒又白燕産京口　二十八

年嘉禾生廣陵

孝武帝孝建元年鳳凰見丹徒懃賢亭　二年白

兎見淮南　三年五月流星大如斗尾長十餘丈

墮廣陵城西　大明二年白鹿見丹陽　白雉雌

雄各一見海陵　三年白鹿見廣陵新市　宣城

甘露降白龜見宛陵石亭山野蠶生三百餘里　四年南兗州南徐州大水　龍見於彭山　五年淮南松木連理　八年丹陽大饑

明帝泰始二年五月甲寅赭圻獲石栢長三尺二寸廣三尺五寸　八月嘉瓜生南豫州又赭圻城南得紫玉一段圍三尺二寸長一尺厚七寸攻爲二爵　三年五月白獐見東海丹徒　異獸見於彭山羊頭一角龍翼四足

順帝昇明二年十月甘露降建康　豫州萬歲澗兩樹隔澗騰枝跨水爲一幹　三年白虎見歷陽

（齊）高帝建元元年秣陵獲白雀　甘露降淮南朱雀桁華表生枝葉

武帝永明元年丹陽大水　四年丹陽縣獲白兎　六年四月石子岡栢木化爲石　九年曲阿縣民黃慶有園園東廣袤四丈許萊茹㨾扳隨復更生夜長有白光皎質燭天掘之得玉印一文曰長承萬福　十年蘭陵民齊伯生於六合山獲金鈕璽一文曰年予主

和帝中興二年甘露降茅山瀰漫數里　江東大旱民饑

東昏侯永元元年建康大風十圍樹及官舍民居皆偃拔　淮水變赤成血

〔梁〕武帝天監元年大旱民饑　四月鳳凰集南蘭陵　長洲陽山生白龍　四年建康生嘉禾　六年六月吳縣獲四目龜　七年二月廬江灊縣獲銅鐘二枚　普通六年龍鬭於曲阿　大同三年正月辛丑朱雀門災　九年春閏月地震生毛六月辛巳中大同元年竟天有聲如風雷相擊十年夏龍墮延陵井中大如驢以戈刺之俄見庭室中有大蛇如數百斛船　大清元年丹陽民婦

生男眼在頂上自是旱疫三年

元帝承聖元年淮南有野象數百壞人廬舍

敬帝紹泰二年甘露降京口

〔陳〕武帝永定元年十一月巳亥甘露降於鍾山

宣帝大建十二年丹陽等處大旱　十四年江水赤如血

長城公禎明二年四月有羣鼠自蔡州岸入石頭渡淮至青塘兩岸數日死　五月東冶鑄鐵有物赤色大如甕自天墜鎔所有聲如雷鐵飛出墻外燒民居　六月蔣山有衆鳥鼓翼而鳴曰奈何帝

隋文帝開皇十二年繁昌見雲中二物如瓶羊黄色鬭墮獲其一數日失所在　二十年廣陵地震

煬帝十三年大旱自淮及江東西絶水無魚　江都宫城諸殿屋鴟尾上鐵索爲烏鳥啣拔　有石自江浮入於楊子津　大星墜於江都未及地而南磨拂竹木皆有光飛至吳郡遂墮地　九月江都五日並見

唐高祖武德四年亳州老子祠枯樹復生枝葉

太宗貞觀二年當塗崔姓有駢竹之異觀察使崔準以聞改宅爲寺賜名瑞竹　三年譙泗徐濠蘇

等州大水　八年江淮大水　十二年滁濠二州野蠶成繭　十三年滁州野蠶成繭　三月壬寅雲陽石燃方丈晝則如灰夜則有光投草木則焚歷年乃止　十五年有黑白二龍鬬於虞山東北

十九年二月徐州言騶虞見

高宗永徽元年宣歙等州大雨水　顯慶元年宣州涇縣山水暴出平地深四丈　乾封二年宜興木連理　總章元年江淮大旱饑

武后垂拱元年淮南地生毛或白或蒼長者尺餘焚之臭如燎毛　廬州產嘉禾　巢縣產嘉禾一

本六穗一本五穗　延載二年常州地震　大足元年揚楚常潤蘇五州地震　明皇開元三年有熊晝入揚州城　七年揚州奏一角獸見　九年七月丙辰揚州潤州暴風雨發屋拔木　十四年潤州大風自東北海濤沒瓜步　十九年揚州穭稻生二百一十五頃再熟稻一千八百頃　舒州白鹿見　二十二年二月壬寅泰州地震西北隱隱有聲拆而復合經時不止壞廬舍殆盡壓死四千餘人　二十九年亳州老子祠九井涸復湧　天寶七年歙州牛與蛟鬬數日

牛出潭水色赤

肅宗上元二年楚州獻寶玉十三寘之日中白氣連天　江淮大饑人相食　有鼉出於揚州城門上

代宗大曆二年淮南水災　十年甘露降於常州前後二十七度

德宗建中二年霍山崩　貞元二年魚鱉蔽江而下皆無首　揚州江溢　四年淮南地生毛　宣州大雨震電有物墮地如豬手足各兩指執赤斑蛇食之頃雲合不見　八年六月淮水溢平地七

尺沒泗州城　十三年七月淮水溢於亳州　十四年潤州有黑氣如隄自海門山横亘江中與北固山相峙又有白氣如虹自金山出與黑氣交將旦而沒　十八年徐州獻嘉瓜白兎

憲宗元和元年常州鵲巢於平地　三年江南旱　七年揚潤等州旱　九年淮南宣州等處大水害稼

穆宗長慶元年海州海水氷南北二百里東望無際　二年江淮饑　三年宣歙等處旱　四年秋太湖決大水

文宗太和二年九月淮南李樹生橘　四年江水溢沒舒州太湖宿松望江三縣田數百戶　揚州海陵火　潤州城隍中得方石有刻文曰山有石石有玉玉有瑕瑕即休　六年蘇州地震生白毛

徐州大雨壞民居九百餘家　七年揚楚舒廬壽滁和宣等州大水害稼　八年春穀獻白兎

開成元年揚州民家馬生角　二年三月壬申有大魚長六丈自海入淮至濠州　夏揚州旱運河竭　六年淮南饑

武宗會昌元年江南大水

宣宗大中六年夏淮南饑　海陵高郵民於官河中漉得異米號聖米　十年舒州吳塘堰衆鳥成巢高一丈潤七尺中有大鳥人面綠身紺爪喙聲呼曰甘

懿宗咸通六年七月徐州民家雞生角　七年徐州蕭縣民家豕出圂舞又牡豕多將鄰里羣豕而行復自相噬齧　夏江淮大水　八年七月泗州下邳雨湯殺鳥雀水沸於火可以傷物　吳越有異鳥極大四目三足鳴山林其聲曰羅平

僖宗乾符四年廬江縣鵲巢平地　六年泰州管

内四縣生聖米大如芡實　中和二年二月蘇州
嘉興馬生角　三年汴水入於淮水闕壞民船數
艘　蘇州空中有聲如轉磨無雲而雨　四年江
南大饑人相食　臨淮鷹化爲鵝　光啓元年潤
州江水赤凡數日　二年淮南蝗自西來行而不
飛浮水緣城入揚州府署竹樹幢節一夕如剪幡
幟畫象皆嚙去其首撲不能止旬日自相食盡
有大星隕於揚州府署聲如雷光燭地　揚州雨
魚　天復二年三月蘇州大雪平地三尺其氣如
烟其味苦　三年宣州有鳥如雉而大尾有火光

如散星集於戟門明日大火曹局皆燼惟兵械存

南唐先主昇元六年溧水縣桑樹生木人　保大十一年七月大旱井泉涸民饑疫死者過半

宋太祖建隆初澱湖三姑廟後一山湧出波浪中初與水平久之寖大　乾德五年五星聚奎　開寶元年大雨水江河汎溢壞民田廬舍　六年淮水溢　七年四月淮水暴漲入泗州城壞民居五百餘家

太宗太平興國二年舒州麥秀兩岐　三年甘露降於壽州官舍　五年潁州貢白獐白雉　徐州

白溝河溢入州域毁民舍隄塘皆壞　八年八月徐州清河漲丈七尺溢出隄塞州三面門以禦之

雍熙元年二月鎮星犯斗宿建星　二年冬十二月江水冰　淳化三年舒州甘露降　四年江南饑　至道元年濠州獻瑞穀圖　二月泗州獻瑞麥　二年甘露降於平江瑞光禪院

眞宗咸平二年閏二月宣池歙州竹生米如稻

甘露降於太平州　九月壬寅徐州禾一莖五穗　常州地震　亳州貢白兎　亳州太清宮鐘自鳴　景德元年江南旱　四年廬宿泗等州麥白

生　六年泰州海陵草中生聖米可濟饑　七年
亳州獻白鹿一芝九萬五千本　八年泗州民周
獻五百歲詔賜束帛　大中祥符元年瑞氣覆巢
湖守臣繪圖以獻　四年太湖溢　五年無爲軍
甘露降　六年亳州野蠶成繭　七年三月亳州
太清宫枯檜再生　天禧元年春二月江淮蝗夏
六月大風吹蝗入江或抱草木僵死　三年潁州
石隕出泉飲之愈疾　乾興元年蘇秀二州湖田
生聖米
仁宗天聖四年江淮南大水　慶曆八年江寧府

火宫室焚燬殆盡惟南唐玉燭殿僅存　廬州合肥縣稻再實　皇祐三年無爲軍土岡產芝三百五十本賜名紫芝山　十二月泰州獲白兎　嘉祐元年江溢　二年淮水溢　七年徐州彭城濠州鍾離地生麪十餘頃民皆取食

神宗熙寧四年徐州麥一本百七十二穗　六年大旱震澤涸見其下有丘墓街井　元豐元年七月平江大風雨水高二丈漂没塘岍吳長洲吳江常熟同崑山漂没六百餘戶　梁縣嘉禾生

哲宗元祐七年滁州產芝二百餘本　紹聖元年

淮南軍禾一本九穗　三年平江府地震　江東大旱溪河涸竭

徽宗建中靖國元年江淮旱　崇寧五年泰州禾生穭　大觀元年甘露降於建平縣凡十有二日

廬州雨豆　二年九月丙申徐州彭城縣栢開花　政和五年泰州軍獲白兎　重和元年江淮氷　宣和二年歙州牛生麟　六年楚州民婦年四十忽生髭長可六七寸

高宗建炎二年鎮江府民家兒生四歲暴得腹脹疾經數月臍裂有兒從裂中生眉目口鼻皆人形

但頭以下手足不分莫辨男女又出白汁斗餘三日二兒俱死　三年帝在揚州早朝有禽翠羽飛鳴三匝行殿一再止於宰相汪伯彥朝冠　四年婺源朱氏井紫氣若層雲是日朱熹生於閣　紹興元年武進縣枯秸生穗二年七月宣州天雨錢　三年建康婦生子肉角有齒是歲人産多鱗毛　四年淮水溢中有赤氣如凝血　華亭縣雨雹大如荔實　十三年楚州鹽城縣海水清　十八年徽州慶雲見　十九年建康府甘露降　二十一年建德縣桑生李實粟生桃實　二十六年七

月辛酉夜天雨水銀　二十九年有星隕蕪湖化爲石高二尺色黑如鐵

孝宗隆興二年建康蘇州寧國太平俱水浸城郭舟行廛市人多溺死　乾道元年池州竹生穗實如米民采以食　泰州火燔民舍幾盡　三年當塗產瑞麥一莖六穗　四年舒州雨黑米　淳熙元年穹窿山石自移　十年大風有二龍戰於澱湖殿宇浮屠爲之飛動頃一龍蟠護其上遠近皆見之　十二年太平州產異麻合數幹爲一狀如芝　十五年淮甸大雨淮水溢廬濠楚安豐高郵

軍廬室皆壞　十六年二月隕石於寶應縣散如火其臭腥　武進縣木理成文曰紹熙五年　揚州桑生瓜櫻桃生茄

寧宗慶元二年十二月吳縣銅錢百萬自飛　三年雄雞伏子中一雛三足　婺源雌雞化爲雄

嘉定元年四月鎮江後軍妻生子一身二首四臂

四年休寧產異栗形如龍鳳

理宗寶慶二年休寧縣山裂　紹定元年廣德產瑞麥一莖四穗　四年揚州招賢鄉鳳凰至　嘉熙四年平江大饑市人肉日未晡路無行人　淳

祐二年常潤建康大水

度宗咸淳七年海潮湧一魚在橫瀝塘口人捕之長丈餘無鱗而瑩白頭目口鼻全類象形　九年十一月虎出揚州市

恭帝德祐元年寶應縣民析薪中有天太下趙四字獻之是年眞州樵人破一樹樹中有生成三字曰天下趙

元世祖至元十五年寧國路敬亭麻姑華陽諸山崩　十九年寧國太平縣饑民採竹實爲糧活者三百餘戶　二十六年貴池民獻紫芝

成宗元貞元年太平州民上榆木一本折之有文曰天下太平　建康太平鎮江丹徒金壇大水　二年六月常州路水害稼　大德元年徐邳蕭河水大溢　二年江水溢高四五丈　五年江溢松江大風屋瓦樓櫓掣入空中繼而海溢傷人民壞廬舍　平江路颶風湧太湖水入城官民廬舍捲入空中死者萬計

仁宗皇慶五年黃姚鹽塲色變紫

泰定帝泰定元年黃河南入於淮　七月乙亥揚楚常潤地震

文宗至順元年七月潛大水　四年句容縣大水五綦山崩

順帝元統二年松江雨雹大小不一皆有一眼若琱琢然　至元元年安慶及潛山太湖宿松地震　二年靈芝產於江都縣南一本九莖　三年雎水溢　五年七月宜興州山水出高一丈壞民居

至正二年八月楊子江一夕忽竭舟楫皆閣於塗中露錢貨無數　二年揚州路崇明通泰等州海溢　桐城花崖龍眠山崩　潛霍山崩　五年四月鎮江雨紅霧草木葉及行人衣皆濡成紅色

九年五月白茅河東注沛縣遂成巨浸黃河入沛始此　泰興縣張村麒麟出　十二年平江路空中聞兵戈聲自東南來雲中有鐵騎象火光萬炬　三月丙午寧國路無雲而雷　江淮蘆荻多成旗鎗人馬狀節間有紅暈成天下太平四字　池州雨物若果核　十五年江淮間羣鼠叢擁如山過江東去　十七年上元產瑞麥一莖二穗者二　二十四年松江西清菴廊柱有聲以手按之則振掉而起一十九間皆然經時乃止　二十六年上海有流光隕化爲魚

明太祖洪武元年池州青溪江口生洲　二年四月宣城產瑞麥　甘露降於鍾山　淮安獻瑞麥五河孝感鄉產麒麟　三年丹陽產瑞麥一莖五穗　五年句容民獻嘉瓜二實一蔕　金壇產靈芝一本九莖　霍丘松木連理　八年甘露降南郊　十年正月應天雨如墨汁　十一年大風海溢三洲漂沒先是有大魚入太倉內河　十四年十二月甘露降鍾山　二十一年五色雲見七月天鳴　二十二年七月海風自東北來拔木揚沙漂沒三洲　三十年安東郊外日中鬼遊于

百有聲高帝製文祭之乃止

成祖永樂二年應天地震　九月獲神龜於幕府山　四月臨淮大水徙縣治於曲陽門外　十三年嘉定縣東北白氣一道有聲如雷墮於寶山之南獲一黑石

仁宗洪熙元年四月地屢震

宣宗宣德元年江都縣獲白兎　三年邳州民人高浩家晝落一星不踰月選其女入侍御　八年太倉獲白鴈二又獲白鷳一獻於朝　九年大旱江潮涸竭麥禾不收道殣相望　常熟黑眚見

英宗正統元年十一月淮河清一月　二年嘉定寶山虎成羣噬人　九年蘇州府風雨暴至平地水溢數尺太湖水高一二丈沿湖人畜廬舍無存漁舟漂溺幾盡　松江大風雨湖海漲湧濵海居民有全村漂沒者　宜興大風拔木水溢漂沒千餘家　十四年徽州府學產紫芝　太湖中大貢小貢二山鬬閧闘數次共沈於水起復鬬踰時乃止　池州府學産紫芝

景帝景泰二年江南地震　五年揚州大雪水三尺海水亦凍　天順五年七月海濵風雨大作潮

湧尋丈漂沒廬舍

憲宗成化六年淮安有二鐘溯淮而上相盪水中聲如鼉吼　七年揚州大旱運河竭　十年七月十七日夜半疾風雷電武進縣有物起自滆湖入太湖至馬蹟山壞民居百餘區屋柱倒植瓦甓不毀巨舟攝於山麓大木盡拔　十一年蘇州松江地震生白毛　十七年睢寧產瑞麥一莖三穗　十九年崑山木介萬樹盡如纓絡葆幢

孝宗弘治元年虞山鳴　二年吳縣民家雌雞化爲雄　河決原武　蘇州有星自西北至東南大

如車輪光熠如晝墮地響震三百里雞犬皆鳴吠　三年蘇州閶門民夜汲井其水香味同酒紅黃色歷五日如常　五年盧州甘露降　華亭有芥生聚奎亭蔭地丈餘葉如芭蕉花出墻上二尺許　七年二月盧州大雪色微紅又雨豆茶黑褐三色　池州雨黑豆　蘇州衛印忽熱如火不可近四日乃止　嘉定大場鎮雞雛生三足　十一年蘇州各縣河渠池沼及泉悉震蕩高湧數尺良久乃定　十四年松江地震屋宇動搖　十六年江潮入望京門浦口城圮　十七年松江五色雲見

江都縣產瑞麥　十八年松江地震有聲如雷

蘇州雨粉　崇明縣雞生方卵碎之中有獮猴

大如棗

武宗正德元年正月朔揚州河水冰結成樹木花

草之狀　三年冬淮安淸河以上至宿遷水文如

花樹樓臺圖畫之狀高郵州河水亦然　四年正

月望蘇州見日初出如日者十數至淸明日止

應天空中有聲自北來如數萬甲兵民皆震恐踰

月乃止　五年蘇州大風決水田廬渰沒浮尸蔽

川　七年蘇州地震有聲生白毛　八年黃河自

河口至劉伶臺約六十里徹底澄清凡五日　十年洞庭東山降甘露　嘉定大場鎮有黑鶡立如人形翅廣丈餘　十三年常熟雷電白龍一黑龍二壞民居吸舟二十餘艘　松江大水有九龍鬭於海

世宗嘉靖元年太平縣大饑黃山竹生米人爭采食　二年太湖龍與蚌鬭聲震各山四晝夜乃息　五年六月黃水陷豐縣城遷縣治　八年舒城石自徙二丈許　十三年十月蘇州星隕如雨　十四年睢河竭　滁州州西諸山夜鳴如雷　十

五年揚州海潮溢高二丈餘溺死民竈男婦二萬九千餘人　二十一年江都縣產靈芝九莖　二十六年蘇州花浦戶捕獲大魚馬首有足重二千斤　三十一年淮河大溢　嘉定雌雞化爲雄　常州雨黑豆　松江婦人生髭鬚　三十四年嘉定黃家港水赤如血逾月始復　三十六年二月蘇州洞庭兩山間大風從東南來太湖水爲所約壁立如峻崖東偏乾涸羣趨得金珠器物及古錢至三日有聲如雷水返人盡沒　四月朔淮安紫雲自西來空中若兵馬之聲大風氷雹又天鼓鳴

儀真產白芝　三十七年江都黑白二龍鬬大風晝晦見星所過折木壞屋　三十九年江水漲至三山門秦淮民居水深數尺　夏隕石於華亭五舍鎮越數月其石自動一夕風雨失去　四十年清河縣有雲氣列城市宮闕狀　四十三年通州民家牛生三首　四十四年崇明童子暴長頷下生鬚徧體皆毛

穆宗隆慶元年泰州大稔泰興縣麥秀三岐　六年七月黃河驟漲自徐碭至淮揚下流悉成巨浸

神宗萬曆二年崑山有異鳥色如墨大如鶴人捍

之以翼擊人少頃風雨雷電交至屋瓦盡飛塲圃稻束皆失　海大嘯河淮並溢　四年河決徐州　六年澱湖湧水成山高數丈長二里許　休寧氷花俱成人物車馬草木狀　九年八月鎮江大風甘露寺鐵塔折　十一年松江地震器相軋有聲　十三年休寧白雉見　十四年滁州白鵲來巢　十五年松江生八足豖　十七年松江雨木氷如箸民大饑　十九年三山民家牛產一黄犢七足腹下四足脊上三足皆輭前後竅各二　二十年淮浦禾雙穗　鹽城麥三岐　二十一年丹

徒民家牛產麟　二十二年淮水清一百六十里

金壇產禾一莖九穗旣刈復生　上海有鹿高

丈餘重五百餘觔　丹徒民家復產麟　三十六

年白龍見於黃浦一神人立其首　江南大水麥

禾皆無民大饑　四十二年池州有鼠數百萬啣

尾渡江爲田患害尋有鳥如鸜鵒食鼠遂絶鳥亦

不見　四十四年秋淮徐地震　四十五年徐州

河決　呂梁洪水乾

熹宗天啓元年揚州烏巢生白鴉喙距皆赤　三

年十二月二十一日申時淮安地震淮湖水翻房

屋俱動江南蘇松等處同時　四年霍山崩　六
月初二日奎山隄決水陷徐州城　初五日鎮江
大寒夜微雪十一月初八日大暑人裸體三日
五年桐城馬氏婦年七十變爲男　七年蕭縣麥
秀雙岐竟畝如一　十月颶風大作太湖水湧沒
吳江千家
懷宗崇禎元年三月太湖縣雲成五色有樓閣狀
　四年華亭婦人李氏化爲男　九月徐州有鳥
羣飛自西北來狀如鳩色如鼠趾不樹棲人謂之
反鳥　七年蘇州城外野火四起始一二炬倏變

數百隱隱人馬戈甲狀入民舍中粟米一空民操
械鳴金禦之　蕭縣山鳴　九年正月蕭縣城北
門鎖無故自開閽者聞於官鎖而復開者三　鳳
陽鼓樓鐘自鳴　十年泗州學宫古檜吐烟若篆
有異香　十一年徐州西山鳴者三聲隱隱如聾
鼓又如虛甕迎風自子至辰　長洲縣河底起一
碑勒字云卧龍驚不起常務澤邊尋　十二年春
松江有二大魚長數十丈目中可容三人無睛
歙縣許村石自鳴　八月戊午松江海潮日三至
　四月蘇州産怪馬一目當頭豕蹄扇尾出胎即

馳驟蹄嚙旋死

皇清順治元年懷遠縣產瑞麥一莖雙穗　二年九月甘露降於通州　十月甘露降於蕭縣　三年和州文廟產芝三十六莖　五年蕭縣產靈芝三本　蕭縣山鳴如濤聲　七年七月蕭縣星隕大如輪光數丈　八年丹陽縣麥秀雙岐　蘇州大水民饑　淮安旱荒　十一年含山產嘉禾一莖五穗　建平麥秀雙岐　揚州有龍亘天鱗甲皆現　十四年蕭縣大旱湖井皆涸　十五年穎州水地震有聲　十八年鹽城安東旱　宿州大水

定遠民家牛産麒麟

康熙元年泗州民妻一産三男　建德儒學枯樹復生　二年和含大水　四年溧水崇賢鄉民掘地得玉璽一方高二寸許圍一尺六寸上鐫人心惟危道心惟微惟精惟一允執厥中一十六字知縣馬泰運報府知府陳開虞轉報督撫獻入京師　五年懷遠縣雨粟　常州氷文成花木狀　六年臨淮懷遠霍丘泗州潁州蝗蝻爲災　七年水決高郵清水潭環城水高二丈人民漂溺者甚衆　六月十七日江南同時地震　太和縣雨蕎

麥　八年歙縣民妻一產四男　九年太湖水溢

蘇州城内外水高五六尺廬舍漂沒流移載道

七月海潮溢沿海民多溺死歲大祲　十年廬州

慶雲見　淮水大漲高郵州田盡沒　十一年靈

璧麥秀兩岐　臨淮縣麥秀兩岐蝗不爲災　十

二年鎮江呂城有大鳥毛羽五色如鳳羣鳥千百

從之　十九年盱眙產瑞麥　二十年蒙城麥秀

五岐幷三岐者數十本　二十一年當塗麥秀雙

岐

江南通志卷之第五終

江南通志卷之第六

疆域

職方氏封其四疆又有掌疆與掌固司險同佐夏官蓋致愼於封守亦綦詳矣南服帶長江爲天塹負其險固業已弘多而障塞區分各捍牧圉以臻敉寧之效則畢公之命所謂申畫郊圻者可置勿省乎夫譏斂數而訊逋逃尤井里疆界之所務察也志疆域

江南布政使司

江南疆域以長淮爲伊洛以大江爲黄河藝文類聚自

省城東至揚州海門縣五百五十里西至河南固始縣界八百五十里南至江西之浮梁縣界八百五十里北至山東嶧縣界九百五十里廣一千四百里袤一千八百里

江寧府

東至鎮江府丹陽縣界一百六十里西至和州界一百八十里南至寧國府界二百四十里北至鳳陽府天長縣界一百四十里由府治北三千四百四十五里至於

京師東西廣三百六十里南北袤四百六十里上元

江寧附邑上元東至句容縣界五十里西至古御街中分南至江寧縣界四十五里北至六合縣界五十五里江寧東與上元縣古御街中分西至江浦縣界四十里南至溧水縣界四十里北至龍江關界五十里

府東九十里爲句容東至丹陽縣界四十五里西至上元縣界三十五里南至溧水縣界四十里北至儀真縣界五十里

東南二百四十里爲溧陽東至宜興縣界五十里西至溧水縣界四十五里南至廣德州界四十里北至句容縣界四十五里

八十五里爲溧水東至溧陽縣界四十里西至上元縣界四十五里南至宣城縣界四十里北至江寧縣界四十里

南二百四十里爲高淳東至溧水縣界四十五里西至當塗縣界三十五里南至建平縣界四十五里北至江寧縣界五十里

府西四十里爲江浦東至江寧縣界四十里西至滁州界四十五里南至和州界四十里北至六合縣界四十里

西北一百三十里爲六合東至儀真

縣界四十五里西至來安縣界四十里南至江浦縣界四十里北至天長縣界五十里

蘇州府

東至大海三百一十四里西至常州府宜興縣界一百里南至浙江嘉興府界九十四里北至揚州府通州界一百五十里由府治北三千八百里至

於

京師東西廣五百四里南北袤四百二里吳長洲附邑吳東至長洲縣臥龍街界一里西至宜興縣界一百里南至本縣一都一十五里北至長洲縣在城界二里長洲東至崑山縣界四十里西至在城吳縣分界一里南至吳江縣界十八里北至常熟縣界九十五里府東七十里爲崑山東至太倉州界二十里西至長洲縣界二

十七里南至松江府華亭縣界八十里北至常熟縣界三十六里一百四十里爲嘉定東至海岸四十里西至崑山縣界三十六里南至上海縣界三十五里北至太倉州界二十里府東南四十五里爲吳江東至華亭縣界八十里西至太湖口十五里南至浙江嘉興縣五十四里北至長洲縣界七里北一百五里爲常熟東至大海一百四十里西至江陰縣界四十里南至長洲縣界四十里北至大江四十里府東一百六里爲太倉州東至海七十里西至崑山縣界十里南至嘉定縣界十二里北至常熟縣界六十里二百八里爲崇明東臨大海登舟沙西近狠山抵劉河南至新開河近吳淞北至浦沙近海門

松江府

東至大海一百里西至蘇州府長洲縣界六十里

南至金山衛界七十二里北至蘇州府崑山縣界八十里由府治北三千八百二十五里至於京師東西廣一百六十里南北袤一百五十二里

華亭附邑東至上海縣界一十八里西至婁縣分界二十里南至金山衛界七十二里北至婁縣界五里

婁附邑東與華亭縣分界西至青浦縣界一十八里南至金山衛界七十二里北至青浦縣界一十五里

府東北九十里爲上海東至海五十里西至青浦縣界三十六里南至華亭縣界七十二里北至嘉定縣界一十八里

西北九十里爲青浦東至上海縣界五十四里西至長洲縣界四十二里南至婁縣界二十里北至嘉定縣界三十五里

常州府

東至蘇州府一百八十里西至鎮江府一百八十

里南至廣德州建平縣二百八十里北北至揚州府泰興縣一百八十里由府治北三千八百八十里至於
京師東西廣一百九十五里南北袤二百八十五里

武進附邑東至無錫縣界九十里西至丹陽縣界一百里南至宜興縣界一百二十里北至泰興縣界一百八十里府東南九十里爲無錫東至長洲縣界一百里西至宜興縣界一百四十里南至吳縣界一百里北至江陰縣界九十里府南一百二十里爲宜興東至吳縣界一百九十里西至溧陽縣界九十里南至浙江長興縣界一百四十里北至武進縣界一百二十里府東北九十里爲江陰東至常熟縣界一百三十里西至丹徒縣界二百二十五里南至無錫縣界九十里北至靖江縣界三十里府

東八十里爲靖江東至海口六十里西至武進縣界三十五里南至江陰縣界三十里北至揚州府泰興縣界二十五里

鎮江府

東至常州府宜興縣界二百一十里西至江寧府句容縣界五十里南至常州府武進縣界二百里北至揚州府江都縣界二十里由府治北三千二百里至於

京師東西廣四百七十里南北袤一百六十里丹徒附邑東至丹陽縣界四十里西至句容縣界九十里南至丹陽縣界五十里北至江都縣界三十里

府東七十里爲丹陽東至武進縣界五十八里西至丹徒縣界三十里南至金

壇縣界四十里北至丹徒縣界二十五里府南二十里爲金壇東至武進縣界三十五里西至句容縣界六十五里南至溧陽縣界五十里北至丹陽縣界二十里

淮安府

東至海二百三十里西至鳳陽府虹縣界三百五十里南至揚州府寶應縣界六十里北至山東莒州界五百九十里由府治北三千里至於京師東西廣五百四十里南北袤六百五十里

山陽附邑東至海濱界二百三十里西至清河縣界三十里南至寶應縣界八十里北至安東縣界三十里

府東南二百三十里爲鹽城東至海浦港一里西至射陽湖界一百四十里南至興化縣界六十里北至安東縣界二百里

西五十里爲清河東至

府五十里西至桃源縣界二十五里南至山陽縣九十里北至沭陽縣一百六十里**西北一百六十里爲桃源**東至清河縣界四十里西至宿遷縣界七十里南至泗州界七十里北至沭陽縣界八十里**東北九十里爲安東**東至淮河五十里西至清河縣界五十里南至山陽縣界九十里北至海州界一百一十七里**北一百七十里爲沭陽**東至安東縣界四十里西至宿遷縣一百二十里南至桃源縣界四十里北至海州界五十里**北三百七十里爲海州**東至東海一十五里西至山東郯城縣界一百六十里南至安東縣界一百五十里北至贛榆縣界四十里**北四百八十里爲贛榆**東至海一十五里西至山東沂州界六十里南至海州界七十里北至山東日照縣界七十里**北四百五十里爲邳州**東至宿遷縣界六十里西至徐州界八十里南至睢寧縣界三十里北至沂州界一百五十里**西二百四十里爲宿遷**

東至沭陽縣界一百二十里西至睢寧縣界七十里南至泗州五十里北至郯城縣一百二十里西三百九十里爲睢寧東至宿遷縣界四十里西至靈璧縣界九十里南至虹縣界三十里北至邳州界五十里

揚州府

東至本府如皋縣掘港場三百六十里西至鳳陽府天長縣界七十里南至瓜洲揚子江四十里北至淮安府山陽縣界二百八十里由府治北三千一百二十五里至於京師東西南北廣袤各五百餘里江都附邑東至泰州九十里西至本縣安州鄉一百里南至瓜洲鎮四十五里北至高郵州九十里府西南七十五

里爲儀眞東至江都縣界四十里西至六合縣界四十里南至揚子江五里北至天長縣界六十里

府東南一百四十里爲泰興東至如皐縣界六十七里西至丹徒縣界九十里南至靖江縣界四十里北至泰州廟灣六十里

府北一百二十里爲高郵州東至興化縣界八十里西至天長縣界八十里南至江都露筋廟三十里北至寶應縣界六十里

州東一百二十里爲興化東至泰州界四十五里西至高郵州界五十里南至泰州蚌沿河三十里北至鹽城界六十里

州北一百二十里爲寶應東至鹽城縣界一百一十里西至盱眙縣界一百三十里南至高郵州界六十里北至山陽縣二十里

府東一百二十里爲泰州東至本州之拼茶塲一百一十里西至江都縣界三十里南至泰興縣界四十里北至興化縣界八十里

州東南一百六十里爲如皐東至海濵掘港一百二十里西至泰興縣界六十里

南至江濱石莊六十里

北至泰州界三十里　府東四百二十里爲通州

東至海門鄉界一百一十里西至揚子江十里　州東

里南至狠山十二里北至如皋縣界六十里

四十里爲海門　東西南北各五里近海水衝嚙城

旨廢縣併　垣坍没　皇清康熙十一年奉

入通州

安慶府

東至廬州府無爲州界四百九十里西至湖廣黃

州府黃梅縣界五百二十里南至池州府東流縣

界五十里北至廬州府舒城縣界三百九十里由

府治北三千七百里至於

京師東西廣五百八十里南北袤二百一十五里懷

寧附邑東至桐城縣界九十里西至太湖縣界一百五十里南濱大江北至桐城縣界五十一里

府北百五十里爲桐城東至廬州府無爲州界七十里西至潛山縣界六十里南至懷寧縣界九十九里北至廬州府舒城縣界六十里

西北百二十里爲潛山東至桐城縣界七十里西至太湖縣界四十里南至懷寧縣界百二十里北至本縣之菜山百六十里

西北二百二十里爲太湖東至潛山縣界六十里西至湖廣蘄州界八十里南至宿松縣界三十里北至潛山縣界六十里

西二百六十里爲宿松東至望江縣界一百二十里西至湖廣黄梅縣界三十里南至江一百二十里北至太湖界五十里

西南北二十里爲望江東至江三十里西至宿松縣界三十里南至江西彭澤縣界十五里北至懷寧縣界一百五里

徽州府

東至浙江杭州府昌化縣界一百一十里西百二十里至江西南昌府新建縣界一百二十里南至浙江嚴州府淳安縣界一百里北至寧國府太平縣界六十里由府治北四千里至於
京師東西廣三百九十里南北袤二百五十里

歙附邑東至浙江昌化縣界一百一十里西至休寧縣界三十里南至浙江淳安縣界一百里北至太平縣界六十里

府西六十里爲休寧東至歙縣界二十里西至祁門縣界八十里南至婺源縣界九十里北至太平縣界一百里

西二百四十里爲婺源東至休寧縣界一百一十里西至江西饒州府界一百里南至江西南昌府界四十里北至祁門縣界一百二十里

西一百八十里爲祁門東至黟縣界五十里西至江西浮梁縣界

一百里南至江西浮梁縣界九十里北至石埭縣界五十里西一百四十里爲黟 東至休寧縣界四十里西至太平縣界五十里南至祁門縣界二十五里北至太平縣界五十里府東六十里爲績溪 東至浙江昌化縣界五十里西至歙縣界十五里南至歙縣界三十里北至寧國縣界三十里

寧國府

東至廣德州建平縣界六十里西至池州府青陽縣界一百六十里南至徽州府績溪縣界二百三十里北至太平府當塗縣界一百一十里由府治北三千七百四十五里至於

京師東西廣二百二十里南北袤三百五十五里宣

城附邑東至建平縣界六十里西至南陵縣界六十里南至寧國縣界六十里北至當塗縣界一百五里

府西九十里爲南陵東至宣城縣界三十里西至銅陵縣界四十里南至青陽縣界七十五里北至繁昌縣一十五里

府南一百里爲涇縣東至寧國縣界八十里西至青陽縣界七十五里南至旌德縣界八十五里北至南陵縣界三十五里

府東南九十里爲寧國東至廣德州界四十五里西至績溪縣界一百一十里南至浙江昌化縣界一百三十里北至宣城縣界四十里

府南二百二十里爲旌德東至寧國縣界四十里西至太平縣界六十里南至績溪縣界一百一十里北至涇縣界四十里

府西南二百四十里爲太平東至旌德縣界三十里西至石埭縣界六十里南至徽州府界五十里北至涇縣界六十里

池州府

東至寧國府南陵縣界一百五十里西至江西九江府彭澤縣界一百五十里南至徽州府祁門縣界二百二十里北江口至安慶府桐城縣界十五里由府治北三千八百里至於

京師東西廣三百九十里南北袤四百里貴池附邑東至青陽縣界五十五里西至東流縣界二百一十五里南至祁門縣界二百二十里北至桐城縣界十五里府東八十里為青陽東至南陵縣界六十里西至貴池縣界二十五里南至石埭縣界七十里北至銅陵縣界二十五里府東北一百里為銅陵東至南陵縣界九十五里西至無為州界二十五里南至貴池縣界四十里北至繁昌縣界八十里府東南一百六十里為石埭東至寧國府界五十里西至貴池縣界一百六

十里南至太平縣界三十里北至青陽縣界一十五里府西南一百八十里爲〔建德〕東至貴池縣界六十里西至江西彭澤縣界二十里南至浙江石門縣界一百二十里北至東流縣界四十里府西一百八十里爲〔東流〕東至貴池縣界七十里西至望江縣界九十里南至江西彭澤縣界九十里北至懷寧縣界八十里

太平府

東至江寧府溧水縣界八十里西大江至和州界一十里南至寧國府南陵縣界一百五十五里北至江寧府界五十里由府治北三千四百九十四里至於

京師東西廣九十里南北袤二百四十餘里〔當塗〕附邑

東八十里至溧水縣界西十里至大江和州界府
南三十里至蕪湖縣界北五十里至江寧縣界
南六十里爲蕪湖東四十里至當塗縣西七里至大江和州界南四十里至南陵縣界北三十里至當塗縣界府西南一百三十里爲繁昌東四十里至蕪湖縣界西五十五里至大江無爲州界南二十五里至南陵縣界北五十里至蕪湖縣界

廬州府

東至和州含山縣界一百九十里西至河南汝寧
府固始縣界三百六十里南至安慶府桐城縣界
二百四十里北至鳳陽府定遠縣界一百八十里
由府治北三千六百七十七里至於
京師東西廣一千里南北袤三百里合肥附邑東至巢縣界百

八十里西至六安州界百八十里南至舒城縣界百二十里北至定遠縣界百八十里府西南一百二十里爲舒城東至廬江縣界百五十里西至六安州界百九十里南至桐城縣界二百四十里北至合肥縣界九十里南一百六十里爲廬江東至無爲州界四十五里西至舒城縣界四十八里南至安慶府界三十五里北至合肥縣界五十里東南二百七十里爲無爲州東至蕪湖縣界一百二十五里西至廬江縣界一百二十里南至桐城縣界九十里北至巢縣界九十五里東一百八十里爲巢東至含山縣界二十五里西至合肥縣界九十里南至無爲州界三十八里北至定遠縣界八十里西一百八十里爲六安州東至合肥縣界四十五里西至河南固始縣界一百六十里南至霍山縣界三百六十里北至壽州界六十里西南七百里爲英山東至太湖縣界四十五里西至湖廣羅田縣界五十五里南至湖廣蘄水縣界

三十五里北至霍山縣界五十五里西南二百七十里爲霍山東至六安州界一十三里西至英山縣界一百四十五里南至潛山縣界一百五十里北至河南商丘縣界十二里

鳳陽府

東至揚州府寶應縣界四百里西至河南開封府項城縣界五百九十里南至廬州府巢縣界一百五十里北至徐州蕭縣界三百二十三里由府治北二千三百里至於京師東西廣一千二百里南北袤一千里鳳陽附邑東至臨淮縣界十里西至懷遠縣界四十里南至定遠縣界五十里北至靈璧縣界七十里府東

北二十里爲臨淮東至盱眙縣界五十里西至鳳陽縣界一里南至定遠縣界四十五里北至五河縣界一里

一百一十里爲五河東至泗州界三十里西至靈璧縣界四十里南至臨淮縣界六十里北至虹縣界四十里

二百五十里爲虹東至泗州界四十里西至靈璧縣界六十五里南至五河縣界五十里北至睢寧縣界六十里

南九十里爲定遠東至滁州界七十里西至壽州界九十里南至廬州府界六十里北至臨淮縣界四十五里

西七十里爲懷遠東至鳳陽縣界三十里西至蒙城縣界九十里南至壽州界七十里北至宿州界九十里

東二百一十里爲泗州東至清河縣界九十里西至五河縣界一百二十里南至盱眙縣界二里北至宿遷縣界一百五十里

南七十里爲盱眙東至寶應縣界九十里西至臨淮縣界一百三十里南至滁州界六十里北至泗州界五里

東南一百五十七里爲天長東至江都

縣界六十里西至盱眙縣界九十里南至六合縣界五十里北至寶應縣界五十里西南二百三十五里爲宿州東至靈璧縣界六十里西至河南永城縣界一百里南至懷遠縣界八十里北至蕭縣界九十里東一百二十里爲靈璧東至虹縣界三十五里西至宿州界六十里南至五河縣界一百四十里北至徐州界一百四十里西南一百四十里爲壽州東至定遠縣界九十里西至潁上縣界六十里南至六安州界一百五十里北至蒙城縣界九十里西南一百二十里爲霍丘東至安豐縣界六十里西至河南固始縣界八十里南至六安州界二百里北至潁上縣界四十五里北一百八十里爲蒙城東至懷遠縣界六十里西至亳州界一百里南至壽州界九十里北至宿州界五十里西四百四十里爲潁州東至潁上縣界六十里西至河南汝寧府界二百一十里南至固始縣界九十里北至亳州界一百里東一

百二十里爲潁上東至壽州界八十里西至潁州界六十里南至霍丘縣界二十五里北至亳州界八十里西北八十里爲太和東至潁州界八十里西至河南項城縣界七十里南至潁州界三十里北至亳州界八十里西北四百五十里爲亳州東至蒙城縣界一百二十里西至鹿邑縣界四十里南至潁州界一百六十里北至河南歸德府界五十里

徐州

東至淮安府邳州一百八十里西至本州蕭縣五十里南至鳳陽府宿州一百二十里北至山東兖州府滕縣界一百二十里由州治北一千五百里至於

京師東西廣三百三十里南北袤二百一十里

州西五十里爲蕭東至本州界二十里西至碭山縣界七十里南至宿州界八十里北至沛縣界八十里

州西北五十五里爲沛東至山東滕縣界五十里西至豐縣界四十八里南至本州界五十五里北至山東魚臺縣界一百二十里

州西北一百七十里爲碭山東至蕭縣界五十里西至河南虞城縣界四十里南至河南夏邑縣三十五里北至豐縣四十里

州西北一百五十里爲豐東至沛縣界三十里西至山東單縣界五十里南至蕭縣界六十里北至山東魚臺縣界六十里

滁州

東至江寧府六合縣一百二十里西至鳳陽府定遠縣一百五十里南至和州一百八十里北至鳳

陽府盱眙縣一百九十里由州治北二千二百五

里至於

京師東西廣一百二十里南北袤二百里

州南五十里爲全椒東至江寧府江浦縣界三十里西至廬州府合肥縣界八十里南至和州界三十里北至本州界二十五里州北四十里爲來安東至六合縣界三十五里西至盱眙縣界五十里南至江浦縣界六十里北至盱眙縣界九十里

和州

東至江寧府江浦縣界六十里西至廬州府巢縣界一百二十里南至廬州府無爲州界九十里北至滁州全椒縣界一百一十里由州治北三千二

百八十里至於

京師東西廣一百六十里南北袤二百里

州西六十里爲含山東至州六十里西至巢縣界四十里南至無爲州界八十里北至州界六十里

廣德州

東至浙江湖州府長興縣界三十里西至寧國府宣城縣界一百里南至湖州府孝豐縣界六十里北至江寧府溧陽縣界七十里由州治北三千七百五十五里至於

京師東西廣一百三十里南北袤一百三十里

州西四十里爲建平東至州界四十里西至宣城縣界五十里南至寧國縣界九十里北至高淳縣界四十里

形勢 附

江南布政使司

表裏襟帶江默曰自淮而東以楚泗廣陵爲之表則京口秣陵得以蔽遮自淮而西以壽廬歷陽爲之表則建康姑孰得以襟帶表裏之形合則東南之守不孤此形勢之大規局也鍾山石城之形勝長江秦淮之天險舊郡志龍蟠虎踞諸葛亮語連峰入海重障切雲陶弘景語指衡嶽以鎮野目龍川而帶坰左太沖吳都賦天限南北魏文帝語陳孔範外連江淮內控湖海舊地輿志

江寧府

長江千里險過湯池三國志　翠鳳翔淮海襟帶繞神垧沈約應詔　氣壯三山勢高九疑蕭子顯語　金陵奥區舊志　石頭在西三山在南建業門戶南史

上元江寧兩縣附郭　句容縣西臨江滸北接駒驪　溧陽縣西山南北溧水縣中山峻聳分峙一邑之勝　高淳縣龍蟠形勝之最山廻水抱　江浦縣水陸要會　六合縣淮泗上游來受衝煩

關隘

龍江關在龍江宣課司傍　大勝關在府南二十里　石灰山關　江淮關　浦子口關江浦

蘇州府

藪曰具區川曰三江浸曰五湖周禮職方氏吳越之國

三江環之吳伍員語一嶼特起於烟波爲松陵鎭楊福祉對

隋煬帝語淞江太湖水國之勝天下第一范成大語

吳長洲兩縣附郭崑山縣度城險要新洋江漲常熟縣虞山扼要吳江縣江瀆垂虹天下絕險嘉定縣三面阻海衣襟要領太倉州瀕江爲險崇明縣恃海爲障

關隘無

松江府

後扆九峰前襟黃浦舊志大海環其東南長泖繞乎

西北宋史川流繡錯則壤稱腴松江圖經水國之勝七郡

關鍵水利考瀕江重地輿地記

華亭婁兩縣附郭上海縣鶴沙浦滙泉沸如湧青浦縣薛澱湖波水爲

要害

關隘無

常州府

三江之雄潤五湖之腴表晉周處風土記澤國錯於山國

郊原四通諸峰溪秀外奥内曠萃乎神臯地里志毘

陵北江稱天塹矣水經注西跨朱方東帶御亭孟河

楊舍皆阻險之要津毘陵舊志山實東南秀唐杜牧題趨湖

倚江擅三港之利分注運瀆宋胡宿晉陵記

武進縣北眺黄山南望馬蹟無錫縣諸峰蜿蜒拱輔於錫山衆水廻旋分流於震澤宜興縣洮滆遠引乎三江具區震蕩夫二曜江陰縣北抵江淮東連海道靖江縣馬馱大沙依山戍壤

關隘無

鎮江府

天限南北魏志襟帶江山表裏吳楚經塗四達城邑高明苞總形勝實維名都宋文帝紀因山爲壘緣水爲境齊志東通吳會南接江湖隋志揚州之都會京口之重鎮徐鉉集丹陽北固是吳關唐李白句西接漢沔北距

淮泗宋曾肇潤州集句浙西門戶宋劉寧奏言

丹徒縣日精月華山環萬歲留雲浮玉泉美中冷丹陽縣經山嶽峙舊擅標題練湖淵停今資灌溉金壇縣山孤秀於東南水澎湃於溪瀆

關隘無

淮安府

淮泗環帶於西北湖海設險於東南左襟吳越右引汝沛舊志水陸交通晉荀羨語連山阻海金侯摯語二城雄峙輔車相依名勝志南啓上游之門戶北仡江表之藩垣本郡志

山陽縣附郭鹽城縣海嵎之剛陵淮陰之屏障清河縣雄據大河桃源

縣淮泗東縈邳徐西倚安東縣齊魯之障屏沭陽縣淮揚保障用武奧區海州歷天入海淮之巨鎮贛榆縣鎖鑰全淮邳州南北衡襟宿遷縣山橫河透秀障瑤環睢寧縣淮東上游淮西夾輔

關隘

南鎖關　安東關　柳淮關　淮北關　涇河關

以上俱在山陽縣　劉馬蔣關宿遷縣

揚州府

地控三齊南齊郡志嶠嶠揚州江淮之滸揚雄揚州牧箴重江複關之隩四會五遠之莊鮑照蕪城賦承平繁華之會多事馳鶩之衝宋淮揚志陸集輪蹄水連梯航驛騷供

帳無虛日舊志陂湖聯郡沃壤無際天賜南兗以屏幛眞德秀奏議六路轉輸五塘蓄洩東南粟趨赴之要衝也宋李傳記

江都縣襟帶江海控接濠滁儀眞縣商賈麕集闤市闐咽泰興縣距江瀕海爲郡東南之要害高郵州三十六湖若環若玦水汎齧堤隄防是急興化縣湖溪瀦淮地處僻壤寳應縣運河通漕東南喉領泰州區堡星羅汙墳相半如皐縣勢壓諸島氣吞吳會通州五山突起狼福對峙東南百二之金湯

關隘無

安慶府

淮服之屏蔽江介之會衝朱縡壁記南瞰大江上游門

戶宋史海門第一關乾坤孤峙楊載語瀕江帶湖連山爲犄角舊志全楚要衝隋地理志東聯無爲南合九江彭蠡諸水浩渺大觀陸游記

懷寧縣附郭桐城縣盛唐要害潛山縣層巒疊障爲長淮之捍蔽太湖縣湖瀕平陸山峙扼險宿松縣隘嶺絕險荆舒界限望江縣漳湖外障

關隘

集賢關在府城北十五里北峽關桐城縣北四十五里龍井關在潛山縣東四十里駕霧關在潛山縣西四十里大關在潛山縣石籠口小關在潛山縣茅嶺海門第一關在宿松縣小孤山

徽州府

東有大鄣之固西有浙嶺之塞南有江灘之險北有黃山之阸即山爲城因谿爲隍羅府教記百城襟帶宋晏殊類要三面距江太宰倪岳記地勢斗絕山川雄深學士程敏政新安文獻志序鳥道縈紆府志拾遺山峭厲水清激朱熹新安記據浙江上游水雲深處新安續志序新安大好山水可以臥治梁書徐摛列傳

歙縣浦口嵌巖峭峙兩港合流僻處一隅屹如保障

休寧縣高山浚川長林沃野微之樂土尤在休寧

婺源縣重山複嶺異材間出

祁門縣重岡列岫清淑之氣融結於中

黟縣坡隴左袤壑谷右浚黟邑桃源烟霞百里

績溪縣山窮入雲水駛激射新安門戶吳越屏藩

關隘

新安第一關在歙縣南紫陽橋上叢山關在績溪縣北三十里名永安鎮翬嶺關在績溪縣西十五里曰太平鎮新嶺關在績溪縣西三里佛嶺關在績溪縣東十五里梅嶺關在績溪縣東南三十里

寧國府

東塹巨海西襟長江咽三吳扼五嶺唐李白西候亭頌阻以重山緣以大江陳簡甫良吏記名山勝川爲江南之甲崇慶寺記土控吳兼越州連歙與池白居易詩作藩南夏據吳上游陳勢大寧塔記寧國重藩宣城奧壤星分牛斗地控荊吳扼天下之咽喉作關東之襟帶南唐韓熙載宣州新

城記

宣城縣華陽敬亭麻姑行廊萬壑千巖雲蒸霞蔚南陵縣漳淮滙流川澤沃衍涇縣嶂山秀拔百丈孤搴水西溪壑尤名勝壤寧國縣岡巒四塞鬱爲巖壑旌德縣鳥道縈迂舟楫阻限實徽寧之孔道太平縣四境山環望若屏畫

關隘

千秋關在寧國縣東北二十里雲梯通浙江於潛縣叢山關在寧國縣南四里

池州府

浸以秋浦鎮以齊山南唐徐鉉記山川清曠秋浦志依貴池之美據石城之固唐裴度廳壁記俯瞰大江仰以崇島李虛已記江山千里襟帶六朝宋曾肇池州記清溪南來九華

東引宋盛約記地形峻峙前瞻廬阜之奧區天塹横陳中接荆吳之聲援翰苑新書

貴池縣大江繞背長湖盪胸青陽縣九華競秀神采奇異銅陵縣東西鵲岸大小牛關爲長江之津要石埭縣山城壁立勢聳雲表建德縣天馬南來丹雲結秀蚓河西繞玉帶紆文東流縣北帶皖江南控湖口

關隘無

太平府

姑孰衝要密邇金陵南齊詔博望開織天限巖峻龍山南指牛渚北臨陳宣帝詔左天門右牛渚鐵甕直其東石頭枕其北宋洪邁碑記扼三江之襟要據江淮之

腹心元郝經議采石股肱有負險臨前之勢非止蘄靳自守宋陳亮議

當塗縣江山之勝天下之奇處蕪湖縣山連吳楚水合湖湘繁昌縣山僻奥區土稱沃衍左據浮丘之勝右攬獅嶺之奇

關隘無

廬州府

淮甸沃壤王應麟地理考腹巢湖控渦潁膺濡須枕灊皖韓無咎風土論舒六之貢利盡吳越晉伏韜正淮論淮右咽喉之地江北視爲唇齒曹明之新城記

合肥縣附郭舒城縣山川盤礴廬江縣內資陂澤之饒外借水陸之便無

爲州南瀕大江北界淸淮巢縣大秀前拱金庭後托六安州阻山帶澤之福地霍山縣灊臺突兀一峰底柱英山縣淮楚襟喉

關隘

竹林關去府城六十里北峽關在舒城縣南四十五里冷水關去廬江縣七十里兩山夾道如門金子關廬江縣金華關廬江縣東關巢縣東南四十里西關巢縣東南三十里柳林關英山縣石門關英山縣梅子關霍山縣金雞關霍山縣

鳳陽府

背渦浦之曲流望馬丘之高澨魏王粲浮淮賦阻淮帶山元史地理志長淮引桐柏之源橫其北雲母領衆山之

秀阻其南東帶濠水西距虎山實形勝之區舊郡志

黃河天塹劉昺語

鳳陽縣附郭臨淮縣淮南險要五河縣淮滙要衝虹縣楚宋之交淮泗之背定遠縣地分雙派天闢二雄懷遠縣臨濠據險泗州水陸都會盱眙縣控兩淮之要天長縣平疇坦蕩重湖陂澤宿州右接徐豫左攬江淮靈璧縣陵谷周旋山河環繞壽州扼淮上流水陸輻輳霍丘縣淺灃如游龍探水蒙城縣南北咽喉鍾離藩翼潁州雄鎮有控扼之勢潁上縣東連三吳南引荊汝太和縣僻小而名區亳州地僻而浮

關隘

臨淮關在臨淮縣臨淮門外正陽關在壽州盱眙關在盱眙縣亳州

關在亳州　東關　西關　南關　北關在潁州

徐州

南屆江淮左右清汴南宋王元謨議山接西南東趨以極於海河濼西北南注以達於淮上游雄視萬壑爲宗舊志呂梁齟齬橫絕乎其前四山連屬合圍乎其外宋蘇軾沂泗諸水在其前冀東兖豫皆可接引在懷抱拱揖之內洵東方一形勝也禹貢註

蕭縣帶汴襟淇阻山控湖　沛縣平原曠野土地莽沃　碭山縣近齊魯而聯鄭魏郊坰曠衍四望瀰瀰　豐縣華山泡水拱環聯絡

關隘無

滁州

長江天塹地理志水口烏衣二鎭碁置西北諸山繞之爲東南形勝之區州志清流馬鞍聯絡如柵宋史清流雄峙夙號巖關失名

全椒縣清淮灌北烏江蕩南盧鳳畛接滁和車輔來安縣湖山控制爲邑巖險

關隘

清流關在州西南二十里

和州

左挾長江右控昭關夗梁峙其南濠滁環其北可以壯淮南之藩維重江表之保障州舊志當江淮水

陸之衝爲姑孰金陵藩蔽宋地理志

含山縣山勢雄峻勢若呑含

關隘

石湖關在州境東宋紹興間張俊設砦駐兵爲守白塔關在州西四十里斗峴關在州西北四十里渭野關在州北五十五里即夾山鋪兩山壁立聳峭夾道約五里餘山口崎嶇和與滁接界含山關在州西四十五里東關在含山縣南七十五里濡須塢之北岸其地峻險周圍皆石湖左右於上夾築兩城三國吳時留兵千餘人使金端留略守之魏遣諸葛誕胡遵圍東關將壞其堤諸葛恪率四萬衆大破之遂退

廣德州

巖頭屹立如關扼要地理志東亭激澈水爲繞障湯景

仁語長虹鎖鑰金牛蜿蜒朱壽昌記竹山疊嶂迴環拱揖

泉石之勝王介語

建平縣故鄣沃壤

關隘

苦嶺關在州治東南七十里

江南通志卷之第七

山川 關津橋梁附

瞻嶽立者不必俟衆山之秀近滄瀛者不必羅萬壑之幽蓋名勝之難兼也其勢固然以言江南則異是既有灊嶽稱嶙峋矣而黃山九子復擁衛之既有東海稱浩淼矣而三江五湖復縈繞之至齊雲浮渡虎丘靈巖一石一泉皆可備閩粵神臯之目矧鎮天門而通地肺如蔣茅如金焦尤難屈指乎夫地靈人傑求所謂嵩高降神以揚厲其氣固不係乎區區登覽之間矣至謹關梁占利涉則度

地者宜加詳焉志山川

江寧府

鍾山在府東北一日金陵山一日蔣山一名北山一名神武山俗名紫金山周迴六十里高一百五十八丈諸葛亮對吳大帝云鍾山龍蟠指此漢末秣陵尉蔣子文逐盜終於此孫吳以其姓名山南齊周顒隱此顒應詔出仕孔稚圭作北山移文是也山上有太子巖即昭明讀書臺八功德水在其下山南有岡曰獨龍峯曰玩珠山半有井曰應潮舊志云井與江近地脈相通或有之南麓有霹靂溝有曲水晉海西公疏以宴百僚宋時以三月三日祓除於此朱紫陽云天下山皆發源於岷山蔣山實其脈之盡者自孫吳建都以來便稱佳麗名賢勝蹟茲山特富琳宮梵宇窮極華美計七十餘所至今傳爲盛事

龍廣山在太平門內鍾山之附庸也

覆舟山在太平門內與鍾山支脈相連狀若覆舟故名劉宋時山臨元武湖改名元武陳高祖與北齊兵大戰即此舊

在甘露亭北郡壇藏氷井**鷄鳴山**在覆舟山西北臨元武湖舊名鷄籠山高三十丈周迴一十里明初置測象臺於山昔宋雷次宗開館於此齊竟陵王子良集四學之士抄五經百家之書即此地**祇闍山**在鷄籠山西舊有祇闍寺**石頭山**在府西二里諸葛亮云石頭虎踞是也後有駐馬坡諸葛亮常駐此以觀形勢**幕府山**在府西北二十里晉丞相王導建幕府於此故名壟多石古人煆以爲灰又名石灰山北濱大江東與直瀆諸山接爲建業門戶山有五峯有達摩洞武帳堂虎跑泉**獅子山**在城西北二十里晉元帝渡江見此似北地盧龍又名盧龍山明太祖嘗伏兵於此大破陳友諒於山下**馬鞍山**在府西北二十里南接石城**四望山**在定淮門外府西北二十里吳大帝嘗與葛元登此晉溫嶠伐蘇峻亦置壘於上**大壯觀山**在府北十八里南臨元武湖陳宣帝起大壯觀於此**直瀆山**在城北二十五里旁有直瀆吳孫皓所開初晝穿夜復塞役夫夜卧見鬼物填之且曰何不以囊盛土免吾之填如

其言乃成東北注大江

觀音山 在觀音門外北濱大江西引幕府諸山東北一石吐江濱三面懸壁絶巘勢欲飛去名燕子磯上有亭名俯江從石罅下窺猶見江轉磯底金焦而上一大觀也

戚家山 在城南五里今大報恩寺後當是其處南唐遺事云韓熙載居戚家山即此

梓桐山 在城南一十五里山下有謝氏詩樓及翻經臺基存

聚寶山 在城南聚寶門外山產細石如瑪瑙故名其東嶺爲雨花臺山麓爲梅岡晉豫章內史梅賾家於此舊多亭榭今廢自六朝訖今爲人士遊覽勝地

紫巖山 在城南一十五里陳軒金陵集載李建勳春日紫巖期客不至郎此

青龍山 在上元縣東三十里山產石甚良土人取爲碑礎 皇清給事中徐惺奏允禁止

祈澤山 在上元縣東南三十五里東連彭城北連青龍有泉達於地類慧泉宋爲詞於側有碑元改爲寺舊經云初法師講經於此有龍女來聽既而神泉湧出座下後遂爲祈禱雨澤之所故名

彭城山 在上元縣東南四十五里下有彭城橋

鴈門山 在上

元縣東南六十里西連彭城南連大城山勢綿亘類北地之雁門

符堅山在上元縣東六十里北連大城

大城山在上元縣東七十里西連雁門北連竹堂

白山在上元縣東三十里東接竹堂南接鍾山西有水下注平陸山產奇石可爲碑礎梁章載背築室居此不出籬門者十年

雲穴山在上元縣東八十五里南有水流入石驢溪有洞甚幽邃天欲雨則穴中雲出故名

竹堂山在上元縣東南七十五里東連雲穴西連白山南連大城北有水下注平陸

湯山在上元縣東南六十里神泉鄉有湯泉出其下大小凡六穴張勃吳錄云丹陽江乘縣有湯山出泉今上元卽江乘地

雉亭山在上元縣東北四十里慈仁鄉俗呼騎亭山石邁古迹編云齊武帝東遊鍾山射雉故名或傳吳時蔣山神執白扇乘馬見於此呼騎亭山

畫石山在上元縣長寧鄉北臨大江西連攝山

攝山一名繖山在上元縣東北四十五里周廻四十里高一百三十二丈山多藥草可以攝生故名齊時隨石勢鑿佛像千餘名千佛嶺下爲天開

巖嶺傍有白乳泉俱山勝處陳慶之破齊師擒蕭軌即此**衡陽山**在上元縣東北四十五里清風鄉南接雉亭山**臨沂山**在上元縣東北四十里西臨大江因西南有臨沂故城遂名**武岡山**在上元縣東二十五里石邁古迹編云山有石佛十餘軀舊傳唐武后造未詳鄉民歲時祈禱一名墓山**土山**在上元縣東南二十里一名東山與石脈相望山無石晉謝安嘗遊陟於此以擬會稽東山即與謝元圍棊賭墅處今有謝公墩即安與王羲之所登悠然遐想之處**石硊山**在上元縣東南二十里崇賢鄉一名竹山祥符圖經云有大壟悉是石故名輿地圖云方山石硊秦鑿岡壟所斷之處**方山**在上元縣東南四十五里一名天印山周二十七里高一百一十六丈四面方如城秦淮經其下輿地志湖熟西北有方山山頂方正上有池水丹陽記形如方印故曰天印**張山**在淳化鎮之北舊隸江乘縣齊欽明皇后葬江乘張山即此**夏侯山**在江寧縣南二十里梁夏侯亶居此故名**牛頭山**在江寧縣南三十里雙峯如牛

頭一名天闕山梁武帝建寺於石窟下名仙窟又有文殊辟支二洞白龜虎跑二泉後有昭明飲馬池自山徑中趣數百級古杉檜行列而上有佛宮曰弘覺寺寺有浮圖二殿閣廊宇依山結構望之如畫屏北與獻花巖祖堂山相連佛經所謂江表牛首是也宋大明中立郊壇於山之南峯其東爲上公山又東爲大山小山相聯絡

花巖山 去牛頭山南五里左有西風嶺右有天盤嶺山之北麓有八盂塘通龜沖沿山一石橋入山徑上至花巖寺右有巖甚深廣佛書云唐貞觀間有僧法融棲巖下修定大雪時忽有奇花二莖生於巖側又有白鳥獻花之異故名明成化間始建寺於山之半傍有大觀堂後有峯削出中嵌芙蓉閣下有六觀亭巖戶有歸雲亭東有補衲臺待月臺西有長庚池山之奇勝處近獨稱此

祖堂山 即花巖後山劉宋時名幽棲山後因法融得道於此爲南宗第一改今名有幽棲寺

觀山 在江寧縣南三十里東有水注新林浦

吉山 在江寧縣南四十里宋征虜將軍建成侯吉翰葬此故名

小龍山 在江寧縣南四十里

陰

山在江寧縣西南一十二里臨大江晉王導至此此山神見夢於導以其事聞爲立廟故名

三山在江寧縣西南五十七里輿圖志云積石森鬱濱於大江三峯行列南北相連晉王濬伐吳舟過三山即此

湖山在江寧縣南三十里上有湖歲旱不竭

車府山在江寧縣南四十里六朝嘗於此山藏車乘器甲故名

星山在江寧縣西南五十里西臨大江舊經圖云昔有大星落此故名又有落星洲在城南三十里上有小阜高數尺

橫山在江寧縣東南一百二十里四方望之皆橫故名山有十五峯一曰橫望山

銅山在江寧縣東南七十里傳云昔人採銅於此故名金陵集載鮑照過銅山掘黃精詩云銅溪晝沉森孔賓夜泪滴今廢

烈山在江寧縣西南七十里乾道志云山近烈洲瞰大江風濤洶湧商旅嘗泊舟以避烈風故名山頂舊有侯將軍廟祀陳將侯瑱

白都山在江寧縣西南七十里臨大江輿地志云昔有白仲都於此學道昇仙故名山下有白都湖又有仲都祠壇吳諸葛恪誅其[illegible][illegible]載其母走孫峻遣張承追斬

於白都　**鼓吹山**在江寧縣南八十里北有水四望卽此孤絕宋孝武登此奏鼓吹故名　**慈姥山**在江寧縣西南一百一十里二百步輿地志云山臨大江巖壁峻絕上出竹堪爲簫管山南有慈姥神廟南界太平　**天竺山**在江寧縣西南一百二十里東有水下注慈姥浦唐有天竺僧移寺於此故名　**龍口山**在江寧縣西南三十五里　**白蕩山**在江寧縣西南七十里北接高壚山　**青山**在江寧縣西南四十里實錄云梁置幽巖寺永康公主造釋法集有牛頭佛窟寺大毘曇師傳云承聖二年法師入秣陵青山始創舍名曰幽巖與佛窟相去十里　**茅山**在句容縣東南四十五里初名句曲像山形也漢茅氏兄弟居三峯得道曰茅山大茅峯下有華陽洞喜客泉中茅峯在大峯之前小茅峯在中峯之背積金峯在大峯中峯之間石多奇狀茅山記云秦始皇二十七年遊會稽還於此山埋白璧一雙深七尺李斯篆刻文又曰王莽地皇三年遣章邑獻銅鐘五口黃金百鎰贈之於三茅君又云光武建武元年遣使以黃金五十觔獻三茅君項

有埋金處又有丹砂六十觔鎮於此山山有泉流皆赤色飲之延年許邁云茅山是洞庭西門潛通五嶽陶弘景云東通王屋西達峩嵋南接羅浮北連岱嶽

虎耳山在句容縣東三十里一名苦耳山

崙山在句容縣東北五十里東連駒驪唐肅宗時謁者伍達靈在此得道去後記於絶頂石壁今尚存彷彿可辨山下有伍達靈壇

駒驪山在句容縣東北六十里吳諸葛恪出獵見一小兒衆莫識恪引白澤圖曰兩山間其精如小兒名曰傒囊

絳巖山在句容縣西南三十里一名赭山上有龍穴祠壇地志云漢丹陽縣北有赭山其山赤色

姜石山在句容縣西北二十五里有梁南康簡王墓

戍山在句容縣北六十里相傳沈慶之嘗戍兵於此故名

射烏山在句容縣北五十里湯水二其源皆出於此

竹里山在句容縣北六十里方輿記云山途甚傾嶮號曰翻車峴晉劉牢之斬王恭帳下督顏延宋武帝破桓元將吳甫之皆在此

華山在句容縣界方輿記云梁武帝登此山問華山何如蔣山高薛對曰華山高九里似

與蔣山等泉水倍多戚氏志云秦淮出此

彭山 在句容縣南七里山水明秀上有白巖寺

呂山 在溧陽縣東北二十五里洮湖之上周處風土記云昔呂姥於此得道寰宇記與常潤分界

巖山 在溧陽縣西十一里北接姥山晉李閎斬韓晃處

三鶴山 在溧陽縣東南六十里一名仙山相傳有潘氏兄弟得道化鶴而去

石屋山 在句容縣南六十里西有鑄劍坑乾道志云吳王使歐冶鑄劍於此

大石山 縣志云上有龍洞二字宋淳祐間汴人趙昕書山麓有白龍祠傍有龍池冬夏不竭禱雨多應

桂林山 在溧陽縣西南三十里

石門山 在溧陽縣西南十五里

盤白山 一名高遂山上有太虛觀第二峯石上有仙人跡觀有碑載晉盤白眞人事

鐵山 在溧陽縣東南五十里古嘗出鐵今坑冶遺跡久廢

三王山 在溧陽縣西南五十里一名三首山相傳楚王與眉間尺并一客三首葬此故名眉間尺楚良冶干將之子也

雲泉山 在溧陽縣東南三十五里

伍牙山 在溧陽縣西南六十里一名護

牙山輿地廣記云子胥伐楚吳經此還故名

茭山在溧陽縣西六十里縣志山東畔有石壁臨溪甚奇削宋丞相明進士彭謙築墅於此趙葵壁間有題

平陵山在溧陽縣西三十五里西有平陵城舊經云晉李閎執蘊逸於此

黃山在溧陽縣西四十二里山下有黃鶴池

曹山在溧陽縣西北八十里一名曹姥山昔曹姥獨居此山死於石室後人為置聖姥祠於山下

雷公山在溧陽縣北三十七里一名雷山舊志云巖石奇怪泉流精潔俗傳有雷公鑄劍於此

瓦屋山在溧陽縣北八十里山形連亘兩崖陡起如屋

小岈山在溧陽縣東北二十五里洮湖中一名小巫山輿地志云延陵禾世二縣界中有岈山山下有石堂堂內有虎跡水涸郎見

大岈山在溧陽縣東北四十五里洮湖中望之若浮

丫髻山在溧陽縣北八十里兩峯峩然齊高如髻一名丫頭山

中山在溧水縣東南十五里一名獨山不與羣山相連

東廬山在溧水縣東南十五里有水源三一源自山西流入秦淮一源自山

東北流入馬沉港一源自山東南吳漕流入丹陽湖俗傳嚴子陵結廬於此**顱船山**在溧水縣南十二里一名感泉山建康志云山陰有青絲洞泉脈泓澄四時不竭南有張沈二士書堂井曰遺址不知何時人**赤虎山**在溧水縣北三十三里金陵志作赤龍**回峰山**在溧水縣東南四十里上有龍池下有龍泉東有水注平陸**仙杏山**在溧水縣東南四十三里舊經云絕頂有杏林及仙人足跡故名有仙壇丹井山下有清泉流入丹陽湖**杜城山**在溧水縣南一十二里隋大業末杜伏威常屯軍於此故名舊有廟及戰場**烏山**在溧水縣北二十里**無想山**在溧水縣南十八里上有禪寂院院有韓熙載書堂**方山**在溧水縣南六十里與芒山青龍洞相接**芝山**在溧水縣東南七十里有李鷰二洞相去里許深不可窮昔宣州田頵舉兵邑人避難於此**鎮山**高淳古鎮也山因以名縣治在焉**學山**在高淳縣東一里儒學在焉**遊子山**在高淳縣東四十里山有石壇舊傳孔子適楚經此**大山**

在高淳縣東六十里**橫山**在高淳縣東二十里**大游山**在高淳縣東三十七里**城門山**在高淳縣東五十里**遮軍山**在高淳縣東五十里山北有水入固城湖**荆山**在高淳縣東六十里舊志云卞和得玉處訛也**禪林山**在高淳縣東南二十五里**秀山**在高淳縣東南三十里舊傳有仙過此以鞭畫路形如之字四面皆應今四之字見存山上松栢旋伐旋生亦異驗云**花山**在高淳縣東南三十里上產白牡丹名曰仙花**龍洞山**在江浦縣西二十五里西接天井東連西華馬鞍定山縈紆起伏距任豐白馬孝義三鄉境上有泉洞故名**天井山**在江浦縣西三十里上有石罅深不可測**西華山**在江浦縣西一十五里**定山**在江浦縣東北二十五里上有獅子峯**馬鞍山**在江浦縣西十里山後有觀音洞**四潰山**在江浦縣西南懷德鄉十都舊志項羽敗於垓下走至東城所從惟二十八騎漢兵追者千餘引騎依四潰山爲圓陣石有走馬痕或曰漢軍四面圍羽羽兵潰圍斬將於此

故名卽今四馬山也**陰陵山**在江浦縣西南四十五里卽項羽失道處**六合山**卽定山也在六合縣南六十里山有十峯曰寒山雙雞芙蓉高妙石人獅子泉三虎跑眞珠白鼉巖二觀音達摩今獅子峯與珍珠泉在江浦之定山**靈巖山**在六合縣東一十五里其巖高峻南有偃月巖巖下有法義禪院武宗會昌五年除佛教嘗造道觀咸通中僧神見重恢建**符融山**在六合縣東北三十里舊志云符堅弟符融嘗築城於此故名俗作芙蓉城**塔山**在符融山五里**瓜埠山**在六合縣南三十里滁水經此入江山峭絕若砥柱舊傳魏主臨江處有盤道與井皆其所鑿**小帆山**在瓜埠山東五里大江中流矗起高八九丈周半里水落痕出長丈許山頂白如礬俗呼爲礬山一名石帆上有落帆將軍廟北有出佛洞江流至此甚險舟人鮮不乞靈者鮑照有銘**赤岸山**在瓜埠山側一名紅山山巖與岸數里土色皆赤故名**馬頭山**在六合縣東北三十五里舊傳云山峯雄秀絕頂一石高丈餘崔嵬突出一穴圓徑尺許

水清不竭人以絲一雙懸石投之絲盡莫測其底世傳以爲有龍居焉歲旱禱雨輒應

宣化山在六合縣南六十里舊志云晉安帝置秦郡於六合宣化江上六合之名始此

冶山在六合縣東北二十五里相傳吳王濞於此鑄錢因名

桃葉山在六合縣西北七十里舊志云隋伐陳詣冶山祇坦寺問解脫禪師何以克陳師云乘桃必克乃造桃葉舟渡江息此山傍故名

晉王山在六合縣南六十里舊志云隋煬帝爲晉王時總兵伐陳出六合鎮於此山

黃悅嶺在江浦縣西北十五里明初新鑿通江淮東葛驛路爲南北通衢

白土岡在上元縣東北連鍾山其土色白隋賀若弼於此擒蕭摩訶

皇清順治十六年總督郎廷佐大破海寇於岡下

二郎岡在雨花臺北有二郎神廟故名

段石岡在江寧縣二十里丹陽記云東有碣石長二丈折爲三段乃吳大帝天發神讖碑或云皇象所書因以名岡今移石於府學中

石子岡在江寧縣西南十五里吳志云諸葛恪爲孫峻

所害投於此此岡先是童謡云諸葛恪何弱
弱蘆葦單衣篾鉤絡於河相求成子閣

落星岡 在府西北九里梁王僧辯連營立柵至落星墩以拒侯景及唐李白嘗於落星石以紫綺裘換酒皆此地

武帳岡 在臺城宋文帝嘗宴於此敕諸子且勿食須至會所賜饌日旰食不至有饑色乃誡之曰汝曹少長豐佚不見百姓艱難今使爾識有饑苦即此地

大江 江源發自岷山合湘漢豫章諸水繞城之西南經西北過鎮江東流入海一名楊子江

中江 在溧陽縣西北三十五里或云即禹貢三江之一今名永陽江下流入宜興縣界

秦淮 在上元縣東南始皇斷方山長壟爲瀆故曰秦淮淮有二源一出句容華山一出溧水東廬山合源方山埭兩淮北流西入通濟水門南經武定鎮淮飲虹三橋又西出三山水門沿石城以達於江

靖安河 在靖安鎮下一名古漕河設關爲防禦稍南出大江曰上新河以通市船

新河 在江東門外稍直西五里通出大江曰中新河

珍珠河 在上元縣北納落星澗水陳後主泛

舟於河遇雨浮漚生宮人指爲珍珠故名**沙河**在江浦縣東三十里宋范仲淹領漕時以大江風濤之險開此河引水支流下至瓜埠入江**後河**在江浦縣西北三十五里源出廬州舊梁縣至縣茅塘橋東出瓜埠入江**芝蘇河**在江浦縣南六十里由大江入遵教諸鄉出西江口入海**滁河**在六合縣境上自滁和二州界三汊河口而下合爲一河流至縣由瓜埠入江吳孫權爲堰塞滁塘水以淹北道者即此**冶浦河**在六合縣東二里其水東北通天長東南入滁河合流**下蜀港**在上元縣東北一百里俗呼爲官港**大勝關港**在江寧縣西南內合板橋新林浦爲一流入大江**曲水**在蔣山南建康志晉海西公於蔣山立流杯曲水延百僚水經注云舊樂遊苑宋元嘉中以其地爲曲水**元武湖**在太平門外一名蔣陵湖晉元帝名北湖宋文帝改習武湖元嘉中因黑龍見改名元武湖**太子湖**在丹陽鄉周十里一名西池晉明帝爲太子時修西池多養武士於內**穩船湖**在佛寧門外明洪武間引江水

瀦以泊舟

半陽湖在上元縣東北四十里一壑而冷熱相半可淪鷄魚入輒死民引熱水漑田一歲再熟

燕雀湖一名前湖後塡塞

張陣湖在石頭城後相傳蘇峻與晉軍戰即此

三城湖在江寧縣西南七十三里湖中舊有三小城故名

莫愁湖在三山門外有妓盧莫愁家湖上故名

婁湖在江寧縣東南一十五里吳張昭鑿漑田二十頃以昭封婁侯故名

絳巖湖在句容縣西南三十里一名赤山

江城湖在句容縣西北六十里

千里湖在溧陽縣東南一十五里晉陸機云千里蓴羹未下鹽豉指此

洮湖在溧陽縣北五十三里名長蕩湖周處韋昭酈道元皆謂五湖之一東連震澤

臙脂湖在溧水縣西一十里明初命崇山侯鑿石穿流以通運道侯焚石而鑿之石盡赤故名西北通大江南通兩浙

沙湖在溧水縣南六十五里周廻五十畝今開堰塘

丹陽湖在高淳縣西南三十里中流與當塗縣分界東連石臼湖固城湖其源有三一出徽州府黟縣者爲舒泉一出廣德州白

石山者爲桐水一出溧水東廬山者爲吳漕水三湖滙合其流分二派一西出蕪湖一北出當塗姑熟溪俱入江

石臼湖在高淳縣西南三十里西連丹陽湖水注大江湖中有軍山塔子馬頭雀壘

固城湖在高淳縣西南五里有水四四山派東流舊入太湖後築爲壩

青溪發源鍾山吳鑿東渠名青溪九曲後楊吳築城斷其流今自城北塹潮溝南流入舊內經樂遊苑又西出竹橋入濠而絕又自舊內傍出淮淸橋與淸淮合此其一曲云

覆杯池在古臺城太初宮晉元帝頗以酒廢政王導諫之元帝因覆杯池中以爲戒

天淵池在華林園劉宋元嘉中鑿沈約八詠詩先從天淵池卽此

蓮花池在溧水縣南一百二十里

投書浦在石頭山北晉殷羨爲豫章守赴郡人多附書至石頭渚以書擲水祝曰沉者自沉浮者自浮殷洪喬不作致書郵

西浦在江寧縣南卽張碩遇杜蘭香處

江寧浦在江寧縣南源出太平路當塗縣界

新林浦在府西南二十里劉宋謝朓有新林自板橋詩宋曹彬破南唐兵於新林

港亦即**躍馬澗**在江寧縣西南**芳草澗**在六合縣
此地舊名落馬澗舊永定寺
之北**投金瀨**在溧陽縣西北四十里伍子胥奔吳至
北溧陽有女子擊緜瀨上子胥乞餐女子
食之已而女子投瀨死後子胥欲報
不知其家投金瀨水而去李白有碑**玉兔泉**在上
縣儒學二門內秦檜未仕時宿**鳳凰泉**在鐵
學夜見白兔入地掘之得泉作坊**卓錫**
泉在江浦縣東北二十里定山寺山門之右梁時
僧達摩晏坐石巖思西域水以錫杖卓石遂得
泉**珍珠泉**在江浦縣東北二十里定山西南山麓
其地有泉噴出若散珠遂以爲名東流
一里合卓錫泉溉**湯溝泉**在江浦縣北三十里駱
田數十頃流入江駝峯北流入三汊河溉
田數十頃**五堰**東坡奏議云溧陽之西有五堰者
通於江古所以節宣歙金陵九陽江之衆
水直趨蕪湖後商人販木入浙以堰阻絡官廢
之遇漲則入宜興之荊溪而水患自此始矣**余**
家堰在溧水縣東南一百十五里東通太湖
西入長江昔吳王闔閭伐楚開此運糧**運瀆**

吳大帝使郗鑒鑿城西運瀆自陡門橋西北經乾道太平諸橋皆是今多湮塞

蔡洲在上元縣西二十五里江中劉宋高祖擒盧循於此王安石有詩

白鷺洲在江寧縣西南大江中李白詩二水中分白鷺洲

景陽井在臺城內一名臙脂井陳后主與張麗華孔貴嬪投其中後人名爲辱井

響井在江寧縣南六十里井闌有元祐五年四字或以紗帛蒙其上作鼓聲投以瓦礫其聲如鐘磬然

保寧古井在保寧寺

義井二一在天禧寺側即今大報恩寺天聖五年丞相李廸鑿有記一在石子岡南唐保大三年置

焦婆井在聚寶山

上方井在溧水縣西二十里上方寺中世傳孫鍾種瓜處

魏太武井在瓜埠山中昔太武南伐起行宮於此故名

霹靂溝在上元縣東公里王安石有詩

謝公洊在溧陽縣北城即謝公洗硯處宋楊德俊建堂於上名曰硯池堂

附關津橋梁

龍江關在龍江宣課司旁　大勝關在府南二十里　石灰山關　江淮關　浦子口關江浦　石橋津　方山津　龍安津

江東渡並上元縣　新江渡　龍江渡　五馬渡並上元縣

桃葉渡詳見古蹟　竹格渡並江寧縣　蒲塘渡　何莊渡並溧水縣

高淳渡　固城渡　孔師渡　侯吳渡　諸家渡並高淳縣　浦子口渡　八字溝渡並江浦縣　回軍渡　宣化渡並六合縣

烏蠻橋上元縣大通街　大中橋一名長春　復成橋大中橋北

通賢橋成賢街前　北門橋通賢街西宋名武勝　珍珠橋北門橋東跨古珍珠河　淮清橋大中橋西以接秦淮青溪二水故名　竹橋元津橋北　清平橋內橋東　鎮淮橋聚寶門內即古朱雀航吳名元津　武定橋織錦三坊內舊名嘉瑞

通濟橋通濟門外 中和橋通濟橋東南 上方橋中和橋東南 陡門橋三山門内秦淮合運瀆處 鼎新橋舊名小新宋馬光祖重建 笪橋許事街北宋改名太平 武衛橋朝天宮西即古西州橋 内橋上元縣西運瀆合青溪處 昇平橋内橋東宋名東虹 大市橋内橋西宋名西虹 獅子橋鼓樓北與獅子山相望故名 高橋通濟門外 銅橋上方橋東 滄波橋滄波門外 秦淮橋上淮關北 金川橋金川門外 新橋在江寧縣雜役一坊 文德橋舊木橋明萬曆中易以石 上浮橋在新橋西 下浮橋在上浮橋西北 聚寶橋在聚寶門外亦名長干橋 賽工橋在馴象門外 三山橋在三山門外 通江橋在金川門外

皇清康熙年間重修 石城橋在石城門外 江東橋在江東門外 重譯橋在長干橋東即古烏衣巷口謂朱雀橋者非是 來賓橋在澗子橋南以近來賓樓故名 板

橋在城西南三十里牧馬橋在江寧縣東南南有浦水烏刹橋在江寧縣東南界溧水善橋在城西南十八里秣陵橋在江寧縣南五十里集仙橋在句容縣東南一里許白鶴橋在句容縣東南三里永安橋在句容縣南七里下小港歸秦淮降眞橋茅山玉晨觀西懸囊橋在句容縣西十五里周瑜嘗駐軍於此一名沿陸周郎橋在句容縣西二十里亦以瑜名官橋城隍廟街共渠合流坊市水春雨橋在溧陽縣中舊曰春市上水關橋下水關橋在溧陽縣東南明嘉靖間改徙學左名躍龍關覗瀆橋在溧陽縣東北通謝公瀆南安橋在溧陽縣南門外西成橋在溧陽縣西門外北固橋在溧陽縣北門外仙人橋在溧陽縣南十里鹽港橋在溧陽縣九里水古瀆官圩橋在溧陽縣二十里嘉定橋在溧陽縣四十里浚跨中江又名中江橋烏金橋在溧陽縣北五十五

里石出烏金檀石橋在溧陽縣六十里前有蟠龍堰藏舟橋在留倉西官船出入通濟橋在溧水縣大北門外一名東橋巫家橋在溧水縣南門外望京橋在溧水縣西北秦淮橋在溧水縣小西門外其下即秦淮水天生橋在溧水縣西十里明李新焚石鑿之神靖橋在溧水縣東南四十三里舊名神龍宋知縣李朝正易今名正義橋在高淳縣東永濟橋在高淳縣西漆橋在高淳縣三十里大葑橋在高淳縣東北十里水逼橋在高淳縣南三十里近宣城界淳化橋在江浦縣西明洪武初開新路甃石建阜安橋在江浦縣西街口石磧橋在江浦縣南三十五里茅塘橋在江浦縣北三十里橫橋在江浦縣四十里明洪武十三年建通浦子口驛路沙河橋浦子口城滄波門外通江橋在江浦縣萬峯門外龍津橋在六合縣南滁河上和清橋在六合縣東跨冶浦河以本爲之名冶浦

皇清康熙乙巳年知縣顧高嘉改造石橋易名和清
追人橋在六合縣來春門外宋太祖兵此故名
御南唐至
鍾秀橋在六合縣西
永定橋宋時建
青竹橋宋建
八伯橋唐開元五年建
善家橋在瓜洲與儀真分岐處
瓜埠石橋善橋
西北下入
茅家橋在六合縣南二十五里通陳里港
匠人河

蘇州府

虎丘山在府城西北九里吳越春秋云闔閭葬此以專諸魚腸劍三千爲殉越三日金精結爲白虎踞其上遂以名山其最者爲劍池兩崖劃開中涵石泉深不可測相傳秦皇發闔閭墓鑿山求劍無所得其鑿處遂成深澗稍前爲千人坐蓋神僧竺道生講經處大石盤陀徑畝高下平衍可坐千人臺側有點頭石以生公講經聚石爲徒石皆點頭故名臺左有千葉白蓮池又有秦皇試劍石清遠道士養鶴澗陸羽石井泉憨憨和尚泉晉王珣嘗據爲別墅山下因有短簿祠劉宋何求及弟點應並隱此山山上有浮圖雲巖寺梅花樓小吳軒平遠堂仰蘇樓五臺山千頃雲小竹林勝處甚多不能悉載

陽山一名秦餘杭山一名萬安在府城西北三十里高八百五十餘丈透迤二十餘里以其背陰而陽故曰陽山亦云四飛以四面視之勢若飛動也大峯十二而箭闕最高箭闕下有白龍洞嶺西有龍母塚東北有白鶴山其前有龍湫白龍廟在焉山產白墡亦曰白墡嶺又名

白蓮峯以下有白蓮寺也過金芝嶺曰管山山北大石湧出如蓮花其下有雲泉西爲陽抱山西北爲彭山溫山圖山皆近太湖其北竹青塘又北曰雞籠山甑山東南有福壽山盤迴不絕至南爪山過爬石嶺而北曰北爪山又徐侯山在陽山西北十里一名畢猶過嶺爲鳳凰山又南爲賀九嶺

華山 俗名花山在府城西巖石奇秀山半有池曰天池生千葉蓮服之羽化故名老子枕中記云吳西界有華山可以度難疑即此也又名天池山上有石皷又有石屋二間四壁皆鑿浮屠像其南爲鹿山漢陽山野演山龍山茅山西有雞窠嶺清流山東南爲龍池山

支硎山 在吳縣西二十五里晉支遁道林隱此而山多平石遂名支硎山有石室溫泉及放鶴亭馬跡石皆道林盤桓處自昔著稱其南石門兀立東跡爲觀音寺又云觀音山若南峯中峯皆其山之别峯也

天平山 在吳縣西南二十里支硎之南視諸山最爲崷崒林谷森邃詭異萬狀中有卓筆峯飛來峯臥龍峯巾子峯山頂曰望湖臺巨石曰照湖鏡山腹有白雲泉華蓋松又有穿山洞蟒蛇石及龍門南

趾有白雲寺范文正公祖墓在焉其西

金山 天平支壠有筆架峯其後羣石林立名萬笏林初名荼塢山晉宋間鑿石得金易今名上有石梁横架兩壁脉理不聯無所根蒂其下空洞通人行或謂類天台石梁

秦臺山 在天平之右與萬笏林相鄰相傳始皇遊會稽常登此故名其南則羊腸嶺嶺右爲白羊山嶺之南爲赤山長可數里土石多赭色

靈巖山 在吳縣西南三十里高三百六十丈一名石鼓山又名硯山西北絕頂爲琴臺可以遠眺宋范成大謂下瞰太湖及洞庭兩山滴翠叢壁在白銀世界中者是也石壁峭拔曰佛日巖平坦處曰靈巖寺浮屠在焉其麓爲館娃宮西施洞響屧廊吳王井浣花池石鼓琴臺俱詳古蹟山爲蘇城來脉不宜錐鑿明萬曆四十一年榷部馬之駿名各山主給價官買勒石山中

玉遮山 在陽山之南横列如屏今但呼爲遮山舊志爲査山其南有拔山花山苦竹山其北有蜀山山半皆拔起號曰鶴石東南有貞山初名蒸山以其雲氣如炊也東有官山馬山又東爲雅宜山本名雅兒唐青州刺史張濟女雅兒葬此

其南有朝山奇禾嶺五城山又東則爲眞如隖

小白陽山 在府城西舊名伏龍山左抱靈巖右帶穹窿前瞰太湖中俯平疇亦吳中之勝處舊有寄心菴今廢其南爲博士隖彌陀嶺竺峯嶺又東南則獅子巖又南則野芝隖皆連屬靈巖山

錦峯山 在府城西南宋兵部尚書鄭起潛居此淳祐中理宗書錦峯二字賜之故名

鄧尉山 在府城西南光福里舊名光福山在錦峯山西南去城七十里漢有鄧尉者隱此北有龜山光福塔在焉山之西北爲虎山中通一溪跨以石梁曰虎山橋其東麓三里有七寶泉虎山之南三里爲安山鄧尉西行歷烏山觀山朝山隖西磧山彈山過長旂嶺竺山至元墓出入湖山間梅花時一望如雪諸山惟西磧最高旁又有鐵山吾家山菲岡山石帆山褚山刑山遊城山長山皆附鄧尉山

彈山 在西磧之左其首在湖濱身橫亘六七里直接青芝山瀕湖處有七十二峯閣所據極勝

茶山 一名綉衣山在彈山之右狀類土阜而通體皆石南去太湖不百步六浮小峯若杯槃在案間

元墓山 在府城西南後晉青

州刺史郁泰元葬此故名山有萬峯寺樓閣翬飛湖光掩映其山之陰名至理山相連直抵呂山則孫家嶺蟲頭諸山漸人於湖南爲周山

法華山一名鉢盂山三面皆在湖中峯塢幽閒遊者鮮至其東有横山漁洋山

穹窿山在府西南六十里比陽山尤高越絕書云古赤松子採赤石脂處東西兩嶺相趨名曰銅嶺山高而頂平方可百畝半山有泉名法雨四時不絕可以灌田東下有盤石高廣丈許世傳朱買臣讀書臺穹窿寺在焉北有紫藤塢百丈泉海雲菴西有白馬寺

香山在府西南七十里與胥口相直吳地記云吳王遣美人採香於此或曰種香處西北連穹窿山傍有溪名香水溪

胥山在府西三十里圖經云吳王殺子胥投尸於水吳人立祠江上因名胥山山下有九折路南出太湖

姑蘇山在府西三十里一名姑胥姑蘇臺在其上司馬遷云登姑蘇之臺以望五湖即此也

横山在府西南十一里唐十道志云山四面皆横故名又以山臨太湖若箕踞一名踞湖山有芳桂飛泉修竹丹霞白雲五塢圖經隋嘗遷郡於山東以

山爲屏蔽周圍甚廣環以佛刹如薦福楞伽華寶堯峯皆迴繞焉

堯峯山 在橫山西南於諸山最高雨後烟浮團蓋不散疑井中龍噓所出寶雲泉所由名也山有十景淸暉軒碧玉沼多景巖寶雲井白龍洞觀音巖偃蓋松妙高峯東齋西隱西麓爲興福院上爲壽聖寺又西爲鴨踏嶺反陂山其南有寶華山長旗嶺其東有感慈塢又東爲吳山其南有昇猶山桃花塢漫衍六七里臨太湖白楊灣與吳江分界

楞伽山 一名上方山五通廟在其下

白雀山 即白石山

越絕書云故爲胥女山春申君初封吳更今名

黃山 在府城西南茶磨山北四里胥塘之北諸峯高下相連俗稱筆格山隋王世充破劉元進坑其衆於黃亭磵即此

岝崿山 在府城西南俗稱獅子山以形名吳王僚葬此山南有大石相傳爲隕星山右有玉臯曰鈴山左曰索山皆以獅子名山南頂上有巨石不如樓云是獅子兩耳自元以來鑿石且盡

何山 在獅山北一里梁隱士何求何點葬此

洞庭西山 在府城西一百三十里山踞太湖中一名包山以四面水

包之也漢書云下有洞穴潛行水底無所不通號爲地脉道書以爲第九洞天又名林屋山山週迴一百三十五里遥望一島而重岡複嶺茂林平野鐘梵相聞閭巷井舍不異市邑卽其地如神區別境其諸峯皆秀異而縹緲峯最高登其嶺則吳越諸山隱隱在目又有上方下方石公龍頭金鐸渡渚諸山雖皆山之支隴而逶迤起伏靈棲邃構隨高下各擅勝處名刹凡十有八而林屋洞毛公壇桃花塢消夏灣菴裏諸跡尤爲奇勝其地相傳無虎蛇雖而所産柑橘特佳洞庭之北曰橫山陰山爲晉陰長生煉丹處

禹期山 舊志作禹祈山在府西南八十里相傳禹導吳江以洩具區會諸侯於此相望則爲黿頭山思夫山

洞庭東山 卽莫釐山在府城西周五十餘里本名莫里山相傳隋莫釐將軍居之以洞庭在西故今稱爲東洞庭其山視包山差小而廬聚物産大畧相同

武山 在東洞庭之東周一十二里本名虎山吳王養虎於此其西爲三山昔有吳妃姊妹三人各居一峯殊靈異土人立祠祀之曰澤山

馬鞍山 在崑山縣西北廣袤三里高七十丈

狀如馬鞍山出玲瓏石粱沙門慧嚮居此出之嶺有華藏寺及浮圖七級玉泉井大小石浮圖南有桃源洞北有鳳凰石西有一綫天東有東巖又有紫雲巖桃源長陽洞西有文筆峯相傳宋孝宗時魁星見此衛涇及第始縣以崑山得名今其山割隸華亭縣界此則馬鞍山也

緯墩山在崑山縣顧阿英居此

虞山在常熟縣治西北一名海虞或云海嵎又名烏目山越絕書巫咸所居又虞仲隱於此故名其後有仙人洞東有桃源洞西北爲拂水巖過吳王廟五六里有試劍石又有三沓石與石城石門諸峯錯峙下有石壇又西西則寶巖灣其北六里爲破山

破山在虞山北六里相傳龍鬭而山破故名上有鬭龍澗旁有硃砂崖產赤珠山北岡巒相接即烏目山東北九十步有空心潭又有舜井

頂山在常熟縣西北本虞山之別峯山有齊女峯齊景公女葬此白龍池在焉西北有水簾洞兩山合流從石匡下注漫流若簾云

福山在常熟縣治西北四十里高九十五丈周五五里本名覆釜唐改爲金鳳後梁改今名

河陽山一名鳳凰山在常熟縣西

北四十里高一百二十丈周七里上有秀峯山頂有井常出醴水又有梁朝古檜及唐狀元陸器讀書臺**塔山**俗呼箬帽山在常熟縣北三十六里常熟晉處士夏統宣城太守邴臻嘗居此

山在常熟縣北三十七里本名銅官**范山**在常熟縣北三十六里高七十四丈周二百四十步相傳梁范巽兄弟居此故名**茯苓山**在常熟縣西北六十五里高數丈周三百步下有龍潭相傳舊産茯苓故名**宛山**在常熟縣西南五十里高七十丈周五里産石**顧山**在常熟縣西北五十里高一百七十丈周二十一里俗呼堅潤可爲硯

三界山亦**吳山**在吳縣西北二百十里一名吳山嘴**麗山**在吳江縣東南三里曰香山

古時有土堆高數丈橫亘**寶山**在嘉定縣東南八百餘畝其北即麗山山湖十里明永樂十年

有御碑文**應奎山**在嘉定縣學南有寺雄峙明成化間乃築山以障之嘉靖間又增築焉引

橫瀝涇環其下仍**鎮洋山**在太倉州治後周三百建青雲橋於上流步明弘治十年知州李

端築上有三峯三峯今廢**文筆山**在太倉州儒學明嘉靖十年知州陳璜築**穿山**在太倉州東北四十里山中有石洞前後通徹故名臨海記曰昔有海行者舉帆經其中今考其洞上猶通人來往**蛇山**在崇明縣東北界一名長山一名茶山**鶯遊山**在崇明縣淮河口爲崇江淮會師汛地**金鳳山**在崇明縣壽安寺後舊名金鼇

皇清康熙八年總鎮張大治知縣王恭先重築**太倉岡**在太倉州治東曰上岡身曰下岡身曰歸吳岡身在新安鄉曰青岡在惠安鄉曰王家岡**千墩**在崑山縣東南其北三十里地名木瓜有墩九百九十有九與此合爲千墩因名千墩浦**鳳凰墩**在崑山縣吳淞江南名姜里墩**兵墟**在崑山縣東二十里惠安鄉相傳吳王屯兵於此故名**林屋洞**在洞庭山吳地記云闔閭使靈威丈人入洞十七日不得盡因得禹書按洞有三門同會一穴中有金庭玉柱又有石皷石鐘擊之聲清遠漢劉根於此學道

大海 潮汐所通渺無涯際其沙港不可勝載崇明居海中太倉嘉定常熟亦各濱海俗謂蘇州海

三江 松江婁江東江也禹貢三江既入震澤底定史記正義曰三江在蘇州東南三十里名三江口一江西南上七十里至太湖曰松江古笠澤江一江東南上七十里至白蜆湖曰上江亦曰東江一江東北下三百餘里入海曰下江亦曰婁江其分處號曰三江口吳地記云松江東北行七十里得三江口東北入海爲婁江東南入海爲東江并松江爲三江按今三江一自太湖從吳縣鮎魚口北入運河經郡城之婁門者爲婁江一自太湖從吳江縣長橋東北合龐山湖者爲松江一自大姚分支過澱山湖東至嘉定縣界合上海縣黃浦由黃浦經嘉定江灣青浦東北流亦名吳松江者爲東江其實皆太湖之委也

新江 南北共四十二浦或接劉娘江或通老鴉涇或通車塘或通張涇或接磧礇塘或通大慈涇而北之陽城湖南之澱山湖水皆納焉

新洋江 在吳松江北出自松江而其流溉於橫塘通小虞浦

太湖 在郡西南三十餘里禹貢謂之震澤周禮

謂之具區謂之五湖左氏謂之笠澤其實今之太湖也其大三萬六千頃東西二百餘里南北一百二十里周五百里湖中有七十二山占蘇湖常三州北有百瀆納建康常潤數郡之水南有諸漊納宣歙臨安苕霅諸水東南之澤無大於此見水利及王鏊五湖記

石湖一名白洋灣在府西南一十二里有茶磨諸峯映帶頗爲勝絶郡志云范蠡從入五湖處宋參政范成大隨高下爲亭觀繪湖山圖孝宗書石湖二字賜之其東一溪北流橫塘曰越來溪自此與木瀆水合流出橫塘橋東入胥門運河曰胥塘北流閶門運河曰綵雲港

澹臺湖在府城南史記孔子弟子澹臺滅明南游至江家於此後陷爲湖

尹山湖在府東南二十里尹山市東北

陽城湖在府東北二十里瀦浸廣闊溉田之利甚慱來自吳淞江東流入於崑山

龎山湖在澹臺湖東其南入甘泉橋下流爲黎湖菱湖葉澤湖新湖九里湖清水蕩白蜆江小龍潭在焉

汾湖一名分湖分屬吳江嘉興也

鶯脰湖在吳江西南

漕湖本名蠡湖寰宇記云范蠡伐吳

開此故名其稱漕者或以其通漕運也

澱山湖此納東南諸水較他湖特大南屬青浦縣北屬崑山縣

府城河內從盤門納太湖水滙百花洲直北行至阜橋為第一直河自和豐倉東北行紆迴再折迤東入北而出單家橋為第二直河二水並與閶門西入之水會又自府治前達望信橋第四直河之水東南行出葑門為第三横河又自吳縣學從東直至長洲縣學東顧亭橋為第二横河此水出獅子口合葑門以北內濠之水俱歸婁門夏侯橋南十字河受飲馬橋第三横河西來水一從倉橋逶迤東行出葑門水關入婁江一從北行會第二横河水又會第一横河水出齊門北為第三直河望信橋水直北行至官太尉橋轉東出華陽橋南水口為第四直河閶門水關納楓橋運河水東至單家橋轉北經報恩寺前直出婁門為第一横河

運河即古之邗溝嘉興南來水自嘉興石塘由平望而北達府城為背江為南濠至閶門無錫北來水自望亭而南經滸墅楓橋東出渡僧橋交會於閶門外勢湍急故釣橋為第一洪

劉河在太倉州南為婁江之委

明末久堙皇清順治十二年知州白登明先開涇十四年巡按李森先用登明議復開劉河中段康熙十年巡撫馬祐題請開濬劉河復故道入於海海口建閘詳水利

白鶴溪 柿木涇引太湖水而南烏角溪北出滸墅經運河入射瀆相傳吳王嘗射於此故名

顧浦 在太倉州西南五里引吳淞江水入吉涇

胥口 乃太湖之委其水西流達于郡城之胥門出香山胥山之間兩山對峙中一水曰胥口自胥口東流北出鮎魚口

鮎魚口 在太湖之北北去吳江縣十八里且區水北流滙蠡塘過五龍橋盤門古塘分水墩其東闊一百三十丈者曰鮎魚口

松江東口 一名吳淞江古之東江也其南自鶴江西與青龍江合青龍北爲大盈諸浦

元和塘 即北來運河俗訛雲和塘南屬長洲縣北入常熟縣界西爲尚湖一名上湖長十五里廣九里上有虞山映帶頗爲奇勝

梅李塘 源自雉浦入耿涇千步涇迤邐常熟縣東出許浦入於海

福山塘 自常熟縣北四十里入楊子江爲福山港

白茆

塘南日七浦又一水東南流曰鹽鐵塘西接江陰縣東入太倉州界至和塘自氏城婁門東經沙湖入維亭至崑山縣楊林塘東至花浦口入海西由新塘上承巳城湖練祁塘又名練川界縣市中其西承吳淞江水其後江水不通別開水道與海湖接非復昔之練祁矣石井泉在虎丘山今名陸羽泉羽嘗以此泉為天下第三六品泉在吳江縣南五里張又新品為東南第六泉清激甘冽烹茶極佳吳王井在靈巖山言公井在常熟縣治北言偃舊宅傍雪井在虞山宋元祐中海陵徐神翁弟子申將南遊神翁曰逢虞則止無雪則開申至虞山始悟其旨遂揷竹為菴山峭無水一日大雪惟山坳不積申鑿之果得美泉

附關津橋梁

夾浦渡在長洲縣胥門渡在吳縣張涇渡在嘉定縣婁江渡在太倉州樂橋在長洲縣吳赤烏二年建飲馬橋宋淳祐丙午年建乘魚橋在子

城西北昔琴高乘鯉升仙之地夏侯橋相傳唐夏侯司空建烏鵲橋在長洲縣東右有烏鵲館故名帶城橋在長洲縣嘉泰元年建迎葑橋俱在長洲縣草橋近南圜顧家橋漢顧悌仕吳爲虎頭將軍父亡以孝聞郡人感之建橋臨頓橋臨頓吳時館名吳王嘗頓憩軍士因此置橋唐陸龜蒙居此苑橋萬壽寺西闔閭有苑囿在焉百口橋東漢顧訓五世同居聚族百口故因其所居名橋花橋白居易詩云楊州夢裏夢蘇州夢到花橋水閣頭鶴舞橋吳王夫差葬女舞鶴於市故名西館橋有館娃坊織里橋本吳王織里故名福民橋在府治前宣德間建石巖橋在府治西唐刺史白居易建名白頭橋有石刻三字明澤橋在西河上昇平橋在吳縣學西太平橋有太平坊宋皇祐五年建憩橋吳地記云吳軍憩歇于此因名市曹橋在周康王廟前來遠橋在胥門內梅橋一稱梅家橋在新橋南梅聖俞寓此

皐橋在閶門內漢議郎皐伯通居其側梁鴻所寓也至德廟橋有至德坊椰榖橋榖嘗居此錢駙馬橋五代楊行密女歸錢元璙故名西城橋在吳縣西弘治八年建榖市橋在鐵瓶巷內都亭橋在承天寺西吳王壽夢嘗於此作都亭以招賢士桃花橋入桃花塢處探橋在北濠子門虹橋俗名釣橋閶婁齊葑盤五門俱有惟胥門無釣橋夏駕橋南濠夏駕湖口俗名石灰橋來鳳橋在府城外

皇清順治間建通吳橋舊名通波跨烏角溪本木橋至和二年始易以石楓橋在閶門西七里舊作封橋江村橋在楓橋西南南新橋北新橋俱在滸墅關張家橋在滸墅關便民通舟處竹青塘關在滸墅關北便民通舟處通安橋在陽山北竹青塘范蠡橋世傳蠡自此出吳江橫塘橋上有亭孟東野詩云未隨洞庭酌且醉橫塘席絲雲橋近橫塘跨絲雲港斜橋在木瀆鎮

虎山橋在光福西接太湖　龍塘橋在通安橋西　胥口橋在胥口　渡水橋一名具區風月橋　如京橋即盤門虹橋宋開禧二年重建改今名　吳門橋上有石刻三大字舊名新橋下有三洞最長又稱三條橋　越城橋舊名越來溪橋　行春橋在横山東下跨石湖　安里橋在葑門　滅渡橋在赤灣南舊以舟渡舟師專利行旅患之元大德間有僧自崑山來爲渡所沮發願募捌因名　寶帶橋在府西南十五里跨澹臺湖南北長三十餘丈今呼爲小長橋相傳爲唐王仲舒建捐帶助費故名　夾浦橋在鮎魚口下流　尹山橋跨運河久廢明天順六年重建　官瀆橋跨至和塘元至正二年建　狀元涇橋在維亭有潮到維亭出狀元之讖故名　永寧橋在婁門外

皇清康熙間邑紳蔣德埈重建　州東橋在崑山縣東跨東市河　酒坊橋舊名致和又名夢感　會仙橋在崑山縣清眞觀前　泗安橋在崑山縣北跨山塘涇　舞雩

橋在崑山縣學前　富春橋一名高板橋跨至和塘　明月橋在崑山縣西北跨西市口　駟馬橋在崑山縣東門外　眞儀橋在崑山縣西二十里

狀元橋在崑山縣東南石溪鎮　淞南第一橋在崑山縣千墩浦　縣橋在常熟縣前原名州橋　跨塘橋在常熟縣南　文學橋在常熟縣東北子游巷口舊名言偃橋　通濟橋在常熟縣東北通大江　慶仙橋在常熟縣西南舊傳爲徐仲翁昇仙之地　顯星橋在常熟縣東南二百五十步　保安橋在常熟縣東北元至正間建　富安橋在常熟縣小東門外路通東倉口　豐樂橋在常熟縣南門外路通南倉　杏花橋在常熟縣東南七十里　九折橋在常熟縣西北十五里　垂虹橋在吳江縣東門外東西千餘丈橋中有垂虹亭下門七十二洞洪武正統間相繼重修

仙里橋在吳江縣東世傳陳昉於此仙去故名　利民橋在吳江縣至正十四年建

淳安橋在吳江縣甘泉橋又名第四橋其水甚清冽在水品第六三江橋

連雲橋得春橋俱在吳江縣登龍橋在嘉定縣市淳祐五年建

孩兒橋在嘉定縣南拱星橋在嘉定縣圓通寺西清河橋在嘉定縣新巷口

桑浦橋在嘉定縣西南官橋在嘉定縣南仙槎橋在嘉定縣南翔鎮

槎浦橋在嘉定縣東嶽廟西海門第一橋即州涇橋在太倉州安福橋在晝錦坊南元天曆二年建俗名三洞橋太倉陳門二塘之水至此交會東出海門第一橋以入於海

致和橋在太倉儒學後武陵橋舊名會安鎮海衛前稅務橋在太倉武陵橋西

長春橋在太倉名宦廟前登瀛橋在長春橋西壽山橋在朱虎妻墓前在太倉城北

天曆橋在太倉即杜賣香橋鍾秀橋在崇明縣寧洋門內通泗橋在崇明儒學西寧洋橋在崇明縣東城壕長橋在崇明縣三沙洪岳

廟橋在崇明縣施家港　玉帶橋在崇明縣興教寺前　陸皮橋在崇明縣西北

長樂橋在崇明縣太平堂

江南通志卷之第七終

江南通志　卷之第十　三三

松江府

崑山在府城西北二十三里長谷之東陸氏之先葬此後機雲兄弟有辭學人以爲玉出崑岡因名蘇有崑山縣亦取義於此**横雲山**在崑山東北本名横山唐天寶中易今名或云以陸士龍名也巔有白龍洞潛通澱湖深不可測下有祭龍壇歲旱禱焉**小横山**在横雲東中限一水隆然而興由絶頂至東北峯巒隱起壁立數仞色盡赭遊人呼爲小赤壁盡壁斬然一罅如虎丘試劒石狀前有石可踞坐𠂆瞰小澗亦九峯奇絶處也**機山**在横雲後以陸士衡得名山下有平原村亦以機爲平原內史也**干山**在機山東或云干將曾於此鑄劒舊圖經云有干姓者居此又以形如大馬亦名天馬山**澱山**在機山西北舊志云在薛澱湖中山形四出如鼇上建浮屠下有龍洞通太湖山屹立湖中亦亦落星浮玉之類今山在平田去湖益遠古有十景皆廢**鍾賈山**距干山東一水左限沈涇塘與盧山對峙相傳山下有鍾賈二姓故名或但名鍾亦

有以中名者謂介在九峯間也**盧山**疑以盧姓得名**細林山**在盧山南本名神山唐天寶中易今名**佘山**在盧山東北舊傳有佘姓者養道於此故名按吳興志亦有佘山上有東漢佘將軍廟好事者遂指此爲東佘云其高與干山等東西二峰延亘數里招提蘭若隱見其中土宜茶有泉名洗心甚清洌**薛山**在佘山東中限一水吳地記昔薛道約居此因名山下嘗掘地得石誌曰玉屏山形亦肖玉又名玉屏**鳳凰山**在郡城北東枕通波西連玉屏山據九峰之首延頸舒翼宛若鳳翥故名**柘山**在府南六十五里柘湖中山多柘樹因名有三姑祠鄉人歲首祀焉而澱山亦有祠其神甚靈俗因訛此爲小澱山云**秦山**在張堰西俗傳爲秦望謂始皇曾登此望海也山陽有仙人洞外僅容人內深黑嘗有秉燧入者行漸寬未窮而返巔有徑生異草取藏笥中久而沐以湯鮮翠如生因名爲長生草有坑產白堊以音與惡同因名白善山**查山**在張堰南稍東去秦山十餘里舊名遮山錢袞定爲查集仙外傳云查玉成煉丹海上小山中

今山臨海上有浴丹井而鄉名又曰仙山其當爲查無疑也

金山在府東南海水中舊志云去府九十里周康王嘗於此築城其北即古之海鹽縣後淪於水今山去海一潮之涉明設金山衛以此爲名

幹山在鳳凰山北顧會浦東上海之境自此始嘉禾志作竹幹俗呼北幹因干山在南又訛爲北干山有玉竇泉甚寒列有雨華洞宋張頭陀隱居於此

福泉山在幹山北初因其形似號覆船後以井泉甘美易今名又稱薛道山以薛冷雲所居也

大海環府之東南二境其東接諸湖混茫無際松江與黃浦會而入焉其會處曰蹌口其南與紹興寧波相望耆老云深夜籟寂時越郡鷄犬之聲相聞今天氣晴明南岸諸山歷歷可指

松江即吳淞江在府北七十四里上海縣界府因以名禹貢三江之一也一名松陵江其源出震澤自吳江長橋東流至尹山北流至甫里東北流至澱山北合趙屯浦東合大盈浦又東合顧會浦松子浦盤龍浦凡五大浦至宋家橋東南流與黃浦會而入海其將入海處別名滬瀆江

日月

河 相傳在普照寺南雲間古識云日月河通出狀元而城中諸水湮塞者大半今鶴城書院西有月河橋灣環如半月普照寺東有水從市河南行折而東過周文襄祠歷閘禧橋橫亘之其形如日字通志亦云普照寺前臨日月河

倉河 在普照寺後明時軍儲北倉在其陽故名西南通豐樂橋東絕通波塘與丘家灣水合

玉帶河 橫貫學中當尊經閣後魁星樓之南如腰帶然故名其源自仙鶴觀西北行轉而東與集仙門水合

北曹河 一名大曹自澱湖一東北行北為新河入趙屯浦東入大盈浦又東南為橫瀝其西為三分蕩自蕩蕩而東至西虹橋皆宏濶迅駛湖水之洩賴有北耳

南曹河 一名小曹郎舊鹹魚港自澱湖東南何家港東流納龍河水東北為斜瀝入北曹港東出泰來橋折北北為大盈浦南接柘澤東為諸家塘

舊西湖 一名瑁湖今湮為平陸

薛澱湖 在府西北七十二里一名澱山湖以中有澱山也源自長洲白蜆江經急水港而來周廻幾二百里實古鍾水之地北過趙屯浦東過大盈浦入於松江東南由爛路港以鍾

三泖

三泖在府城西南一十八里廣韻泖華亭水也晉陸機對武帝曰三泖水溫夏涼圖經泖有上中下之名而舊縣圖又以近山涇圓者曰圓泖近泖橋濶者曰大泖自泖而上縈繞百餘里者曰長泖

趙屯浦在澱湖北舊直受湖水瀉於松江

大盈浦在澱山湖東舊亦直受湖水入白鶴匯以達於江

顧會浦在大盈東

崧子浦一名崧塘自顧會浦分流入於松江入江處爲嘉定高家浜

盤龍浦在崧子東自府城東北流過六磊塘又過浦匯塘入松江界華亭崑山之間洄漩迂縈若蟠龍然

都臺浦舊名曹家溝天順則巡撫崔恭開濬

黃浦在府城東南一十八里即古之東江乃禹貢三江之一也戰國時楚黃歇鑿其傍支流後與吳淞江合今吳淞中流已湮旣與浦合其出海之口雖名吳淞口實黃浦口也合流之處經上海而北其濶至六七里與舊志所謂橫濶二里許者又迥不侔矣

諸家塘東流納神山塘水歷佘山之陰益淸駛寬廣東南爲拓溪入顧會浦又散而北流以入橫泖爲印涇千步涇苧墩涇

古浦塘水自圓泖來歷東西山涇出跨塘橋與秀州塘合斜塘水自大泖來與黃橋門水皆湍悍東入橫潦涇自黃橋門塞其流益悍白牛塘源自當湖來過雪水涇至風涇過牛滑橋北流入長洲界東入茱萸港秀州塘在府西南俗呼爲官塘源自嘉興東至風涇鎭入界蒲匯塘受盤龍泗涇二水東流過泖竹岡橫瀝諸水又東爲龍華港牛市涇在玉帶河北泗涇自祥澤塘折北而東爲蒲匯塘

附關津橋梁

高昌渡在陸家濱上南昌渡北倉渡在薛家濱上洋涇渡

宋家港渡車溝渡郭門橋東震橋俗呼亭橋

廣明橋在府治西望雲橋即縣橋落成日有瑞雲見故名麗澤橋即中亭橋

悅安橋即佛字橋豐樂橋西關內愛民橋即府橋迎仙橋

登瀛橋在府南即今儒林橋　玉帶橋　梯雲橋在府學後　永安橋通濟　衆安橋　慶雲橋　咸通橋　洞涇橋　安福橋　秀野橋跨沈涇橋　雲間第一橋跨古浦塘上俗名跨塘橋　張涇橋　瑁湖橋　集賢橋　通波橋　盤龍橋有南北中三橋　泗涇橋　蒲滙橋　南橋　金滙橋　石湖橋　萬安橋　通濟橋　法華橋跨下橫涇　長春橋　祥澤橋　鳳凰橋　望虹橋　登雲橋在登雲坊口　長生橋在隆福寺中　長興橋　益慶橋　洋涇橋　廣濟橋即中亭橋在通波塘上　周涇橋　百步橋　六磊橋　鬻賣橋跨新涇浦上　語兒橋　都臺橋　廣福橋　周浦橋

通利橋　閘港橋　鹹塘橋　鹽鐵橋　運鹽橋　三林橋　幹山橋即德濟橋　青龍橋在四十五保　崧宅橋　橫泖橋　白鶴橋　趙屯橋　吳淞橋俗呼關橋　宋家橋

常州府

橫山在府治東北三十五里舊名方茂山晉右將軍曹橫葬此因以橫名山之東岡隴圓起名鷄籠山北五里曰三山又十里曰高山　**夾山**在府治東南七十里北五里包秦陽二小山相夾　**黄公山**在府治東南八十里一名百瀆山去太湖十里即楚黄歇封地　**馬跡山**在府治東南一百十里太湖中山之西石壁峭立下有兩穴跡圓各盈尺深五六寸水落則見　**黄山**在府治北七十里小河鄭港府瞰大江山之南有九龍山　**嘉山**在府治西北八十里山有白龍潭鄉人歲旱禱雨　**夫椒山**在武進縣太湖濱昔吳王夫差敗越兵於夫椒即此一名湫山　**錫山**在無錫縣西五里唐陸羽云慧山之東峰當周秦間嘗產鉛錫漢興始乏遂以名縣昔有樵者於山下得古銘云有錫兵天下爭無錫寧天下清有錫沴天下弊無錫乂天下濟自光武以後不有錫　**慧山**在無錫縣錫山西一名九龍山陸羽謂山陽有九隴若龍偃臥　**龍山**

在無錫縣慧山北十里越絕云縣西有龍尾陵道春申君所築上有白龍潭

歷山在無錫縣俗名舜山近慧山南二十里舊有劉宋湛茂之別墅歷山之側曰柯山相傳吳仲雍六世孫柯相所治之地今俗合名舜柯山

安陽山在無錫縣西北五十里麓周十八里高百二十仞相傳周武王封周章少子斌於安陽卒葬其下巔有龍湫峰巒奇峭號文筆峰中產巨石堪作器用江東數州多藉之

獨山在無錫縣西南十八里與錫山連中斷爲太湖舟行其中其北與管杜山相望號浦嶺門南與充山對峙號獨山門蓋梁溪之水入五里湖西導至二門出於太湖

閭江山在無錫縣西南四十里下有太湖別浦名閭江因名又有歸山相傳夫差殺子胥裹以鴟彝浮於江而吳人登此望子胥之歸也

軍將山在無錫縣西南五十里近太湖南唐戍兵於此以備吳越故名山側有塢曰甲杖有廟曰乎澤塢下有龍潭潭有三石穴方不盈尺水極深

膠山在無錫東四十里與慧山東西相望宛若翠屏九域志云山嶺路南有梁蕭侍郎故宅二泉一曰滌

硯泉一曰竇乳泉

香山在無錫縣東六十里一名顧山有寺及子胥廟又有龍潭此山連亙無錫常熟江陰三縣界

荊南山在宜興縣西南二十里荊溪之南東漢袁玘爲陽羨長卒邑人立祠祀之改名君山俗呼銅棺山高二百三十仞麓周八十五里上有龍潭遇旱禱雨輒應山之東五里曰靜樂山爲唐湛然禪師道場山之西十里曰大盧山唐末有靈峯院今名大盧禪寺山之南曰芙蓉山爲唐大毓禪師道場山之北曰南嶽山孫皓旣封國山遂禪此山爲南嶽有勝果寺

國山在宜興縣西南三十里高百二十五仞延袤三十六里舊傳仙人鍾離墨得道於此名離墨山又有九岑相連亦名陞山吳五鳳初山大石自立孫皓遣司徒董朝等行封禪禮改今名

煌山在宜興縣西南二十里諸峯環峙西曰碧雲山南曰羅漢山北曰雞籠山東南曰甑山其形如甑雲氣騰湧若炊西北曰紫雲山上有漁磯臨深谷舊傳孫堅釣於此西南曰聖山下有泓潭歲旱亦不涸

分界山在宜興縣西南百里入廣德界上

唐貢山在宜興縣東南三十

五里臨罨畫溪山産茶唐時入貢故名**頤山**在宜興縣東南三十五里唐陸希聲隱於此謂山近震澤震震爲雷有頤之象故名嘗著二十七詠記臺池泉石林木之勝**蜀山**在宜興縣東南五十里其山屹然獨出舊名獨山宋蘇軾見其景物類蜀中改今名山下有東坡祠**香蘭山**在宜興縣東南六十里多產蘭故名山之北麓濱於太湖今名曰蘭渚又二山連亘南曰大蘭山北曰小蘭山故志分香蘭爲二**義山**在宜興縣東南八十里東匯太湖西抵垂脚嶺南入長興界**計山**在宜興縣東北二十五里山巔有池舊傳禿角白龍穴其中將雨則見宋時建祠於上山之西峰即金鵞山唐嘗名陽羨爲鵞州蓋取此義**虞山**在宜興縣東北二十五里舊傳山多連理木與陽羨近俗呼虞陽山去山北十里曰李山**函山**在宜興縣西北八十里西入溧陽界漢封蔣澄爲函亭鄉侯即此山之東三十里曰都山都山之東一十五里曰柯山**柚山**在宜興縣西八十里洮湖側與湖中大坏小坏對峙山多巨石延袤約四里下瞰於湖湖風起水湧濺

沫如雪君山在江陰縣北二里起平野俯臨大江舊名瞰江山以春申君易今名山有巔舊有松風亭其制三角有浮遠堂取東坡江遠欲浮天之意黃山在江陰縣東北六里以春申君姓名之其巔爲席帽峯其上有吳時烽堠遺跡其下有晉郭璞故墟西北麓連大石小石兩灣激湍飛濤漱齧其下奇險清絕號小桃源爲邑人遊覽之處蕭山在江陰縣東北十五里顏志云山瀕於江河魨鱅魚咸出其所又山之南三里曰彭公山宋志云彭越東征營於是山之東故名浮山在江陰縣東北楊子江中西臨石釘東控巫門實爲江海之門戶眞山在江陰縣東北十八里舊名甄山梁時改今名又山下有石面平數丈懸江流中復名石碑山香山在江陰縣東北三十里吳地志云吳遣美人採香於此上有採香徑楊吳江陰令張可琮敗吳越兵於香灣卽其地山之西七里曰鳳凰山晉太康初掘地得石鳳凰於此又西七里曰蟠龍山唐垂拱中有黃龍蟠其上綺山在江陰縣東十里宋志云昔吳王泛舟至此見野花如錦綺因名

女山在江陰縣東十五里相傳昔有太守女入山修道因名或以山脊有堆阜高低相比其形如敵又謂敵山定山在江陰縣東二十五里唐法響禪師駐錫之地有玉乳泉瑩白甘美稷山在江陰縣東三十里相傳唐薛稷別業在此山側有覆酒山本名覆舟俗訛覆酒白鹿山在江陰縣東五十里宋志云昔吳王出獵得白鹿於此因名由里山在江陰縣東南十五里晉郭璞條山記云由里山前瓠子岡葬之正者封侯王瓠子岡今在其側上有龍祠山巔出雲邑人視爲雨候白龍山在江陰縣東南五十里上有龍洞歲旱禱雨於此觀山在江陰縣西南二十里舊傳吳王嘗於此遊觀故名山之東北曰青山秀鋭孤立寰宇記云上有干將鑄爐九所秦望山在江陰縣西南二十里風土記云昔秦皇登山四顧因名有徐州記暨陽縣西有秦履山即此也孤山在靖江縣東北二十里楊子江中距山百步有石碇亦居水中成化以來潮沙壅積山與石碇接爲平陸其北有仙人洞南有仙人臺其上有僧廬及望江閣

八角天井峯在無錫縣西四十里近樓閣江有東西二峯巒會仙巖在宜興縣張公洞側峭石壁立高約數仞宋紹聖間有老姥見二叟倚石同吮忽不見故名白雲巖在宜興縣東南四十五里罨畫溪西峻踰百仞上有龍湫雲氣蒸蔚禱雨多應山門嶺在無錫縣西南二十五里石塘山北嶺後又通溧塘大浮二山偃月嶺在宜興縣東南頤山唐陸希聲詩山巔依稀偃月形數層奇石疊空青垂腳嶺在宜興縣東南六十里入長興忻溪界張公洞在宜興縣東南五十里高六十仞周五里三面皆飛崖峭壁惟北有路盤旋及巔一竇嵌空入者由此歷百磴下至燒香臺行約二里南望小竅徑此可出洞有仙房元武石竇乳滴瀝石燕獅飛匿壁倒懸碧綠如抹道書云爲天下福地但洞以張公名者風土記謂漢天師得道於此元符間逸士王繹來游謂非道陵乃第四代輔光也未知孰是俗傳以爲張果謬甚善卷洞在宜興縣西南五十里舊經謂周幽王時洞忽自裂奇形怪狀宛如飛墮入者凜然外甚偪倅

中極平曠可坐千人周回峭壁刻以佛像有石筍高丈餘號玉柱洞有三曰乾洞乃石室曰大小水洞泉深無底宋熙寧初僧若冲與其徒秉燧以入行約三十里有石確石狀之類天然精巧忽大聲震衆懼而返

君陽洞在宜興縣南三十里當君山之陽故名陸希聲號君陽遯叟

大城洞在宜興縣東南湖洑渚西八里門僅容一人中漸平曠聳石如雪號鹽米堆又有泉流一縈繞之

若冰洞在無錫縣西慧山陸子泉之上西徑二尋泉深莫測相傳唐時僧若冰卧錫於此故名

楊子江在武進縣北五十里江陰縣北二里西接丹陽東抵江陰中流西北入泰州涉江北爲三沙江岸繞郡境百八十八里東出巫山門入海

運河在武進縣東自望亭風波橋入郡界西至奔牛壩凡百七十里有奇史記云禹治水於吳通渠貫江湖齊地志云丹徒水道通吳會是也隋大業六年詔自京口至餘杭穿河八百里欲通龍舟巡會稽唐白居易有平河七百里之句

惠

明河在府城内西南受荆溪自西水門入經郡治前稍東出靈雉橋與後河合流入運河

後河在府城内一名市河宋慶曆中郡守李餘慶始穿龍塘河經大市引惠明河東注出裏虹橋與運河合

西蠡河在府城南一名浦陽溪北枕運河南經陳渡橋入滆湖單諤水利書謂范蠡所鑿

順龍河在武進縣南三十里東通採菱港西接西蠡河

得勝新河在武進縣西十八里舊名烈塘河宋紹熙間浚治置閘明重浚易今名南枕運河北行四十三里入於江

孟瀆河即古孟瀆也在武進縣西三十里奔牛鎮東南枕運河北流八十里入於江河久湮塞
皇清康熙二十年巡撫慕天顔題動帑金重浚建閘

華渡河在武進縣東南六十里西南接滆湖東北入陽湖南通黃堰河合太平河東入太湖

網頭河在武進縣北青山門外延袤六十五里入無錫江陰界其支流有四一自通江橋東北經鎗頭橋入江曰澡子港一自楊頭鄭陸橋直東三十里入江曰利港一自後塘橋東北入江曰

申港一自三山石堰東北入江曰新溝北經無錫界入江陰青陽鄉河引河傍九河號九箭河與梁溪合流　**水⿰石達河**在武進縣東四十里横林鎮東南枕運河　**運河**在無錫縣東城外西北接洛社東南抵望亭運河側有引河蔣錢　**雙河**在無錫縣北五里一通河蔣錢橋貫直湖港入武進界一東南　**五瀉河**舊名五瀉堰在無錫縣北十四里南枕運河出上湖大陂北四十里至江陰武進界雉尾口又北五十里至申浦入江潮汐所至可勝數百斛舟宋元祐間旣治芙蓉湖爲田因開堰置閘今架石梁其上卽高橋　**新河**在無錫縣北三十五里相傳宋建炎間北軍會爲韓世忠所困一夕開此河通大江遯去　**潭塘河**在無錫縣東三十五里鳴城河旁注而北貫興塘港與新河接　**運河**在宜興縣北西接洴淛滄東注入太湖直北五十里至鍾溪入武進界　**便民河**在宜興縣西南一名後袁河相傳漢袁玘所鑿以避洴淛之險東抵城南西入溧陽界西南經下章橋至張渚鎮　**東鎈河**在宜興縣東南三十里北枕余皮滄西南抵湖

洑東南入太湖

横河在江陰縣市東接黄田港貫城出春暉門東流入令節港宋天禧中知軍崔立開以通漕凡六十餘里

學前河在江陰縣始鑿於宋之元豐二年歲久堙塞明正德初知縣劉紘考遺跡以浚之復引江潮入泮

南轉河即江陰縣城濠自朝宗門循城西流轉而北至澄江門接黄田港入於江商漕諸船出江者皆由此

九里河在江陰縣南二里南抵蔡涇閘北接黄田港以江潮東西經此合趨邪涇巷湧沙土壅積兩閘隨浚隨淤明弘治間主事姚文灝議大浚之弗果

長壽河在江陰縣東南四十里南接黄塘河北通長河

長河在江陰縣一名東河自新河分流而西截蔡港清溪等口入由里涇西接黄田港入於江

東新河在江陰縣東南八十里由無錫界經長河而合於谷瀆港入江又有南新河自西陽至習禮橋與東新河合

崇溝河在江陰縣西十里自三山石堰而東經秦望山合夏港入江

漕港河在江陰縣西南三十五里自無錫界四河分流西行折而北出山塘河西口趨石堰以達

於申港入江乃無錫武進江陰三縣之分界河也

孝感瀆在武進縣西南九十里通滆湖

伯牙瀆在武進縣西三十里南枕運河北入大江

泰伯瀆在無錫縣東五里西枕運河東達蠡湖唐刺史孟簡嘗浚之袤九十里廣十有二丈溉田千頃

百瀆在宜興縣東南七十五里爲上瀆北六十里爲下瀆舊以荊溪居數郡下流於太湖濱疏百派以殺其勢又開橫塘袤四十里以貫之而灝湖畝澮皆通焉單諤水利書云自溧陽五堰達吳江猶人一身五堰爲首荊溪爲咽百瀆爲心震澤爲腹蓋謂脉絡相貫也

採菱港在武進縣東南十二里北枕運河西南接徐湖渰東南入於陽湖

戚墅港在武進縣東三十里北枕運河東南入太湖

三山港在武進縣東三十里南枕運河西北入申港東北與江陰分界

花渡港在無錫縣西北三十五里東枕運河西貫直湖港入陽湖

雙牌港在無錫縣西北四十五里與武進分界北枕運河南入陽湖

夏港在江陰縣西一十里南引五瀉堰過青陽歷柰鎮出蔡涇閘北入江

迤運七十五里界縣境而中分爲江陰百瀆之宗

黃田港 在江陰縣北三里宋志稱黃歇開以溉田因名東引長壽河西至九里河口折而北貫城出黃日閘北入江舊志以此港爲運河直抵無錫漕渠

申港 一名申浦舊志云春申君開浦直上下屯在江陰縣西三十里其水一自東南無錫五瀉河一自武進戚墅堰合於三山石堰又北行三十五里以入於江

利港 在江陰縣西五十里自武進界鬼涇口東北二十五里入於江明弘治癸丑浚申利桃花三港利港爲最力嘉靖丙申復浚與桃花港同浚

桃花港 在江陰縣西六十里分立埭河西北行五里入於大江

百頭港 在江陰縣東三十里導長河經橫河北入於江

蔡港 在江陰縣東五十里由長河經橫河南北入於江明洪武中浚

谷瀆港 在江陰縣東六十四里源有二一自無錫界北經新河一自長河而東會於三河口北入江又支流自東南循顧山入常熟縣界

令節港 在江陰縣東六十五里自谷瀆港北入於江

展蘇港 在靖江縣西二里共六十三港

詳見水利**瀾港**在靖江縣西通城河**新港**在靖江縣西三十七里又有東新港在東五里西新港在西二十八里南新港在西十五里北新港在西西北五里又有小新港在西北大新港在西南**山港**在靖江縣東北十二里**太湖**在武進縣東南八十里詳見蘇州**宋建湖**在武進縣東南三十里世傳宋高宗南渡見其地水潦所積命治之故名**滆湖**一名西滆沙子湖在武進縣西南三十五里東接太湖西通蕪浦港與宜興中分爲界**陽湖**在武進縣東五十里與無錫分界以近陽山名**五部湖**在無錫縣東北十里東西二十里南北十里其源濁而流清溉田百餘頃漢末闔穀隱居五部湖即此**蠡湖**一名漕湖在無錫縣東南五十里中與長洲分界寰宇記云范蠡伐吳開此又有蠡瀆其水通太湖由梁墓涇達於運河**濠湖**俗名鵝肫蕩在無錫縣東南七十里中與常熟分界東入漕湖西入蠡湖又東入吳縣烏角溪**洮湖**在宜興縣西北九十里一名長蕩湖東西二十里南北三十五里周一百二十里與溧陽金壇

分派其水連太湖至松江入於海風土記云陽羨西北有洮湖中有大小坏山宋明帝時庾業代劉延熙爲義興太守西討孔顗賊黨至長塘湖亦卽此

白鶴溪 在武進縣西南二十里北通運河南入滆湖西接丹陽界

梁溪 在無錫縣西門外源出慧山南入太湖北與運河合古溪狹小梁大同中重浚故名

長廣溪 在無錫縣南十八里舊傳陳勳所導輿地志云源出歷山南流至開化鄉分爲二派一出吳塘門一出獨山門皆入太湖

荊溪 在宜興縣南以在荊南山之北故名上通蕪湖下注震澤達松江而入於海漢地理志中江出蕪湖之西南東至陽羨入海卽此溪也周孝侯嘗斬蛇於此

蓮荷溪 在宜興縣西六十里源出孤山東入白雲逕

洑溪 在宜興縣東三里源出君山流合荊溪東注取回洑之義

東瀉溪 在宜興縣東南三十六里陸希聲頤山錄謂山前百餘步衆流合而東故名舊傳兩岸多藤花春時照映水中青紅可愛亦名罨畫溪又名五雲溪

玉女潭 在宜興縣張公洞西南三里深廣逾百尺舊傳玉女修煉于此

唐權德輿稱陽羨佳山水以此爲首**大渲渰小渲渰**在無錫縣西南十六里梁溪迤邐而南至孤瀆口分爲二派西爲大渲東爲小渲中隔平襄又南行二十里至青祁渰始各邑人多於此植蓮芰花時泛舟其中極游觀之樂**餘皮渰**在宜興縣東十八里廣十餘里受荊溪湛瀆之水東入湖**洴浰渰**在宜興縣西二十七里受溧陽諸流注於荊溪以入湖**張渚**在宜興縣西南七十里發源於章山合流於童渚以匯於荊溪**湖洑渚**在宜興縣東南五十里因水洞洑故名水北折而東流入於太湖**陸子泉**在無錫縣慧山寺南廡石穴源出若冰洞陸羽品天下水味以盧山谷簾泉爲第一此居次今扁曰天下第二泉令聶載原云泉味甚甘異於他感錫之氣耳**金泉**在宜興縣西南小心山郎君山西峯下金砂泉輿地志云金剛承小心謂此**玉泉**在宜興縣張公洞側會仙巖下寒冽淵澄極旱不竭側有莽地約畝餘明御史聞人詮命闢之得宋淳祐間石刻玉泉二字因建亭於上**善利泉**在江陰縣東十里綺山之

側清洌甘美　解崇泉在江陰縣東十八里貞山西幽谷中湛潔靚深飛埃不到且巖嶠峻阻林木蓊密造者皆斂肅焉　梅花塢在宜興縣東南　薔薇塢在宜興縣西南二十五里山以花多名而其中林泉竹石之勝尤極幽雅　古井在江陰縣古城港內一名義井宋嘉祐五年乾明院僧宗壽所甃甓甃甚堅其狀如甕下復有小井約丈餘歲旱不竭　石井在江陰縣周橋西俗號舜哥井石甃方廣其中若有石柱泉聲泠然

附關津橋梁

戴圻渡在府治　蔡家渡　馬家渡俱在無錫縣　臺莊渡在宜興縣　永安橋舊名惠明一名州橋在府治前　狀元橋在府學前　縣橋一名靈雉　甘棠橋在今譙樓南　永寧橋今名浮橋在府治　行春橋在府行春門外　臥龍橋在府朝京門外　犨子橋在府青山門外　洗馬橋在府治行春橋南

天禧橋俗名驛橋在府治舊荊溪館　新坊橋在天禧橋東　元豐橋在新坊橋東　太平橋以直太平寺故名　瑞登橋一名顧塘在府城南　肅華橋又名葛橋在瑞登橋東　水華橋在府治薦橋東　裏虹橋在水華橋東　通吳橋在府東門外　德安橋在府治德安門外　廣化橋一名尉司橋在府治南石幢門外　虹橋一名青龍橋在府治西南　青山橋在府青山門外　東新橋在府治通吳門外　西新橋在府治朝京門外　鎗頭橋在府治青山門外　綱頭橋在府治東北安豐鄉　石堰橋在府治東北六十里　陳渡橋在府治廣化門外　游塘橋在府治南十八里　連江橋在府治西十八里　政成橋在府治東採菱巷　大市橋在無錫縣東二百步又名通濟　蓮蓉橋在無錫縣北門內通江陰有闞　狀元橋在無錫縣湖埭　長橋在宜興縣南二百步晉周處斬蛟之所　杜橋

在宜興縣東嶽廟西　廣濟橋在宜興縣東水關内　侍郎橋在宜興縣罨畫溪　善教橋在江陰縣南　聖母橋在江陰縣杜橋北俗名市橋　杜橋在江陰縣聖母橋　賓鴻橋在宜興縣東又名虹橋　大寧橋在江陰縣東南　宣政橋在靖江縣　騰驄橋在靖江縣南　化鱗橋在靖江縣前西通儒學

鎮江府

北固山在府治北下臨長江其勢險固梁武帝嘗登此山又名北顧山有寺曰甘露南麓有狠石有鳳凰池池西北有天津泉北麓有觀音洞洞西有秋月潭走馬澗相傳劉備躍馬於此東有鐵柱峰甘露嶺其山脉連亘城中府治據焉

壽丘山在府治西南宋武帝宅基南麓有龍華寺即其址建丹徒縣儒學

皇清以避聖諱改名聖像山

日精山在府治東南

月華山在府治西南一名萬歲山城隍廟據焉有月臺遺址

唐追山在壽丘西南一名唐頹

金山在府治西七里江中初名浮玉唐裴頭陀於此開山得金表聞賜名金山上有龍游寺尋改從山名有泉曰泠水品稱天下第一有臺曰妙高洞曰朝陽絕頂有亭曰留雲曰吞海西北有龍王廟

鶴山在金山東一名善財石有鶴棲其山故名

焦山在府治東北九里江中後漢處士焦先隱此故名山東北有二島對峙謂之海門上有焦山寺有羅漢岩宋理宗書三大字揭之有

煉丹臺桃花塢三詔洞因先三詔不起名下有瘞鶴銘石刻水涸則見與金山相望十五里許氣勢相抗故稱金焦又竝北固稱江左三山石排山在金山西相傳有郭璞墓京峴山在府治東五里皇清大敗海寇處汝山在京峴山北東山在府治東一名花山石公山在東山北與焦山相對釜頂山焦石山與京峴山相連華蓋山在焦石山南隔漕河雲騰山在鶴林門外蒜山在府治西三里西洋渡口北臨大江無峯嶺山生澤蒜故名或謂周瑜孔明會此計破曹操人謂其多算因名之晉末劉裕大破孫恩於此後圯於江銀山在蒜山南舊名土山唐劉禹錫詩土山京口峻即此與金山相對故名西南有寶蓋山鎮平山在銀山東北下流長江上有操江亭黃鶴山在府治西南三里本名黃鵠宋武帝微時嘗遊息於此見一黃鵠飛舞今名鴻鶴磨笄山在黃鶴山東南世傳宋戴顒女磨笄於此誓不適人故名菊花山在磨笄山南招隱山在府治西

南七里本名獸窟宋戴顒所居故名招隱寰宇記云梁昭明太子於此讀書石案猶存下有招隱寺寺内有虎跑鹿跑真珠三泉昭明所開古井及玉蘂亭唐李德裕玉蘂花詩刻石在焉南有鳳凰山又東南有**峴山**在招隱西山勢聯絡迴龍山俗呼大峴山小峴山**白兔山**在府東南十五里宋刁約葬此有白兔躍出**大濆山**在白兔山東北**華山**在府治東六十三里又有雨山一名雩山**馬蹟山**在雨山東北石上有靑童君馬蹟故名山前有紫府觀即第四十九福地也中有葛稚川煉丹井有黄龍靑龍二洞洞有大小石龍數條**圌山**在府治東北六十里上有箭洞二下有東霞寺宋張世傑與元兵戰于江中不利奔圌山即此**長山**在府治西南二十里上有靈泉其流與練湖通溉田甚多下有龍王祠禱雨輒應**五州山**在長山之西北其山最高絶頂望見五州因名**曹山**在府治西五十里**鐵爐山**在府治西四十里上有翟公泉**覆船山**在府治西南五十里舊志爲酒罍山之别名**高驪山**在府

治西南七十里

經山在丹陽縣東北三十里昔有異僧講經於此故名一名金牛山上有金牛洞下有經山泉崇教寺

沈山在經山東七里南唐處士沈彬所居廣教寺即彬居址寺傍百壁千仞若翠屏下有赭山丹井

繡毬山在丹陽縣東三十里上有白鶴泉東行二十里入於九曲河

嘉山在丹陽縣東南四十里中有龍湫久旱不涸

陳山在丹陽縣東北三十五里下有玉龍泉

金鷄山在丹陽縣東北四十五里下有顯忠廟

九靈山在丹陽縣東北五十里下有桃花澗仁靜觀唐魏法師嘗居此

隨駕山在經山之西相傳秦始皇過此故名

觀音山一名惠山在縣東漕渠東岸中有玉乳泉爲中冷之亞

彭山在丹陽縣東北四十里上有龍池顯濟廟

論山在丹陽縣東南鄉第三十八福地也神仙所都亞於十洲

白鶴山在丹陽縣西北孫鍾墓所

顧龍山在金壇縣南五里前望白龍蕩故名又名烏龍山俗呼上山明太祖東征嘗駐蹕題樂府於寺壁命詞臣續之建亭其上

大涪山

在金壇縣東南五十里長蕩湖中屹然孤秀望之若浮上有僧寺景致殊絕東南屬宜興

茅山 在金壇縣西六十五里一名句曲山卽華陽第八洞天也山之西屬句容縣界大茅一峯東來勢如卧龍曰龍尾山

海江山 在金壇縣六十里下有慶雲洞東有丹谷泉

方山 在金壇縣西四十五里下有方臺洞

夾岡 在丹徒縣有二縣南者曰小夾岡在丹陽北者曰大夾岡皆漕河所經也

化岡 在丹陽縣北練湖口卽秦所鑿處

大江 在府治西北六里卽揚子江也一名京江東至大海北距廣陵郡城臨其南岸金焦障其中流魏文帝將南征臨此江見波濤洶湧嘆曰天所以限南北也

漕河 自江口至南門九里又南至丹陽九十里水道經大小夾岡陏大業間勅穿江南自京口至餘杭入八百里廣十餘丈使可通龍舟宋慶曆中鄭向爲兩浙轉運使疏蒜山漕渠抵於江治平中修夾岡河道乾道初郡守蔡洸自丹陽南浚河至夾岡八年郡守張津自京口閘以北濬至江嘉定

中自江口濬至城南長一千八百六十九丈闊十餘丈復五閘以時蓄洩元至元大德泰定間屢濬明天順中重濬復鑿社稷壇西隙地以通濠塹達于漕河**海鮮河**在府治西北宋郡守史彌堅開西西北通京江東南接漕渠**九曲河**在丹陽縣北**珥瀆河**在丹陽縣南七里自漕渠經珥村鎮達**丹徒港**在府治東南十五里南抵漕河有壩北入於江

金壇俗呼七里

丁卯港在府治東南五里通漕河唐許渾居此**七里港**北入於江**山北港**在圖山北**新河港**在金壇縣南三十里入於江**龍目湖**在府治京峴山下相傳梁武帝望京峴盤紆似龍於山前開此湖以龍目名之**杜墅湖**在府治東南十五里**寺湖**在府治南**鄭湖**在府治東南三十五里十八里**新豐湖**一名新豐塘在府治東南三十五里晉大興初晉陵內史張闓以所部四縣並以旱失田闓乃立曲阿新豐塘灌田八百餘頃

練湖在丹陽縣北周四十里一名練塘晉陳敏據江東令弟諧遏馬林溪引水爲之以漑雲陽

號曲阿後湖塘人取湖下地作田分上下二湖唐永泰中重開下湖宋紹聖間重浚治斗門更濬湖之近田者元及明皆相繼修築 長蕩湖 在金壇縣南三十里一名洮湖見常州 思湖 在金壇縣南六里東北受荊溪水東南流十二里入大溪 高湖 在金壇縣西北十里周百餘頃北受五中瀆南流十二里入大溪 夢溪 在丹陽縣朱方門外宋沈括嘗夢至一小山花如覆錦喬木蓊鬱山下有水甚樂之後謫居潤得此地宛如夢中遂築室居焉因以名 辰溪 在丹陽縣境流入金壇本名唇溪 白鶴溪 在丹陽縣東南三十五里出縣之古荊城貫金壇縣北入毘陵境一名荊溪 直溪 即直里在金壇縣西三十五里上承山水下入運河 大溪 在金壇縣西十二里東南流入長蕩湖 潤浦 在府治東一里隋置潤州以此 下鼻浦 在府治西十八里北入於江 秦潭 即放生池在府治西南唐陸龜蒙詩松門穿戴寺荷徑繞秦潭 萬東陂 在金壇縣東三十里其田宜稻頃收萬東因名 慶封井 在府治南春秋

齊慶封奔吳吳與之朱方聚其族而居之井因以名

雙井 在丹陽縣東南二里其泉最古相去數尺南者色赤北者色黃

沸井 在丹陽縣南四十四里井有四二淸二濁騰湧瀼沸晝夜不絶

城中漕渠 在府治舊有南門水關經城中至北水關達甘露港壩及拷栳閘以通運船今惟自南閘由城外直抵京口閘出江不時壅塞而城中漕河及甘露港壩閘俱廢

漕渠 在丹陽縣西北由夾岡通京口閘東流達於常州界

附關津橋梁

西津渡 在府治北九里

石公渡 在定波門外

高資渡 在府治西四十里

丹徒渡　**大港渡** 以上屬府治

軍家渡　**李莊渡**　**花家渡** 以上屬丹陽縣

馬塘渡 在金壇縣大雲鄉今建橋其上

蔣家渡 在金壇縣北十里

周家渡 在金壇縣南嶽陽村

下秋橋 在府治西南

綠水橋 在千

秋橋西舊有樓觀之勝嘉定橋在千秋橋南淸風橋在府治南宋范仲淹建俗呼范公橋迎恩橋在金門外鎭西橋舊名拖板橋嘉泰橋在市東紫金坊栢家橋在張公橋北懷德橋在綠水橋南皇祐橋在市南坊石磑橋在懸妙坊口七獅橋在舊丹徒縣治西闞門橋在登雲坊西夢溪橋在朱方門外菜市橋在市南坊洗馬橋在京口驛西柳溪橋在平等寺西丁卯橋在府治南三里下濞橋羅木橋七里橋官塘橋澗壁橋以上在府治雲陽橋在丹陽縣東漕渠上來秀橋在丹陽縣學采芹池上孔家橋在丹陽縣上草巷南市河寺前橋在普寧寺前三思橋在丹陽縣治前直街廣濟橋在三思橋南安鎭橋在雙井巷南太平橋在丹陽縣治東仁智橋在南河上胡公橋在仁智橋

北慶豐橋在丹陽縣東北惠政橋在雲陽橋右七里橋在丹陽縣東南
七里黃堰橋在丹陽縣南四十里越塘橋在丹陽縣左港西忠顯橋在越
塘村後分金橋在延陵鎮西泰定橋在縣呂城鎮馬林橋在縣辰溪
觀光橋在金壇縣儒學前三思橋在金壇縣前街南文清橋在金壇縣
東清河橋舊名安定橋高湖橋在金壇縣北八里濯纓橋在金壇縣
北九里覯龍橋又名顧龍在金壇縣西南二里周公橋在金壇縣南陳塘
橋樂莊橋思墓橋學田橋新河橋周
瀆橋東長橋甘棠橋西陽橋以上俱金壇縣彭公
橋在金壇縣東五里通濟橋在金壇縣南晝錦橋在金壇縣東八里許
段橋在金壇縣東堯塘村大雲橋在金壇縣東南四十里望仙橋在金壇縣

順成橋在金壇縣西北六十里南薛埠村

淮安府

鉢池山去府治西北十五里世傳王子喬煉丹於此老子山在清河縣東南一百里老子嘗煉丹於此又名臑子山韓山在沭陽縣東北六十里世傳韓信追項羽於此南有楚王廟建陵山在沭陽縣西北一百里山形南北狹東西長上多陵阜漢立建陵縣於此孤山在沭陽縣東北七十里朐山在海州城南四里二峯如削俗呼爲馬耳峯傍有龍潭清甚始皇曾立石其上以爲秦東門石棚山即朐山東北嶺有巨石覆巖上下石室可容十數人棚嶺甚峻了無花木宋石曼卿判海州讀書於此乃以泥裹桃核爲彈擲其上數年間花發滿山鬱洲山在朐山東北海中有大洲謂之鬱洲又名郁州一名郁鬱山一名蒼梧山或云昔從蒼梧飛來孔望山在海州城東五里相傳孔子問官于郯子登此山以望東海故名巨平山在海州城北三十里一名由吾峯其山南接東海北抵墟溝又有棲雲山即巨

平之東嶺舊有僧結棲雲精舍以居**朱紫山**在海州東北四十里山有赤壁丹崖自相輝映望之若朱紫然**溪雲山**在海州東南六十里其山青幽秀麗雲氣蒸鬱故名**伊盧山**在海州東南八十里上有龍祠石鋒甚多清水漾於鋒中云即鱓龍所寓祈雨最靈一名伊萊山史鍾離昧家在伊盧**朵山**在海州城東五里始皇射殺巨魚於此**盧石山**在海州東南六十里山多黑石漢書韓信爲楚王鎮於三盧即此宋張耒有詩**北望山**在海州西北一百六十里上有二石臼俗傳秦始皇東巡時嘗洗頭於此**羽山**在海州西北百里即舜殛鯀處禹貢羽畎夏翟鄭氏註云雉五色出於羽山之畎名曰羽者以此唐崔輔國詩羽山一點青海岸雜花碎日暮千里帆楚色有微靄**白玉山**在海州城西一百里羽山之南其石潔白如玉**虎山**在海州西南五十里形如虎故名又名穹蕚山**弁霧山**在虎山東北上常有雲霧**華蓋山**在弁霧山東形如傘蓋**沃壤山**在華蓋山北近石城村西北連海山下潮水往

來滋溉民田 **銀山** 在海州石湫鎮九洪橋北其山近海多白石日出照耀如銀 **鷹遊山** 在海中去平山一十五里一作嚶遊山言羣鳥翔集嚶嚶然相喧也 **大星山** **小星山** 在海州城東南七十里二山相對遠望如星又名墮星山 **東陬山** **西陬山** 在海州治東南百里二山對峙東陬在海中西陬在海隅 **大伊山** **小伊山** 在海州城南一百里二山南北相向相距二十里 **青峯頂雲臺山** 在海州東北四十里秀色蓊鬱雲多幽奇 **蠣山** 在海州東南一百里在海中潮沒上多蠣 **夾谷山** 在贛榆縣西四十里即孔子相魯會齊侯處 **武強山** 在贛榆縣南三十五里古傳海寇登岸鄉民黃雄率衆禦之有保障功雄沒民立祠祀之故名 **吳山** 在贛榆縣西北四十里昔有吳姓者居此山沒後葬之俗傳吳山神塚水旱禱輒應 **懷仁山** 在贛榆縣北七十里漢立懷仁縣取此 **阿夜山** 在贛榆縣東北七十里有水簾洞 **欄頭山** 與夜山相對有石欄障海

可遮風濤

葛嶧山在邳州西北六里禹貢云嶧陽孤桐相傳謂出此山之南

黃石山在邳州西北一百二十里上有黃石公廟

艾山在邳州西北一百一十里山多產艾左傳齊魯相會於艾即此

倚宿山在邳州城北一百一十里相傳韓信宿此

顯陽山在邳州西北九十里其山高聳朝陽故名

勝陽山在邳州西北一百二十里其山高聳秀麗勝於顯陽山故名

轂城山在邳州城北一百二十里

磬石山在邳州西南八十里近沂水或謂泗濱浮磬即此

過滿山在邳州城北九十里舊志迦口梁王城梁女南遊蛤湖看荷花舟中產一男乃留居滿月始還云

鐵佛山在邳州城北一百五十里上有三鐵佛

馬陵山在宿遷縣城北二里岡阜如馬因稱馬陵

峒峿山在宿遷縣城北七十里漢以司吾名縣因而得名上有石洞洞口鑿石爲螭水自螭口噴出四時不涸建廟曰龍泉宋紹興末首領張榮屯此以拒金

陽山在睢寧縣西北五十里上有石五層似臺

絆河山在睢寧縣

西北五十七里山下與泗流相絆故名**張龍山**在睢寧縣西北七十里上有張龍神祠下有穴三面用石障之上用石蓋穴後有故墳然遇之則見著意尋之則無**仙掌山**或睢寧縣城西七十里上有掌痕偶**劉胡山**在睢寧縣西北七十里古將軍冢**獅子巖**在海州城北二十里有泉日濯纓下有鬱林觀昔有徐生者學道於此一日化去葬於山中有人於泰山下見之因付一履歸東海其徒視之乃葬時物也時人謂之尸解其巖踞蒼梧山之上形如獅子**分水嶺**在贛榆縣城北七十里有水一線自石間滾出分東西二流人奇之立亭其上**金牛岡**在府城西北十里形如牛世傳周世宗伐唐曾宿兵於其上**沙岡**鹽城縣境內無山惟有沙岡一帶南抵岡門北距海延迤起伏五六十里**鐵柱岡**在鹽城縣城北二里海岸上世傳秦王繫馬柱也又云頭海多蛟龍龍畏鐵作此鎮之**田横岡**在海州東北五十里隔峯山上田横事在登州海島中不能備錄**鳳凰墩**去安東縣城北十五里在中漣

河西昔有鳳凰來故名大小二島在海州州城北五十里兩山對峙潮生則沒高公島海中去海州城八十里海州在海州城東二十八里南接朐山北接贛榆西趨州往來所渡廣二十餘里渡此者必擇日致祭非七日內不得渡若有公務急追亦豫先祭請

舊黃河在邳州南門外上連徐境下入淮河淮河在府治西南五里許自泗州龜山東北流與汴河合東北入於海運河即古之山陽瀆隋開皇七年開鑿故沙河在府治西北一帶三十里宋轉運使喬維岳開濬歲久湮塞明永樂初平江伯陳瑄置閘蓄泄更名靖江浦復於浦旁置常盈倉積糧以備轉粟新河在山陽縣磨盤口宋乾道中開涇河在府治南三十里東有涇河岸堰西通運河故城河在府治東南五十里東入射陽湖西南連黃浦封子河在鹽城縣城西岡門鎮西自馬鞍湖鹽河流入湮久明景泰五年知府丘陵疏通以便舟楫蘆溝河在鹽城縣西北六十里自東西二塘河流入貫高姥張岐二塘北經

侍其汊以入射陽湖大小清河在清河縣城西大清河由治東北入淮小清河由治東南入淮泗河在桃源縣治北三百步許源出山東即徐邳泗州之下流崇河在桃源縣北四十里其源西接宿遷劉老澗東入安東漣河漣河在安東縣有東西中漣三河濶八十餘丈發源自西北大湖東南入淮澳河在安東縣東南百步餘亦名龍潭南臨大淮爲壩以瀦水利官河在安東縣城北三十里自西漣來南通中漣東流散入遏蠻等河入淮北通海州諸鹽場舟楫便之支家河在安東縣城西十五里南通山陽新溝及孫村浦入淮沭河在沭陽縣東南源自青州西北馬脊嶺諸山澗會流而下東入桑墟湖周職方青州其浸沂沭即此薔薇河在海州城西一里潮汐往來巨艦時行清口河在贛榆縣東南十五里東流經縣南入海柘汪河在贛榆縣城北五十里東流入海廟灣子沙河在贛榆縣城南五十里自郯城經縣入海沂河在邳州城西一里自沂州南流下邳入泗河武

河在邳州西北五十里源出嶧縣經偃武鄉故名泇河流在邳州西北南曲呂河在邳州城東七十里源自霸頭入洪河會直河入泗其流瀠迴故名皂河在宿遷縣城北四十里發源港頭流入泗水泥黑故名建港在鹽城縣西北七十杜流入泗水泥黑故名建港里自大蹤湖北經馬長汀過射陽湖入海鹹水在贛榆縣西南八十里源自堯水沂州三嶢山東流入縣界在贛榆縣西南八十五里睢水在睢寧西南自宿自沂州東流經縣入海州靈璧界東流環治後又東四十里引芹溝湖入泗河水射陽湖府在勢小而流長按睢水有二一見徐州治東南七十里漢廣陵王胥有罪其相勝之奏奪王射陂今謂之射陽湖凋約三十丈許縈迴三百里山陽鹽城寶應管家湖在府城望雲門外去治三縣分湖爲界四里許又謂西湖即仁濟橋之大蹤湖在鹽城縣西南一百里南北徑三北湖也十里東西廣十五里與興化縣分湖爲馬鞍湖在鹽城縣治西三十里環三界十里北入侍其汊以達射陽富陵湖

在清河縣南有溝通淮澤廣魚蕃採魚船大小百餘每歲委官量船納料以備魚油翎鰾之稅四鋪湖在清河縣東北二三十里入淮五昌湖在清河縣東北二十里入湯家澗溝張家湖在清河縣北三十里周圍五里通泗河杜村湖在桃源縣東南三十里通淮倉基河在桃源縣城南七里東流達河入淮大莊湖在桃源縣東南三十五里通丁家溝入河金湖在沭陽縣城東四時不涸碩項湖在沭陽縣西北一名大湖西連桑墟湖東南達於淮桑墟湖在海州西南九十里土丘湖在宿遷縣城東五十里由新溝入泗白鹿湖在宿遷縣城南五十里由小河入泗落馬湖在宿遷縣西北一十里由溝口入泗合湖在睢寧縣西北七十里合邳州沂水南會于河故名峯山湖在睢寧縣東北四十五里既湮而澇明洪武中主簿陳世能疏通以去水患清江浦在府城西北三十里千舳叢聚兩岸沿堤居民萬戶為水陸之康莊黄浦在府城南六十里東南至故晉口入

射陽湖西達三角村入雙溝　**公路浦** 即淮口也寰宇記袁術字公路向九江將奔袁譚路出斯浦故名　**于公浦** 在海州城北十里漢于公居此　**羽潭** 在海州羽山下左傳鯀化黃熊入於羽淵即此又郡國志鍾離肨城南有羽泉亦謂舜殛鯀處其水常清牛羊不飲　**温泉** 在海州博望鎮西五里其水冬夏常温　**白水塘** 在府城南九十五里陂潤三十里魏鄧艾所築屯田積穀以制吳與盱眙蘆浦山破斧塘相通溉田一萬二千頃　**洪澤** 在府治西南九十里舊有閘宋魏勝運糧至洪澤出閘入淮即此　**捍海堤** 在鹽城縣東二里許自治東北至抵通泰海門唐大曆中李承爲淮南節度判官自楚州鹽城南抵海陵修築捍海堤綿亘兩州以衛田宋天聖初張綸刺泰州專圖修復時范仲淹監西溪鹽倉悉力贊之因名范公堤　**高家堰** 堰以捍淮名曰高加護運道邑井宜加高而名之也在府城西四十里三國時廣陵太守陳登所築堰長三十里　**廣惠[石達]** 在海城縣東門外三里舊名波湫運河水漲則自此決泄入海

以殺水勢夏秋海潮浩大則自此衝入傷田每築捍堤隨即衝潰宋淳熙六年教授劉煒攝邑事始用磚石甃砌水礓橁日廣惠

三洲在山陽灣對岸有上洲中洲下洲詩云淮水三洲是也

棠梨涇在淮陰廢縣東九十五里唐長慶初開

萬柳池在城西南隅由水西門通於官河

古井在府治西舊傳泗州僧伽降水母之所其水甘冽大旱不涸

枸杞井在開元寺內傍有枸杞樹劉禹錫詩云僧房藥樹依寒井井有清泉樹有靈枝繁本是仙人掌根老新成瑞犬形

甘泉井在山陽縣豐登橋側水與淮湖為消長

真君井在桃源縣城南二百餘步大旱亦不竭水味甘美俗傳劉真君所鑿

丹井在安東縣東北神仙傳云袁真人於漣城得虛泉煉藥功成脫屣而去郡人為立祠又建通仙閣

項羽井在邳州西南有晉石碑云項羽井在下相城

邗溝亦名邗江自寶應縣北流入淮左傳哀公九年吳城邗溝通江淮將伐齊故也杜預註云築城穿溝東北通射陽湖詳見揚州

楊家澗溝在清河縣

江南通志　山川　卷之十　第七　臣

城北四十里通淮　響水溝在安東縣城西一里許北接支家河引沭水自中漣南流入淮水流有聲故名

附關津橋梁

南鎖關　安樂關　柳淮關　淮北關　涇河關以上俱在山陽縣　劉馬莊關宿遷縣　桃花渡　平河渡　楚望渡　亭故渡以上俱在山陽縣　小清河口渡　夏家湖口渡以上俱在清河縣　白洋河渡　河北渡俱桃源縣　淮河渡　支家口渡　古寨河渡　嵇村浦渡以上俱在安東縣　北下渡在沭陽縣　西沙灣渡　石湫渡　東沙灣渡　塔兒灣渡　大伊鎮渡　大漣河渡　上林渡

莞瀆渡　龍溝渡以上俱在海州　小河口渡贛榆縣　沂河渡

泗河渡　武河渡　張村渡以上俱在邳州　新路口渡

皇華渡以上俱在宿遷縣　廟灣渡　麻墩渡以上俱在睢寧縣

章馬橋　南市橋　八字橋　三思橋　高公橋

昇仙橋　大聖橋　鴛鴦橋　臺仙橋　史壩

橋　清平橋　小新橋　香橋　通濟橋　西義

橋　新橋以上俱在山陽縣　端平橋　直道橋　鳳凰橋

靈應橋　迎春橋　登瀛橋　永典橋以上俱在鹽城

縣　楊家澗橋　石人溝橋俱在清河縣　通濟橋　赤鯉

湖橋　崇河橋　迎恩橋以上俱在桃源縣　太平橋　繡

衣橋　清平橋以上俱在安東縣　紫陽橋　迎恩橋　來春橋以上俱在沭陽縣　龍西橋　九洪橋　沙壩橋　板浦橋以上俱在海州　紫陽橋　潮河橋　柘汪橋　臨洪橋　朱嵇橋　上莊橋以上俱在贛榆縣　玉虹橋　履坦橋　橫溝橋　步雲橋　登龍橋　高橋以上俱在邳州

廣濟橋　朝陽橋　迎恩橋　小河橋以上俱在宿遷縣

興賢橋　邵公橋　石橋以上俱在睢寧縣

揚州府

蜀岡山在府城西相傳地脈通蜀上有蜀井一名崑岡宋鮑照蕪城賦軸以崑岡謂此舊洪武志揚州山以蜀岡為首晉周顗曰淮揚之地北阻塗山蜀岡蓋塗山一支耳 **浮山**在郡城內西隅其狀如鐵浮於地 **金櫃山**在郡城西七里 **小金山**在府城北門外宋熙寧間丞相陳升之判揚州搆閣於子城上曰雲出可以遠眺又為平野堂即觀稼堂舊址 **甘泉山**在江都縣西北三十五里上有甘泉 **席帽山**在江都縣西北十二里其形如帽 **得勝山**在江都縣西北三十里 **馬鞍山**在江都縣西北三十五里狀如馬鞍云 **方山**在儀真縣西四十里上有王子石鳳凰橋黃龍池隋煬帝行宮 **大銅山**在儀真縣西北二十里相傳漢吳王濞鑄錢之所 **小銅山**在儀真縣大銅山東兩山相接亦吳濞鑄錢之所 **神山**在儀真縣西二十里上有九江王廟 **橫山**在儀真縣西三十五里上有梁昭明讀書

堂。**青山**在儀真縣西二十五里山色常青故名。**雞留山**在儀真縣西三十五里伍子胥欲報浣紗女馮氏不知其家乃留雞于此山祀之因名。**丫山**以兩峰並峙故名在儀真縣西四十里黃巢嘗屯兵於此寨基尤存。**城子山**山形如城在儀真縣北六里魏文帝於此築東巡臺。**焦家山**在儀真縣東北五里。**瓜步山**在儀真縣西七十里其狀如瓜臨江峭絕。**孤山**在泰興縣東南七十里南枕大江巍然一峯高百仞上多大竹。**神居山**在高郵州西南六十里南齊亘公嘗結庵此山煉丹有井上有排牙石人數其數必差終無能知其數之的者。**昭陽山**在興化縣西四里楚令尹昭陽食邑於此。**雲山**在寶應縣西南一百二十五里上有白龍潭水常不竭有白龍廟仙人洞有門可容人行山每出雲即雨故呼爲雲山。**泰山**在泰州西南高數仞山頂舊有老君廟知州王臣改爲八窓亭。**羅浮山**在泰州西北五里藪澤中不爲水所沒遙望如羅浮故名。**天目山**在泰州東四十五里王仙翁嘗隱是山有

二井仙翁臨井舉藏靈寶伍符杖履水鞋隱形帽於左井封鑰甚密元豐二年發運使蔣之奇致禮請禱開右井得鹿角數十支又獲金龍玉璧三十六

中洲山在泰州東北一百二十里西溪鎮北鹽倉東范仲淹監本鎮日疊土爲山東觀滄海西望沃壤爲一鎮形勝

茅山在泰州東北嘗產香茅因名

摩訶山在如皋縣南一百二十里邊江高十丈俗呼蝦蟇山舊傳多異蛇嘗有僧過蛇分道而行因立大聖殿易今名

土山在如皋縣西南三十里有白馬將軍廟

狼山在通州南十八里五山連屬有觀音紫石二巖宋邑令楊鈞上書乞改狼爲琅舊建江湖神祠以嘗平流賊於此後有浮圖五級左有小浮圖七級山頂轆迹石東有洞可容數人山甲於淮南蓋一方之鎮也古今題名詩刻甚多

塔山與狼山相接高十五丈周二百九十丈上有磚塔

刀刃山在狼山東又呼劒跡山相傳秦始王曾磨劒於此

軍山在刀刃山東南隔江數里下有煉丹臺眞人洞

馬安山在狼山西舊志云隋煬帝征遼於此山放馬數十匹

後久其馬仍在因封爲馬安山一統志云以形似名**東土山**在通州東十五里築土所成樹蔭水遶亦郡勝遊之處有文山祠**東山**在海門縣呂四場南相傳宋孫道人築以術運大米建廟於山**會聖山**在海門縣東三十里運河之北**崑崙岡**在江都縣西北八里一曰廣陵謂崑崙山橫爲地軸此陵交帶崑崙故曰廣陵**九龍岡**在江都西南十五里下枕湖水**夾岡**在江都東北七里東接灣頭鎮淮子河口**雙女岡**在寶應縣東六十里**褚廟岡**在寶應縣西一百里上有龍王廟**射陽阜**在寶應東七十里三阿鄉阜有千數東連射陽**平阜**在如皐縣南東西延亘六十里相傳爲舊江岸上多竹木**蒙谷**在江都縣湖東北五里**仙女洞**在通州狼山東五峯間外有穴竹西亭北通中相傳有一婦自龍舒至年七十語不塵凡貌不枯悴久而得道孫呂齡有詩曰狼去後桑田出仙女昇來洞府開**布洲峽**在通州有東南二布州舊是大海其中沙漲山爲洲相傳嘗有布機流至沙上故名

大海在府城東北自鹽城而南經興化泰州如皐折而東通州海門諸鹽場皆其濱也

長江自黃天蕩接六合界下小帆山入儀眞境東至鐵丁港漫延東北流入江都境歷泰興如皐通州海門上下五百餘里至料角觜入於海其南與丹徒靖江江陰常熟崑山境相對此本府境內江水大略也

邗江即古邗溝今運河昔吳王夫差將霸中國自廣陵東南築邗城下掘深溝謂之邗溝北通射陽湖隋煬帝大業元年開邗溝自山陽至揚子入江渠廣十步旁築御道植以楊柳今謂之隋隄唐人劉禹錫詩揚子江樓烟景迷隋家宮闕拂金隄正江都邗溝之上也

伊婁河即揚子鎭以南運河也隋以前揚子鎭尚臨江未有此河至唐江濱積沙與瓜洲連故穿此

淮子河在江都縣東北十二里

白塔河在江都縣東北六十里安陵鎭側

靖安河在儀眞縣西南即沙河也宋盧僑請開此河以避大江李家港黃天蕩之險

獅子河在儀眞東南故運河

新河在泰興縣西南三十里

得勝河在泰興縣西北四十五里

即盛大港**泰蘭河**在高郵州西六十里**鳳凰河**在興化縣三十五里自長安河流入大縱湖**山子河**在興化縣西四里通海陵溪轉入射陽湖**蘆洲河**在興化縣東一十三里入南溪**成子河**在寶應縣東一十八里西北接望直港東南接章思蕩**宋涇河**在寶應縣市中上通官河東注望直港**濟川河**在泰州南入如皐縣境通揚子江**晏溪河**在泰州東北一百二十里東通角斜橋西入運鹽河**北運河**即運鹽河在泰州城北門外東北行一百里至西溪鎮分爲二一從東去至梁垛塲止一從東北去至東臺伍佑等塲**九十九灣河**又名游龍河在如皐縣東南六十里因龍過成河**小溪河**在如皐縣西北隅東接運鹽河西通泰興**豐利塲汊河**在如皐東北通馬唐掘港二塲**西亭河**在通州東二十里**金沙河**在通州東二十里通運鹽河北入金沙塲宋李庭芝鑿**運鹽河**自江都灣頭東行七十里至斗門外泰州界又東行一百六十里至海安

鎮入如皐界又東南行一百一十里至白蒲入通州界又東行七十里至新寨入海門界又東至入十里達呂四塲**黃天蕩**在儀眞縣西南揚子江中流瀰漫處**章思蕩**在寶應縣東南四十里南通廣洋湖北連火盆蕩西接成子河東距雙女岡**白水蕩**在海門縣呂四塲其地廣闊魚鳥鹿鶴所萃**戴子港**在儀眞縣東二十五里唐元龍常役五龍以開此港至今有五龍廟基**印莊港**在泰興縣南三十里**洋思港**在泰興縣西南二十五里**潘竈港**在通州餘西塲**楊樹港**在海門縣西五里**道塘港**在海門縣東十里**七星港**在海門縣東七十里**艾陵湖**在江都縣東北四十里邵伯鎮東通淥洋湖西樓官河**朱家湖**在江都縣東北五十里**黃子湖**在江都縣北六十里東通官河西至末口**新城湖**在江都縣西北四十五里**白茆湖**在江都邵伯西角斗門橋官河水少則引湖水以濟運舟**淥洋湖**在江都縣西南湖東北半屬高郵州**甓社湖**在高

郵州西三十里宋孫莘老家於湖陰夜讀書覺窓明如晝循湖求之見大珠其光燭天是年莘老登科黄庭堅遺以詩甓社湖中有明月淮南草木借光輝舊志云珠見則有休咎之應五湖在高郵州西六十里黄魯直有詩九陌黄塵烏帽底五湖春水白鷗前扁舟不爲鱸魚去收取聲名四十年珠湖在高郵州西七十里新開河在高郵州西北三里通樊良湖天長以東諸水盡匯此湖遇風浪輒有覆舟之患故鑿康濟河以避之石臼湖在高郵州西北五十里張艮湖在高郵州北二十里横京湖在高郵州東北七十里義興村得勝湖即率頭湖在興化縣北以湖化縣東一十里平望湖在興化縣北四傍平坦故名吳翁湖在興化縣北一名蜈蚣湖其流西入海陵通寶應昔有吳高尚隱此故名大縱湖在興化縣西北四十五里自清水湖縣南在寶應縣西南湖心與鹽城分界氾光湖在寶應縣西一十灑火湖在寶應縣西南四十里西通衡陽河五里赤水澗南接安宜溪東北入氾光湖

津湖在寶應縣南六十里源通官河西會范安湖南接高郵界白馬湖在寶應縣北十里東會官河廣洋湖在寶應東南五十里射陽湖在寶應縣東六十里博支湖在寶應縣東南九十里西北通廣洋湖北接馬長汀小西湖在泰州起雲樓下宋紹定初重浚堤植芙蓉桃李彷彿如西湖焉包家湖在泰州東北四十里清而無滓雖與他水會而不雜挈壺氏嘗以此水供滴漏鴨子湖在泰州南二十里西通齊川河東接運鹽河芹湖在如皋縣安定鄉六祥符湖今名高陽蕩去如皋縣東南八十里東通海西接運鹽河石梁溪在高郵州西北自天長縣發源入新開河樊良溪在高郵州北二十里精陽溪在興化縣東北四十五里自白駒場入運鹽河南溪在興化縣南即滄浪溪宋范仲淹有南溪馴鷗詩黃浦溪在寶應縣北二十里黃浦鎮南瓦溝溪在寶應縣東南一十五里安宜溪在寶應縣西南六十里東北入灑火河西南入高郵界海

陵溪在寶應縣東九十里俗呼琵琶頭西北通射陽湖東接馬長汀瀛溪在如皋縣西北赤岸鄉水繞其洲如瀛洲然故名蟠溪在如皋縣北亦古邗溝西接運鹽河東入海以洲渚灣曲如龍蟠故名九曲池在郡城西北七里隋煬帝建木蘭亭於池上作水調九曲遊幸時按之故名天井池在儀真縣北三十里臘山上冬夏不竭玉蓮池在如皋縣定慧院前昔人詩惟有玉蓮池內水滄浪溪處老龍眠連珠池在如皋縣西北二十里池東西相接如連珠句城塘在江都縣西三十五里其水由烏塔溝南流入官河唐李襲譽築此溉田民獲其利雷塘在江都縣西北十五里漢所謂雷陂唐李襲譽爲揚州大都督府長史嘗引雷陂水溉田小新塘在上雷塘東北長廣二里餘陳公塘在儀真縣東北二十里漢廣陵太守陳登鑿縈迴九十餘里側有陳公恭愛廟宋淳熙間重修李孟傳記裴公塘在高郵州西南六十里白水塘卽白水陂去寶應縣西八十五里宋武帝決水灌魏

軍即此陂也本魏將軍鄧艾築此屯田積穀以制吳人者

胥浦 在儀眞縣西胥露鄉源自銅山西下出於江舊傳伍子胥解劍渡江之處

蓮塘浦 在興化縣東接得勝湖西接海陵溪中植蓮藕

茱萸灣 在江都縣東北二十里漢吳王濞開茱萸灣通海陵倉是也

相見灣 在泰興縣東北河形委曲俗云龍開河舟行雖有先後至灣則帆檣相望可呼而應

賣魚灣 在通州石港揚米文丞相過此有詩

花師潭 在高郵州北一十里故縣村新開河堤傍

郭太保潭 在泰州城西北隅周廣數頃大旱不涸舊志云南唐保大中刺史郭載鑿以禦北兵處

玉涓泉 在如皋縣舊學內即今中禪寺井其泉清冽玉色涓涓宋王覿詩覆欄常浸梧陰冷煮茗猶呈玉色寒

愛敬陂 在江都縣西五十里太守陳登濬塘築陂百姓愛之因名

靈潮堰 在儀眞縣城南門外官河西與新河相接

蓮花堰 在儀眞縣東舊與官河通宋郡守趙尚之以蓮花池水至堰而止故名

江堰 在泰興縣西南自保全鄉起至順德鄉止

長一萬六千九百餘丈廣三丈餘高一丈歷代修築以捍江水

平津堰

在高郵州唐節度使李吉甫築溉田千頃即今官河岸自黃滿至界首六十里

捍海堰

在興化縣東一百二十里一名范公堤宋張綸范仲淹築民蒙其利立張范祠以祀邑宰詹士龍重修

姜堰

在泰州東南六十里天目山前

北堰

在泰州北四里

平福堰

在通州西門外將以遏上流水勢東通海門西通泰州

任公堤

在通州城西五里宋保元間江濤為患通判任建中築堤岸二十里高一丈餘居民德之因名焉

捍海堤

在海門縣北四十里瀕海宋縣令沈起築堤袤七十里王安石有記

馬長汀

在寶應縣東九十里東北通鹽城界南接博支湖北會射陽湖西連海陵溪

藕花洲

在泰州堂後水村環繞多蓮

鄭公灘

在如皋縣豐利場宋治平初富鄭公判揚州造海船備海寇於此鑿海灘以容船且使軍士習水戰其中

董井

在郡城東門外漢董仲舒故宅少師楊士奇記

博施井

在郡城東北開明橋冬夏不竭

惠民

井在郡城邵伯鎮水馬驛前世傳晉謝安築邵伯埭時所鑿煉丹井在儀眞縣西古儀眞觀壇上井深百尺大儀井在泰興縣南安泰橋北玉女井在高郵州西南迎出橋東齊郊道光與其女居井傍煉丹成仙故名繅絲井在泰州西溪鎮董永故居也丹井在泰州萬壽宮乃皇甫眞人煉丹之所水甘冽和藥輒效丁公井在如皐縣境丁天錫讀書院內度軍井在如皐縣西十里一名聖井不甚深泉汲將盡擊其欄則溢出宋岳飛經畧通泰駐兵數千日資給不竭潮井在如皐縣石莊鎮靈應道院其泉隨潮長落楊花井在如皐縣南八十里楊花橋行旅往來以手掬飲比他泉味異子嬰溝在高郵州東南注射陽湖子涇溝在高郵州東北一百里觀溝在高郵州西北四十里東接黃林蕩西抵陸田小京溝在高郵州東南六十里南通淥洋湖北抵淤溪河吳家溝在興化縣北一十三里西入平望湖尾子溝在興化縣北一里通千步溝丁溝在興化縣

西北二十一里入吳翁湖杜家溝在興化縣南二十五里通運鹽河楊家溝在寶應縣東八十里西北接射陽湖東南入馬長汀

附關津橋梁

揚子津在府城南十五里即揚子橋一名揚子渡唐高宗永淳間揚子縣也高家渡在儋道橋北十五里久廢民稱不便
皇清康熙十三年四月知府金鎮重設安樂渡在儋道橋北七里白馬廟渡在南門外白馬廟前東津在儀真縣東南舊江口朴樹灣渡石人頭渡俱儀真縣東花園渡在儀真縣西瓜埠渡在儀真縣西六十里五馬渡在儀真縣西二十里晉五馬南渡於此建安渡在儀真縣西南宋太祖斬南唐叛臣杜著於此龍舌津在興化縣東門外南津在興化縣南關外白田渡在寶應縣南門外二十四橋在府舊城隋置並以城門坊市

爲名後韓令坤置州城分布阡陌別立橋梁二十四橋存廢莫考矣**開明橋**在府東北大街
東西跨市河橋上有樓**通泗橋**在江都縣東大街東西跨市河**太平橋**在江都縣
東南大街東西跨市河**上方橋**在府城東北五里卽今高橋**月明橋**在禪智寺
前**五里橋**在府城西五里**淸平橋**在棲靈寺前**二里橋**在府城南淸凉
寺北**三里橋**在府城南官河東岸**小市橋**在北水關外俗呼爲宵市橋相傳隋煬帝
時於此開夜市**槐家橋**在府城北十五里唐末楊行密張神劒屯兵處**鳳凰橋**在府
城北三十五里相傳昔有鳳凰止於此**惠政橋**在邵伯鎭梵行寺東舊謂謝安以政惠民
故名**澄江橋**在儀眞縣東南俗呼天寧橋**淸江橋**卽淸江閘**望江橋**在儀
眞縣東南**八字橋**一在白沙廟前一在縣倉前**胥浦橋**在儀眞縣西十里卽伍子
胥渡江處**文明橋**在泰興縣南門外古名望江橋**通江橋**在泰興縣西門外**義**

寧橋在泰興縣西輔治橋南　安定橋古名南濯衣河橋在高郵州南　通濟橋古名北濯衣河橋在安定橋北　多寶樓橋在高郵州北關外商賈雲集於此　遐觀橋在高郵州北關外　濟民橋在高郵州北　澄清橋在高郵州東南　太平橋在高郵州北關外　文林橋在興化縣西南儒學北　永福橋在興化縣西南　通濟橋在興化縣東北　羅漢橋在興化縣西寶嚴寺前　青龍橋在興化縣東　嘉定橋在寶應縣東一百二十步東西跨市河　瑞芝橋在寶應縣東北跨市河嘗產芝草因名　愛蓮橋在儒學西首　齊壽橋在寶應縣東北　登仙橋在泰州西南上有亭古名通仙橋　樂仙橋古名樂眞橋在泰州西南　太平橋在泰州西南因近稅務又名稅務橋　大寧橋在泰州西　迎淮橋在泰州西北迎淮門內　經武橋在泰州西南因近教場故名　惠政橋在如皋縣有東西二橋　豐樂

橋在如皐縣西集賢橋在如皐縣東南德義橋在如皐縣西北迎春橋在如皐縣東楊花池橋在如皐縣南十八里平濟橋在通州南大街崔家橋在通州東南隅州人崔敦熙造中正橋在通州東文武橋在通州東南隅通濟橋在通州南澄江門外端平橋在通州西朝京門外石磊橋在通州東天波門外龍津橋在通州東門外魚骨橋以魚骨爲之在餘東塲東

江南通志卷之第七終

江南通志

江南通志卷之第八

山川下

安慶府

大龍山在府城東北三十里周五十里北障郡城如列屏扆皖封鎮山也

百子山在府城西二十五里幽勝蔚秀舊有僧寺

馬鞍山在府城西百三十里

磨山在府城北六十里

鏡山在府城北四十里

騰雲山在府城西一百三十里上有龍神祠歲旱禱之輙雨

投子山在桐城縣北二里相傳吳魯肅有子投此爲僧唐大同禪師道場有三鵶伺曉二虎巡廊之異

樗蒲山在桐城縣東北一十里有二浮石如二人相對樗蒲狀因名

浮山在桐城縣東九十里一名浮渡山有三十六巖七十二洞西南有獨峯直上千仞遙望大江環繞望之若浮故名中有大通巖飛瀑數百仞爲奇絶

磨旗山在桐城縣東南一百二十里有

關羽廟相傳羽屯兵於此**盛唐山**在桐城縣南五里漢煉丹於此上有石屋金鷄洞石鼓**函山**在桐城縣東北二十里瀕江又名蓮花峯上有煉丹池有風洞**龍眠山**在桐城縣西北五里宋李公麟歸隱此山因號龍眠居士**潛山**在潛山縣西北二十里一名皖伯臺魏左慈嘗居此煉丹上有三峰二巖四洞二池山與皖公天柱三峯鼎峙層巒叠嶂爲長淮之捍蔽**皖山**與潛山連一名皖公山本皖伯始封之地上有天池峯峯上有試心橋天印石甕巖狀如甕人不可到東有石樓峯勢若樓觀**天柱山**與潛山連其峯最高道書爲司元洞天漢武帝嘗登封焉爲魏左慈煉丹故迹**三祖山**一名山谷潛之支山也有誌公塔三祖燦師塔東爲真源宮南爲山谷寺峭壁間刻杜牧之金陵懷古詩**玉鏡山**在潛山縣北一名玉照山黃庭堅詩仙人持玉照留在潛峯西**主簿山**在玉鏡山東相傳唐畢誠讀書於此**天堂山**在潛山縣北一百四十里四壁高峻中敞如堂其平可容數萬武中有溫泉龍湫**龍山**在潛山縣

東北一百二十里山蜿蜒如龍**龍山崖**在太湖縣西三里石壁峭立下有靈湫石上刻有詩曰波光照影肝膽寒嵐氣逼人毛髮立**四面山**在太湖縣東南十里形方而銳四面如一**龍門山**在太湖縣西十五里兩山對峙若門上有龍泉聲激如雷周廻四十里**新塞山**在太湖縣西十里石壁險阻舊有寨今廢**司空山**在太湖縣西北一百六十里相傳二祖傳衣三祖之地山極高峻山半有洗馬池冬夏不涸李白嘗讀書於此**獨阜山**在太湖縣北五十里上有石刻隴西字世傳李白嘗避地於此**百藥山**在太湖縣北七十里絕巘有洞時聞異香相傳高真人修煉之所丹床石竈尚存懸崖有泉可愈熱疾**瑪瑙山**在太湖縣北一百一十里**白雲山**在太湖縣東三十里其上出雲**香茗山**在太湖縣南三十里有梅福煉丹臺**響石山**在宿松縣東五里其上履之輒响如擊鼓然**靈隱山**在宿松縣北三十里相傳馬祖禪師於此卓錫**西源山**在宿松縣北三十里有龍泉九井四時不

竭井側有龍神祠禱雨多應

巖恭山在宿松縣北三十里橫亘十餘里中多蒼朮

烽火山在宿松縣北六十里北齊及陳割以爲界齊置烽火於此

洿池山在宿松縣南六十里周迴一十五里上有神祠

小孤山在宿松縣南一百二十里一峰屹立江之北岸與南岸山對峙如門江流東其中湍激險迅謂之海門第一關成化間水衝北岸平陸成淵遂獨立江中元揚載詩乾坤上下雄孤柱吳蜀東西壯北關

孝感山在望江縣北一十里唐徐仲源居此

磨叉山在望江縣北三十里巨石如毗象形上有磨叉痕及馬蹄人跡有孔如錢空洞莫測

麒麟山在望江縣北三十里

寶珠山在望江縣北五十里諸山皆伏此山獨突出巋然圓靜如珠

大茗山在望江縣北六十里巔有巨石相傳羅隱嘗居於此

值雪山在望江縣西十八里相傳李白嘗此值雪故名

石灰山望江縣志作石輝山

槎枒山在望江縣南七十里山勢甚高

白雲巖在桐城縣東一百二十里元時僧建東西二庵

集

賢嶺在府城北十五里　**水隘嶺**在宿松縣西八十里阻山臨河峭險狹峻接荆舒界爲防守要地

長江環府城之東西南三面東接無爲州界西南合九江彭蠡諸水　**樅楊河**在桐城縣東南東流入於江　**後部河**在太湖縣西北百二十里納羊角銀河之水流經縣治入於大江　**馬路河**在太湖縣西東流合灊水入於江　**楊溪長河**在望江縣南五里有三十六斷　**桐陂水**在桐城縣源出龍眠山穿縣市下溉營田三十里流出湖紆廻入於大江

灊水出灊山縣西北境下流與皖水合　**皖水**在灊山縣北下流會灊水經府城西入於大江　**南湖**在府城南三面依城其浸甚廣舊有搴芳堂宋李師中記　**太湖**在太湖西今爲陸所存者其名耳　**龍南蓮若湖**在宿松縣南五十里東五里爲白荆湖洿池又十里爲大伯澇湖又十里爲張富池下流入望江出雷港入於江　**漳湖**在望江縣東北六十里受

武昌青草諸湖之水北經埭港至山口入於江**泊湖**在望江縣西四十里合龍南佰澇諸水東與楊溪合流**龍潭**在望江縣南二里趙令沉石禱雨之處**應夢泉**在潛山縣西真源宮唐元宗嘗夢遊於此因賜名**靈龜泉**在潛山縣皖山西有大石龜出泉黃庭堅有銘**湯泉**在潛山縣皖山上其泉四時如湯可浴**吳塘陂**在潛山縣西二十里魏廬州太守朱元光開屯田於此處**楊槎洲**在府境宋端平初嘗移府治於此**桑落洲**在宿松縣南一百九十里九江口晉劉毅與盧循戰於此**風節井**在府城東北街元余闕妻子死於此知府姚正立碑**雷澤井**在大龍山絕頂四時不竭旱禱於此上有神廟**龍井**在龍山之巔可灌田數百畝

附關津橋梁

集賢關在府城北十五里**北峽關**在桐城縣北四十五里**龍井關**在潛

山縣東四十里駕霧關在潛山縣西四十里大關在潛山縣西十里石籠口小關在潛山縣西五十里茅嶺石門渡在府治石門湖中練潭渡在桐城縣南六十里烏金渡在桐城東一百一十里青山渡在潛山縣南車輞坂袁家渡在潛山縣西馬路渡在太湖縣西一里南通望江西通宿松黃梅近遷於載陽橋白荻渡在太湖縣東三十里通便民倉張富渡在宿松縣東築墩渡在宿松縣南武昌渡在望江縣東北三十里雅灘渡在望江縣北四十里同安橋在府城西門外大新橋在張葭港便民橋在新橋北野螺橋在南莊嶺外石門橋在府城石門湖中高橋在府城西五里觀音橋在府城西珠流橋車津橋在府治欽化鄉桐溪橋在桐城縣東門外上深橋在桐城縣東黃華橋在桐城縣南魯王橋在桐城縣北掛車橋在桐城縣西

鳳凰橋在桐城縣西　西門橋在潛山縣西門外　黃花橋在潛山縣西

平託橋在潛山縣西　皖公橋在潛山縣西　荻田橋在潛山縣西　蓮池橋在太湖縣西五里　觀音橋在太湖縣東一里　松陽橋在太湖縣東南五里　大龍橋　小龍橋俱在太湖縣北十里　駐馬橋在太湖縣北　通濟橋在宿松縣前　雙荊橋　通政橋　豆溪橋俱在宿松縣東

青龍橋在宿松縣南門外　八達橋　通楚橋　鳳凰橋俱在宿松縣西　白龍橋在宿松縣北　洗馬橋在宿松縣北　躍鯉橋在望江縣南一里近卧水池得名　蘆薪橋在望江縣北　石橋在望江縣西北

徽州府

黃山在歙縣西北二百八十里舊名黟山其山盤據宣池江浙諸郡而爲鎮於徽唐改今名峯三十有六泉三十有六溪二十有四洞十有二世傳黃帝與容成子浮丘公煉藥於此故有浮丘容成諸峯

烏聊山在府城東南隅漢末邑人毛甘屯兵於此

問政山在府城東五里唐有遊方外者學養氣之術其從弟德晦刺歙州往訪之德晦爲築臺於此號問政山房嘗有人躡險攀蘿到絕壁上苔蘇昏蝕有詩刻云千尋練帶新安水萬仞花屏問政山自少雲霧居物外不多塵土到人間凡二十韻

紫金山在府城東三十五里舊名金紫山暮夜嘗見光宋改今名

紫陽山在歙縣南三里朱松嘗遊而樂之後寓闕猶以紫陽書堂刻印章其子熹亦以紫陽名其堂示不忘故居也

岑山在歙縣南十五里大溪之中高三十丈巔平坦許元鄭玉嘗結屋其上讀書

靈山在歙縣西北三十里山產靈香草及黃精上有靈壇輿地志云甚高峻天

欲雨先聞鼓角聲

雲嵐山在歙縣北七里一名雲郎唐汪華葬於此

鳳凰山在歙縣北十五里舊產茶名甘白香

飛布山在歙縣北二十里舊名主簿山相傳昔寇亂縣主簿葛題率衆保此唐天寶間改今名

玉屏山在歙縣東北端峙若屏其下寬平可屯兵明高帝嘗駐蹕於此

萬安山在休寧縣東十里一名古城巖隋大業末汪華築郡城自黟徙治於此

響山一名遊仙山在休寧縣東南三十五里里南有石壁呼聲輒響應

錦堂山在休寧縣南七十里宋江慶受業胡安定歸結廬山中以淑其徒

白際山在休寧縣南八十五里其山由五嶺而來連起大峯相續不斷

方原山在休寧縣南一百十八里本名黃土山唐改今名又名馬金嶺其陰之水北流入率山之江其陽東流者入於睦之遂安西流者入於衢之常山界而皆趨於浙江

顏公山在休寧縣西南四十里昔有顏公隱此故名

率山在休寧縣西南百六十里一名張公山在休寧婺源之間率水出焉

鳳山在休寧縣西三里舊縣治

在此**東山**在休寧縣西一十五里里人趙汸築精舍讀書於上**白嶽山**在休寧縣西四十里上有石室學仙者多居之其東北有五彩石壁狀若樓臺望之有飛動之勢**松蘿山**在休寧縣東北十三里峯巒峻聳林蘿交錯如屏障**方山**在婺源縣南二里五代時士人朱寬隱此**桃源大衝山**在婺源縣南四十里石壁峭立飛瀑數百尺歲旱禱雨輒應西行十數里有龍洞宋延祐五年夏旱判官許松賦詩禱之有日民命望懸三尺水神功願乞一年秋雨隨至**石耳山**在婺源縣東南九十里接衢州界高不可以仞計**龍尾山**在婺源縣東一百里西連武溪山石可作硯蘇軾有龍尾硯歌**浙源山**一名浙領在婺源縣北七十里高三百餘仞婺源諸水多西入鄱陽惟此山之水東會休寧祁門黟縣諸水至歙浦又會績溪歙縣諸水赴浙江**大廣山**在婺源縣西北五十八里婺水出焉**査公山**在婺源縣西宋査陶故居因名**梅源山**在婺源縣西北二十里山產楊梅梁任昉爲郡守罷不采**祁山**

在祁門縣西北一里三面石壁上有樓眞巖靑蘿巖旁有泉甘而冽冬夏不竭**西峯山**在祁門縣西北二十里上有銅鼎鐵笛勝跡甚多宋顥上龍詩三十六溪淸淺水二十四重高下山**道人山**在祁門縣北二十里山半有巖巖前有石**不老山**在祁門縣北三十五里山多方竹昔有彭公修煉其巔能役鬼神有金液池丹泉亭彭公池**石新婦山**在祁門縣北三十里有石峯三類人形每霽邑相映如綵服髢粧故名**歷山**在祁門縣西八十里抵石埭縣界山極高峻巓有池池有石馬**主簿山**在祁門縣西六十里方輿記云昔黟有主簿隱居山中故名**新安山**在祁門縣西北一十里秀奇負異衆山郡名新安取此**林歷山**在黟縣西南十里山之東有石洞可容數十人內刻石爲佛像西有瀑布自千丈崖瀉下又有仙人碁盤石昔吳賀齊討山越賊保林歷山卽此今寨基尚存鋤地時得箭鏃**武亭山**在黟縣西南十八里**魚亭山**在黟縣南三十五里有水東流入休寧界**復山**一名復巖又名阜巖

在黟縣南三十六里山甚孤峻石壁四絶僅通綫路其絶頂有泉四時不竭舊鄉民嘗避亂其上賊以山高無水欲持久以困之鄉民以生魚投之賊乃引去**石門山**在黟縣東南二十里鑿石爲門下瞰深潭壁立千仞沿崖鑿路僅通人行絶處以木爲棧古號小劍門有建中靖國年鑴刻尚存**三姑山**在黟縣東北一十五里一名吉陽山上有三峯中峯有飛瀑天將雨此山先有鼓角之聲**戢兵山**舊名石鼓山在黟縣北十五里有石鼓石人石驢相傳石鼓鳴則驢鳴人哭而長官不利後鑿破之唐天寶六年改今名**牛泉山**在黟縣北五十七里輿地志云牛泉嶠自麓至頂九里一頓凡九頓並山爲路陿處纔七八寸上有泉方廣尺許冬夏不盈涸名牛泉**碧山**在黟縣西北八里**石照山**在績溪縣東五里有石壁立方廣二丈光可照物故名宋蘇軾詩陰巖石照正新磨鳥度猨攀野老過忽見塵容應笑我年來底事白鬚多**龍鬚山**在績溪縣東二十里高五百仞山頂有池四時不竭**大鄣山**在績溪縣東六十里秦立

鄣郡取此

唐金山在績溪縣東南九里有泉出石穴水極清冽飲之可消煩止痢

翠眉山在績溪縣西兩山橫列如眉

大會山在績溪縣西五十里高聳特出衆山環峙陟其巔可望宣池諸郡

徽嶺山徽一作翬在績溪縣西北十里西北連瀝山佛論嶺新嶺東連仙人巖抵叢山關南接大鄣山之陽水入於歙山之陰水入於旌德故有嶺南嶺北之分宋王安石詩曉渡藤溪霜落後夜過翬嶺月明中

大獒山在績溪縣北六十里前跨潭水其形似獒山半有仙人巖嶺下有白龍潭

龍嵸山在績溪縣東北二十九里中有道通寧國界舊有寨因呼為叢山關

披雲峯在歙縣西南宋知州蘇德祥嘗建亭其上

蘭將軍巖在歙縣南十五里隋蘭亮屯兵處

東蜜巖在休寧縣南周迴絕壁如城東西二十丈由石磴而登其嶺平曠昔黃巢亂程澐率義兵寨於此拒之

齊雲巖在休寧縣白嶽山西北三面皆絕壁中峯可梯而上頂闊四十畝常有學仙者居之前有巨石特起曰香爐峯又謂之凌虛臺宋程

珌書雲巖二字刻於石

獨聳巖在白嶽山西北山頂有池溉田可四千餘畝

仙人巖在績溪縣北五十里有煉丹石杵尚存

昱嶺在歙縣東南百二十里界於杭之昌化縣

箬嶺在歙縣北十八里路通太平縣唐汪華所開

新嶺在績溪縣西南七十里知縣唐勳禦饒寇於此有功改名太平嶺

芙蓉嶺在婺源縣東八十五里與對鏡羊鬭塔嶺及休寧新嶺相接爲五嶺芙蓉五嶺之最高者也

武陵嶺在祁門縣西四十里始極峻險唐縣令路旻鑿爲盤道至今便之

赤嶺在祁門縣西一百里嶺下有溪祥符經云昔人爲梁取魚魚不得下遂夜飛越嶺而去人復張網於嶺上其飛不過者化爲石其色赤吳都賦云文鰩夜飛而觸綸蓋此類也

墨嶺在黟縣南十六里上產石墨土人採之久而成井

石龍洞在休寧縣西有餘里石龍山中有石室復有門兩石對樹如鑿成

靈巖三洞在婺源縣西北二十里東曰慶雲洞巖竇皆五色兩厓有鸞鶴雲霞之象西曰蓮花洞洞有大石室刻石像旁有羽

蓋幢節皆乳石所成南曰含通洞洞有二重有積雪臺及流香岑岑皆襟帶浙嶺通聯率山產硯石瑩者可擬端溪

蒼龍洞 在績溪縣北十五里有怪石瀑布如簾

青苓洞 在績溪縣西八十里南北門相通勝如靈巖

新安江 在歙縣其源一出歙之黟山一出休寧之率山一出績溪之大鄣一出婺源之浙嶺四水皆達歙浦會流至嚴州合金華水入浙江爲灘凡三百六十水至清深淺皆見底沈約詩洞徹隨深淺皎鏡無秋春

北港 在祁門縣有大小北港咸利灌溉

揚之水 源出績溪巃嵷山西南流合大鄣山水入歙縣界直抵府城西合黃山諸水是爲練溪達於浦口

率水 在休寧縣出率山山之南爲婺源其水南下而西流者過饒州匯於彭蠡山之北水源有二皆山巔瀑瀉而下一自望仙巖流出梅溪口人祁門界合孚溪水東南流入休寧一自高湖尖流出彭護坑口東與梅溪孚溪水會又東至江潭溪浙溪之水赴焉

五城水 自婺源達於龍灣溪口溉田四

千餘頃

浙溪水 出婺源浙嶺東流在縣南一百一十里一名漸溪

汊水 在休寧縣南五十里宋程珌生有紫雲繞溪經日不散又名紫雲溪

婺水 在婺源縣出大廣山溉田二十餘頃南流八十五里繞縣城又南流四十里合斜水通鄱陽湖

武溪水 出浙源山溉田千五百畝南流五十里至婺源縣界

繡水 在婺源縣城北其源十一會流達於鄱陽

橫江水 在黟縣出武亭山東南流合章水入魚亭山口

吉陽水 在黟縣治東北出吉陽山東流經壹潭至白茅渡與橫江水合流入休寧界

魚亭水 由魚亭山東流合吉陽橫江水入休寧界

篁墩湖 在休寧縣西南四十五里其中有蜃昔程靈洗夜夢人告曰吾數爲呂湖蜃所困明日幸見助當厚報君東白練者我也旦往視之二牛相觸肩白者困靈洗射黑牛中之視之乃蜃也呂湖自是漸塞

洋湖 在黃山上衆水會聚之處

閭門溪 在祁門縣南十三里衆水所注有兩巨石對峙如門故名其灘流常覆舟唐縣令路旻開斗門以平其險人呼路公溪後令相繼疏

導今爲安流 **績溪** 在績溪縣東繞城而下衆流分合有如績績焉故名 **乳溪** 在績溪縣北十里其流清淺屈曲可愛燕遊者多浮觴於此溪畔有石列如座又有石盆 **五龍池** 在績溪縣西四十里巉崖千仞人跡罕到歲旱禱雨輒應 **聖母池** 在歙縣東獄廟後山有聖母祠前有池泉白如玉相傳民有相訟者各執楮錢禱之實則沉虛則浮 **歙浦** 在歙縣東南十五里乃新安諸水會聚處 **石牛潭** 在休寧縣南一十里旁有巨石如牛歲旱塗其背則雨 **噎潭** 在黟縣東南三十五里深不可測宋嘉定中歲旱禱雨輒應 **石印潭** 在績溪縣治南方廣十丈許中有石痕如印文 **呂公灘** 在歙縣東南十二里湍悍善覆舟唐刺史呂季重捐俸鑿之遂成安流改名 **溫泉** 在歙縣北即黃山第四峰下硃砂湯也 **龍泉** 在婺源縣北七十里俗傳有龍潛其下旱禱卽應唐呂洞賓大書飛龍巖三字刻於石 **洗心泉** 在婺源縣西五十里昔無水有高僧卓錫湧泉湛甘泉講學於此 **薛公泉** 在黟縣城內有

九井唐小保薛稷所鑿故名

附關津橋梁

新安第一關在歙南紫陽橋上　叢山關在績溪縣北三十里名永安鎮　翚嶺關在績溪西十五里曰太平鎮　新嶺關在績溪縣西二十里　佛嶺關在績溪東十里　梅嶺關在績溪東南三十里　浦口渡　岑山渡　烟村義渡　深渡　環溪渡　小孤渡　富登渡　街口渡俱歙南鄉　閔口渡　率口渡　高梘渡　梅林渡　前阜渡俱休東鄉　瑺溪義渡　黃荊坦渡俱休西鄉　姚家渡　霞阜渡　陽湖渡俱休南鄉　北關渡在婺源縣北　古箭渡在婺東鄉　武口渡在婺北鄉　金竹渡在婺西鄉　碧潭渡　大白

渡在婺源西南鄉　來蘇渡在績溪縣西宋蘇轍爲令日兄軾自海南歸過縣視之　河西橋郡西門外　萬年橋郡北門外　麻坑橋在西關舊名通津橋　大溪橋在北關外舊名甘露　壽民橋在城南五里即紫陽橋　寅賓橋即德勝門外弔橋　三溪橋在歙北鄉　佘翁橋在巖鎮丈几側長四十丈　孫翁橋在巖鎮後渡　望仙橋在縣南二里　浮子橋　臨清橋　五渡橋　太平橋在歙南鄉　惠政橋在休寧西門外　內翰橋　夾溪橋　夏汶溪橋俱休城外　南山橋　藍渡橋一名別駕橋　閔川橋　清漪橋俱休南鄉　繡溪浮橋在婺源縣東天津門外　瀛州浮橋在婺源縣西臨江門外　横濟浮橋在婺源縣南星溪門外　萬石橋在婺東　曹溪橋　明經橋在祁西北鄉　唐埠橋　金坑橋在祁

門西南鄉横槎橋　澧溪橋　通濟橋　濟州橋　鳳

西橋俱在婺源西鄉桃源橋　七里橋　舜溪橋俱祁門西鄉

戊巳橋在祁門縣北東溪石橋在祁門縣東駟馬橋在祁門北鄉

寫江橋　乳川橋俱黟東鄉乳溪橋在績溪縣北綠楊橋在績溪縣南楊溪橋在績溪縣北鄉徽溪橋　臨溪橋俱績溪縣南漁

梁在郡城南舊有石梁以揚之水及黃山諸水凡四溪會流於城南陡瀉而下無復渟蓄故爲津梁以緩水勢前此每有蕩決城市彫耗火災頻見自明末傾圮至今

皇清順治巳亥巡按衛貞元以徽郡情形事疏請修葺奉

旨依議在案

寧國府

陵陽山在府城內岡巒盤屈三峰秀拔爲一郡之鎮上有樓即謝朓北樓李白所稱江城如畫者

敬亭山在府城北十里古名昭亭東臨宛溪南俯城闉烟市風帆極目如畫謝朓詩茲山亙百里合沓與雲齊李白詩相看兩不厭只有敬亭山下有黄檗禪師道場唐丞相裴休所建今石佛殿雙石幢金雞井尚存

響山在府城南五里下俯宛溪有響山潭權德輿記兩巖聳峙蒼翠對起

雙羊山在府城南三四里有雙石羊梅堯臣詩風雪雙羊路梅花溪上村今堯臣墓在焉

嶧山在府城南三四里盤旋隱秀有項王廟甚靈異相傳項羽起兵時經此

栢梘山在府城南七十里文脊之陰峯攢子仞溪廻百折晉瞿硎先生隱處山僧以栢皮爲梘引水入厨山因以名其最勝曰飛橋兩峯夾立跨石爲梁望之儼若天台石上有引虹二字

麻姑山峯巒奇秀作鎮郡東昔麻姑修煉於此壇舟竈劍池石基枰釣魚臺天遊亭遺有仙諸跡行

廊山在府城西四十里兩峰對峙環抱若廊廡上有盤石巨人跡相傳梁杯渡禪師過此中有白雲池洪雲寺　雲山在府城東北七十里下有金下臨大明湖牛洞幻石肖形天造奇巧魏良臣有洞記明江理學陳履祥嘗講學於此山頂有藏書洞東連崑山　華陽山距城百里極宛溪之南其絕頂曰高峰負然獨出雲表山僧依巖構屋覆以鐵瓦人多雜猿猱以居密隴山新田山聯絡勢若環拱巖上產名茶　巖臺山距城五十里由横山趨北巉巖峭壁上有平臺下有石洞乳泉郡守羅汝芳詩臺端松抱石巖底塔棲雲句刻岩上　土山在府城東十里一名玉折山在麻姑南山勢紆山曲如折中有石洞　勞山在嶧山東中有石洞其東迴巒迤邐勢與水東諸山相遥屬　檜亭山在府城東六十里圖經云宣城稽亭山古仙人嘗居此行客恍其幽曠每羈駐焉故名　樸頭山在華陽北子里郡城之龍脈也土人挖石燒灰每多損傷山脈

皇清康熙十九年縣令郜煃置買入官有禁石　籍山

在南陵縣內主山由工山蜿蜒百折至此歲久頹剏知縣沈堯中審其形勢纍石爲臺建樓其上城市丘林爲邑中勝槩堯中有記

工山在南陵縣西三十里高數千丈盤踞七十里其西峰下有池曰龍湫北爲石岡迤邐而東爲石潮山水龍山黃連山同山有泉不竭

朗陵山在南陵縣工山南晉朗陵侯何琦嘗隱於此

射的山在南陵縣西三十里工山北寰宇記云山有玉在石壁內取之者遇風雨而止居人常以山色占歲云射的白米斛百射的元米斛千

藍山在涇縣西五十里高千仞李白詩藍岑聳天壁突兀如鯨額

呂山在南陵縣南六十里淮水之源上有石穿下有孔子書院

箬帽山山與石嶺連縣治之外案也其支山有鵝公凸下臨石潭潭中有龍時或騰躍

水西山在涇縣西五里以賞溪得名林壑邃密下臨溪流舊建寶勝崇慶白雲三寺浮屠對峙樓閣參差碧水浮烟咫尺萬狀唐宣宗微時棲此有朝廷若問江南事報道風光在水西之句晉葛洪劉遺民唐李白杜牧之皆常遊憩於此

白雲山與水西山

相接下有白雲潭舊產茶入貢今廢

湖山在涇縣西五里高三百六十丈上有小湖下有靈惠廟董傑詩徼茲仙蹤留丹井班剝蟲書滿石臺

大城山在涇縣西七十五里與青陽接界下有潮泉郭璞所鑿以應江潮歲旱禱之潮應則雨否則旱

五城山亦在白雲西南五峰環繞若城郭然其左曰藍山其右郭山

石瓏洪頭山望江山之西上有石立如堵號磨崖碑字多磨滅惟唐天寶一頌存宋建妙峯菴菴有碧蓮池珍珠泉子瞻石藏春洞稱四景日禪師守菴時有詩

寶峯山在涇縣西八十里與銅峯相對石巖高數十尋有人物鳥獸狀山背有觀音巖窅然一竇出竇而升之平遠空曠飛流千尺鏗訇趾下

幞山在涇縣北五里左難當與輔公祏拒戰於此軍幞四周因以山名故壘尚存北為桑坑山東為漢山桐山皆距縣數里內

琴高山相傳晉處士煉丹處峭壁孤立下瞰深淵有琴高釣臺循壁鳥道而升有洞摩巖古刻不可辨

嵓瓏洞山與琴高山隔溪對峙中有覆洞不柱而屋巷闥幽奇

嵒山在涇縣北

七十里琴高山南山頂水池冬夏不竭蜥蜴藏焉上有龍王廟**魚龍山**下有潭名湧泉脈通江海時有魚隨泉而上人或迫觀則泉不復湧魚亦不見**金壺山**石壁峭拔下有平臺相傳有金壺現此**北衡山**兩山對峙其中怪石嵯峩環以清溪晉時僧道常結菴於此**硃砂山**廣袤二千餘丈俯瞰長流巉巖峻險上有紅石其大如月其赤如日相傳石豔發則有災異**承流山**在涇縣南四十里與縣治相對山巒聳秀爲一邑之冠其峯凡九中文筆峯左掛榜峯其下爲蓮花峯右紗帽峯左積翠峯望雲峯其右曰毓秀峯友愛峯又左曰攢勝峯諸峯皆叢聚承流之畔拱揖學宮與赤土黃虎諸山相接宋許國公吳潛常讀書於此又有元虛洞許賓二真人遺跡**魁峰山**峰巒秀拔圓如鐘形吳村水出其南諺云魁山頂秀石女峯高**東流山**唐逸士東流府君隱於此有府君祠未詳姓氏舊云有葛嫗瞽無子忽一羽士抱兒授之又爲舐其目語之曰予東流府君也鄉人因立祠祀之**龍叢山**在寧國縣西南百五十里山南

屬績溪峻壁崇關爲宣歙阨塞昔姚源盜起官兵常於此防戍

石鏡山 在寧國縣紫山之南龍巖瀑布儼如石鏡照之形多變異黃巢過此自見其狀如猴怒燔之失光久乃復

石鼓山 在寧國縣西九十里有石鼓天雨則鳴

紫山 在寧國縣西一百里高數百仞周二百里中有龍池龍井古搶石鼓諸勝

塵嶺山 在寧國縣西南八十里爲新安孔道最稱險阨

獨山 在寧國縣西五里自鑾陵屏發脈過蟠龍爲縣脈來龍其東散入平野爲縣治云

鷄山 一名鳳山相傳有金鷄鳴其山故名

西山 在寧國縣西南五里昔虞璠隱此有花石松竹亭榭號稱清麗今廢

天目山 在寧國縣東南百五十里山本浙西巨鎮而縣諸山並爲支脈於邑爲藩屏之勢

文脊山 在寧國縣西北高數千丈周廣三百餘里西接涇旌諸山北爲宣之栢梘峯巒攢秀巖洞盤迴固郡南雄鎮也

山門山 石壁峭立儼若城闉處士瞿硎先生嘗隱此中有六洞曰紫雲曰夕陽曰朝陽曰明心曰碧雲曰漣漪前有瞿硎樹爲先生手植一本三花郎恒溫

命伏滔作贊處**洪公山**在寧國縣北四里昔隱士洪伯禮居於此因以名**白雲山**在旗鼓山南有白雲潭唐許渾詩一片白雲千丈峯殿臺樓閣架虛空山僧不語捲簾坐遥看世間如夢中**鴉山**在寧國縣西北三十里寰宇記云山產茶茶經云味與蘄州所產同梅聖俞詩茶詠鴉山佳**棲真山**在旌德縣西西治之祖山也長孫邁神仙傳云竇子明為陵陽令三年避劉聰亂棄官尋山採藥結廬棲此

皇清康熙十年知縣閻洞建有西竺寺放生池**正山**在棲真山西上有仙人臺下有玉井響石亭東有郭公巖巖上刻珍珠泉三字前有銀屏石題刻磨滅正山之南別有大幕小幕二峯**梓山**在旌德縣東南二里頂有文峯奇石石上有桃樹不花而實**梟山**在旌德縣東二十里竇子明隱此山仙去相傳二女亦化青梟上昇故名今有顯道神廟**柵山**在旌德縣西三十里一峯孤秀昔呂氏女於此學道仙去**大幕山**形如蓮幕旁起一峯曰小幕**石柱山**在旌德縣西六十里雙石挺立而一巨石承之名豹子尖

梁程靈洗討侯景立柵於此築捍血臺

天井山 在旌德縣西北三十里飛泉激湍下有龍潭

石壁山 在旌德縣北二十五里兩巖對峙一水中流最稱阨塞舊路躡懸崖上行旅恐慄宋胡安定周竹坡作歌記其艱險明嘉靖間李默署事緣溪鑿石引而成徑始達通途

黃山 在太平縣南三十里當徽寧二郡界高一千一百七十丈盤亙三百里原名黟山唐天寶間勅改今名圖經稱爲軒轅棲真之所上有古木靈藥其泉香美清溫冬夏無變沐浴飲之萬病皆愈按舊志凡三十六峯峯之內屬者八曰翠微曰天都曰望仙曰九龍曰聖泉曰疊嶂曰仙人曰芙蓉餘悉入休歙

尚書山 在太平縣西南二十里望仙峯之西

龍門山 在太平縣西北四十里巖壁峭拔中有石竇若門產茶及諸藥草

密崖山 陵陽西一名密王關岡巒連亙下矙深溪徑道險絕通石埭

仙都山 在太平縣西六十里與仙都峯相望一名遊山

通靈峯 在寧國縣北二十里四山如環獨缺其北巖頂有龍湫

黃高峯 在旌德縣西南四十里兩

峯對峙獨秀雲表有登仙橋卿子巖硃砂石壁昔黃公隱此**千秋嶺**在寧國縣東一百五十里岡巒纚屬谿谷陰深一綫通浙道宋南渡嘗於此列關防戍羅隱送徬處士有回望千秋嶺上雲之句**三折嶺**在太平縣西二十里高深曲折上有石洞下有普惠泉**黃瓜嶺**與箬嶺並跨旌德而箬尤鉅與歙接境**黃龍岡**在旌德縣依岡勢爲縣治左有鹿飲泉**青弋江**在南陵縣東三十里發源黃山會石埭太平旌德諸水至此河身漸廣故名江**九曲河**在府城東從陸家潭分入以溪流曲折故名**蒲橋河**即蒲橋港在南陵縣東三十里中有都堂壩雙澗虎狠澗**灣沚河**在府城北有渡有鎮今爲鹽埠北出楊青口合黃池下流入江**中港**在南陵縣源有二並出西南諸山由嘉樂關入城遶縣治過籍山橋下合西港及漳淮水入小淮河**漳水**在南陵縣源自縣南水龍洞出至澄清河與淮水合寒流曲折清徹可愛**淮水**在南陵縣源自縣南呂山鸞珠泉湧出至澄清河與漳水合流**徽水**在旌德縣

北源出績溪徽嶺之陰北流受清潭水至縣南印匣石與霞溪東溪合流

麻川 在太平縣源出黃山之麓受旌德諸水由麻陂至旌德涇縣入江梟波鏗訇舟聲響荅

南湖 在府城東北四十里南曰南漪北曰北漪總稱曰南湖周廣四十餘里受廣德建平諸水由綏溪來宣之東境諸水並瀉入焉

宛溪 在府城東源出嶧山之陽上下兩橋上曰鳳凰下曰濟川並跨溪上唐李白詩兩水夾明鏡雙橋落彩虹

句溪 近府城三里溪流迴曲形如句字源出籠叢天目諸山李白詩洗心句溪月

青溪 在府城南一里相傳竇子明釣白龍處李太白有詩謂其清也

曾顯溪 在府城南三十里有涼泉一名寒泉其源出曾山雖九夏其涼如冰

龍溪 在府城北水陽鎮東南兩渡舊設浮橋宋紹定創建今廢爲渡有兌倉有義倉東南水碧橋與高淳接界

慈溪 在府城東北合高淳水至此入河由牛兒港泝流而進東通五堰往東壩者由此東壩五堰之一也

綏溪 在府城一名白沙源出建平入北漪湖春秋楚子戍吳至桐汭即此地

東溪 在南

陵縣水色藍而重與浣溪接昔劉柯隱此**賞溪**在涇縣西南一里一曰涇溪其源有三一出石埭舒姑泉一出太平黃山一出績溪下有賞溪橋沙堤其西爲新河**麻溪**在涇縣西南一百里即太平之麻口下流也山環水會舟行勝境唐杜荀鶴有麻溪清徹底似入武陵溪之句**琴溪**在涇縣源出自寧國諸山與溪頭水合又西過琴高山下名琴溪產琴魚宋乾道中邑令林淳請以爲放生池今廢**烏溪**在涇縣東三十五里源出慈坑入濯溪**藤溪**在涇縣東南八十里桐嶺之南源出嶽嶺合縣東南水之大無踰於藤**西溪**在寧國縣西五里即西渡源出績溪籠叢山**東溪**在寧國縣東五里河瀝溪源出天目山**落花溪**在寧國縣溪皆石而中窪如釜水從高迸落復噴躍而出飛珠濺沫花蘂燦然**梅溪**在旌德縣十一都大嶺東水俱會於黃沙殿入寧國縣**三溪**在旌德縣北三十里即嶽水以抱麟玉溪至此合故名**舒溪**在太平縣源出歙界逕石埭東北北至涇陽受婆瀼二水焦竑云十里無波即此**蟠石溪**

在太平縣源出黃山與赤溪合上游有蟠石特立水中俗名獨石灘

黃池 在府城北一百二十里一名玉溪郡東南水聚此出大江南岸屬宛陵北岸屬姑熟舊設有浮橋兩縣分造久廢爲渡

皇清康熙二十一年宣城知縣袁朝選奉督撫兩院檄復造浮橋不獨利濟兼堪弭盜

染浦 在南陵縣東北四十里廣千餘畝中多芙蓉芰芡之屬吳赤烏元年建浮城梵刹於中風景最勝

響潭 近府城三里在響山之下衆流至此澄清見底丹崖百尺下瞰深潭扁舟經過谷聲相應

敬亭潭 在府城盤龍山下潭水弘深窅然莫測相傳下有龍門歲旱在此請水禱雨

奎潭 在南陵縣北六十五里凡九十九曲三關三鎖中有六墩類奎星故名

落星潭 在涇縣西五十里藍山下晉有陳霸兄弟捕魚於此見一星落潭中故名

巖潭 在涇縣南十里受石隶旌太諸水之會合賞藤二溪翠碧澄源山水清妙僧宗泐詩古木灣頭魚艇夕陽山下人家風起一溪白浪秋來滿地黃花

衆潯潭 在寧國縣發源相府潭下注石馬奇阜壁立巖隙可泊舟湲不

可測十數里俗稱桃源**麻陂潭**在太平縣東南五里一名白虎潭碧水澄潔鳧鷺上下遊人多泛舟其間**南香澗**在涇縣源出廣沙嶺西會羅溪水歷茶溪會周公坑後村諸水合烏溪同入賞溪**澁灘**在涇縣距麻溪三里李白詩白波若捲雪側石不容舠**惠泉**在府城東南**冷泉**在旌德縣西四十五里**東姑井**在府城西南數百步**銅井**在府城內陽坡下汲之聲響如雷**開元井**在府城景德寺**葛洪井**在涇縣西寶勝寺側

真君煉丹井在涇縣南四十里**和尚井**在涇縣東七十里

附關津橋梁

千秋關在寧國縣東百二十里雲梯通於潛縣**叢山關**在寧國縣西百三十里

新城渡在府城北館驛前三汊河宛句合流之所**句溪渡**在府城東三里**黃渡**在府城南四十里舊有義津橋今廢爲渡**麻馬渡**在渾水港**青弋江渡**在南陵縣

東三十里東界宣城**耿姥渡**在涇縣西北下坊渡上方渡並官置**章家渡**在涇縣西南五十里**麻溪渡**在涇縣西南一百里**波羅溪渡**在寧國縣南四里**五河渡**在寧國縣北十里**龍門渡**在太平縣西北五十里龍門鄉舊名何家渡**鳳凰橋**在府城東泰和門外**濟川橋**在府城陽德門外**宛津橋**在泰和門外通濟武場**政通橋**初名宛水橋**惠濟橋**在府城東溪八里**父子橋**在府城東三十里寺溪**洪林橋**在府城東六十里**阮翁橋**一名新安橋在府城東十里下臨青溪**飛橋**一名引虹橋在栢梘山中**古城橋**在府城南十里水從石嶺頭入張家湖**通津橋**在府城通津橋**宋興橋**在府城北七十里東山左**橫堤橋**在府城北百里橫堤山**市橋**在南陵縣東一百五十步又名籍山橋**玉帶橋**在市橋北**龍會橋**在南陵縣北一里許**樸溪石橋**在涇縣北二里**響山橋**在涇縣西

北十里路通南陵　琴溪石橋在涇縣東北二十里　深渡橋在涇縣東五十里地名三接水　西津橋在寧國縣西三里　冷渡橋在寧國縣北九十里　長楓橋在寧國縣北一十里　河瀝溪橋在寧國縣東五里　淳源橋在旌德縣東一百三十里　駕虹橋在旌德縣中東門外　仙人橋在旌德縣郎村傍　仙源橋在太平縣舊名富溪橋在南門外　三思橋在太平縣源出門嶺　八仙橋在太平縣東鄉

江南通志

卷之第八

池州府

齊山在府東南三里山有羣峯勢皆齊等故曰齊山或云唐刺史齊映好遊此山因名巖洞三十有二亭臺二十有餘周廻二十里山形腸蟠腹栱斗峻箕張其氣候雨焉而骨脇立日焉而華采浮晦則雲氣欲歛霽則林靄蔥蒨暑避流槃寒入挾纊其中之勝空巖靈竇響石飛泉不可具紀

太樸山在府東南五里其山內聯大峯外托九華圓如覆釜其狀太樸故名俗訛呼太婆山半有西峯堂有龍池

孝娥山在府東北十里許瀕大江上有仙姑廟

秀山在舞上一保峯巒秀麗故名

舞山在舞上三保距黃溢江五里層巒疊嶂爲一方巨觀

秀峯山在府西九十里古名尖山上舊有孝行祠

石橋山在城西九十里兩峯對峙一石橫架於上廣數丈袤十數丈橋下滴溜巧石千態萬狀下有泉澗奔流入穿山洞而出

江祖山在府西南二十五里有一石突出水際高數丈上有仙人跡名曰江祖石

魚載山在府城西南一

百五十里峯巒峭拔有飛瀑掛石壁凡三級下各有潭上有巨石不附飛流中如鯉魚狀**靈山**在府城西南二百里山巔有田百畝水泉四時不竭**大樓山**在府城南六十里上有唐李白諸題咏**盧子庫山**在府城南九十里一名伏龍巖山有龍池遇旱禱雨龍或徵露其形輒應**黃山**在府城南九十里高百餘丈**六峯山**在府東南三十里**七井山**在城南八十里上有七峯湧泉七穴**金霞山**在青陽縣東六十里**青山**在青陽縣北一十里縣以此名**大有山**在青陽縣東六十里與九華山並**龍池山**在青陽縣東南一十里上有石池泉不竭**靈鶴山**在青陽縣西南十里山之南有戛玉翠瀑二亭山之半有逍遙亭今俱廢**九華山**在青陽縣西南四十里高數千丈延袤百八十里舊名九子山唐李白以山有九峯如蓮花易今名唐金地藏駐錫於此靈異甚著今為江東香火之宗有捨身崖寶陀巖諸名勝峯凡九十有九劉禹錫嘗愛太華謂此外無奇見女几荆山謂此外無秀及登九華而後

侮其失言蓋言治南第一名山也　**五松山**在銅陵縣南五里李白詩我來五松下置酒窮躋攀　**鐵船山**在五松山前湖田之上首尾皆生鐵如船形故名王守仁有詩　**銅官山**在銅陵縣南十里舊名利國山有泉冬夏不竭可以浸鐵烹銅因改爲銅官山舊嘗於此置塲　**石耳山**在銅陵縣南二十里雙峯峻拔亦名眞人峯有石高丈餘上有巨人蹟　**金山**在銅陵縣南三十里山有金牛洞世傳有金牛出遊鄉民欲設穽陷之因名其地曰大欄小欄　**鳳凰山**在銅陵縣東南七十里　**龍泉山**在銅陵縣東三十里山下出泉不竭有西峯庵祈禱多驗　**杏山**在銅陵縣東三十里昔傳葛仙翁嘗留此種杏有溪襟帶其下落英飛堰上名花堰宋郭祥正詩傳聞花落流堰水每到三月溪泉香　**城山**在銅陵縣東五十里四圍石壁峭拔惟西南一逕可通如城門然山頂平坦可十畝名曰賽城中一井遇陰晦則雲氣湧出鄉人嘗避兵於此　**天門山**在銅陵縣西南四十里其山高聳插天故名　**金城山**在石埭縣西開

福寺在焉山列寺傍宛若城郭**萬春山**在石埭縣西五里其山有萬墩**城子山**在石埭縣西九十里環繞如城**櫟山**在石埭縣西一百六十里其山四壁峭拔上有池水澄澈如鑑**五溪山**在石埭縣西南一百二十里有五溪合流故名**蓋山**在石埭縣南三十里遠望之如蓋**陵陽山**在石埭縣北山自西北迤邐而來三峯遠亘右接宣州西二峯下有黃鶴池乃竇子明跨鶴飛昇於此有丹池即煉丹處**白象山**在建德縣後以形似名**北臺山**在建德縣北四里**博陽山**在建德縣東北一十里**五龍山**在建德縣東三十里五峯森立山半有石井名化龍池深不可測**玉峯山**在建德縣南頂有石光瑩如玉宋嚴華有漢武登高所刻壽字刻於上名壽峯**三面山**去建德縣四十里其山三面峭壁**歷山**在東流縣東三十里西枕歷池故名上有二池一久雨不盈一久旱不涸**香山**在東流縣南四十里**伏龍巖**去府城九十里世傳有龍化人於巖前未全而止**西峯巖**

在府城西九十里巖畔有生成石臺臺上有巨人跡世傳西峯禪師嘗掛錫於此南有西峯洞峯上有泉瀉石壁下伏流至劉村口小澗湧出如沸遂爲李家堰阜角堰足以灌田夫子巖在建德縣東七里有隱者讀書於此因名碎石嶺在府城南五里山多碎石趙文節公夫婦葬焉

苦竹嶺在原三保李白嘗讀書於此渰鹿嶺在賢一保相傳有聖僧居之鹿爲運水至此天仙嶺在銅陵縣南三十里望之如仙人大洪嶺在石埭縣西九十里通徽州高嶺在建德縣東十里峻絶如雲梯然普門嶺在建德縣西南一十五里朱文公嘗書普門嶺三字刻石古仙洞在府城南六十里中有石碁局鑼鼓在焉白雲洞在舞上二保有白雲寺遺址甚偉洞有石刻詩穿山洞在府城西七十五里迎春洞在建德縣東南七里高深如屋傍有兩穴可秉燭入名藏春洞政和中王簿左譽記刻石石礲磯洞在銅陵縣北五里瀕大江有三石門水涸可出入容數十人亦名五霞洞魚龍

洞在石埭縣西三十里洞有二東西相望李商隱有洞門黑無底日夕惟風雷之句

大江其界上接東流下抵銅陵東

池口河亦名杜塢河在府治西源出石埭之櫟山爲營公明溪至秀山有待月溪又至狠山有玉鏡潭過白面渡滙爲秋浦又迤邐爲杜塢湖過鎮山爲池口入大江

白沙河去府城十里源出太樸山過東塘湖達青溪入於江

梅根河在府城東四十五里源出九華山會於五溪通河入於江

五溪河在青陽縣西二十里源出九華山一曰漂溪二曰澗溪三曰雙溪四曰曹溪五曰瀾溪合流入於江

銅陵河在縣西北七里其源一出長山一出賖北官庄一出東高村山會於橫海閘流入於江

大通河在銅陵縣南四十里其源一出九華山一出天門山一出梅衝山會於車橋湖至大通鎮入江

荻港河在銅陵縣北八十里發源朱村耆郎坑邵家澗會石洞南洪鳳凰鍾鳴各耆之水合流至北下社入江

齊山湖在府城南一里

平天湖在府城西十里

黃溢湖在府城西北九

十里湖口通江**大清湖**在東流縣北四十里廣四十餘頃水至澄清**清溪**在府城北五里源出考溪與上路嶺水合流經郡城至大江曰清溪宋太守張士誦嘗繪爲圖蘇東坡題之由是名益著**曹溪**在青陽縣鳳凰嶺水西流爲溪**惠溪**去銅陵縣十五里其源出銅官廟側流至樊港入大江**舒溪**其源自寧國太平流入於石埭**貢源溪**在石埭縣西其水經上灣下灣出大河注於秋浦入大江**茹蘭溪**在建德縣南其源出迎春朝霞二洞之側西流會堯城溪達於東流入大江元縣尹王晉卿建茹蘭亭於上**堯城溪**在建德縣南三里許至東流縣入大江**蓮花池**在府城望京門內**神龍池**在仁義鄉旱禱多應**嘉魚池**在青陽縣南九華山中昔李昭象王季文嘗隱於側**上下華池**在雲峯下兩山合而成流上華池有深窟即龍池也下華池產異茗**秋浦**隋置縣以此名在府城西南長三十餘里唐李白杜牧皆有詩**月港**在府城北十里麻埠[illegible]水入大江**玉鏡潭**在府城西

南七十里李白詩迴作玉鏡潭波明洗心寬宋陳應直書玉鏡潭三大字於石**浮桃澗**在青陽縣西南昔趙知微植桃千株於中峯之北鄉人於澗下獲桃致富**漱玉灘**在青陽縣雙石巖東水濺石有戛玉聲**南泉**在貴池縣舞上三保地有三泉大旱不竭民賴其利**東坑泉**在府城西一百里毛嶺北發源僅濫觴流出漸大而行東注玉鏡潭隨地作堰一十五所**眞珠泉**在青陽縣東三十里有泉纍纍而出如珠**碧玉泉**在少微峯北石巖上世傳費拾遺烹茶於此**靈寶泉**在銅陵縣鐘鳴耆泉出石穴**古遊陂**在貴池縣義二上保可灌田四百餘畝**羅坦陂**在貴池縣開元鄉可灌田二百餘畝**中和塘**在府城北百步內**下湖塘**在府城東半里許**橫塘**在貴池縣崇義鄉袁二十餘丈廣半之深無度**烏龍塘**在青陽縣東水清澈可愛**白石塘**在青陽縣郭外水甘冽四時不竭**官塘**在銅陵縣三十三所洪武二十八年開築**白苛堰**在府城西南二十五里唐李白

詩何處夜行好月明白苛陂 黃屯堰在府城東南六十里 黃荊堰在府城西南八十里受茅山洞水 石陂堰在貴池縣義一上保 長逕壜在貴池縣崇義鄉 西溪堰在貴池縣仁四保 石堰在青陽縣茅田上水泉灌溉之利居人多賴焉 舜井宋志云在府城中麻皮巷今呼大井是也 包公井在府治內宋守包拯所浚 湯公井在齊山延慶寺宋紹興間郡人侍郎湯允恭浚 仙姑井在建德縣北二十五里歷山下俗傳觀者呼仙女則水花湧出

附關津橋梁

清溪渡在府城外 白面渡在府城西六十里 杜塢渡在府城西五里 黃湓渡在府城西九十里 查家渡在青陽縣東北二十五里 羊山渡在銅陵縣北三十里 沙窩渡在銅陵縣錢家灣 栢山渡在石埭縣西 堯城渡在建

德縣城南鐵山渡在東流縣十四都石潭渡去東流縣五里濟川橋在府城通遠門左瀉水橋在府城南半里晏公橋在府城北五里聖母橋在府城西三里靈芝橋在府城東三十五里白沙橋在白沙鋪左馬衙橋在府城東二十里白面橋在府城西六十里虹昇橋在府城西五十里高陽橋在青陽縣坊市五溪橋在青陽縣西二十里永安橋在青陽縣進士坊內北山橋在青陽縣東四十里青平橋在青陽縣坊市洞仙橋在青陽縣北北四十里清河橋在青陽縣東竹溪橋在青陽縣十五都棲鳳橋去銅陵縣十五里順便橋在銅陵縣東十三里平陽橋在銅陵縣東二十里大有橋在銅陵縣東栖下者石龍橋在銅陵縣東三十五里峽山橋在銅陵縣東南朱村太平橋在銅陵縣市心黃溪橋在銅陵縣南三十五里惠政橋在石埭縣

東

望仙橋在石埭縣北　魚龍橋在石埭縣西四十里　雍溪橋在石埭縣六都

義興橋在石埭縣後溪　望京橋在建德縣治北　廣濟橋在建德縣治南

藍橋在東流縣東北　洪士橋在東流縣東　石橋在東流縣東

太平府

青山在府城東南三十里齊宣城太守謝朓嘗築室山南又名謝公山有謝公井白雲泉李白墓并祠　横望山在府城東北六十里即春秋楚子重伐吳所至之地其山四望皆横故名陶弘景隱居其地　凌家山在府城東南有石洞陳羅二仙隱處　月盤山在府城東四里一名景山上有雷神殿仙人洞景風亭月盤亭下有石井名景山泉　白紵山在府城東五里本名楚山晉桓温遊山奏樂爲歌因名　石城山在府城東二十里上有八角井飲馬池架皷臺唐羅泰有記　藏雲山在府城東二十里有仙女祠醒心泉靈泉雲際院李之儀墓　甑山在府城東十五里有龍窟歲旱人焚此窟以起龍多得雨　靈墟山在府城東三十五里世傳丁令威學道飛昇於此山椒壇址存　象峯山在府城東三十餘里俗呼湖頭山有慧日圓照二庵在其上　龍泉山在府東三十五里俗傳晉杯渡禪師登此山渴甚羅

浮尊者爲卓錫於山泉湧出遂名取泉以竹則清洌甘美以綆則苴濁不可食

白雲山在府城東二十五里俗呼白土山

尼山在府城東南三里舊有百花頭上亭

翰璧山在府城東北四十里梁太同起居注云九年往姑孰翰璧山採取石墨

黃山在府城西北五里相傳浮丘翁牧鷄於此又名浮丘山舊有宋離宮及凌歊臺懷古臺浮圖在焉

采石山在府城西北二十里昔人於此取石故名臨江有磯亦曰采石唐李白著宮錦袍坐舟中泛月即此處

牛渚山在府城西北二十五里下有磯與采石磯相屬亦名燃犀浦晉溫嶠燃犀照水族于此唐李白詩絕壁臨巨川連峯勢相向

寶積山在當塗縣北二十里舊傳山產青綠故名昔孫仙姑煉丹其下今丹池崖壁石刻猶存

天門山在府城西南三十里二山夾大江東博望西梁山對峙如門亦名蛾眉山又名東梁山西梁山

褐山在府城西南三十五里臨大江楊行密於此敗趙鍠又田頵與馮弘鐸帥舟師戰於此

望夫山在府城西北四十里九域

志昔人適楚不還妻登此山望之乃化爲石

龍山 在府城南十里舊載孟嘉落帽事按龍山當在江陵郡志云桓溫當以重九日與僚佐登此疑必溫移鎮姑孰時事也

九井山 在府城南十里山有九井世傳桓溫所鑿殷仲文重九日從溫登九井賦詩

金山 在府城北十里出銅類金古謂丹陽銅今不產

白壁山 在府城北有三峰中峰最峻赤壁在其北

葛陽山 在府城北四十三里上有古洞藤蘿隱蔽洞前方石相傳葛仙翁棋局

荆山 在蕪湖縣東十六里有大小二荆山小荆山之麓有龜文鶴迹二山相對

赤鑄山 在蕪湖縣東北八里楚干將鑄劒之地

靈山 在蕪湖縣西南五里大江中

赭山 在蕪湖縣西北五里郡名丹陽以此

蟂磯山 在蕪湖縣西南七里大江中蟂老蛟也今磯有石穴廣一丈深不可測蓋蛟所居

驛山 在蕪湖縣西北八里臨大江南唐時設舘驛列市肆於此

白馬山 在蕪湖縣西南三十里上有紫燕洞

范羅山 在蕪湖縣西北五里崇林邃密有萬松菴圓照寺層

樓傑閣爲長江奇勝**鶴兒山**在蕪湖縣西北五里嶂北有識丹亭凴江覽勝宛與燕磯蛾眉二山相似**浮丘山**在繁昌縣東一名隱玉山有二峯有浮丘洞石壇丹池龍池鎖虎石仙人浮丘翁隱此**金峩山**在繁昌縣南一里**千墩山**在繁昌縣東南三十里上有萬松臺**老山**在繁昌縣東北三十里山三峯曰老子方丈有石室案几洞門石上有柱杖遺跡**馬仁山**在繁昌縣東南六十里山石類人馬狀舊名馬人山有五峯曰韜玉龍首馬人羅漢雙柱有石庵觀音岩石破池王冲霄處此**大陽山**在繁昌縣西與小陽山相接有龍池旱禱遇廼蜴即雨**隱靜山**在繁昌縣東南七十里**鳳凰山**在繁昌縣西南二十里山盡于江下爲荻港珠金沙**獅子山**在繁昌縣西南三十里上有石似獅有焦狀元宅址**公孫山**在繁昌縣西北四十里世傳公孫捷居有公孫橋**靈山**在繁昌縣西北四十里唐杜牧詩西岩一徑不通樵八十持盃未覺遥龍在石潭聞夜雨雁移沙渚見秋潮經函霧濕文多暗

香印風吹字半銷應笑南來又去東越山無路水迢迢

磕山在繁昌縣南十里上有龍池流泉不竭

覆釜山在繁昌縣南十五里山頂如平掌上有古廟址井泉冬夏不竭

三山磯在繁昌縣東北三十里

中江在蕪湖縣界

魯明山在蕪湖縣南三十餘里與繁昌分界魯明仲居此至今稱魯港

大信山在當塗縣西南二十五里河水南自蕪湖白岸湖分泒北過梅塘何墓山之間西過馬鞍山又西過大信下鎮會龍山港入於江

新河在當塗縣北二十五里即采石河牛渚磯旁然控江流之衝水勢湍激大爲舟害宋慶曆間開河于磯後南接夾河西北達大江舟獲安濟

黃池河在當塗縣南七十里分河心以北屬當塗以南屬宣城

唐溝河在當塗縣東南百里西通官溪又接新華河

長河在蕪湖縣南半里源出廣德宣州過縣前西行注江

青墩河在蕪湖縣南周文育克徐嗣徽於此

丹陽湖在當塗縣東南七十里湖水分三源徽州高淳寧國廣德諸溪所滙通爲三湖

曰石臼固城丹陽而丹陽最大蓋總名也天城湖南北九十里西南七十五里實太平巨浸

在蕪湖縣東南十里姑孰溪在當塗縣南二里一名姑浦合丹陽東南餘水及諸港來會過寶積山入於江慈湖溪在當塗縣北六十里吳將笮融至將趙徹嘗此屯兵又陶侃與蘇峻戰此

櫓港在蕪湖縣南一十五里源出嶽宣西注於大江鳩茲港在蕪湖縣東四十里左傳吳伐楚克鳩茲即此荻港在繁昌縣西南四十里與赭圻城相屬西對無爲州乃江流之險處

資字井在府內儀門前亭覆元和井在郡圃石闌刻姓名但存元和五禩四字文惠井在當塗縣學饌堂前貢院古井在當塗縣與賢坊內宋貢院門北陳貴謙建亭覆之衆安井在蕪湖縣衆安巷東橫北石闌刻淳熙元年間鑿

潤鄉井在蕪湖縣博望鄉驛山東路傍明天順間邑人御史黃讓鑿甃以飲行人俗呼黃公井八角井在繁昌縣南二舊縣前市金峩井在繁昌縣十里馬仁山北

附關津橋梁

南津在府城上南門外　上柵渡在府城東五里　儲家渡在府城東十五里　黃山渡在府城西北五里　梅塘嘴渡在青山下水陸大路　江口渡在府城西五里　大信渡在府城西南三十里　柞盆渡在府城東南二十里　楊家渡在府城東二十里　陳公渡在府城東南三十里　煉丹渡在府城東南三十二里　紀家渡在府城東南二十七里　花真渡在府城東南三十七里　葛家渡在府城南八十里　唐溝渡在府城東南一百里　黃牛渡在府城東南一百里　檣港渡在蕪湖縣南一十里　孤汀渡　石硊渡俱在蕪湖縣南三十五里晉桓彝屯兵於此敵蘇峻　濮家店渡在蕪湖縣東七里　勾慈渡　落蓬灣渡在蕪湖縣東三十里　楊清渡在蕪湖縣萬春圩　峩橋渡在繁昌縣東三十里

趙家埠渡在繁昌縣東南四十里馬仁渡在繁昌縣東南四十里丁家
渡在繁昌縣東南三十里文公渡在繁昌縣東南四十里平政橋在府城治
前城隍橋在府城城隍廟前成家橋在城隍廟東憧憧橋在府城西
西察院前今廢行香橋在府學西俗稱向化橋慶城橋在府城西十字街東塲
橋埭橋在府東北三十五里為蕪湖太路安泉橋在瓦子橋南市河
橋宋郡守吳柔勝建南津橋即上浮橋宋吳業落水處明洪武二年建走青山道也
牛濯橋在府城三里久廢今以船渡花亭橋在府城南四里橋廢今以船渡采
虹橋即下浮橋唐李陽水建亭其上李白序之蓋走蕪湖道也黃池浮橋在府南七
十里與宜城交界舊設渡
皇清康熙二十一年奉督撫部院檄造為浮橋便民
弭盜兩境俱利太平橋在蕪湖縣西北一里京省大路北板橋在蕪湖縣赭山南

通津橋在蕪湖縣南大河聯舟爲梁以通往來乃繁昌南陵要路也　孝烈橋在蕪湖縣東南一里金馬門外宋烈女詹氏投水於此　柏家橋西一里　歸鄉橋在蕪湖縣南　上峩橋在繁昌縣南跨濠舊稱峩橋雪霽爲十景之一　黃山橋在繁昌縣西三十里　畢家橋在繁昌縣西三十里　公孫橋在繁昌縣西北四十里　黃滸橋在繁昌縣西三十里黃滸鎮　德神橋在繁昌縣西三十里　代興橋在繁昌縣東十五里　聚春橋　便民橋二俱舊縣　瓦子橋　昇平橋　麻浦橋

廬州府

大蜀山在府城西二十里爾雅釋云蜀者獨也山孤立卓秀無岡阜聯屬故名山之西二十里有山差小名小蜀山

鷄鳴山在府城西四十里肥水所經上有龍井

紫蓬山在府城西七十里上有李陵廟又名李陵山

大潛山在府城西一百里山巓有泉

方山在府城東五十里山頂四平故名

青陽山在府城東六十里元余闕讀書其上

龍泉山在府城東六十里有泉四時不涸

浮槎山在府城東八十里方輿勝覽云俗傳自海上浮來梁武帝女爲尼於此山建道林寺寺有榴花根幹偉茂卽帝女手植今上有浮槎寺山巓有泉極甘美見歐陽修記

孤山在府城東一百里巢湖中

小峴山在府城東一百里南齊蕭懿屯小峴禦王肅梁韋叡侵魏拔小城山俱此俗呼小巖山

四頂山在府城東南七十里俯瞰巢湖上有四峰特起相傳魏伯陽煉丹之所

姥山在府城東南一百里巢湖

中居合肥巢邑之間一名聖女山上有大姥廟**春秋山**在舒城縣南二十五里相傳唐貞元中有二禪子脫解于此遺骨尚存其來實春秋時也遂以名山上有李公麟讀書堂洗硯池又有望湖炎鳳凰臺仙人峯仙人跡絕頂有洞可容數千人**響山**在舒城縣南二十五里山中有聲如鼓**王姥山**在舒城縣南三十里昔有王母修行於此白虎銜花以獻近此有拷姥山**龍眠山**在舒城縣南八十里與桐城接界見安慶**鹿起山**在舒城縣東南三十里昔有名僧過此一鹿自山出僧即其地而化上有南嶽行祠祠前有試心臺洗劍池**梅山**在舒城縣西七十里舊傳梅福棄官隱於此有梅仙洞**三角山**在舒城縣西一百二十里峯有三角故名又有多智山謂其水清潤飲之能使人聰明也**七門山**在舒城縣西南三十五里有石洞如門**雲霧山**在舒城縣西南四十里山出霧必雨相傳鬼谷子隱于此有水濂洞**冶父山**在廬江縣東北二十里濡須志云舊冶鑄于此其山比衆山獨尊故曰父自麓至巔幾五

里有三百六十四凹山羅列在下泉出亦多上有羅漢堂**屋山**在廬江縣東北三十里下瞰白湖**金牛山**在廬江縣西北三十里**馬槽山**在廬江縣西四十里世傳曹操立寨其上**大凹山**在廬江縣西南四十里以形名巔有龍王祠山斗有風洞菴麓有觀音菴仙女石南嶽廟山勢險怪不一**崑山**在廬江縣南四十里產礬又名礬山**福泉山**在廬江縣南五十里山下有泉飲之可愈疾**秀山**在廬江縣南六十里有石鐫秀山二字**鳳臺山**在廬江縣東南一十里**紫芝山**在無爲州城西宋皇祐時山頂產紫芝之二百五十本郡守茹孝標獻於　朝是歲士多登科者**三公山**在無爲州西南一百二十里接廬江界山有三峯高峻峭拔**九卿山**無爲州西南一百二十里接廬江界山有九峯上有仙人煉丹室**毛公山**在無爲州西六十里山陽有毛公洞石壁盡刻毛詩不知何代遺跡也**天井山**在無爲州西九十里山頂有二泉左曰青龍右曰白虎故又名雙泉山下有楚雲洞**朝**

喜山在無爲州西北四十里歲旱時朝有雲氣是日必雨呂泉山在無爲州西北五十里上有泉世傳呂洞賓於此取水故名白石山在無爲州西北五十里上有龍湫臥牛山在巢縣治後形如臥牛世傳巢父許由隱此其故址今紫微觀是也東山在巢縣東三里相傳即箕山許由棄瓢之處七寶山在巢縣東三十里上有烟霞亭亞父山在巢縣東北二十四里范增居此故名金庭山在巢縣北九十里即道書所謂金庭福地乃王子喬登仙處上有金庭洞下有紫蘭玉蘭二洞相連又有杏花泉萬家山在巢縣西北二十里爲四會之衝即孔子回車處崎嶇難行大秀山在巢縣南三十里峰巒秀麗踟躕山在巢縣南三十七里左傳楚子觀兵於坻箕山又陳荀朗破郭元建於踟躕山皆此蓋坻箕踟躕聲相近也居巢山在巢縣南六十里其溪谷東有石研之如墨舊名墨山唐改今名半湯山在巢縣東北十五里有寒熱二泉合於池名半湯池龍穴山在六

安州東五十里上有張龍公祠宋歐陽修集古錄載張龍公碑云張路斯頴上人爲宣城令五九子嘗語其妻石氏曰吾龍也蓼人鄭祥遠亦龍也據吾池吾屢與戰未勝明日取決可令吾子射之繫鬣以青綃者鄭也絳綃者吾也子遂射中青綃者鄭怒投合肥西山以死今龍穴山是也山脊有池水味甘美張又新水記以爲天下第十泉

指封山在六安州南九十里漢武南巡歸見此山峻拔乃指封爲霍嶽之副

齊頭山在六安州西南九十里高一千八百丈巔有古禪菴麓有水晶菴中有石井泉層峯疊嶂頂方四平

三洄山在六安州西南一百里又名三曲中有小港通故步鎭山隨水勢縈迴三灣東北三十里有梅子嶺可容數十萬衆

武陟山在六安州西三十里昔漢武帝南巡回道經於此陟以眺望故名宋焦炳焦煥嘗讀書於此

鷄鳴山在英山縣治後

英山在英山縣東五十里其山峯巒峭拔而秀上有井常出雲氣見之其年必豐

樓子山在英山縣東北七十里上有寨

天人山在英山縣北三十里險峻有寨

多雲山在英山縣西北一百里接羅田縣界山有九井歲旱禱雨可致

霍山在霍山縣西北五里一名衡山一名天柱漢武帝南巡以衡山遠阻移祭此山又名南嶽山山頂有天池龍湫風洞嶽井試心崖凌霄樹又有綠水池

烏梅尖山在霍山縣西南三十里一山兩峯多產梅下有雷公祠

四十八盤山在霍山縣西南一百二十里往來行旅荷檐陟降必用杖撐檐而立以息肩凡四十八始至盡處蓋極險也

四望山在霍山縣南六十里高一千八百丈

卓筆峯在舒城縣西一百二十里以形肖故名

八仙巖在六安州南六十里

松林巖在六安州南八十里巖刻松林勝槩四字

雨淋崖去英山縣東三里許崖陰有龍井居民謂其井通海島或投石於中雷雨隨至

天台嶺在舒城縣西一百里其幽勝可擬浙天台

浮濃嶺在無爲州北五十里正統間知州王仕錫鑿之成道知州馬儁重修

鷄鳴嶺在六安州東南一百二十里

軒轅嶺在六安州西南二百里

綦盤

嶺在霍山縣南七十里上有石方九尺有紋如棊盤狀

水簾洞在廬江縣玉虛觀相傳魏左慈嘗喝石以塞洞口

崔仙洞在巢縣南三十里崔仙年六十餘雖隆冬盛寒常浴澗中其石牀藥白常存

王喬洞在巢縣北九里相傳王子喬學仙於此洞可容三百人前有仙人手跡朱文公嘗遊此刻六字於石

白龍洞在巢縣西北四十里嘗有白龍出入其中

龍潭洞去英山縣二十里廣福山之次其洞深邃內有泉滴石成竅如盂

大江自無爲州城抵江心蟂磯山一百一十五里水勢聯絡凡境中之水皆納於此

金斗河源出雞鳴山東流至府城自水西關流入城中至東門外歷金斗驛流入巢湖

店埠河在府城東三十里水出圓疃通巢湖

石梁河在府城城東九十里河通巢縣宋劉錡與兀朮夾河而陣於此一名石臯

三河在府城東南九十里其源有三合而爲一入巢湖

派河在府城南三十里源出大蜀山

七里河在舒城縣西九十里實西山衆流之會通泉入江

新水河在廬江縣東半里流入東關遶學宮會編溪水而注之湖**沙溪河**在廬江縣東南十九里源出大四諸山東北北流入沙湖**黃泥河**在廬江縣東南三十里源出秀山

石槽河在廬江縣東南四十里源出礬山**順江河**在廬江縣東北三十五里源出棲鳳出

清野河在廬江縣北三十里源出冶父山**花林河**在無為州東門外源出大江上接三溪河下接一箭河**柵港河**在無為州東五十里源出大江經三溪昔人立柵以守因名

運漕河在無為州東北四十里源出焦湖入江**裕溪河**在無為州東北一百二十里源自焦湖入江**黃落河**在無為州北四十里源自焦湖入江**柘皋河**在巢縣西北二十里出合肥浮槎山流入巢湖宋劉錡敗兀朮於此**天河**在巢縣南源出巢湖東流入江

淠河在六安州城西一名白沙河水出霍山北迤邐流安豐界入於淮**馬柵河**在六安州東六十里**化龍河**在霍山縣臨津門外其一發源於商城英山其發

源於潛山羅田皆合於黑石渡。**三灣河**在霍山縣南三十里源出潛山俱會于化龍河。**小史港**在府城東漢建安中府小吏焦仲卿妻爲姑所逐自誓弗嫁其家逼之乃投水死仲卿聞之自縊於庭樹因名唐李白詩云孔雀東飛何處棲廬江小吏仲卿妻爲客裁縫君自見城烏獨宿夜空啼。**肥水**在府城南七十五里源出紫蓬山東北經雞鳴山入金斗河一支西北流復東轉南下至東門外余公廟前二水相合故曰合肥。**濡須水**在巢縣南一名天河水俗呼爲馬尾溝源出巢湖東北注于江漢建安中曹操與孫權相拒於濡須。**巢湖**在府城東五十里一名焦湖周四百餘里港汊三百六十占合肥舒城廬江巢四邑之境漢永平中湖嘗出黃金青瑣高議占巢一日江水暴漲溝有巨魚萬斤三日乃死衆皆食之獨一姥好善不食忽有老叟曰此吾子也不幸罹此禍汝不食其肉吾將厚報汝東門石龜目赤城當陷汝宜避之姥日往視有稚子訝之姥以實告稚子欺之以朱傅龜目姥見急登山而城陷爲湖。**黃陂湖**在廬江縣東南十五里經八里達沙湖受縣河及四山之水 **白湖** 在廬江縣東北三十里周迴七十餘里跨六鄉與巢湖相連流入大江 **百萬湖** 在無爲州治明遠樓下 **南溪** 在舒城縣西門外發源自孤井流入巢湖 **桃溪** 在舒城縣北三十五里桃城鎮發源自六安界流入巢湖 **繡溪** 在廬江縣西五里發源馬槽山下其水經昇仙橋匯爲黃陂湖 **錦繡溪** 在無爲州西南即雙溪一名錦繡溪 **梁家池** 在府前得盛坊從古溝入金斗河 **飲馬池** 在廬江縣西四十里相傳漢曹操飲馬於此 **南池** 在無爲州城南 **壘池** 在無爲州西北宋米芾爲守時所鑿初厭蛙聲之煩取瓦書押字投之自是無蛙鳴 **嘉蓮池** 在無爲州治北池中多紅蓮 **鵲尾渚** 在舒城縣西北楚伐吳吳人敗諸鵲岸杜預謂舒之鵲尾渚是也 **龍潭** 在府城東北舊傳縣後屢母所居每山水乍溢有物自江而入或露頂角羣魚從之而上漁者隨捕之獲厚利 **金雞潭** 在舒城縣南深十餘丈人或有見龍遊其中者傍有金雞墩 **烏龍潭**

在六安州西一百三十里遇旱取水禱雨輒應**鐵索澗**在府城北八十五里澗東窮處一潭甚深泓渟洄演四時不竭**逃蛟澗**在六安州西南二百里相傳淠河有蛟爲人害楚公子竿乙射之蛟去邑人德之立廟以祀**黃溪澗**在霍山縣南二十里**百丈澗**在霍山縣東南二十五里**湯泉**在舒城縣西南七里冬夏常熱可以烹茶**虎跑泉**在廬江縣南七十里光明寺前**太守泉**在無爲州城內舊景福寺**冬溫泉**在英山縣東一里許平地石中湧出**西塘**在廬江縣西三十五里溉田四百有餘頃**潤州塘**在英山縣北延袤數丈相傳謂潤州水漲則霸水滿而不流消則淺而不涸**七門堰**在舒城縣西漢頡羹侯劉信築魏劉馥復修之利民甚溥**槽牘堰**在舒城縣南亦劉信所築**烏羊堰**在舒城縣南一十五里與七門槽牘共溉田二萬餘畝**狀元井**在府學宋馬亮擢進士第一故名**鐵閘井**有二俱在府治東**孤井**在舒城縣西一百五十里俗名孤井源又有龍井三

曰風井曰雷井曰雨井遇旱禱雨多應

左慈井 在盧江縣南相傳魏左慈嘗置丹一粒於井宋政和間每夜有紅光出井中

仙人井 在無爲州城北三里

亞父井 在巢縣治後

琉璃井 在巢縣城北中有四柱色如琉璃

附關津橋梁

竹林關 去府城七十里

北峽關 在舒城縣南四十五里

冷水關 去盧江縣七十里

金子關 盧江縣

金華關 盧江縣

東關 巢縣東南四十里

西關 在巢縣東南二十里

柳林關 英山縣

石門關 英山縣

梅子關 霍山縣

金雞關 霍山縣

淮浦渡 在府城水西門外

中派河渡 去府城三十里

周公渡 去舒城縣九十里

沙河渡

南舒渡

桃溪渡 以上俱在舒城縣

紫阜渡

馬頭渡

治口渡

梅林渡

青帘渡　黃墩渡以上俱在廬江縣　東津渡　花林渡

金城渡　襄安渡　海師渡　駱家渡　臧三渡以上俱在無爲州　重陽渡　拓皐渡　淸溪渡以上俱在巢縣

埠口渡　漫水渡　陡山渡　裴灘渡以上俱在六安州

靈觀橋在府城南門內　鎮淮橋在鎮淮樓下　和平橋在肥水新津左側

歲豐橋在明教臺南　惠政橋在府城內　迴龍橋在府城德勝門內　飛騎橋在大東門石側　鳳凰橋在府城水西門　通津橋在府城內　官渡橋在府城大東門外　昇仙橋在永貞觀前　通濟橋在府城水西門外　水南舒橋　小市橋　迎恩橋　永興橋　春秋橋以上俱在舒城縣　興賢橋　臨仙橋　擲杯橋　重錦橋以上俱在

廬江縣九華橋　大安橋　東津橋　劚錦橋　博濟橋　四獅橋以上俱在無爲州廣流橋　鳳舒橋　玉欄橋　半湯橋以上俱在巢縣安定橋　感通橋　雙龍橋　廣濟橋　下符橋　會龍橋　木場橋以上俱在六安州崇安橋　觀化橋　花橋　潤唐橋以上俱在英山縣撞山橋　通光橋　會龍橋　白龍橋　鎮安橋以上俱在霍山縣

鳳陽府

鳳凰山在府北府治之主山也勢如鳳翔故名

萬瑞山在府北一里許形勢壯麗岡巒環向

盛家山在鳳凰山東

廟山在鳳陽縣西南十五里上有伍子胥廟故名

尹家山在鳳陽縣西南六十里與鳳凰諸山相連

石膏山在鳳陽縣西南五十里山出石膏

翔聖山在鳳陽縣南本名善山

鏌鋣山在鳳陽縣南八十里相傳於此鑄劒故名

曹山在鳳陽縣西五十里曹操嘗駐兵於此

畫山在鳳陽縣西五十里山有木枝如楊柳畫工可用為粉本故名

欄杆山在臨淮縣西二十里山相連如欄杆狀

瞿相山在臨淮縣西南二十里上有瞿相公廟今廢

雲母山在臨淮縣西南四十里相傳山出雲母石彭祖取服之

昇高山在臨淮縣西南五十里俗以九日登此山故名

鍾乳山在臨淮縣南六十里山穴中出鍾乳又名濠塘山以濠水之源出此

烏雲山在臨

淮縣東南六十里與定遠縣接境

磧山 在臨淮縣東北六十里山有石洞世傳古有仙流隱居於此

荊山 在懷遠縣西山頂西北有玉坑卞和得玉處也其中白石異常他處石皆青黑色山上舊有三仙避雨石前有三人影跡上有玉佛二字後亦有二人跡今裂爲三塊山下有二人臥跡東有卞和洞即抱璞巖中可容數十人山下有回石上鐫二十字云元帝仙桃石往來人不識略部與君知萬載留蹤跡

塗山 在懷遠縣治東南八里與荊山兩岸對峙淮水經其中禹會諸侯於塗山即此西南有禹墟及禹會村唐柳宗元銘見藝文

華蓋山 在定遠縣東南二十五里山頂似蓋故名

郎公山 在定遠縣東南六十里即寶公山

皇甫山 在定遠縣東七十里相傳有皇甫將軍屯兵於此

相公山 在定遠縣東七十里有楚相令孤子伯廟俗呼令狐相公因以名山

大橫山 在定遠縣東北七十里以山橫界東南故名山頂有石壘舊址西南有石佛高丈餘

高山 在定遠縣北四十里上有大禹廟

韭山 在定遠縣西北

四十五里以地暖多韭故名鍾離人王惟忠嘗據山壘石為城民之依者九萬餘人城壘遺址猶存山下有洞穴其中澗水常流不絶石形如器物甚衆左右多唐人題刻淺處有石觀音及石老人像後為峻巖遊者莫能至**橫澗山**在定遠縣西北七十四里上有石壘及澗泉兵火時嘗屯禦於此**劒山**在定遠縣西北舊傳山有寶劒驟雨過時或倚立路傍夜中光見**槎枒山**在定遠縣西七十里古有槎枒寺明洪武間改建圓通禪寺又有芝巖洞**金剛山**在五河縣治西南**朱山**在虹縣東北三十五里上有朱山神祠相傳為朱買臣祠訛也**鹿鳴山**在虹縣西三十五里**八公山**在壽州城北五里淝水之北淮水之南漢淮南王安與其賓客八公俱登此山學仙今山有淮南王廟圖安及八士像山以八公名蓋始於此昔謝元敗符監之兵望見八公山草木皆為旌旗狀即此山也**硤石山**在壽州城北二十里兩岸相對淮水經其中禹鑿舊跡猶存山上築二城以防津要山口有茅人洞**紫金山**在壽州東北十里周

顯德四年征淮南南唐之援兵營於紫金山與壽州城中烽火相應宋太祖率殿前諸軍擊紫金山連珠砦拔之遂下壽州

黃悶山在壽州東北五十里相傳楚春申君黃歇嘗遊於此

舜哥山在壽州東北八十里俗傳舜嘗耕於此山石上有大人足跡

高祖山在霍丘縣西八十里近固始縣漢高祖追項羽屯兵於此

大別山在霍丘縣西南八十里又名安陽山界固始縣

九仙山在霍丘縣南一百里上有石白九相傳有九仙擣藥於此

望到山在霍丘縣南二百二十里山形峭峻遙望似近而行實難到

狠山在蒙城縣西北十八里南北二山對峙

靈山在蒙城縣西北一十里舊傳山中出雲則天雨故名

甍山在泗州西四十里今作碧山上有祠

巉石山在泗州西一百二十里與浮山相對梁築堰處

臺子山在盱眙縣東一里劉宋臧質守盱眙以拒魏師魏造弩臺射城中因名

東山在盱眙縣東山有石洞左曰雲關右曰劍壁洞中曲折相通宛若仙界

盱眙山在盱眙縣東四十里

舊名馬鞍山天寶改今名**都梁山**在盱眙縣東南五十里隋置都梁宮於此山出都梁香本澤蘭草也以山得名古詩云博山爐中百和香鬱金蘇合與都梁**雲山**在盱眙縣東南七十五里一名東陽山上有白龍廟白龍洞又有仙人洞**清風山**在盱眙縣治南**九頭山**在盱眙縣治南三十五里山有九丘故名**上龜山**在盱眙縣南舊有八仙觀并拾隱洞洞口有拾隱亭三字今廢米芾有詩**清平山**在盱眙縣西南八十五里宋紹興間劉澤保聚於此山上城門街道池井猶存**寶積山**在盱眙縣西南與都梁山相接山跡有石刻道德二大字**三臺山**在盱眙縣西南一百五十里山有三峯鼎立上可屯十萬衆宋建炎間劉綱保聚於此**嘉山**在盱眙縣西南一百五十里上有龍王廟元時碑刻存焉**軍山**在盱眙縣東北六里鄧艾嘗於此築堰溉田**長圍山**在盱眙縣東北七里劉宋臧質守盱眙魏太武遂於都梁築長城造浮橋絕水路即此**下龜山**在盱眙縣東北三十里上有絕壁下有重淵相

傳禹治水鎖渦水神巫支祁於此山之足唐永泰中李湯以牛五十引鎖出之鎖末有一青猿高丈許復掩牛没水

西廟山 在盱眙縣西七十里有九江王英布廟

紫陽山 在盱眙縣西一百里上有古浮圖山麓有古淨明寺相傳昔人嘗於此鑄劒有試劒石磨劒池

浮山 在天長縣西一百四十里北臨淮水望之若浮水上一名臨淮山下有浮山洞

冶山 在天長縣南四十五里相傳吳王濞鄣山鑄兵故名上有天井白龍池鐵牛洞

橫山 在天長縣南五十里宋劉綱嘗保聚於此

道人山 在天長縣南六十里世傳有異人隱於此煉丹仙去上有池泉大旱不竭

覆釜山 在天長縣西五十里相傳周世宗南征嘗駐蹕於此

磨山 在宿州西北三十五里揭傒斯望先樓記云磨旂之山樊噲嘗磨旂之處

相山 在宿州西北九十里相城鄉舊有相山碑記云巍巍相山盤紆穹崇土應房心與天靈冲

齊眉山 在靈璧縣西南三十里

孟山 在靈璧縣東北七十里相傳孟子嘗遊此

磬石山 在靈璧縣北七十里山出磬石

故名禹貢泗濱浮磬卽此**潼山**在靈璧縣北七十里世傳莊子嘗修道於此舊有南華觀**陳瞳山**在靈璧縣北八十里又名陳摶山相傳希彝嘗寓於此**萬壽山**在太和縣城北五十里**杏花巖**在盱眙縣崇福寺後蔣穎叔名之陳述古諸賢皆有題**瑞巖**在盱眙縣瑞巖庵前有石刻篆字瑞巖泉三大字下有泉源**分水嶺**在臨淮縣東九十里水東入盱眙西入臨淮**金黃嶺**在潁州南一百二十里淮水北岸近朱皐鎮**青岡**去壽州城三十里謝元敗符堅於青岡卽此**安舟岡**在潁州南鄉去城九十里淮水北岸**熬鼎岡**在潁州西南一百四十五里汝水北**斷梅谷**在懷遠縣周世宗以荆塗二山有王者氣斷之時有梅族居此因名**繡谷**在盱眙縣普濟院南白虎坡其石巖多花木春日如錦繡**響洞**在泗州崇福院後洞方圓丈許語響輒應**黃河**自西北來一支通潁金之季年河決太康自州西北陳州界入州境東南流經州城北元

未又自通許分派一支入渦河一支自陳州商水入南頓混潁水東流項城趙家渡入州境明正統二年復徙於鹿邑舊黃河流遂絕成化末年黃河一支復通於潁矣

市河 在臨淮縣城中濠水舊從清流門入與此河會入淮宋連南夫作守始決濠水徑達於淮

池河 在定遠縣南六十里自廬州巢縣界流入縣境凡一百四十里東北流入淮

澮河 在五河縣西北一里源出河南永城縣馬長河東流歷宿州境至縣入淮

沱河 在五河縣西北通虹縣五河口入於淮

漴河 在五河縣東南二里源出南湖東流入淮

潼河 在五湖縣東北三里通沱河經天井湖北至虹縣石蠏子入於淮

汴河 在虹縣自閘封經宿州至本縣東南流抵泗州入淮隋大業中開導又名通濟渠

灃河 在蠡丘縣西十里發源棗木河東北流入淮

史河 源出固始縣界經霍丘縣北境入淮

沘河 在霍丘縣東南二十五里源自六安香和嶺分流入東河

直河 在泗州東北二十里宋崇寧間開由汴河達於淮

新河 在盱眙縣彭城鄉宋發運使蔣

之奇開浚以避淮流之險又霍丘縣北二十五里亦有新河宋宣和前不通舟楫建炎後湍流衝激河岸漸廣宋英詩自從二水分新舊南北烟波各自愁

得勝河在天長縣城北七里俗呼破城河中多矢鏃

汊澗河在天長縣城西四十五里山澗三處於此合流由縣至東北合衆水入於丁溪湖達高郵州

蠏河在宿州西南四十里源出本州仁義鄉東流經靈壁縣入淮

小河在靈壁縣城北六十里即睢水項羽大破漢軍於靈壁東睢水上即此

潁河在潁州城西自南頓東來至趙家渡入州境東過沈丘繞北門外過留陵至正陽鎮入淮

汝河在潁州城南一百里源發汝州天息山經汝寧東北流至桃花店入州境又東過永安廢縣至朱皐鎮入淮

大澗河在潁州城南五十里源出土陂以上池泉歷泉南諸陂東過磚橋受小澗河出椒陂過板橋東南入淮

谷口在潁州城南九十里源自澗河經西鄉一虎橋至木臺西入淮

沙河在潁上縣東門外即潁水東南流入淮

濟河在潁上縣城北五十里源出亳

州東北流合淝水入淮

茨河在太和縣東北三十里上通鹿邑縣下達潁州入沙河

轂河在太和縣西北三十里上通鹿邑縣至本縣入茨河

柳河在太和縣東南七十里上通項城縣下達潁州入沙河

馬尚河由歸德府北來至亳州北門外入渦河

漳河在亳州城南三十里

十字河在亳州城南三十里

淮水在府城北十里發源桐柏山東過信陽合汝水過安豐南合決水北合豐水過下蔡合潁水過壽春合淝水過荊山合渦河過鍾離合濠水過盱眙合沭泗水東入於海

濠水在臨淮縣有二源一出濠塘山一出鏌鄒山至昇高橋合流至縣西南有石絕水謂之濠梁莊子嘗觀魚於此又東北流經廣運橋入於淮

渦水在懷遠縣城北一里發源自葛河口出鹿邑西來至亳州界黃河從西北來注之至亳城北與馬尚河合經蒙城流至本縣東入淮謂之渦口唐李吉甫云濠有渦口之險卽此五代時爲控扼之地

淝水源出宿州龍山湖東流至懷遠縣入淮又有東淝河在壽州城東北西流十里入淮西淝河在

下蔡廢城西南境東流十里入淮

洛水 在定遠縣城西九十里自白望堆流入壽州界屈曲北流八里至新城村南十里入淮

豐水 在霍丘縣西南十里源出窮谷舊名窮水後改今名

決水 在霍丘縣通志略云淮水東過安豐決水自南來入焉

睢水 在宿州城北二十里源出河南夏邑縣白河東流至清河縣會泗入淮

蘄水 出宿州蘄縣鄉會睢水入於淮

洨水 在靈璧縣東漢志云洨水南入淮

月明湖 在臨淮縣城東一里北流入淮

南湖 在五河縣治南

萬安湖 在虹縣宋朱弁詩離洨未逾于里道渡淮先泛萬安湖

甓山湖

峯山湖 在泗州木俱通淮

塔影湖 在泗州西北四十里湖東有龜山寺塔日照塔影入湖故名

萬歲湖 在盱眙縣西昔周世宗駐馬於此民皆呼萬歲故名

三城湖 在盱眙縣西通池河入淮

五湖 在天長縣東北四十五里舊有五水相連歲久合爲一東接高郵州毘沙湖

蓮花湖 在宿州爲睢陽驛牧養驛馬之所

抹溝湖 在靈

壁縣北相傳晉宋間地陷爲湖每天色晦瞑水中若有城屋之狀 石湖 在靈壁縣東北中有巨石水漲涸不過舊痕人以爲異 西湖 在潁州城西二里歐陽永叔嘗築室湖上 賽澗湖 在潁上縣東南六十里水與淮河通 鳳凰池 在臨淮縣城西北隅 蓮花池 在臨淮縣西門外通達橋 赤欄浦 在盱眙縣城南舊於浦上作赤欄橋因名 九丈潭 在霍丘縣城南二百里水通固始縣 白龍潭 在盱眙縣雲山崖中歲旱禱雨輒應 龍湫潭 在宿州閔子鄉武城里之左潭流分泒灌田數千畝歲旱禱雨即應 遺碑澗 在鳳陽縣西南即鎮鄧源 響水澗 在臨淮縣城東又有蓑洞紅娘子澗焦子澗青山澗俱入淮 碧溪澗 在淮遠縣城南一里從荆山下迂迴城中入於淮又有冷水澗撅澗柴澗茅澗俱入淮 靈泉 在鳳陽縣西南清隱院內唐元稹作靈泉贊 乳泉 在鳳陽縣西棲巖寺 白龜泉 在懷遠縣荆山東南宋蘇軾詩龜泉木杪出牛乳石池漫 聖泉 在懷遠縣塗山西阻絶之處

磬泉在盱眙縣古離宮西南有石刻曰磬泉俗名七眼井　**大業陂**在霍丘縣東北十五里隋時修以灌田因名　**千人塘**在臨淮縣城南五十里唐乾封中修以溉田　**藕塘**在定遠縣城東六十里　**安豐塘**在壽州城南安豐廢縣即芍陂也楚相孫叔敖所築與陽泉大業陂並灌田可萬頃漢王景魏鄧艾宋長沙王義欣皆嘗修之元復立芍陂屯田明永樂中修治開三十六門并四閘成化中復修　**石梁堰**在天長縣唐六典天長有石梁堰源出滁州　**邵陽洲**在臨淮縣東北即十八里洲魏元英圍鍾離梁命曹景宗韋叡救之夜樹鹿角截洲爲城　**乘龍洲**在臨淮縣東北淮水中流周世宗征濠夜遣兵持炬乘橐駝絕淮濠兵驚以爲鬼乘龍也　**龍井鳳井**俱在臨淮縣開元寺內　**五眼井**在臨淮縣曲陽門內水甚甘美　**聖母井**在盱眙縣下龜山寺即大禹鎖水怪處也　**琉璃井**在天長縣治東眞勝寺內環甃以甓凝結光瑩若琉璃然　**蘆龍井**在天長縣東相傳有異人汲水用蘆葦須臾成

龍故名

琉璃井在潁州東南井底有青石八片光瑩故名

附關津橋梁

臨淮關在臨淮縣臨淮門外屬鳳陽倉戶部榷課

正陽關在壽州西南屬鳳陽倉戶部榷課

盱眙關在盱眙縣屬鳳陽倉戶部榷課

亳州關在亳州屬鳳陽倉戶部榷課

淮河南岸渡在臨淮縣臨淮門外

淮河渡在懷遠縣城南

渦河渡在懷遠縣城北

洛河渡在懷遠縣城南六十里

淝河渡在臨淮縣東北二十里

天河渡在懷遠縣城東一十二里

貫河渡在臨淮縣城西四十五里

洛水渡在定遠縣城西九十里

東外河口渡在五河縣城東二里渡淮

上店渡在五河縣西四十里渡澮河

蔡家河渡在五河縣城西

官橋渡在壽州城東八十里

雙澗渡在蒙城縣城東三十里

澧河渡在霍丘縣西南十里

清河渡在霍

丘縣城北六十里淝河渡在霍丘縣東南八十里城兒頭渡去泗州一百二十里北津渡在盱眙縣城北渡淮西津渡在盱眙舊縣鎮北渡淮石梁渡在天長縣西北三十里官擺渡在潁州城西十五里潁河三里灣渡在潁州城東二里潁河與黃河合處茨河渡在潁州城西二十五里潁河留陵渡在潁州城東潁河朱阜渡在潁州南一百二十里谷河口渡在潁州東南谷河入淮處通津渡在潁上縣東門外正陽渡在潁上縣東南八十里廟臺渡在潁上縣城南二十五里和陽驛渡在太和縣城西三里靈津渡在亳州北門外車埠渡在亳州城東十里韓家營渡在亳州城西五里東湖橋在鳳陽縣左甲第門外西湖橋在鳳陽縣右甲第門外大通橋在鳳陽縣東南鳳陽橋在鳳陽縣城外昇仙橋在臨淮縣清流門外望仙橋在臨淮縣鐘樓東廣

運橋在臨淮縣西塗山門外昇高橋在臨淮縣西南四十五里迎安橋在臨淮縣城東二十里紅心橋在臨淮縣東南六十里周梁橋在臨淮縣東南三十里安樂橋在臨淮縣東南黃丘橋在臨淮縣東南五十里遠山橋在臨淮縣城西四十五里通濟橋在懷遠縣黃家溝口環帶橋在懷遠縣儒學前天河橋在懷遠縣城東十二里觀音橋在懷遠縣考城南十里太平橋在定遠縣東六十里曲陽橋在定遠縣治西順陽橋在定遠縣南門外藍柵橋在定遠縣城南三十里北爐橋在定遠縣城西九十里相傳有人於此置爐鑄劍故名霸王橋在定遠縣城西六十五里相傳楚霸王嘗過此故名安豐橋在定遠縣城西十五里走馬橋在定遠縣城東四十里相傳柴世宗走馬如此故名大歷橋在五河縣城北赤龍澗橋秦橋在虹縣東北闤闠橋在虹縣南宣化坊跨汴河

通泗橋在虹縣東門外魏橋在虹縣西北七十里淮南第一橋在壽州北門外跨淝水淝橋在壽州城東五里九里橋在壽州城南羅澗橋在霍丘縣城北三十里茅澗橋在霍丘縣城東十里旅思橋在霍丘縣城北七十里洪溝橋在霍丘縣東南五十里金河橋在霍丘縣臨水集南新建木橋跨河上長二十餘丈陳仙橋在蒙城縣南五十里廣化橋在蒙城縣北三十里伏龍橋在泗州治東汴泗橋在泗州城西胭脂橋在泗州南門外橋下有池水色紅紫官庄橋在泗州影塔湖水涯浮橋在泗州南門外淮河口明嘉靖間建

皇清順治十一年御史上官鉉重修康熙十年廢十一年鳳廬道范時秀署州事盱眙令朱弘祚重建數月告成商民利涉寶積橋在盱眙縣治北洪澤橋在盱眙縣東二十里安淮橋在盱眙縣北鳳凰橋在天長縣前石上鑿鳳形馬埠橋在天長縣城西

三里渭水橋在天長縣城東十里盧龍橋在天長縣城東二十三里秦蘭橋在天長縣城東四十五里香溝橋在天長縣城東五十里三驄橋在天長縣西北永濟橋在宿州城北二十五里栢山橋在宿州東北閔子橋在宿州東北八十里夾溝橋在宿州城北六十里弘濟橋在宿州跨瞿溝爲空凡三汴水自西北來經此南下溧澗橋在宿州東南一百一十里浮橋在宿州跨符籬月河中吳公橋在靈璧縣虞姬墓前洪橋在靈璧縣東南三十里沱河橋在靈璧縣西南四十里濠城橋在靈璧縣城南五十里澮支橋在靈璧縣固鎮固鎮橋在靈璧縣城南七十里曹老橋在靈璧縣西南一百三十里高橋在靈璧縣城北十里白龍橋在潁州西一里許懷歐橋在潁州西湖東一里七星橋在潁州城南五十里水中有七石形如北斗故名七旗橋在潁州城南八十里利涉橋

在潁上縣通濟橋在潁上縣通津門外雙浮屠橋在太和縣城北三十里穀河橋在太和縣西北八十里九里溝橋在亳州城南九里

徐州

彭城山 在徐州城東北三里大石上鐫彭城山三大字 **雲龍山** 在徐州城南二里山形蜿蜒如龍故名上有石佛又名石佛山唐末楊溥爲節度使朱全忠遣子友裕敗溥軍於石佛山前即此宋隱士張士驥嘗居此 **定國山** 在徐州東四里魏武帝五年慕容紹宗欲擊梁梁貞陽侯蕭淵明營於此 **九嶷山** 在徐州城北五里山陰有孫氏墓碑刻九嶷山字俗傳九里山謂起於東綿亘於西有九里山有穴潛通瑯琊王屋俗呼黃池穴蘇軾詩山到九里回 **鷄鳴山** 在徐州城東五里相傳即張良散楚軍處俗呼子房山明宣德初平江伯陳瑄建子房祠山頂 **孤山** 在徐州城西北九里 **三山** 在徐州城東南十里上有三嶷故名 **桓山** 在徐州城東北二十七里一名魋山臨泗水宋桓魋作石槨於此山故名蘇軾守徐州有遊山記 **楚王山** 在徐州城西二十五里山下有楚元王墓山皆赭土禹貢厥貢惟土五色王莽時徐州歲貢五

色土即此

大彭山在徐州城西三十里古大彭氏封此故名今山下猶稱大彭村

境山在徐州城北四十里世傳徐王封境界於此

徐山在徐州城南六十里周徐偃王作亂穆王命楚伐之偃王戰敗走彭城武原山下民隨之以萬數偃王死民鑿石爲龕以祀因名

呂梁山在徐州城東南五十里隋書彭城郡有呂梁山即此下有二洪洪上有雲夢梁王二城土人謂雲夢即韓王信梁王即彭越宋人有詩云楚漢舊歌留俚耳韓彭遺跡付丘墟

聖龍山在徐州城東八十里上有二石孔如龍眠雖霖雨不溢久旱不枯

盤馬山在徐州城東北九十里土人謂漢高盤馬於此宋陳師道有記

仙臺山在蕭縣南二里山巖刻三仙臺字亦曰白茅山

泉水山在蕭縣東南三里上有泉池閔悌記

名山在蕭縣西南五里

太山在蕭縣西南五里

蕭關山在蕭縣東南十里

彩鳳山在蕭縣南十二里頂有泉遇旱取水禱之輒應即昴山也

爛石山在蕭縣東北十二里

望仁山在蕭縣東南二

十五里**丁公山**在蕭縣東南二十五里丁里村昔楚漢相攻高祖敗丁公追之至此**綏輿山**在蕭縣東三十里劉宋高祖綏輿里人山因人而名**永固山**在蕭縣西五十里下有永固鎮因名**霧猪山**在蕭縣東南五十里以下有霧猪泉故名**鶱山**在蕭縣東南八十里**七山**在沛縣西南三十里**桂藉山**在沛縣西南三十里**微山**在沛縣東南隋地理志沛有微山**黃山**在沛縣東隋地理志沛有黃山**芒山**在碭山縣六十里**碭山**在碭山縣東南七十里按史記及漢書高祖微時隱於芒碭山澤間上有雲氣呂后與人俱求得之即此舊志以芒碭為一山誤矣**東華山**在豐縣東南三十五里其山無石今名小華山**白駒山**在豐縣東南十五里漢高祖與鄉人憇會唐有崔生隱此自號白駒山人**磨劍石**在徐州九里山上有樊噲磨劍跡**白玉峯**在蕭縣東南五十里**龍岡**在蕭縣東**運鐵山**在徐州馬泡等泉西流二十餘里至大溝入漕**汴河**在徐州北三里自漢末河

入於汴亦名黃河

江流河在徐州南三十里　**淇河**在徐州南五十里　**泥溝河**在沛縣西北魚臺縣界而來流至縣西入泡水達於泗　**百步洪**在徐州東南二里水中亂石巉起相激驚湍怒濤舟行甚艱約里許始平　**呂梁洪**在徐州百步洪南六十里有上下二洪巨石齒列波濤洶湧莊子呂梁懸水三十仞流沫四十里即此陳大建中經略淮北大破齊師周將王軌破堤明徹皆於此唐尉遲恭嘗疏鑿以勢傍有尉城蓋其遺址成化間主事費瑄叠石爲堤歸水於洪呂梁之險十去五六　**呂梁下梁**在徐州主事王儼治石之交牙者斷之起者平之患亦免矣　**泗水**在徐州源出山東泗水縣南流至州城東北合沛水循城東南以達於淮昔周顯王時九鼎淪沒於泗秦時鼎浮於水求之不得　**汴水**在徐州自河南陳留浚儀界東流過蕭縣至州城東南與泗水合　**睢水**在徐州南六十里楚項羽敗漢睢水上水爲不流即此　**穀水**在徐州即楚破漢軍漢軍走入穀水處　**柤水**在沛縣後漢書彭城國偪

陽縣有柤水春秋襄公十年滅偪陽汪氏註偪陽及柤地皆在沛縣**漷水**在沛縣東北出山東界入昭陽湖達於薛水**泗水泡水**在沛縣西郎豐水循舊泗亭驛前入於泗**薛水**在沛縣東出滕薛之境西流會漷水自京口閘入於泗**山西湖**在蕭縣南十二里**永固湖**在蕭縣永固山下水流入山西河**昭陽湖**在沛縣東八里湖廣十餘里泉穴甚多流甚遠東北自鄒滕六十餘里發源而來滙於此有閘積水若運河水淺則開閘洩水經金溝過薛河達於泗以濟**石潭**在徐州東二十里父老云與泗水通增損清濁相應時有魚出焉蘇軾嘗置虎頭潭中以祈雨**龍潭**在蕭縣東南七十里**拔劍泉**在徐州二十五里世傳漢高帝入彭城嘗軍於此此爲楚所困漢兵渴乏帝以劍揷地拔即泉湧出至今不溢旱不枯土人呼爲龍湫**寒山堰**在徐州東南十八里梁蕭淵明伐魏堰泗水以灌城即此**白逃堰**在蕭縣東南三十里其源出自逃山下西北流經都仁鄉鄉民堰以灌田**彭祖井**在徐州西北隅

彭祖舊宅內相傳今北門子城中唐皇甫冉有詩 楚王井在徐州西二十五里楚王山之南井九十有九 曾參井在徐州九里山 胥井在蕭縣舊城中今屬壇約百步春秋楚子伐蕭宋華椒以蔡人救蕭蕭人囚熊相宜僚及公子丙王曰勿殺蕭人殺之王怒遂圍蕭蕭潰蕭大夫還無社求救於楚叔展乃匿於胥井明日叔展號而出之卽此 琉璃井在沛縣河東里許深不可測其泉甘冽下廣上狹投以瓦石則砰然有聲所甃之磚潤滑光采世傳漢高所鑿 滄浪井在碭山縣東一里 龍扒溝在碭山縣南三十里通沛河 鴻溝在沛縣東十里發源於滕縣會於薛水 大澤在豐縣北六里漢高祖母嘗息於大澤之陂夢與神遇卽此 豐西澤在豐縣西漢高爲亭長爲縣送徒驪山北飲於此

附關津橋梁

呂梁渡 喬家渡 末直渡俱屬徐州 冀門渡在蕭縣西北十

里

曲里渡在蕭縣西北三十里　東鎮渡在蕭縣西北五十里　朱珊渡在蕭縣西北二十里　萬會橋　雲集橋　大通橋　演武橋　袁家橋　通濟橋　九里溝橋俱屬徐州　廣濟橋　丁里橋　廟橋　尾子橋　魯班橋　永固橋　吉安橋　錦川橋　桃山橋　房星橋　伯樂橋　東新橋　青村橋俱屬蕭縣　飛雲橋　嘉慶橋　清京橋　宣丘橋　沙河橋俱屬沛縣　五王橋　胡傳橋俱屬碭山縣　白洋橋　嘉慶橋　天津橋　地津橋　水津橋　龍霧橋　石橋　泡橋俱屬豐縣

滁州

瑯琊山在州南十里晉元帝爲瑯琊王避地於此因名唐大曆中李幼卿爲刺史博覽勝跡鑿石引泉爲溪作禪室琴臺賦詩刻石而瑯琊之勝始聞 石屏山在州城外 豐山在州西南五里世傳沛豐人常居之故名其山盤亘雄偉出瑯琊諸峰上上有漢皇廟土俗祀之惟謹天欲雨則雲氣覆山巔下有幽谷 龍蟠山在川南十三里上有虎跑泉桃花澗偃月洞洞側峭壁多刻名賢題詠 皇道山在州東北十七里世傳秦始皇道經是山下有秦皇塘 石駝山在州西北二十二里山有龍王祠遇旱祈禱輒應 牛頭山在州西四十里以形似名 石屋山在州西四十八里牛頭山北上有石屋後有龍竇洞深十餘丈 曲亭山在州西六十里一名皇甫山南唐皇甫暉與周兵戰嘗屯兵於此 南岡山在全椒縣南二里山勢自西來連亘數十里至此益高峻環遶縣治爲縣形勢 武山在全椒縣東北十里上有梁王城有廟疑因梁武得名也 花山在全椒縣西北二十二里攢峯疊嶂如花瓣然 九鬭

山在全椒縣東南二十五里相傳項羽兵敗欲東渡烏江道經此山與漢兵一日九戰因名山石有礪刀跡

神山在全椒縣西三十里有神山洞極深廣宋紹興間鄉民常避寇於中

桑根山在全椒縣北四十里梁南譙州故城在其西

龍檜山在全椒縣西北五十里山有檜如龍形

馬鞍山在全椒縣西北五十里山有人跡入石寸許又有杖跡入石二寸

臥龍山在全椒縣西北五十里舊有臥龍菴

北獨山在全椒縣西六十里峯巒特起下與眾山相接上有漢高祖廟及古墻

銅井山在全椒縣西七十里一名銅關上有銅井舊嘗出銅

五湖山在來安縣東北十八里下有五湖因名山在縣境最爲險要一名白禪山蓋山北屬白禪村故也

八石山在來安縣西南一十三里

烏龍山在來安縣南一十八里上有龍王廟旱禱輒應

西龍山在來安縣東二十里與六合東龍山對峙勢頗高峻上有龍王廟

三山在來安縣東二十里與天長接境山有三峯排列

練寺山在來安縣

西北廿五里山側有寺東有地名浮林上有浮石高百餘丈**石固山**在來安縣北三十五里羣山盤亘惟此獨高最爲險峻宋紹興辛巳居民避寇其上壘石爲城遺跡尚存**大迪山**在來安縣北三十五里**嘉山**在來安縣西四十里山之西北即盱眙縣境**礬山**在來安縣北九十里**馬嶺山**在來安縣北六十里**歸雲洞**在瑯琊山中梅堯臣詩雨收雲歇草樹濕潤下流水空潺潺**祕山洞**在州西南十五里磨拖嶺西一穴甚深遊者罕到**白石洞**在全椒縣西北三十五里**水簾洞**中有石石如觀音像其色白**石樓穴**在全椒縣西北五十里泉出山谷飛流濺瀑若垂簾然**石樓穴**北十里與桑根山冷水澗相連雙石高聳狀如樓閣背山面溪景物幽邃**仙人穴**在全椒縣西北五十里石上有足迹俗以仙人名之

滁河在州境內源出廬州過全椒與襄水合流至州東南三汊河會淸流水經六合乃達于江

清流河源出州西清流沛上繞州治西南入滁河

白茅河在州西北四十里源出清流沛下與尾店河合至蒲衡與盈福河及來安嘉山河合入清流河

龍尾河在縣東門外流入來安水會河口河

襄水在全椒縣界源出石臼山北自賀檜澗至多螺澗凡十六水皆入焉至石潭口合滁河達江

來安水在縣境內源出盱眙界流至此又東南流入清流河

鄭湖在全椒縣西三十里魏置鄭縣治此

瑯琊溪在山兩巖之間歐陽修詩空山雪消溪水漲遊客渡溪橫古槎不知溪流來遠近但見流出山間花

明月溪在瑯琊山側宋王禹偁詩惜哉幽勝事盡落唐賢手惟餘舊時月團圓照山口宋紹聖初曾文昭公崇寧間太守錢公輔屢遊其處題名刻石

龍蟠塘在州仁義鄉長四百丈又有千家塘長三百丈

王家衝塘在州三才鄉長百五十丈

柏子潭在州西北隅水深莫測禱雨輒應

西澗在州城西俗名馬士河唐韋應物詩獨憐幽草澗邊生上有黃鸝深樹鳴春潮帶雨晚來急野度無人舟自橫

虎子澗在全椒縣西源出黑石岩入滁河俗傳劉平爲邑長虎虎南渡由此出境因名

石瀨在州西十里石生水底嵯峨突兀連亘數十丈水流其間縈紆回復每春夏泛漲水石相激澎湃有聲

庶子泉在瑯琊山寺唐庶子李幼卿得名王禹偁有詩

六一泉在醉翁亭側滁守歐陽修號六一居士故名舊名玻瓈泉

紫微泉在豐山舊名幽谷歐陽公建豐樂亭其上

白龍泉在瑯琊山歲旱禱雨輒應

眞珠泉在滁州城西遊者鼓掌泉側水濺射如珠因名

黑龍泉在全椒縣南烏龍山泉出石竇潦旱無盈涸

大曆井在滁州瑯琊山了了堂側相傳唐大曆中鑿

八角井在全椒縣門南數十步有石刻云宋元祐四年全椒令元特概命開義井于縣門外以濟民用今市人皆汲之亦號元公井

琉璃井在來安縣治後泉極甘雖旱不竭以甃礫投之聲若笙簧久之乃止

附關津橋梁

清流關在滁州西南二十五里舊志云南唐置關地尤險要　烏衣河渡在滁州八都　馬家埠渡在州四都　卜河口渡在州七都　瞿家渡在全椒縣東南一十五里　蒲澗渡在全椒縣西七十里　雷家渡在全椒縣三汊河地方　石潭渡在全椒縣東十五里　程家渡在全椒縣西南五十里　沙子河渡在來安縣東南四十五里　三汊河渡在全椒縣南四十里　泌澗渡在全椒縣東南十五里　廣武磙子橋　赤湖橋　珠龍橋　大柳鎮橋　仙居橋以上滁州南北驛路　高公橋在全椒縣門外二百餘步　賀檜橋在全椒縣二里今名太平橋　青茂橋在全椒縣二十里木梁見存　寶林橋在全椒縣西半里　白汪橋在全椒縣西二里接市街上　六丈市橋在全椒縣西四十里今名鳳凰橋　觀風橋　鳳凰橋　龍尾橋　白搶

橋　范庄橋以上在來安縣

和州含山

歷陽山在州西北四十里吳志云歷陽山石文理成字又云石印封發天下當太平即此山孫皓嘗遣使祭之　鷄籠山在州西北四十里峯巒連亙雄踞西北上有巨石削立山巔之上如軒蓋然道家品爲四十二福地　烏石山在州西西北六十里兩山相峙而路經其中多黑石　東華山在州北上有老君臺相傳老君煉丹處唐劉禹錫詩上臺遊柱史　八公山在州北半里相傳有八仙鬪棊會飲於此宋周虎勝敵更名勝敵岡築京觀於此上　孔夫山在州北六十五里　夾山在州北五十里障空補缺隱如金城實一方扼塞之地中有夾山關　四瀆山在州北七十里　陰陵山在州北八十里　紅石山在州北八十里　青山在州東北四十五里　梁山在州南六十里石狀巉峻橫出大江名西梁山與東岸博

望山對峙亦名東梁總謂之天門山實要害之地也梁王僧辨軍次蕪湖與侯子鑒戰於梁山大破之山頂有城王元謨所築者唐李白有詩

白雲山在州西三十里有石洞曰龍泉洞有水四時不涸能出雲爲風雨

如方山在州西六十里山形磅礴四望方整梁武帝嘗登之以望六合上有石潭峭壁水深不測名金牛洞

龍闞山在州西北三十里

鳳凰山在州西北三十里

北大山在州東北五十里山勢高聳一名北山

褒禪山在含山縣北一十五里舊名華山有起雲峯龍洞羅漢洞龍女泉白龜泉褒山寺寺有石墖宋張孝祥書扁

華陽山在縣北十八里本名蘭陵山下有華山亭故名又名二洞宋王安石記

小峴山在縣北二十里一名昭關兩山峙立爲廬濠往來之衝宋紹興間張浚因山築城置水櫃以遏金人

石臺山在縣北二十五里

牛頭山在縣北三十里

仙踪山在縣北五十里即黃山山近尉子橋

含山在縣西二十里山勢雄峻吞含衆山

龍洞山在縣西南

五十里山洞幽深泉流涓涓下通銅城閘中有小蛇青質赤章遇旱取之禱雨輒應

濡須山 在縣西南七十五里與無爲州七寶山對峙中有石梁最爲險阻吳據其北築塢以拒魏魏據其南爲關以備吳蜀宋張孝祥詩二關形勝千年壯

蒼山 在縣南十五里山勢聳拔延袤十餘里中有龍池

石門山 在縣南二十里二山並峙石壁峭立如門有谷道十里商旅往來其中

太湖山 在縣南七十里有奇峯十餘削立秀挺狀如列戟

白石山 在縣南八十里一名禱應山

梅山 在縣東南五里一名棲隱山多梅樹昔曹操行師至此軍士皆渴因指山上梅林渴遂止宋王安石詩將軍馬上設良謀遙望青山指梅樹

大峴山 在縣東北一十三里一名赤焰上有大峴亭齊末裴叔業畔壽陽蕭懿據大峴拒之

櫧樂峰 在州東北五十里望之亭亭秀出

橫江 在州東南二十五里在江南采石渡處東海劉繇遣將屯橫江孫策破之隋韓擒虎平陳

亦自此而濟唐李白有横江詞六首

栅江 在州西南一百五十里與無爲州分中流爲界即古濡須口吳魏相持於此宋南渡置砦

後河 在州北七十里發源黄山歷茅塘過六合瓜埠口入楊子江

石䟦河 在州東北三十里由楊子江支流滙浮沙口復出於江

芝蔴河 在州東北四十里通大江

横江河 在州南一里許經當利驛前入於江宋開寳中從轉運使李符之策發和州三縣丁夫鑿横江河以通漕路歳久淤塞明正統元年冬知州朱沅濬之五年春復於河口開小河出江以便舟泊

太陽河 在州南二十里由歷湖經戚家橋出河口入楊子江

姥下河 在州南三十里由歷湖經黄梁橋下入楊子江宋乾道初治鑿從和州守臣之策也

牛屯河 在州南四十里發源巢湖由桐城閘入楊子江與牛渚磯相對吳孫策攻劉繇牛渚營晉譙王尚之破庾楷於牛渚皆此也

裕溪河 在州南九十里發源巢湖東南入楊子江

麻溪河 在川西一里發源金泉山縈紆繚繞其流雖小而冷然可愛

穴子河

在州東北五十里過大江**浮沙河**在州東三十五里通大江**白馬河**在含山南十里**運漕河**在縣南八十里侯景之亂梁王僧辯運次蕪湖景將侯子鑒屯兵梁山以捍禦漕運故名**新裕港**在縣南八十里**濡須水**在縣西南七十里即濡須山東關之水會清溪過新裕口至柵江同入於楊子江三國時諸葛恪於此築大堤遏巢湖後魏兵至將壞其堤恪率四萬衆破之**歷湖**在州西三十里周七十里爲郡巨津後訛歷爲滁淮南子曰歷陽之都一夕爲湖唐劉禹錫詩一夕爲湖地三年列郡名宋建炎中金人破和州軍士四潰惟水寨自保明永樂初湖水冬涸吏目張良與請置田二萬一千餘畝至景泰間田始成然地勢平而水難泄多阻洳之地也**灃湖**在州西一十五里受麻湖水由當利驛港入楊子江明永樂初吏目張良與奏置田一萬七千五百餘畝利病與歷湖同**清溪**在縣西南三十里**烏江浦**在州東四十里即項羽敗走亭長艤舟處**當利浦**按古志晉王濬過三山王渾遣人邀之濬曰風當利奈不

得泊即此處也故因爲名在州東南十二里千秋澗在州西北二十五里平痾泉在州北三十五里其水溫梁昭明嘗浴焉又名太子湯宋蘇軾劉貢父秦少游莊杲皆有記明嘉靖六年州守易鸞於水之源甃以方塘圍以垣種竹結屋作三池以便浴者分四渠以溉田馬跑泉在縣北十五里即昭關之泉也銅城堰在州西南六十里周迴百里注田三千頃萬柳堤在州東門外義井在縣西半里

附關津橋梁

石湖關在州境東昭興間張俊設寨駐兵爲守白塔關在州西四十里斗峴關在州西北四十里滑野關在州北五十五里即夾山鋪兩山壁立聳峭夾道約五里餘山口崎嶇和與滁接界此山爲南北咽喉含山關州西四十五里東關在含山縣南七十餘里濡須塢之北岸新河渡清淮橋公館坊譙樓南大市橋

在孝義坊。清勝橋在南門內。孔公橋小南門內。戚家橋州西十二里。和陽橋大南門外。乘駟橋小南門內。泰陽橋州南十里。桃花橋州西三里。桃花塢邊。姥下橋州南三十里。後港橋州南五十里。白渡橋州南四十五里橋納銅城七十二圩水，舊架以木，屢修屢圮。

皇清康熙四年，鳳廬道孫籀捐金倡造石梁成焉，民不病涉，利濟甚衆。功勝橋州西南五十里。赤埭壩橋州東北十五里。黃埭壩橋州東北二十里。東河村橋州北十五里。西河村橋州北十五里。黃梁橋州西二十里。菩提橋在淮清橋西。普濟橋。登科橋在含山縣城東。尉子橋在含山縣北門十八里。清溪橋在清溪鎮傍。觀音橋在南門外。仙踪橋在十五都仙踪鎮東。遇仙橋在含山縣大市街東。

廣德州建平

橫山在州治西州之鎮山也高出群峰四面望之皆橫故曰橫山上有張眞君禮斗臺山半有攀蘿亭集仙亭天語亭其巔有龍潭潭畔有龍王廟宋天聖中郡守梅詢建

西巘山在州西清流汨汨灣抱

丹井山在州南一十里相傳徐眞人於此煉丹丹井尚存

竹山在州南一十五里疊障層巒回環拱揖有其麓上有醉翁亭松竹泉石之勝絕頂有二亭曰巢雲漱玉

方山在州南一十五里山勢盤紆實州之勝下有方侯祠山口兩峰對峙若二柱然

雞籠山在州南二十里俗呼雞罩山中兩峰高左右有兩峰蔚然森秀

鷹嘴山在州南三十里其山特峻絕頂一石卓立高十餘丈如鷹嘴有淥窟容百餘人

仙石山在州南三十里山下有石高二丈許平坦可履世傳有異人月夜獨立於上遺跡尚存

乾溪山在州東南三十里峰巒疊出卓立天外

石雲梯山在乾溪山西高百餘丈有階級可升一溪遶其下白石齒齒

巖頭山在州西北四十里兩山屹立如闕中夾一溪廣德南山之水皆會於此入建溪

海遇潦藉此金雞山在州南五十里有白茅山在州
以障湍流 石洞澗五六尺
西四十石鼓山在州東南五十里巔有巨石如鼓
五里 下有石如架舊傳每陰雨則石鼓
自鳴後墜於石婦山在州東南五十里衆山環遶
山南亂石中 中一峯獨高巔有石高二丈
如婦人藤蘿縈遶馬鞍山在州南五十里周廻七
如衣獨露其面 十里東有一石聳立山
巔青山在州東南六十里桃花山在州東南六十
一峯宛若青螺 里山多桃樹故
名靈山在州南七十里上有文殊巖普賢臺羅漢
洞廣瑞禪院龍王廟山水合流而出滙爲
丁公潭前後有兩巨石 平尖山在州南七十里衆
廣數十丈流瀑垂其上 峯環遶一峯如筆
傷山皆巉巖之石石上五花巖山在州北七十里
有水一泓雨旱不盈涸 橫列五峯高三
百丈頂有桐山在州南八十里一名白太首山在
白佛祠 石山桐水發源於此 州
西南八十里其山最峻上有一井龜魚 鎮山在建
時出沒其中相傳遇陰雨隱隱有樂聲 平縣

南五里爲邑之案山**赤山**在建平縣西南七里麓枕大溪**烏雲山**在建平縣東北二十五里俗傳山有烏雲久晴必雨**大濤山**在縣東北三十五里**伍牙山**在縣東北四十里按輿地廣志云伍員伐楚還吳經此建牙因名舊有子胥祠**大巖山**在縣南七十里巖石崔嵬峯巒層出山上有池不竭**大磊山**在建平縣南八十里羣山拱峙一峯特起頂有三石如品字**鵶山**在縣南九十里周廻三十餘里上下石高二丈許有彈迹百餘俗呼爲彈子石又有釣臺舊傳有仙人釣於此其山產茶與寧國縣界**金牛嶺**在州東北七十里四面皆重山中有一嶺長亘十五里**石佛嶺**在建平縣南七十里形如石佛**峽子嶺**在建平縣南八十里爲宣城建平之界**長樂洞**在州東北六十里廣數丈深不可測遊者秉燭而入有石燕羣飛乳泉滴瀝神人佛像碁盤鐘磬之屬皆白石天成其東洞水深不可入**桐川水**在州西北源出白石山西北流入丹陽湖**東亭湖**在湖忠都廣五百餘畝一

名浴兵池**塔湖**在三十都周三里**南碕湖**在縣西南廣德建平之水皆滙於此流入丹陽湖俗呼爲南湖**玉溪**在州後環遶州城如帶**橫梗溪**在明威門外灌田三千七百畝**大源溪**自寧國大陶山流經州界入南碕湖又由丹陽湖蕪湖達於江**無量溪****星橋溪**皆在州城東五里**鯉洪溪**在州東南一十里其源有二會流於此灌田二萬餘畝**英溪**在州西三十里**淸渡溪**在州南四十里其水清澈**郎溪**在縣前因居民郎姓故名**馬履澗**在縣東北三十五里俗傳伍員伐楚還馬履此水自湧出因名**白石澗**在縣東南上摋桐川下合郎溪以有白石因名**不老泉**在州南四十里大旱不竭有古碑刻不老泉三字**龍渦泉**在縣東一里**沸泉**在縣東十里其味甘冬溫夏涼**妙泉**在縣南九十里大巖山下**中堂陂****釋山陂****陳河陂**俱在三十七都**古塘**在十三都周十里又有鴉鵲塘夏家塘胖竹塘皆周十里並利灌溉**柘**

林塘在縣東周十五里　信武塘在縣西廣十五里　焦子堰在湖忠都周二里　范公井在州治宋范仲淹鑿　金井在明威門外一里泉甚清洌　白馬聖井在州東六十里山巔一石潭方如井冬夏不竭　子張井在州南一百里子張山下舊傳有張姓者設教於此因名

附關津橋梁

苦嶺關在州治東南七十里　誓節渡在州西五十里唐末黃巢爲亂士人張姓者率鄉兵捍之誓死不退遂歿於溪　滄河渡　朱灣埠在州東北四十里向未疏通

皇清康熙五年知州楊苞設立牌埠水道通行往來商賈便之　清溪渡建平縣治南舊有普濟橋後廢爲渡　赤山渡建平縣西南五里　荊軻渡建平縣西北三十五里　梅公橋在州治右　武定橋在州治東舊名迎貞　濟民橋在州東二里許　復古

橋在州治東舊名寺河橋星橋在州治東五里無量溪上舊傳此地星隕爲石因名福星橋濯纓橋在州治西門外獅子橋在西門外英溪橋在州治西北三十里節義橋在州治南十里頭陀橋在州治東南七十里斗門橋在州治北花橋在州治北門外金鵞橋在州治北十里太平橋在州治北二十里楊郙橋俗名楊菴橋在州治北二十里湖南橋在州治北十五里孝義橋建平縣東二十五里梅家橋即梅西橋縣南三里水鳴橋建平橋南二十五里鳳凰橋宋淳熙二年建一在縣南三十里一在壯村縣西二十四里四路橋建平縣南四十里龍潭橋縣南四十五里青碧橋建平縣南八十里飛鯉橋建平縣西南二十五里三峽橋建平縣西二十五里通津橋建平縣北一里踏混橋建平縣北三里鍾橋建平縣北十里錢橋建平縣東北十五里

卷之八終

江南通志卷之第九

風俗

昔勾吳之俗三代以前風氣未開樸陋難紀然吳越春秋所記夫差宮室鼓鐘歌舞之盛有非後世所及者自子游駢臂之流被服儒雅彬彬質有其文始變陋俗永嘉以後南渡諸賢流離坎懔借歡娛佚樂以陶寫其無聊幽憂之感於是風氣一煽而爲奢靡侈麗矣且天下物力日走東南向西北所稱天府之國大半磽确而江南更號沃土沃土之民佚佚則忘善固其勢也沿習千餘年而欲一

旦返琱爲樸還之淳古移風易俗非俗吏之所能其唯孝弟力田以倡之禮義教化以誘之使華其浮誇而務其根本則吳俗庶有豸乎然而未易言也志風俗

江寧府

君子勤禮恭謹小人盡力耕殖祥符圖經其人士習王謝之遺風以文章取功名者甚衆沈立金陵記南方水土柔和其音清舉顏介之論永嘉之後衣冠萃止文藝儒術於斯爲盛杜氏通典俗英且毅士清以邁地大而才傑宋楊萬里言風流文物冠映古今宋汪藻言建業自六

代爲都邑民物浩繁人材輩出實士林之淵藪宋楊演言山川渾深土壤平厚華而不佻淳而不俚戚氏志生人之性亢朗冲融重義而薄利風俗之美喜藝文而厭凡鄙舊志金陵文獻之邦以故寰寓推爲奧區士林重其清議彈射藏否剖析毫釐擘肌分理者至今猶然舊志

蘇州府

因士類顯名於歷代而人尚文因僧徒倡法於郡山而人尚佛漢第五倫傳泰伯遜天下季札辭通國德之所化者遠矣更歷晉漢以來風俗清美俗多淫

祀舊圖經志山澤多藏育風土清且嘉泰伯導仁風仲雍揚其波晉陸機詩郊無曠土多勤少儉郡志君子尚禮庸庶淳龐隋書當趙宋時俗益丕變有胡安定范文正之遺風焉及後禮義漸摩而前輩名德以身率先又皆以文章振動令後生文詞動師古昔而不梏於專經之陋矜名節重清議下至布衣韋帶之士皆能摛章染墨其俗甚美惟夫奢侈之習未能盡革本志

松江府

文物衣冠蔚為東南之望經學詞章以至書翰咸

有師法本志吳中族姓之盛自東漢以來有聞於世逮魏晉而後彬彬輩出左太冲所謂高門鼎貴魁岸豪傑虞魏之昆顧陸之裔居於華亭者爲最著故士奢於學民興於仁宋魏了翁記負海枕江水環山拱自成一都會民生其間多秀而敏其習尚亦各有所宗以至田野小民皆知以教子孫讀書爲事舊志儒官翼翼不異鄒魯元趙孟頫言四方名流彙萃於此薰陶漸染之功爲多何良俊言土膏沃饒風俗淳秀舊志

常州府

人性佶直黎庶淳遜敏於習文疎於用武寰宇記建自泰伯宣於延陵高節所與由克遜以立風俗左思賦穎異之材挺生此邦風俗記地偏俗儉舊志縣人學子知所向慕朱熹學記能振頽風以激衰俗非好賢樂善未易能爾本志人秀而文宋葛郯貢院記不事浮華少爲商賈耕稼自給士尚儒術縉紳代不乏人男子不遠遊女子不交易士夫不衣文繡不乘輿馬俗多尚吟咏舊志

鎮江府

本泰伯之化有謙讓之風舊圖經其禮遜謙謹婚嫁

喪葬雜用周漢之禮寰宇記士大夫崇靜退貴氣節民庶循禮樂業而不好競嘉定志人性柔慧尙浮屠而少積聚宋志士風質而厚士風淳而直咸淳志士習詩書敦簡素民閑故土力耕稼而不急工商之利嗇於自奉婦人恥出門戶金壇志京口爲舟車絡繹之衝四方商賈羣萃而錯處轉移百物以通有無舊志

淮安府

淮安之俗淳實尙義勇悍習戰一統志人多輕剽士任氣節隋志重禮教崇信義闤市或雜澆僞至於農

畎畝固極矣地理志士勤學問民務農商有淳厚之風禮讓之俗中都志書軌新邦英雄舊里蘇軾淮陰廟碑漸漬聖化綽有餘風圖冊喜學問從教化雖兵革之餘猶有是心元志地大物衆細民棄本務末豪右亦頗崇華黜素南畿志土沃生蕃河患豐歉不常郡志安東

揚州府

土俗輕揚孔氏六帖俗喜商賈唐書李襲譽傳勞擾爲煩南齊海陵王本紀廣陵流民多庇大姓蕭子顯齊書文采風流衣被到今稱爲淮南書院通州志厥壤惟魚鹽宋蔣延壽銘民煮海爲利揚州風俗志俗務儒雅吳陵志號爲繁侈唐元和志

海陵之民惟事耕漁性多樸野郡志土高而廣於水俗鄙而勤於稼高郵題名記民以魚鹽爲業宋俞授能奏流寓無定憩柳世隆奏

安慶府

江南之氣躁勁厥性輕揚晉書同安郡俗信鬼神好淫祀人性剛强風氣果決其舊風然也自平陳後俗頗變尙淳質好儉約喪祀婚姻率漸於禮隋書風俗清美天性忠義舊志土壤膏沃人性輕揚善商賈廛里饒富宋史荆楚饒勁士吳越多秀民皖介兩服之閒沉潛高明蓋兼具矣舊志安慶人物忠敢不媿

於古懷寧易桐城達望江愨灊山毅太湖諍宿松直大抵江北風氣近厚故其習尚多類中州胡纘宗言六皖山川美贍絃誦力本其禮教信義聞之熟矣見本志

徽州府

地雜甌駱性剛强君子務爲奇行高節而羞不義異才間出朱熹志自昔多以材力保捍鄉土其後寖有文士山限壤隔民不染他俗勤於山伐能寒暑惡衣食淳熙志新安爲文公闕里後先相望斯文盛昌明高帝授朱升學士制山居十之五民鮮田疇以貨殖爲

恒產善識低昂時取予以故貿之所入視傍郡倍厚其家居也為儉嗇而務蓄積女人尤號能儉大都務為貞潔雖妾媵女斷之徒亦以流合為恥故李維禎曰歙女流之鄒魯也郡志吾郡冠冕之倫多尚氣節矜取予有唐風瞿瞿之意其高者杜門却軌自偶古人監司守相莫能識其面舊志

寧國府

火耕水耨民食魚稻以漁獵山伐為業飲食還給不憂凍餓亦亡千金之家信巫重淫祀前漢書地理志川澤沃衍有海陸之饒其人君子尚禮庸庶敦龐故

風俗澄清而道教隆洽亦其風氣所尚也隋地理志舟車繁會風俗和柔唐尉遲樞新安禪院記宣州故秦鄣郡地阻以重山緣以大江其俗佻而侈其人勁而悍有裴公耀卿者為刺史端本重學宣人始服化矣唐陳簡甫宣州開元良吏記地廣而僻人質而文元志所產多材故秀民悅詩書好禮義閭巷田塘之氓悉有以自資而無慕於外舊志

池州府

民淳氣和衆貨畢給雖人物稠夥而有訟不嚚雖租賦浩穰而閭令必集宋盛約中和堂記以漁獵為業郡志

冠婚喪祭互相周恤石埭志剛柔既殊雅俗亦分人志懷刑衣冠濟濟郡舊志人性便利喜動經生學士文雅彬彬本志人性機敏往哲熙熙軍民隸於二省健訟由典郡志大槩士夫崇恬退尙氣節婦女親蠶織工紡績土著之民憚遠行不事貿遷恥賤役甘心貧窶以故六邑利權半歸寄客百家末藝盡出遊民舊志

太平府

土氣疆獷劉毅鎮姑孰表地廣火耕水耨民食魚稻蠃蛤故呰窳偷生而無積聚西漢地理志永嘉之後衣冠多

所萃止文藝儒術爲盛雖賤役亦事吟咏蓋顔謝徐庾之化爾杜氏通典當塗井邑雖疎而開豁物產豐懿張舜民南征錄其民渾然太樸惟土物是愛故能臧厥心惟本業是崇是以無末作吳淵言蕪湖附河距麓舟車之多貨殖之富衣冠文物之盛殆與州郡埒元黃禮言地既分則風俗異詎可以輕揚目之劉子澄太平圖經

盧州府

人物語音風土明茂皆勝淮左其性躁勁風氣果決隋地理志風俗淳樸事耕桑崇儉重名務學賢才彙

與舊圖經云其民質直而無二心舊志人物清修苦節廉介忠義黃宗載府治記自昔其民質樸不好爭訟而風俗淳美王志英序衣冠文物之懿視昔有加生民俎豆婚嫁於桑梓間絃誦之聲接於四境朱鏞序山川高深風氣完密有中州質愿之美虞集記其俗樸茂剛健而少文其務勤力稼穡而民多富王章記土厚水深士生其間剛勁篤實足以任重楊博記俗尚淳質好儉約喪祀婚姻率及於禮盧江古志人性淳厚好學務本畏犯法而少鬭訟無吳楚勁悍之風無爲圖策

鳳陽府

鳳陽性率眞直其食秔稻其衣絁布寰宇記淮南著美風流所被文詞並興舊志在城務商在野勤嗇無告訐之風濠梁志鍾離風俗號稱近古兵燹之後地瘠民貧趨於陵競本郡志俗慕學問才產文武方輿勝覽務儉勤農知慕孝行壽州圖經人以信行爲先與洙泗接壤有士君子之風泗州圖冊民土淳厚彬彬然古之遺風臨淮記盱眙自古稱爲壯縣民强勁易馴以義揭徯斯論天長民樸而愿士質而文龍侍御記宿地闢民聚風俗淳美宋應奎進士題名記汝南之別皆急疾有氣勢漢志其俗矜刻史記汝頴固多奇士賁嵩論土厚水甘而風

氣和歐陽修序俗尚禮義視昔爲盛吳聞集

徐州

徐方鄒魯舊國漢興猶有餘風杜氏通典人頗鷙悍輕剽其士子挾任節氣好尚賓游蓋楚風焉隋書霸者之餘以武爲俗宋陳師道學記蕭風俗渾厚多智慮務農生財宋晁端中言沛地鄰鄒魯務稼穡尚禮義舊志沛以勇宕爲俗李蔚美政記碭邑之學絃歌方盛元大成豐孰可抵三州民事農桑樂輸賦役而其俗亦淳舊志俗多楚音樸直舒徐地理志風俗高邁迥出等倫舊圖經

滁州

地僻訟簡其俗安閒章衡醉翁亭記介於江淮之間舟車商賈四方賓客之所不至民生不見外事而安於畎畝歐陽修豐樂亭記習尚勤儉專力農桑郡志雖風俗淳厚而尚氣節易以德化難以力服呂元中紫微泉記

和州

楚越之地飯稻羮魚不待賈而足地勢饒食無饑饉之患以故呰窳偷生無積聚而多貧史記歷陽人性躁勁風氣果決自平陳之後俗頗尚淳質好儉約隋志女工尚堅全男工尚墾闢市無蚩眩工無彫

形無遊人異物以遷其志劉禹錫記四民各安其業而儒雅之風尤甚本州志

廣德州

民力於南畝不務商賈漢地理志民淳事簡號江東道院一統志人性直而好義俗信巫而尚鬼君子業儒術而尚質樸小人崇節儉而務農桑婦女不出戶閣富貴不服羅綺民喜迎神賽會曾鞏會志境大壤沃食貨富穰曾鞏鼓角樓記

江南通志

江南通志卷之第十

城池

召公之築城東都也繫洛水而因郟山蓋城倚山水爲固也後世往往師之而江南城郭見諸載記者則吳闔閭相土嘗水開八門以象八風合肥上戴斗𨻶夾輔黃道城名金斗雖義各有取要之皆山水之鄉所謂習流背嵬於形勢稱便焉由是以推州郡小大不同其憑藉地利者各相髣髴語有之衆心成城其旨又進於是矣志城池

江寧府

上元　江寧二縣附郭

江寧府城

江寧之有城郭始於越范蠡築城於長干楚置金陵邑於石頭漢乃有丹陽郡城在淮水之南孫吳東晉宋齊梁陳爲都置宮城於淮水之北而郡城猶是也隋置蔣州城於石頭唐上元縣因之後置昇州即其城楊吳始跨秦淮大建城郭宋元仍其舊明開拓而建今制焉上元江寧二縣在郡城內

皇清因之○按六朝舊城近北去秦淮五里至楊吳時改築跨秦淮南北週廻二十里近南聚寶山明定都金陵大建城闕城之域惟南門大西水西三門因舊更名聚寶石城三山自舊東門處截濠爲城開拓八里增建南門二曰通濟曰正陽自正陽而北建東門一曰朝陽自鍾山之麓圍繞而西抵覆舟山建北門一曰太平又西據覆舟雞鳴山緣湖水以北至直瀆山而西八里建北門二曰神策金川西北括獅子山於內雉堞東西相向建門二曰鍾阜儀鳳今鍾阜閉自儀鳳迤邐而南建定淮清涼二門以接舊西門今俱閉

皇清順治十六年改神策爲得勝週九十六里其外城西北則據山帶江東南則阻山控野闢有十六

門東南北六日姚坊仙鶴麒麟滄波高橋上方西南六日夾岡雙橋鳳臺馴象大安德小安德西一日江東北三日佛寧上吳赤烏二年築元觀音周一百八十里

句容縣城子城周三百九十丈唐天祐間縣令郤全邁修築有東西南北白羊上羊六門宋淳熙間張栞重築後廢明景泰間浦洪劉義建門樓弘治間王僖砌以石嘉靖間樊垣築磚城周七里有五門萬曆間移建南門於舊門之左皇清因之

溧陽縣城南唐昇元間築土城於燕山北周四里餘河貫城中濠深五尺闊十倍之宋建炎中西拓青安草市加廣二里建門五水門二元因爲州城明初命將士築之仍南唐舊址而界草市青安於外越七年又命部使郭景祥加築之周九百丈有奇濬濠深丈餘四門外復築瓮城改名曰東平西成南安北固學士宋濂爲之記弘治五年符觀以南城逼泮宮增修河堧以廣之嘉靖年增修堡屋女牆月城等開躍龍壩於學宮左而閉下水關皇清因之

溧水縣城隋始築城周五里有奇宋紹定中知縣史彌鞏修之明初鄧鑑更築

周七百餘丈有六門洪武間郭雲重建正德中陳銘甃以磚尋毀陳憲因址築土城嘉靖初王從善展東隅砌石橋以瀉水十年水敗東南隅張問行修十七年水復潰三十六年曾震造石城

皇清因之

高淳縣城 在淳溪河上明嘉靖五年劉啓東築土城東北因岡阜西南藉淳溪爲濠甃七門

皇清因之

江浦縣城 明洪武初始築浦子口城設應天衛於城內九年始析六合孝義鄉和州遵教懷德任豐白馬四鄉滁州豐城鄉置江浦縣屬應天府萬曆初築土牆六百九十餘丈下甃以石三年增築重垣八年春知縣金乾貞築城秋九月城成

皇清因之

六合縣城 漢爲棠邑縣始築城至南北朝築秦郡城滁河之南北宋紹興二年步帥閻仲請就舊濠築城在河北有四門興隆初郭振於城北又築一城二城俱砌以磚又數年築河南土城乾道紹興嘉泰相繼修之元仍故明初城廢成化十年唐詔栅門四後毎隅增一門嘉靖三十四年鑿濠三十九年築堡圍縣署崇禎九年六月流賊破六合中書舍人孫國敉上城六合議

蘇州巡撫張國維按院陳起龍疏請於朝以蘇松四府節省銀四萬餘兩并義助建城河北知縣仲聞韶董其事皆義民分丈領造凡四閱月告成周一千三百二十三丈二尺高二丈五尺北二門東二門西一門南一門南街一帶皆商賈水陸出入處又開便易小門七

皇清因之

蘇州府 吳縣長洲二縣附郭

蘇州府城

吳自闔閭有國伍員創築大城周四十二里三十步小城周十里爲門八東曰婁曰匠西曰閶曰胥南曰盤曰蛇北曰齊曰平歷代皆仍其舊至隋楊素徙城橫山東即今新郭唐武德九年復還舊城分城之東置長洲縣以卧龍街爲界乾符三年刺史張摶重築之梁龍德二年始以甎甃裏外有濠宋初門已塞二惟閶胥盤葑婁齊六門後胥門亦廢至開禧間潰圮殆半嘉定間知府趙汝述沈皡相繼修治寶祐二年趙汝歷增置女牆補建葑婁齊三門樓元定江南凡城地

悉命湮毀雖設五門蕩無防蔽至正十一年兵起復詔天下繕完城郭太守高履築壘開濠還闢胥門至張士誠入據增置月城明興平吳更加修築城爲亞字形總計四千四百八十三丈六尺五寸爲一萬二千二百九十三步九分高二丈三尺女牆高六尺每十步爲鋪內外長濠廣至數丈門有釣橋以通出入崇禎十五年推官倪長玗重加修葺

皇清康熙元年巡撫都御史韓世琦修築城垣改闢城垛現在城樓六座官廳六所葑婁齊閶胥盤旱門六葑婁齊閶盤水門五旗臺三座軍器庫房六所窩鋪一百七十間敵臺五十七座垛頭三千五十一箇守門官公館六所營房每門十六間而鎖鑰則歸總捕同知焉

崑山縣城

向未築城惟樹竹木爲柵至宋猶然元至正十七年方國珍犯境始築土城禦之高一丈八尺周一十二里二百七十八步濠深五尺廣二丈六尺門有六東曰賓曦西曰留暉南曰朝陽北曰拱極東南曰迎薰西南曰麗澤明弘治四年知縣楊子器建樓其上嘉靖五年邑人都御史周倫疏請修磚城顧文康

公鼎臣亦議於朝時廵撫歐陽鐸廵按陳蕙知府王儀於沿海州縣次第修舉而獨先崑山甃以磚石期年成周十二里計長二千三百八十七丈高二丈八尺梁四千五百八十七城濠如舊

皇清因之

常熟縣城

唐武德初始遷虞山下列竹木為柵宋建炎間知縣李闓之建門五元築土城張士誠據蘇州以常熟為要害更甃以磚高二丈二尺厚一丈二尺周九里三十步最為完固明永樂歲大祲民盜城磚以易食知縣柳敬中慮變聽其毀而城日以廢嘉靖間倭寇亂知縣王鈇興工修築高二丈四尺建門七惟西北二門枕山餘五門內外各有濬濠南門曰翼京北水門曰望洋北旱門曰鎮海西門曰阜城大東門曰賓湯小東門曰迎春西北門曰虞山萬曆甲午知縣張集義增高三尺內甃馬路丙午知縣耿橘改望洋門曰鎮海虞山門曰鎮山鎮海門曰鎮江

皇清因之

吳江縣城

梁開平間錢鏐築後廢宋嘉祐二年知縣裴煜復建南北二門元至正十二年知縣札牙進重建北門十六年張士誠重築高二丈八尺厚一丈五尺周五里二十七步

陸門四水門四旱門一各以方名明成化元年知縣陳堯弼重建城樓嘉靖間倭犯境知縣楊芷倡議增築高三丈二尺厚一丈八尺爲四門月城城垣長一千八十四丈五尺十六年知縣曹一麟覆以甓城益完固

皇清順治四年知縣李承尹修康熙四年知縣劉定國復增修并修城樓爲梁二千三百五十一窩舖三十六箭臺三十六砲臺四併濬外城濠浚倍昔云

嘉定縣城宋嘉定十二年知縣高衍孫築土城元至正十六年張士誠遣其將呂珍重築始用磚石計九里爲門四東曰晏海西曰合浦南曰澄江北曰朝京東西南水門附焉明正德間流賊據狼山知縣王應鵬築土牆備之嘉靖間知縣李資坤增荆北水門又於上建樓三楹十九年海寇倡亂知縣馬麟增崇土牆三十二年倭入寇知縣萬思謙改甃以甓周二千二百六十六丈六尺基廣五丈面三丈後東南毀於霪雨知縣楊旦重築崇加四尺門各建樓易澄江曰宣文合浦曰濟漕朝京曰振武重濬外濠周二千六十五丈浚一丈

皇清順治九年知縣查逢盛重修繼任劉弘德竟其功十七年知縣吕奇齡開匯龍嗣康熙六年知縣余敏督工再修十年知縣趙昕重修

太倉州城

元至正十七年張士誠築高二丈廣三丈周一十四里五十步濠周十五里一百七十步濠一丈五尺廣一丈六尺門七曰大東朝陽大南小西大西小北大北水門四曰大東小西太西朝陽明成化間都指揮同知郭鋐復建大南門樓

皇清因之

崇明縣城

明萬曆十二年知縣李大經遷築周四里七分高二丈厚一丈為門五東曰樂平西曰慶成南曰迎薰北曰拱辰東南曰朝陽門樓四座萬曆二十五年知縣莊尚稷加高三尺

皇清順治十六年遊擊王龍知縣陳慎修十八年總鎮張大治塞舊濠以築外城土垣周圍六里高二丈八尺垣基濶二丈鑿新濠於城外濶二十餘步又於東關之南設水竇以通洩遂成金湯之固

松江府

華亭婁縣二縣附郭

松江府城　元末張士誠據吳時築明洪武間因而葺之周圍九里一百七十三步高一丈八尺廣如之門四東曰拔雲西曰谷陽南曰集仙北曰通波濠深七尺濶十丈明巡撫趙可懷知府方廉方岳貢華亭令王廷錫聶紹昌相繼修築

皇清康熙二年秋霖浹旬多遭傾圮提督梁化鳳從城守營遊擊張國俊議會咨巡撫韓世琦首先捐俸檄郡重葺又府城西門外有西倉城周圍二里高一丈八尺陸門四濠深三尺廣六丈餘明嘉靖間興築萬曆間知縣張允儒重修

皇清順治十五年奉

台官收官兌按圖增造倉廒數十間於水次用以便小民交納

上海縣城　嘉靖間知府方廉因倭亂築周圍九里高二丈四尺廣二丈池深一丈七尺濶六丈同知羅拱辰於四門益以敵樓箭臺環濠增以土牆萬曆中知縣許汝魁奉檄城加五尺開小南門水關引薛家浜水以通市河民利賴焉知縣徐可求劉一爌李繼周相繼甃石

皇清因之

青浦縣城　明萬曆二年知縣石繼芳創建周圍一千三十丈高二丈三尺廣一

丈五尺濠湥一丈濶三丈

皇清因之

常州府 武進縣附郭

常州府城 明洪武間中山侯湯和築周圍十里二百八十四步高二丈五尺廣二丈甃以磚石門七東曰通吳南曰德安西曰朝京北曰青山次東曰懐德次南曰廣化次北曰和政濠湥二丈濶十六丈成化間廵撫王恕奉勅命檄知府孫仁重甃易以巨石增高三尺雄偉壯麗

皇清因之

無錫縣城 在運河西梁溪宋乾興初令李晉卿修築周圍十一里二十八步高一丈七尺廣如之濠湥二丈濶七尺元至正乙未重修後僞吳據其地甃以磚石明洪武復加繕治焉

皇清因之

宜興縣城 舊在荆溪北吳孫權嘗爲陽羨長赤烏六年改築晉宋置郡西縣治在君山後如故元末重築明初增修周圍九里三十步高二丈五尺廣如之濠湥一丈五尺濶三丈門各有樓萬曆戊戌年重修

皇清因之

江陰縣城 唐天祐中

築元初皆毀丁酉兵興鄉民相率築土城爲保障明初增修甃磚石築女牆周圍九里三十步高一丈五尺廣如之濠深七尺濶四丈一尺

靖江縣城

皇清因之屢加修葺

舊有土城在馬馱東沙周圍七里四十步外有池內廣五頃一十二畝二分明成化間知縣張汝華修築廢圮遂成完固

皇清因之

鎮江府 丹徒縣附郭

鎮江府城

土城周二十六里十七步高九尺六寸吳時爲京城孫韶嘗繕治之唐乾符中周寶再加修築太和中觀察使王璠鑿濠深數尺東西夾城高三丈一尺明洪武元年指揮宋禮請於朝更築甃以磚石周九里十三步高二丈六尺萬曆十二年知府吳撝謙於府後附城築垣與城齊以衛府治二十一年周廻城垣復加高三尺迤北附垣增建虛臺一與北固山相對門四東曰朝陽西曰金銀南曰虎踞夾城向北增設一小門北同曰定波水關二

皇清康熙元年鎮海大將軍劉之源修築雉堞雄峙較勝於前

丹陽縣城 丹陽舊城周迴五百六十步高一丈五尺明嘉靖年間倭寇內犯知縣陳奎始築內城周迴九百七十九丈徑三百三十三丈有奇高二丈二尺下濶三丈上半之內城既築市民移於外者十之七居人患其隘白巡撫張景賢令於城外壘土城知縣史永壽增築門有五曰東門曰小東門曰南門曰小南門曰北門曰西門敵臺二水關二濠濶八丈始合內外城爲一皇清因之

金壇縣城 唐長壽元年築萬歲通天中甃以甓週七百步高一丈五尺門十有一歲久湮廢爲平地明正德壬申流賊至江上知縣董相率衆廣之修築土城週一千二百四十二尺高二丈下濶三丈上半之闢門六幷水關皆甓以石乙亥知縣劉大和以關基不固又改築之嘉靖甲寅倭警知縣趙圭甃以甓壘石爲基週一千二百三十四丈四尺高二丈六尺爲門六萬曆乙酉知縣許弘綱復改築兩水關高廣於昔天啓四年大水東城圯百餘丈知縣楊錫璜修之

皇清順治三年北城圮三十餘丈知縣胡延年修之

康熙十三年以歲久又圮知縣康萬寧重修

淮安府

山陽縣附郭

淮安府城

晉時所築宋南遷倚淮爲屏蔽守臣陳敏重築之號銀鑄城明初修築包以磚甃置樓櫓周圍一十一里高三丈門四東曰觀風南曰迎遠西曰望雲北曰朝宗新城南並故城即山陽北辰鎭元張士誠僞將史文炳嘗築城於此明初指揮時禹增築以寶應廢城撤建之周圍七里二十丈高二丈八尺憑藉舊城有輔依之勢下臨淮河爲池

皇清因之

鹽城縣城

宋築土城明永樂間指揮楊清千戶馮善始易以磚周圍七里一百三十四步高二丈二尺厚如之池淡九尺嘉靖間檢校祝雲鶴署篆重修萬曆間知縣楊瑞雲建樓濬池

皇清因之

清河縣城

舊土城元至元間兵亂修築惟東西北三門周圍六里南倚小清河

皇清因之

桃源縣城

舊有遺址明正德間因舊基修築土城年久傾圮萬曆間知縣

許漢重築周圍七百一十八丈高一丈五尺廣二丈池深一丈週八里城門四

皇清因之

安東縣城 舊城俱廢明弘治中知縣郭韶於舊基建更樓四所設門啓閉萬曆間知縣詹道溥因堤增築土城天啓初知縣劉君聘奉撫按題准興築周圍一千五百五十四丈門四東曰朝陽南曰迎和西北仍舊

皇清康熙七年地震水衝城垜傾塌知縣李儀修葺

沭陽縣城 明正德中知縣易瓚築土城因河決多崩萬曆間知縣徐可達議甃以磚至四十四年知縣杜從心始成周圍八里四十七丈高二丈厚如之崇禎間知縣劉士璟加高城垜四閣鑿池

皇清康熙七年地震崩塌十三年知縣張奇抱修復加垜如舊

海州城 土城梁天監中馬伯埤築舊志東西二城元季並廢明洪武間淮安衛千戶魏玉等因西城故址修築土城永樂間千戶殷軾砌以甎石周圍九里一百三十步高二丈五尺厚如之門四東曰鎮海西曰通淮南曰朐陽北曰臨淇池深六尺嘉靖間知州吳必學增拓環以舖

舍通判范永官李維東知州錢騰蛟高瑤楊本俊相繼修葺隆慶中知州鄭復亨修築沿西一帶始爲完城皇清因之

贛榆縣城

舊係土壘元至正間平章王信修築明知縣郎廷柱馮澤增修知府薛鍙請各縣廢驛錢買磚包砌工料未備而去萬曆間知縣樊兆程甃磚告成周圍六百七十一丈高二丈廣稱之池深潤各二丈崇禎間知縣徐維翰復甃南北月城皇清順治初知縣穆爾謨濬池益深康熙七年地震全城崩九年知縣俞廷瑞巡檢李英督令掇拾堆補俾有壁可據守

邳州城

舊土城元末廢明洪武初衞官王恆因舊城西南隅用磚砌築周圍五里十三步高二丈九尺雉堞一千五百三十六門三南曰望淮西曰通淮北曰鎮壩池深八尺潤二丈皇清順治八年知縣程璧因圯壞增修康熙七年地震及水溢衝蕩四面傾圯仍在水中尚俟修建

宿遷縣城

明正德初知縣鄧時中築土城南自新壩北至馬陵萬曆四年河衝圯廢知縣喩文偉移文改遷縣治馬陵山尋築土城去舊治北

二里周圍四里高一丈五尺廣稱之後多損壞知縣趙敬賓孫湛莫應奎聶宏相繼修葺萬曆間知縣何東鳳易以甎

皇清因之

睢寧縣城 舊土城約四里許高僅丈餘明正德間知縣王蒼建東南北三門樓嘉靖間陳嘉賂始甃以石隆慶以後屢圮於水至崇禎二年洪濤洶湧衝沒城陴官民廬舍蕩盡八年秋流寇飈至無城可守僵尸數萬至十一年知縣高峻鳳設處董修築城濬池

皇清順治間久雨崩塌康熙三年知縣馮應麒重葺康熙四年知縣石之玫修護城堤培築城乃稱堅固

揚州府 江都縣附郭

揚州府城 揚州有城自春秋吳王夫差城邗溝楚王熊槐城廣陵始也其後漢吳晉俱爲廣陵自齊梁迄陳爲兗州隋復爲廣陵唐爲揚州亦名邗州城皆無異周世宗命韓令坤築小城於揚州周圍二千一百八十丈宋因之明初僉院張德林鎮守揚州以兵後人稀因宋大城西南隅改

築僅周九里一千七百五十七丈五尺厚一丈五尺高倍之設門五南曰安江北曰鎮淮西曰通泗東曰寧海東南曰小東各門有甕城樓櫓雉堞警舖敵臺相望南北水門二引官河貫其中曰市河其新城經始於嘉靖丙辰二月時以倭寇用副使何城舉人楊守誠之議也起舊城東南角樓至東北角樓周十里計一千五百四十一丈九尺高厚與舊城等城樓五設門七南曰挹江鈔關在焉又南爲便門東南曰通濟東曰利津東北爲便門北曰鎮淮又北曰拱辰關北亦爲便門南北即舊城濠口爲二水門東南即運河爲濠北濠引水注之萬曆二十年知府吳秀浚西北濠甃以石堤增城堞三尺二十五年知府郭光甃石濠未竟者四百餘丈增敵臺一十有六屹然足恃

皇清因之

儀眞縣城

自宋乾德中陞迎鑾鎮爲建安軍築城一千一百六十丈爲門者六東曰行春西曰延豐南曰寧江北曰來遠又闕濟川通闤二門嘉定中郡守豐有俊築東城袁中儒繼築西城至十三年運判兼守吳機始盡築兩城爲重濠千一百餘丈明洪武初知州營世寶同知

戈文德因宋翼城故址增築之凡九里二百四十六步高二丈四尺上闊五尺五寸建城樓四嘉靖三十五年知縣師儒每門甃甓二十七丈有奇高與舊城準下闢重門捍禦稱便

皇清因之

泰興縣城 宋舊城殘於寇紹興間金兵逼揚州知縣尤袤增築土城於外明弘治間知縣原秉忠立四門東曰寅賓西曰迎恩南曰南薰北曰拱極嘉靖十三年知縣朱篪增建延薰門於濟川橋西復因土城故址而經度之三十四年倭入寇知縣姚邦材奉詔築城周延七里計一千三百五十三丈高二丈五尺闢四門東曰鎮海西曰阜城南曰澄江北仍曰拱極其小西門居民自具工費請於郡守報可名曰通濟門西水關在阜城門南五城門外各建弔橋內週馬道外環城濠四十年署縣事高郵州同知奚世亮添建北水關知縣許希孟添設五門內重門并建樓於北水關上萬曆二十五年知縣陳繼疇增建敵臺益浚城內外濠

皇清因之

高郵州城 有新舊二城今城即宋舊城也周圍一十里三百一十六步高二丈

五尺濶一丈五尺四圍有濠塹地形四面下城基獨高狀如覆盂故名盂城淳熙乙巳郡守范嗣蠡建樓於四門上東武寧門西建義門南望雲門北制勝門又於南北開二水門通市河至開禧丁卯增以重濠明洪武丙午復甃以磚嘉靖丙辰倭警知州趙河補其卑缺後知州申請撫按州修其七衛修其三

皇清順治十五年知州吳之俊葺治之城益固其新城宋咸淳初揚州制置使畢侯築在舊城東北二門外今土城基址尚存

興化縣城　宋嘉定十八年知縣陳垓始築土城周六里一百五十七步高二丈五尺城樓四座水陸各四門明洪武五年千戶郭德蔡德劉人傑以磚更建之正統年間千戶許翀復修三十六年知縣胡順華加築城址共高二丈八尺厚四尺闊四門東曰啓元西曰威武南曰文明北曰肇魁浚濠塹廣二丈五尺深一丈規制大備萬曆二十六年知縣翁汝進因倭警培土增厚并置四水關石闌以防水患

皇清因之

寶應縣城　宋嘉定間知縣賈涉始築元至正中僉院蕭成增築之甃以磚週九

里三十步廣二里二百六十步袤三里二百九十五步東南北設門三水門三明嘉靖三十七年巡撫都御史李遂增築週一千四十餘丈高二尺置門五東曰賓曦西曰利成南曰嚮明北曰斗拱一曰小東門東水關一敵臺八

皇清因之

泰州城

南唐昇元二年陞海陵縣爲泰州以褚仁規爲刺史築羅城二十五里周顯德中增子城於東北隅更築羅城合西南舊城周十里卽今城是也宋建炎中通判馬尚增修甓其外爲四門浚城濠寶慶丁亥守陳垓刱開東西北外濠浚南濠淳祐元年敵突至以濠淺不敢近覘堡城元末癸巳州民張士誠作亂據堡城仍葺舊城明洪武乙巳徐常平張士誠遂平新城復於舊城修築番兵鎮守尋建州城週圍二千三丈二尺高二丈七尺南北水關二濠廣五十二丈袤二千三十餘丈

皇清康熙十三年知府金鎮首倡捐俸修築以年歲頻災至今尚未竣工

如皋縣城

故無城明嘉靖十三年知縣劉永準新作六門東曰先春西曰豐樂南曰宣化北曰北極東南曰集賢東

北曰拱辰三十三年縣苦倭患邑人李鎮等建議築城都御史鄭曉發帑金築圓城七里凡一千二百九十六丈高二丈五尺城樓四座外濠深一丈二尺廣一十五尺袤三千三百六十丈爲水關二知縣陳雍董其成萬曆年間知縣王以蒙築四門月城知縣張星築敵臺十三座

皇清因之

通州城

週圍六里七十步隍稱之東曰天波西曰朝京南曰澄江門各有戍樓三層名海山樓初周顯德四年靜海制置巡檢副使王德麟始築土城至六年復甃以陶甓宋建隆三年初設戍樓寶祐中賈似道鎮兩淮增築甕城明初守禦千戶楊清姜榮相繼修築設三弔橋又闢三水關以通市河嘉靖乙卯知州翟澄浚爲深濠隆慶戊辰州守鄭舜臣重加修治堅厚萬曆丁酉知州王之城議築南城以望江樓爲門跨濠作二水門北抵舊城採軍山石爲城址長七百六十餘丈高厚與舊城等然城雖甃石內填沙土霪雨易傾天啓中知州周長應謀改築爲經久計民以爲難不果修

皇清康熙二十二年狼山鎮總兵姚儀捐銀三百兩

現在修築

海門縣城

明嘉靖甲寅始築週圍五里三分設四門有戍樓水關

皇清康熙十一年因海水衝囓毀城併入通州稱海門鄉

安慶府

懷寧縣附郭

安慶府城

宋嘉定十年夏四月金兵至光州寧宗以黃幹知安慶幹至則金兵已破光州乃請諸朝建城於盛唐灣安城渡之陰安慶建城自此始其城北負大龍東阻湖西限河南瞰大江周九里一十三步設門五東曰樅陽東南曰康濟南曰鎮海西曰正觀北曰集賢元至正丙申守帥余闕重修增高至二丈有六濬重濠三引江水環遶明洪武庚午指揮戈預重修濬池濠至一丈嘉靖辛丑知府吳麟於城內周圍加甃以甓天啓癸亥知府陳鑣通判歐陽騰霄大加修葺崇禎乙亥知府皮應舉補其傾圮知縣黃配元續砌周城馬道北關一帶增高雉堞乙酉左兵破皖五城樓盡燼是年夏季

皇清平定南服皖隸版章知府桑開第重建五樓庚

寅夏霪雨連月城圮實多操撫部院李日芃知府王廷賓知縣賈壯修補如舊順治庚子操撫安永貴登陴周視雉女牆將舊城三千餘防聚合四爲一設立窩鋪以備守禦

桐城縣城

有同安郡桐城之建因其故址也設門四宋末徙治樅陽又徙池之李陽河元始還舊治城久傾圮明萬曆丙子知縣陳于階建磚城周六里門六崇禎乙亥知縣楊爾銘重加修葺更設窩鋪砲臺

皇清康熙庚戌因雨城圮知縣胡必選同鄉紳陳焯戴芳重修之

灊山縣城

城建自楚靈王週七里二十有一步高二丈四門又云即府治故址後遷縣於西遂廢止存四門明崇禎丙子戊寅兵備道史可法知縣楊友桂建城備寇工未竟庚寅洪水衝頹

皇清順治己丑操撫部院李日芃知縣鄭通元副將梁大用築建土城惟東北仍舊腳西南收縮由高營壩至同安橋與東北舊腳相接

太湖縣城

城週七里環城有池濱廣各丈餘門六明崇禎丙子知縣楊卓然建磚城避東北水患收縮止週六里崇禎甲申知縣李盛英修尋屢經流寇

洪水六門傾圮

皇清順治戊子知縣李世洽修康熙丙午雨傾北城知縣羅綺修壬子雨傾西城知縣王崇會重修

宿松縣城　明崇禎乙亥知縣荀天麒始築城址外垣門六尋經寇燹工遂廢

皇清康熙壬子知縣朱維高起造懸樓二十座以備守禦

望江縣城　明萬曆乙亥同知蹇達署縣篆始建四門週六百二十六丈戊子東北二門樓災知縣羅希益重建崇禎乙亥知縣黃配元增高之己卯春淫雨城圮知縣祝維嵩補築之未及半流寇突來守將戚國泰躬爲負石五晝夜工成

皇清順治己丑知縣王世應重修城樓

徽州府　歙縣附郭

徽州府城　在烏聊山麓隋義寧中唐越國公汪華築東半抱山西半據平麓明總兵鄧愈加築周圍九里七十步高三丈二尺廣一丈五尺東西北三面有壕闊一丈四尺深一丈二尺南及

東南以山險無濠門五東曰德勝西曰湖水南曰南山北曰鎮安東北曰臨溪自北而東至南門爲敵樓七門內各設兵馬司房窩鋪三十三嘉靖間知府何東序增修加高三尺西門外增築敵臺

皇清康熙二十一年徽寧道黃懷玉知府林國柱修葺○歙縣治在府城外無城嘉靖三十三年值倭入寇知縣史繼芳議築周圍七里有奇高三丈廣二丈西南以府城爲屏庇餘三面皆山不池而險門傍各有連弩之臺四盼雉堞欝起守陴之合二十四睐望樓二所一在問政公署一在新安門內

皇清因之

休寧縣城宋城周九里三十步明嘉靖間知縣林騰蛟建議重築周圍九里有奇高二丈餘廣如之環城以河爲池

皇清康熙二十一年知縣俞獻修葺

婺源縣城在唐弦高鎮南唐校尉司空劉津增築新城周圍九里三十步高二丈有奇厚二丈東南北繡水環繞因以爲池西築西湖接蛇城爲險明嘉靖中知府何東序通判馮叔吉復築石城俯瞰秀水臨杉潭信稱險固

皇清因之

祁門縣城漢有梅鋗城在縣西十五里久廢唐初置縣宋築土城明嘉靖

年知府何東序檄知縣桂天祥營築甃石周圍一千六十丈高二丈廣一丈西北緣山爲固東南倚河爲池

皇清因之

黟縣城

縣自秦漢來以山爲城四圍環列屹然形勝宋築土城至明初圮壞嘉靖中知府何東序檄知縣宋介慶始築甃以磚石周圍五里高一丈厚一丈西南環以高崗東北以大河爲池

皇清知縣寶士範江既入曹振邦王景曾前後相繼修葺

績溪縣城

宋築土城元因之明嘉靖中知府何東序檄知縣郁蘭始築今城周圍八百五十餘丈高二丈厚一丈三尺以大河爲池

皇清康熙十一年知縣劉滋修葺

寧國府

宣城縣附郭

寧國府城

晉內史桓彝築宋建炎三年郡守呂好問擴之元至正間廉訪使道童重加甃甓闉闍樓堞皆具高二丈五尺厚三丈周延九里一十三步門五東直曰陽德東偏曰泰和南曰薰化西曰寶城北曰拱極五門並重關溪池西北半塹溪溝半潴積水東北宛句二水瀠洄不經疏鑿

明知府鞠騰霄宋獻葉錫及崇禎間知縣梁應奇並增飭焉皇清知府管起鳳秦宗堯知縣王同春修築康熙七年城根傾塌知府孔貞來壘石修築

南陵縣城 縣舊無城明嘉靖癸亥知府羅汝芳知縣郜永春始建周圍九百三十六丈二尺高二丈五尺廣三丈萬曆九年知縣沈堯中增高三尺又因西北二門相去差遠庫藏囹獄在焉酌於二門之中築靈雉臺增戍防守崇禎間知縣甘文奎重修改名倚劍臺西南崇山疊阜如屏東北大河巨湖如帶皇清因之

涇縣城 明嘉靖癸亥知府羅汝芳知縣陳廷芝建周圍九百三十丈高二丈七尺廣三丈內外並甃以石萬曆中知縣陳大受又自西門至北水關重築石堤十餘丈崇禎甲戌知縣尹民興復修皇清因之

寧國縣城 三國吳時建宋南渡時增築周圍五百一十九丈高一丈五尺廣稱是警舖凡七所元至正間白總管明正德間知縣王時正相繼重修皇清因之

旌德縣城 縣舊無城元貞元中縣令王禎暨六門明嘉靖丙寅知府沈志言知

縣趙在劍建周圍八百九十二丈高二丈廣一丈二尺警舖十二所皇清順治十四年知縣王融康熙八年知縣李士竑重修

太平縣城

明嘉靖癸亥知府羅汝芳知縣顧鎰建周圍九百丈餘高廣各一丈六尺西北倚山水關二所萬曆丙子知縣張廷榜增築皇清因之

池州府

貴池縣附郭

池州府城

池陽在漢居石城距今郡治西八十里吳築虎林城在今郡治東北非今之郡治也梁大同中仍於石城置太原郡隋平陳廢之唐永泰間始置州治於此太守李芃築城後爲巢賊攻破太守竇潏修復之亦非今之郡治也宋壤於建炎兵火州守李彥卿營繕紹興初傾圮開禧丁卯李思重甃之嗣後趙炎陳覃傅伯名葉永漸徐橋乃相承經理史定之又於城外西偏附以新城狀如偃月端平乙未郡守王伯大重修高宗南渡後常建駐劄御前諸軍統制大帥宿重兵而鎮

之宋季爲元將伯顏攻陷城無完堵元至正丙申又爲趙普勝攻毀九華門東南一帶盡皆湮廢而郡無城池矣明正德甲戌淳安何紹正來守茲土丁丑始築城高二丈三尺而厚倍之其西北仍舊東南則恢拓之周一千四百二十八丈爲門者七濠池自昔湮爲民業乃鑿濬益深儼然金湯矣隆慶末江賊越城殺人萬曆初兵備副使馮叔吉知府王頤乃增城而高之雉堞益巍寇警遂絕後通遠門大觀樓傾圮

皇清康熙十年知府樸懷玉同貴池縣知縣張應薇重建

青陽縣城 唐天寶間洪州都督徐輝請割臨陽臨城故地置今縣初土城後易以磚闗門四

皇清因之

銅陵縣城 銅陵初無城明萬曆三年兵備副使馮叔吉知縣姜天衢築週圍七百丈高二丈一尺門四萬曆十一年知縣熊蓋臣改闢東門自左兵肆虐城郭傾頹

皇清定鼎邑令蔣應仔劉日義補築視昔倍固

石埭縣城 舊設土城明嘉靖間知縣曾講一相地定基用磚甃之門五東西水關二

皇清因之

建德縣城

明嘉靖四十五年知縣譚經建高一丈八尺厚一丈廣袤五里闢四門東跨馬鞍北距象馴後則因險於山前則憑河爲固崇禎丁丑闖獻二賊震驚知縣宛三奇率士民增高四尺五寸

皇清因之

東流縣城

縣初未設城明萬曆元年知縣陳春申請建造週圍約三里半崇禎間知縣許茂莘復增三尺知縣張雲翼又於外築土城浚濠溝後叛兵躪城城郭頹壞

皇清順治六年知府梁應元知縣蘇弘謨修築設門五各有譙樓較昔爲固云

太平府

當塗縣附郭

太平府城

吳黃武間築東晉太和七年桓溫重建唐保大中復高廣之高三丈周十五里建炎中知州郭偉改築新城減舊三分之一割姑溪於城外爲今制周圍六里高三丈廣稱是門六東曰行春正南曰南津南左曰龍津南右曰姑孰西曰澄江北曰清源崇禎間巡按御史鄭崑貞甃以石四隅設堞樓增窩舖五十一所沿城爲濠山東南開渠引水作新霸東北出水爲梅莊閘舊制

以時啟閉水益深城益高矣

皇清因之

蕪湖縣城 城故在咸保圩吳黃武間造建炎間水賊郤青盡燬之故蕪湖舊無城明萬曆間知府錢立議建工未竣同知龍宗武繼之九年周之翰乃完壘

皇清順治十五年池太道宋之屏捐俸倡募重葺周圍五里高三丈厚稱是近江無濠

皇清因之

繁昌縣城 唐初廢爲石磯場景福間復置縣移治於江濱明天順元年徙今所以故城爲舊址崇禎八年知縣羅明祖建議造城甃三門報罷十一年張繼曾襄成爲洪孜以次修葺高二丈周圍六百四十六丈八尺東南西三面皆濠東南繞城根出魯港流入於大江

皇清因之

廬州府 合肥縣附郭

廬州府城 漢建安五年劉馥爲揚州刺史領合肥有空城單騎馳入建州治歷代城皆土築唐貞元中路應求爲刺史加甃先是城皆據金斗河爲濠宋乾道間郭振帥淮西以鎮大城小遂

展拓之跨於河立水關二元末兵起城圮僉事馬世德自宣讓王及高昌公發公錢十萬貫盡修所圮明仍其舊門凡七水關二正德初劇盜劉六七等之亂郡守徐鈺慮水關難守遂閉塞之而導水爲外濠以自固蜀山雞鳴山土山之水滙於郡之水西入城中金斗河郡址西高而東下每春夏水溢則東關受害爲甚郡守張瀚開濬以殺其勢胡震亨建閘以防其潤

皇清因之

舒城縣城 元末土人許榮創築土城明弘治年知縣安郁南甃以石知縣何儞以近大河易圮自西至南砌磚爲垣至知縣郭懋欲悉易以磚未竟知縣黃宗聖繼修之知縣錢永燦又繼之知縣朱世昌始告竣週圍共一千零三十九丈高一丈五尺凡六門俱有濠

皇清因之

廬江縣城 舊有土城元末許榮所築明景泰間知縣李顯修弘治間知縣胡陽正德間知縣馬鑛嘉靖間知縣周艮會劉裁等相繼修葺萬曆初知縣軒尚朱李暘吉相繼以磚甃之高一丈五尺週圍共八百五十二丈水關二門凡六崇禎三年復傾知縣張雲鶚修築

皇清因之

無爲州城

州自孫權築濡須世爲軍壁故有城明初元帥王珪知州夏君祥修之週圍九里高一丈二尺東以花林大河爲濠約濬一丈濶五丈九尺門有六後嘉靖三十五年郡人劉嵩議白巡按御史吳伯朋興役創建城脚叠石三磚甃至頂計高二丈四尺崇禎八年流寇劫掠廬屬遂議加城併兩垛爲一崇禎十年濬城河濬濶數倍往昔

皇清順治六年西南城崩一百四十餘丈州守方安民修造

巢縣城

舊有城久圮元末守帥王珪因舊規甃之迨明惟北門樓堞如故餘皆木柵嘉靖間知縣嚴宏新築週圍一十二里高二丈三尺西南臨河東北據山知縣夏崇謙改建於縣城河德政坊仍存舊朝陽門後即於此爲南門

皇清因之

六安州城

古有土城明洪武庚申始砌磚城後毀於流賊知州李袞重甃高二丈有奇池濬一丈四尺週圍七里門四

皇清因之

英山縣城

元戊寅築土城週圍三里後圮明初以倚山帶河爲險城不復築成化間知縣徐綱令民沿河植柳

以蔽弘治己未盜起主簿徐璋承檄築城高一丈二尺因河爲濠門凡五

皇清因之

霍山縣城 古縣廢爲故埠鎮元末曹平章保障其地因築城於舊址明弘治甲寅復爲縣知縣崔中吳霖相繼修築週圍一千一百丈歷正嘉隆萬經知縣王坊陳中復楊楠吳達遞爲修葺甃以磚城高二丈池深一丈濶二丈門五

皇清因之

鳳陽府 鳳陽縣附郭

鳳陽府城 明洪武七年建週圍五十里四百四十三步高丈許土築城基惟東北磚壘止四里餘池不注水令軍民分種爲田止朝陽門外有濬隍一段門十有二曰洪武朝陽獨山塗山父道子順長春長秋南左甲第北左甲第前右甲第後右甲第後載長秋父道子順三門見存九門今土圯磚塌並九門亦止存名蹟矣至舊皇城在萬壽山南明洪武五年建外城一座磚石修壘週圍

九里三十步高二丈許無池門四裏城一座磚石修壘週圍六里許高二丈五尺池五南城河二東城河一西城河一北城無河惟濬小溝一道少注水焉崇禎八年守監王裕民以流寇犯鳳奏請容民避難因而結茅其中民居日密

皇清康熙六年奉

旨移鳳陽縣治於內

臨淮縣城 梁天監五年築週圍九里三十步高二丈五尺東逺渦流西環濠水北湧淮河三面皆水惟南面通陸門六明時屢加修葺

皇清順治六年淮水泛漲傾圮數處知縣徐必進督修

懷遠縣城 梁魏戰爭時所建週圍九里十三步高因荊阜溪阻渦淮至周世宗置鎮淮軍而城始大暨宋夏貴與元對壘倚爲重鎮舊門有五後廢明景泰元年知縣王道因故址修築築復堙圮崇禎十三年流寇猖獗撫院朱大典請城荊山詔遣欽天監戴圖度地於淮河兩岸修城一座名爲新城週圍僅三里二百餘步

定遠縣城 濠梁志元至正十三年仍還舊址爲縣者卽此城也明正德七年知縣楊麓易

以磚石週圍五里二百三十六步高二丈餘池濠二丈東西南闊十丈北闊二十丈門四正德十四年知縣高壁重修嘉靖三十六年山水汎溢城被衝頹知縣高鶴文重修崇禎八年流寇陷郡知縣盧春蕙署印陳鵬舉加城堞三尺後知縣李彬磚砌垛眼建砲臺

皇清因之

五河縣城舊有土城週圍四里三十步淮水衝決傾圮無存而縣治已再遷明嘉靖三十六年知縣高珍始創建磚城週圍四里高二丈三尺池濠一丈五尺闊三丈六尺門四歲久傾圮

皇清順治九年知縣丁浴初漸次修築足稱完固

虹縣城舊惟土堡歲久傾圮明景泰間知縣王磐復築弘治間知縣樊江修五門甃以磚石萬曆間知縣任愚始新建磚城週圍五里三十步高二丈上有女牆池濠九尺闊三丈門五又有水門二敵臺八座

皇清因之

壽州城在八公山陽淮淝東南周顯德中徙治淮北宋熙寧復故處嘉定間許都統重建週圍十三里有奇高二丈五尺廣二丈東南爲濠塹北連淝水西連湖水門有四

明正德辛未知州吳節丁丑同知梁毅袁經重修嘉靖戊戌知州劉永準御史楊瞻創護淮岸戊申知州栗永祿庚午甘來學丁巳呂穆感萬曆丙子鄭垸相繼增修

皇清順治己丑霪雨壞城知州王業重修

蒙城縣城　明初原築土城開西南北三門東則渦水環遶未立門景泰間知縣孫震修補正德間知縣葉寬因懲流賊之變易以磚週圍九里三十步池深一丈五尺闊倍之嘉靖年知縣劉繼先以儒學在東命開東門名曰文明又開水門後黃河水溢衝塌北城知縣劉宗鼎主議縮至毛家巷止今城週圍僅六里許高二丈二尺天啓間山東蓮妖震隣知縣呂希尚又修闖賊亂知縣王化澄增修楊子奇補修

皇清順治四年大雨連月城基崩陷九年間知縣田本沛大修之十二年典史企司韜以城之北門圯壞捐俸重修康熙七年地震城傾知縣竹綠猗又修

霍丘縣城　舊惟土垣明成化間知縣高昇築弘治間知縣王啓始覆以瓦正德間流賊壓境都御史叢蘭按霍令民修築始易以磚石通

判方賓重修越八年知縣孫誠踵事經營功始完週圍六里二百七十三步高一丈八尺池濶三丈闊一丈知縣陳表重濬門四知縣劉佐李璉周佩楊善節次繕修皇清因之

泗州城

州境面臨長淮對盱山宋築土城明初甃以磚石汴河徑其中週圍九里三十步高二丈五尺東南西北四門隆慶庚午巡按蔡應暘大發贖鍰以創之僅完其半萬曆己卯巡按李時成疏請大修動支各府州庫銀乃成崇禎間水灌州城郡守李希楧於金剛渡穴城以放之水乃泄

皇清康熙十二年州守李德燿以修城修堤為急務同紳衿鄉耆計工約費鳳廬道范時秀准聽士民樂助先車內水自捐百金為車牛夫役工食之資城賴以全但淮流外激濠水內盈堤根多有滲漏每夏秋霪雨淮漲風濤衝擊動見崩頽倘蟻穴一潰全城魚矣是不可不早為之計也

盱眙縣城

縣治三面沿山北阻淮水古稱城小而堅舊有六門今存遺址宋嘉定十一年修盱眙軍城今北門尚存名曰淮汴門半枕山半臨水據山川

之險

皇清因之

天長縣城舊惟土城週圍六里餘明嘉靖間倭寇天長知縣黃泰然因舊土城建置磚城週圍一千四十六丈有奇高二丈基廣二丈七頂廣一丈池深二丈闊二丈門四水洞四東西月城二萬曆間知縣田所賦崇禎時知縣羅萬象相繼重修

皇清因之

宿州城肇於唐明洪武間始壘石爲址加以大甓週圍六里三十步高二丈四尺廣二丈五尺池深一丈闊一丈門四外築月城以固隄防

皇清因之

靈璧縣城自宋元祐七年陞鎮爲縣尚未有城歷元至明弘治乙卯知縣陳玉始置土城至正德改元圯蕩無遺知縣陳伯安循故址建城以爲守禦週圍六里許高一丈九尺池深八尺闊二丈門四知縣邢隆繼修

皇清因之

潁州城舊城爲北城明洪武指揮僉事李勝用磚石修砌週圍四里高一丈八尺北門臨潁河樓額曰承恩月城東門曰達淮西門曰通汴鐘鼓樓爲舊南門小西門舊在西城明萬曆中知州趙世相稍移西鑿城設門

與舊連爲一正德甲戌因流賊亂兵備僉事孫磐
始甃以磚倚潁水爲隍明嘉靖二十年兵備僉事李
蘇志皋萬曆中州守謝詔皆濬焉
皇清因之 **潁上縣城** 舊有土城
元末廢明初設守禦所千戶孫繼達始建磚城週
圍二里六十二步高二丈五尺門四南北西三面
皆池東面城濠嘉靖間兵備道蘇志皋濬萬曆間
知縣屠隆築堤崇禎間知縣廖維義重築
皇清因 **太和縣城** 舊有土城明正德間判官楊威署
之縣事大加培築知縣趙夔砌磚石
週圍一千八百七十九步高二丈三尺池深三丈
闊五丈門四
皇清因 **亳州城** 明初設土城正德間指揮周廣益以
之磚石週圍九里三十步高一丈五尺
廣培之池深一丈闊倍之形如卧牛故名卧牛城
闊四門
皇清因
之

徐州

徐州城 徐本大彭氏所封是爲彭城其建築未詳今城三面阻水卽汴泗爲池獨南平衍可通車馬劉宋刺史王元謨嘗稱城隍峻整宋知州蘇軾請增築之明洪武初乃因舊城壘石甃甓週九里有奇立門四

皇清因之

蕭縣城 縣本古蕭國城因河決水沒乃築南城北連蕭國城後漸圮明正德中知縣王龍卽舊基增築土城外甃以石週四里其門凡四後傾於水

皇清順治五年知縣祖永勳始補築康熙四年知縣沈大觀甃以灰石城樓雉堞一新

沛縣城 舊城已廢元至正間孔士亨築小土城週二里許明嘉靖間知縣王治增築週五里高二丈知縣周涇甃以石萬曆間知縣倪民望重修知縣符璽濬闊城隍後城崩知州李汝謙修完

皇清因之

豐縣城 舊有土城週九里濠可通舟明嘉靖五年黃河決城陷知縣高禄遷治於華山之陽嘉靖三十年知縣徐公蓂從民便還舊址週一千九百八十四步高二十尺門四崇禎九年流寇猖獗知縣方遴偕掤建四門甕城

皇清順治二年署知縣事胡增光於城角外掤建砲

樓四座五年知縣閻珞加女牆高二尺城外堤上復築土城凡數百丈又開濬隍池架以木橋重城環抱巨塹汪洋遂稱險固

碭山縣城 金以水遷保安鎮元還舊治郎今城也明正德八年知州李金重築其門五外護以堤週九里城高一丈五尺基闊三丈隍濶一丈闊五丈水門二

皇清因之

滁州

滁州城 唐武德三年築明洪武間增廓週圍九里十八步高一丈七尺門六東曰化日小東曰環滁西曰永豐小西曰觀德南曰江淮保障北曰拱極跨沙河為池

皇清知州寗鳴玉鄭邦相余國楷相繼修葺

全椒縣城 在覆釜山南明成化間知縣張碧建三門未浚濠樹雉嘉靖間知縣顧達始為城以繚縣治週圍二里許高一丈有奇因河為池明知縣楊道臣吳道昌方允昌

皇清知縣藍學鑑前後鳩工修葺

來安縣城 明成化間知縣

趙禮始築土垣嘉靖三十五年知縣魏大用乃甃以磚高二丈濠深三丈廣五丈知縣周之冕吳志高相繼修葺

皇清因之

和州

和州城 舊爲亞父城相傳項羽封范增於歷陽則和州州城疑爲范築漢高帝令灌嬰還定江淮又築之週圍十一里高二丈二尺又女牆二尺門六東曰寅旭西曰秩城偏西曰望舒南曰平康偏南曰薰阜北曰拱辰池延六百餘丈廣一十六丈明知州孔公才增月城萬曆初知州康誥各築重城內外皆磚上爲女牆

皇清知縣朱長泰范禎相繼增葺

含山縣城 唐宋以來無城明正德間知縣張文淵始築垣鑿池遶匝三里高一丈五尺池廣深各一丈嘉靖間知縣葛麟易以磚石高厚有加

皇清知縣朱長泰范禎相繼增修

廣德州

廣德州城 明太祖令元帥趙繼祖鄧榮領軍鎮此始建週圍九里十三歩高一丈五尺廣八尺池深八尺闊一丈六尺門六東曰熙春南曰麗正西曰安貞北曰拱辰東南曰鍾秀東北曰常州郎今水關正德四年知州劉守節修葺城垣纔以土覆之嘉靖間知州張士元甃磚設垜歷年屢修屢圮

皇清康熙二年知州楊苞重修 **建平縣城** 明崇禎八年知縣侯佐奉檄築週圍七百八十丈高一丈廣二丈五尺門四

皇清康熙四年知縣李景榮重葺

沿海邊城

福山營城 明嘉靖間知縣馮舜漁萬暦間知縣楊漣修築週圍三里

皇清康熙十三年江南總督阿席熙巡撫馬祜提督楊捷題請捐修二十二年江南總督于成龍檄委常熟知縣高士鸃重葺 **劉河營城** 明嘉靖間建造

皇清康熙六年因舊城半坍入海難以駐防江南總督麻勒吉題明建議移駐茜涇鎮十三年總督阿席熙巡撫馬祜提督楊捷復題捐納修理二十二年江南總督于成龍檄委修葺

吴淞營城 明洪武間築週圍五里有奇高二丈七尺城四門後甃磚石因霪雨傾圮皇清康熙元年知縣潘師質修築九年知縣趙昕復葺十三年江南總督阿席熙巡撫馬祜提督楊捷題請捐修二十二年江南總督于成龍檄委嘉定知縣聞在上重葺

寶山營城 在上海東北與嘉定接壤明永樂間延亘十里尋沒於海舊有旱寨後廢萬曆七年撫按議築新城週圍三里高丈有八尺

皇清康熙十三年江南總督阿席熙巡撫馬祜提督楊捷題請捐修二十二年江南總督于成龍檄委嘉定知縣聞在上重葺

川沙營城 在八團鎮明嘉靖間巡撫趙忻巡按尚維持兵備熊桴從喬鏜王潭建議興築

皇清康熙十三年江南總督阿席熙巡撫馬祜提督楊捷題請捐修二十二年江南總督于成龍檄

委上海知縣史彩重葺

南滙營城在府城東北一百五十里週圍九里百三十步高二丈二尺濠週於城濠七尺餘廣二十四丈陸門四水門四四門樓角樓各四敵臺四箭樓四十明洪武間安遠侯築永樂中都指揮使谷祥弘治初指揮使翁熊嘉靖間巡撫趙可懷檄重修城墻高厚濠濠一丈四尺闊十丈

皇清康熙十三年江南總督阿席熙巡撫馬祜提督楊捷題請捐修二十二年江南總督于成龍檄委上海知縣史彩重葺

青村營城在府城東明洪武間安遠侯築永樂間都指揮使谷祥增修週圍五里八十步高一丈五尺池濠七尺餘廣二十四丈月城四座城樓四座旱門四座箭樓二十八座弔橋四座窩鋪一百三十座雉堞一千七百六十垜萬曆間巡撫趙可懷檄委署海防李暹重修城加高厚濠濠一丈六尺闊十丈

皇清康熙十三年江南總督阿席熙巡撫馬祜提督楊捷題請捐修二十二年江南總督于成龍檄委華亭知縣南夢班重葺

柘林營城本堡原係古鎮明嘉靖甲寅倭至巡按御史尚維持

建議築城週圍四里高一丈八尺旱門三座水關二座雉堞一千八百七十垛城濠闊十丈深一丈五尺

皇清康熙十三年江南總督阿席熙巡撫馬祜提督楊捷題請捐修二十二年江南總督于成龍檄委上海知縣史彩重葺

金山營城　明洪武間建築西連乍浦東接青村週圍一十二里三百步有奇高二丈八尺廣二丈餘濠深一丈八尺闊一十二尺永樂間都指揮使谷祥指揮侯端築萬曆間巡撫趙可懷崇禎間知府方岳貢相繼築濬

皇清康熙十三年江南總督阿席熙巡撫馬祜提督楊捷題請捐修二十二年江南總督于成龍檄委婁縣知縣史彬重葺

按江南境地背屬腹裏惟蘇松濱海一帶地方爲洪濤漾漭鯨鯢出沒之區最宜規畫周詳防禦嚴密向有邊城九座上自福山營城地界江口爲襟喉鎖鑰東與劉河吳淞二營聲勢相接而寶山川沙南匯三營孤懸海外尤爲扼要斥堠包絡形如犄角綿亘青村柘林二營指臂相聯以逮金山營

城西膵浙省東界柘林瀕海一望碁布星羅隱若
金湯今我
皇清德威遠播固已海不揚波邊風肆靖矣然安愈
圖安治益思治沿海邊城更復加意周詳議修議
移務期規制精嚴備禦勿懈以示保障地方護衛
生民之意今幷臚列附於郡邑城池之後庶使莅
茲土者得以因地籌治按時加葺用漢綢繆未雨
之至計云

江南通志卷之第十終